Jacques Bessenay

Professeur technique
au Lycée hôtelier de
Toulouse

Philippe Mazzetti

Ancien professeur
à l'Ecole hôtelière
de Paris

LE RESTAURANT

Théorie et Pratique

Tome 2

LT

éditions Jacques Lanore

ISBN 286 268 205 - 5
131, Rue P. Vaillant-Couturier - 92240 MALAKOFF

Préfaces

Déjà, dans le Tome 1 du ''Restaurant Théorie et Pratique'', les auteurs s'étaient attachés à faire évoluer les techniques de service. Sans rien abandonner de ce qui constitue la meilleure tradition de la restauration de qualité, ils avaient pris en compte la diversification des formules, en intégrant une dimension relationnelle avec la clientèle - dimension peut-être un peu trop négligée jusqu'ici.

Dans ce Tome 2, les mêmes principes ont prévalu : le contact avec la clientèle demeure un souci permanent et deux chapitres entiers sont consacrés à la commercialisation et aux relations avec les clients.

Ce manuel s'inscrit donc dans une continuité fructueuse par rapport au précédent. Il invite à un changement profond, non dans la technique même mais dans les mentalités et dans les comportements. Fidèle aux évolutions des programmes - du Baccalauréat Professionnel au Brevet de Technicien Supérieur - il privilégie une approche pragmatique des sujets et une forme concrète des études en débouchant sur une méthodologie adaptée aux problèmes traités..

Comme il aborde aussi l'organisation et le contrôle du travail, cet ouvrage moderne s'adresse aussi bien aux élèves et aux étudiants qu'aux professionnels.

L. GOYENEIX
Inspecteur Général de l'éducation Nationale
Chargé de l'Enseignement Hôtelier

La restauration est une profession complexe qui nécessite une foi sans faille de la part des employés mais surtout d'excellentes bases théoriques.

L'ouvrage de Philippe Mazzetti et Jacques Bessenay a été depuis sa première édition, la bible de milliers d'étudiants dont je fus.

Cette troisième édition aborde, bien entendu, les thèmes classiques de technique et d'organisation du travail mais elle familiarise également les étudiants et ceux qui veulent compléter leurs connaissances, aux formes nouvelles d'une restauration qui évolue sans cesse et à l'approche marketing d'un secteur que l'on doit désormais considérer comme une industrie à part entière.

A l'heure où le service en salle retrouve enfin ses lettres de noblesse avec la création du concours M.O.F. Maître de salle, la lecture de ce livre sera d'une grande utilité aux professionnels actuels ou futurs.

Hervé HOUDRE
Directeur général de l'Hôtel de Crillon

SOMMAIRE

CHAPITRE 1

La commercialisation en restauration

Les éléments du marketing mix

Définitions

Adéquation produit/marché

Etablir les prix de vente

Faire savoir - communiquer

les éléments du marketing mix

Le marketing-mix regroupe un ensemble d'actions dont le but est une adaptation permanente au marché.

Actions produit
Le produit est adapté ou transformé pour correspondre au besoin du marché, et non pas pour le rendre plus beau ou plus moderne.

Actions prix
Les prix sont fixés en fonction du marché, de ce que le consommateur est disposé à payer et non en fonction des coûts des prix de revient. Exemple : la modulation des prix par période.

Actions publicité
Elles visent à attirer le consommateur vers le produit.

Actions promotion
elles visent à pousser le produit vers le consommateur. Exemples : exposition, buffet.

Actions distribution
Elles englobent l'acheminement et la vente du produit sur le lieu de résidence du consommateur.

Ces actions ne peuvent pas être dissociées, elles font partie d'un ensemble cohérent : le marketing mix, dont la logique est :

PRODUIRE CE QUI SE VEND

et non pas

vendre ce qui est produit

LE FAIRE SAVOIR

LE VENDRE

TABLEAU DE LA CONSTRUCTION DE L'OFFRE

Ce schéma permet de préciser la notion de cible, on ne s'adresse jamais à l'ensemble du marché mais à une partie seulement : un segment de clientèle.

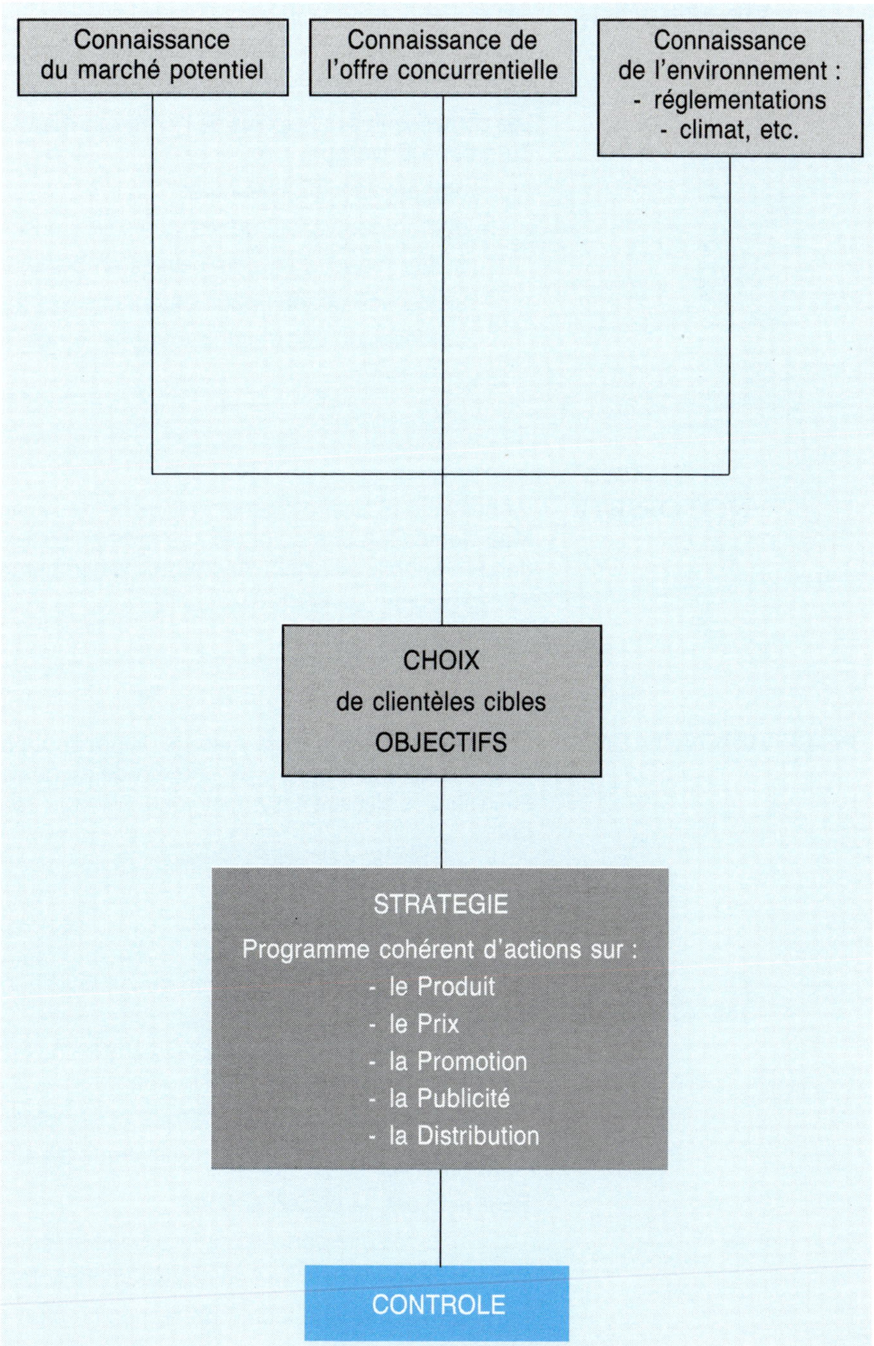

définitions

IMAGE DE MARQUE

L'image de marque d'un restaurant est composée d'éléments concrets réels, d'éléments subjectifs et imaginaires : c'est l'idée que se fait le consommateur d'un produit, elle peut être positive ou négative. L'image de marque est véhiculée par différents moyens tels que le logo, la publicité, la réputation faite de bouche à oreille.

Les composantes principales de l'image de marque des restaurants **Côte à Côte** du groupe **Envergure :**

- une ambiance chaleureuse,
- une grande variété de viandes savoureuses grillées au charbon de bois,
- quatre maisons en bois peintes en blanc,
- un espace de jeux pour les enfants **« la maison des enfants »,**
- un décor où dominent le rouge et le noir.

NOTORIETE

La notoriété permet d'évaluer l'efficacité de l'image de marque et sa diffusion. **Mac Donald's** a une notoriété très forte puisque l'enseigne « MAC DO » a tendance à remplacer le nom du produit « le hamburger », dans le langage commun.

POSITIONNEMENT

C'est la personnalité de la marque. **Hippoppotamus** a un excellent positionnement : **Hippoppotamus**, c'est une viande rouge de qualité, un prix sans surprise et un service efficace et sympathique. L'image est précise, le positionnement est bon.

EFFET DE CHAINE

Pour les chaînes de restauration qui ont dupliqué leur produit, l'effet de chaîne c'est :

- l'implantation d'unités de restauration de façon à couvrir au mieux le territoire d'un pays ou de plusieurs pays,
- la connaissance de la marque et sa notoriété,
- le renvoi des clients d'un restaurant à l'autre.

Pour le client, la chaîne apporte :

- une sécurité concernant le produit et le prix,
- le savoir-faire d'une entreprise importante,
- un confort, une facilité de recherche d'un restaurant dans une ville qu'il ne connaît pas.

Pour le restaurant, la chaîne apporte :

- la mise en commun de moyens financiers pour développer la publicité et commercialiser la chaîne sur les marchés nationaux et internationaux,
- la mise en commun d'expériences et d'idées,
- l'utilisation de spécialistes qui sont là pour assister les gérants dans leurs actions. (service commercial, contrôle de gestion, service juridique, etc...)

COMMERCIALISER

LORSQUE L'ON A UN SAVOIR-FAIRE,
IL FAUT LE FAIRE SAVOIR

Le savoir-faire correspond à la technique.
Le faire savoir correspond au commercial.

Commercialiser, c'est informer de façon sélective pour provoquer l'acte d'achat. Pourquoi de façon sélective ? Parce que d'une part l'information coûte cher, d'autre part une partie de la population seulement est susceptible d'acheter un produit donné. Il faut donc choisir la partie de la population qui nous intéresse, c'est-à-dire la **« cibler »**.

SEGMENTATION CLIENTELE

La segmentation clientèle est le résultat du découpage du marché en tranches repérables, quantifiables et utilisables par les restaurateurs. Cette segmentation est révélée soit par la constitution d'un fichier clients, c'est-à-dire la connaissance du marché existant, soit par l'étude de marché réalisée préalablement c'est-à-dire par la connaissance du marché potentiel.

LE MARCHE EXISTANT

Le marché existant est représenté par les clients acquis ou connus en tant qu'utilisateurs réguliers ou épisodiques. Il est important de les identifier pour éviter de les intégrer à la clientèle potentielle. Analyser leurs origines et les habitudes d'achat est essentiel afin d'une part de les fidéliser et d'autre part d'en tirer des conclusions débouchant sur les priorités à donner dans l'approche du marché potentiel.

LE MARCHE POTENTIEL

Le marché potentiel est représenté par tous les autres clients compris dans la cible de clientèle définie dans l'étude de marché et donc susceptibles d'utiliser à l'avenir les services du restaurant.

adéquation produit/marché

1 - L'ETUDE DE MARCHE

Tout projet d'investissement comporte un risque financier. Le restaurateur ne peut s'engager dans un projet important en laissant trop de place au hasard. Il s'agit de s'assurer au préalable de l'adéquation du produit au marché, afin d'évaluer sa rentabilité.

Le restaurateur peut réaliser lui-même l'étude de marché ou avoir recours à des organismes spécialisés, plus expérimentés et souvent plus objectifs dans la recherche et l'analyse des renseignements, le restaurateur ayant tendance à sélectionner les informations qui le confortent dans son projet.

2 - LES ETAPES TYPES D'UNE ETUDE DE MARCHE EN RESTAURATION

2.1. Définir clairement son projet

- Définition des caractéristiques du produit.
- Recherche d'un site idéal.
- Rentabilité des capitaux.

2.2. Rechercher des informations

Ces informations concerneront notamment :

L'environnement

- Le contexte géographique : situation de la ville dans sa région, infrastructure routière, comptages routiers, proximité de gares.
- Le contexte démographique : population active, répartition de cette population active (secteur primaire, secondaire ou tertiaire).
- Le contexte économique : tissu industriel, zones d'emplois, pouvoir d'achat.
- Le contexte touristique : sites et monuments, manifestations et évènements locaux.
- les perspectives économiques, démographiques, touristiques.

L'analyse de la demande

- Détermination du marché potentiel de la zone d'implantation : entreprises, administrations, organismes, etc.
- Segmentation de la clientèle : catégories socio-professionnelles, clientèle de séminaires, de groupes, familiale, touristique.
- Niveau de prix recherché.

Ces informations peuvent être recueillies auprès des Chambres de Commerce, du Comité Départemental du Tourisme, du Syndicat d'Initiative, de l'Office du Tourisme, du Crédit d'Equipement des PME.

L'analyse de l'offre

C'est apprécier la concurrence sous divers aspects :

- Qualitatif : niveau des prestations fournies, équipements, accueil, etc.

• Quantitatif : nombre de places disponibles selon les catégories d'établissements.
• Implantation des restaurants.
• Prix pratiqués.
• Projets en cours.

2.3. Analyser l'opportunité du projet

Il s'agira de faire une synthèse de toutes les données recueillies afin de définir très exactement les caractéristiques du produit : formule de restauration retenue, prestations annexes (banquets, séminaires..), clientèle visée, taille et catégorie de l'établissement.

2.4. Etudier la rentabilité du projet

• Prévision du chiffre d'affaires : nombre de couverts/jour, prix moyen par couvert.
• Etablissement de comptes d'exploitation prévisionnels sur 5 ans.
• Analyse de rentabilité des capitaux investis, seuil de rentabilité.

EXTRAIT D'UNE ÉTUDE DE MARCHÉ EN RESTAURATION

LA FRÉQUENTATION DES LIEUX DE RESTAURATION

On voit que, dans la zone, les gens déjeunent effectivement au restaurant — nous appellerons restaurant tous lieux de restauration (snacks, cantines, restaurants...) — 76 % de la population y va au moins une fois par semaine et 37 % y vont tous les jours. On peut considérer d'ores et déjà qu'il y a un potentiel restauration sur la zone. De plus, 95 % de la population dispose d'au moins une heure pour manger ; donc 95 % de la population nous intéresse (puisqu'on tient compte du frein négatif constitué par le temps). Les hommes disposent de plus de temps pour manger que les femmes et ils vont plus souvent au restaurant qu'elles. 51 % des femmes vont au restaurant au moins 2/3 fois par semaine contre 74 % pour les hommes et 58 % des femmes ont au moins 1 h 30 pour déjeuner contre 72 % pour les hommes.

PERSONNES ALLANT AU RESTAURANT AU MOINS 1 FOIS / SEMAINE

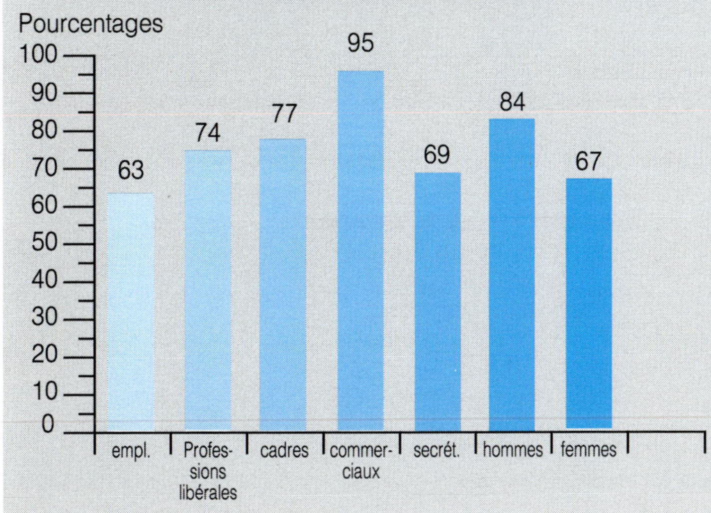

FREQUENTATION GENERALE DU RESTAURANT

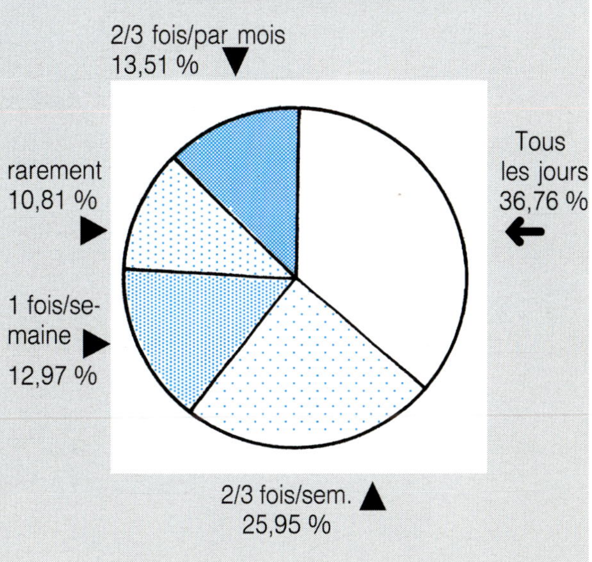

Extrait d'une étude de marché en restauration

On peut observer des dispositions entre professions. Alors que les secrétaires ne vont pas souvent au restaurant (25 % y vont rarement), les commerciaux en sont de très bons clients (95 % y vont au moins une fois par semaine). Les cadres, eux, suivent la tendance générale excepté qu'ils ne sont que 6 % à n'y aller que rarement (au lieu de 11 % pour la population en général). Quant aux personnes appartenant à la catégorie professions libérales, si elles n'y vont pas tous les jours, elles sont nombreuses à déjeuner 2/3 fois par semaine au restaurant (52,17 %). On observe que les employés vont au restaurant tous les jours (on peut supposer sans beaucoup se tromper que, dans ce cas, ils vont à la cantine de la Cité Administrative) ou alors, il n'y vont que 2/3 fois par mois.

TEMPS MOYEN REPAS
PAR CATEGORIE SOCIO-PROFESSIONNELLE

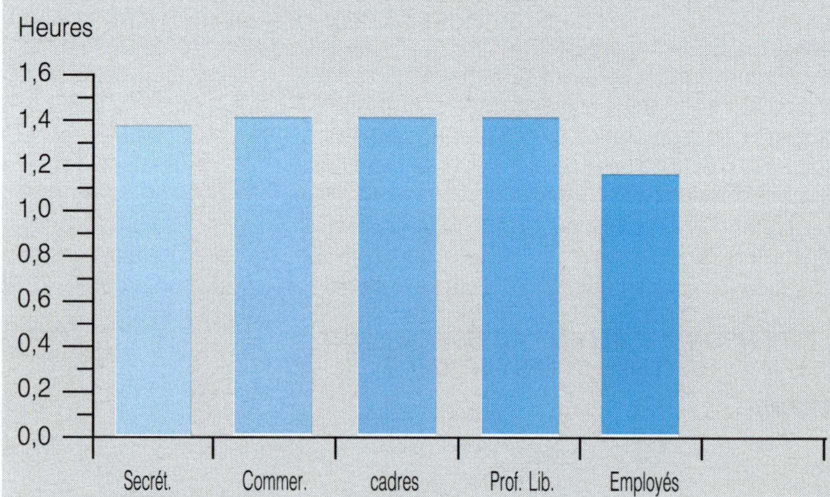

Tous disposent à peu près du même temps,
en moyenne,
excepté les employés
qui n'ont qu'une heure et quart.

Extrait d'une étude de marché en restauration

LA DEPENSE EN RESTAURATION

DEPENSES PAR CATEGORIE SOCIO-PROFESSIONNELLE

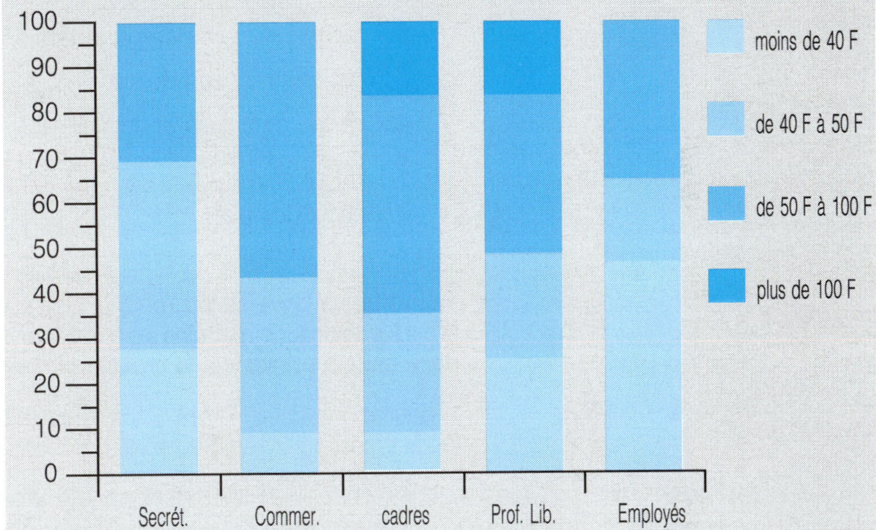

On peut déjà dire que 27 % de la population est hors cible (11 % dépensent moins de 30 F et 16 % dépensent de 30 à 40 F).

Parmi les 73 % restant, on voit que la grande majorité dépense entre 50 et 100 F (38 %)

Suivant les âges, ces 73 %, valables pour les 20-35 ans, peuvent aller jusqu'à 79 % chez les 35-45 ans.

La distorsion entre hommes et femmes est, elle, très importante. Alors que 17 % des hommes dépensent moins de 40 F, 36 % des femmes sont dans ce cas là et elles sont 2 % à dépenser plus de 100 F contre 12 % des hommes. De toute évidence, notre cible est composée plus d'hommes que de femmes (84 % des hommes nous intéressent et seulement 54 % des femmes).

On remarque également que, plus les gens ont du temps pour déjeuner, plus ils dépensent. Ceux qui dépensent le plus sont ceux qui ont autant de temps qu'ils veulent pour déjeuner. Ce qui est logique puisqu'ils font partie des catégories socio-professionnelles " supérieures " (cadres, professions libérales).

Extrait d'une étude de marché en restauration

LES CRITERES DE CHOIX

Dans l'ordre, en général, nous trouvons :

1 - qualité de la cuisine 20 %

2 - rapidité du service et propreté 16 et 15 %

3 - proximité du lieu de travail 12 %

4 - cadre, ambiance et accueil 10 %

5 - prix 9 %

6 - choix des plats 4 %

Tandis que à l'inverse les 35-45 ans s'attachent beaucoup plus à la propreté et beaucoup moins aux prix, ils s'intéressent plus à la qualité de la cuisine et moins à la rapidité du service.

Si pour les hommes, l'ordre des critères de choix reste le même ; pour les femmes, il s'inverse au niveau des trois premiers :

1 - rapidité du service

2 - propreté

3 - qualité de la cuisine.

Les femmes sont plus pressées que les hommes puisqu'elles ont moins de temps pour manger, ce qui explique l'importance du premier critère.

Établir les prix de vente

La mise au point des prix mérite une approche commerciale indissociable des impératifs de la gestion.

Le restaurateur est soumis à deux types de contraintes :

- d'un côté il doit rentabiliser son affaire, ce sont les exigences économiques,
- de l'autre, il doit tenir compte de la concurrence et du budget de la clientèle, ce sont les exigences commerciales.

Le croquis ci-dessous nous montre que le prix constitue le point d'équilibre entre les exigences commerciales et les exigences économiques.

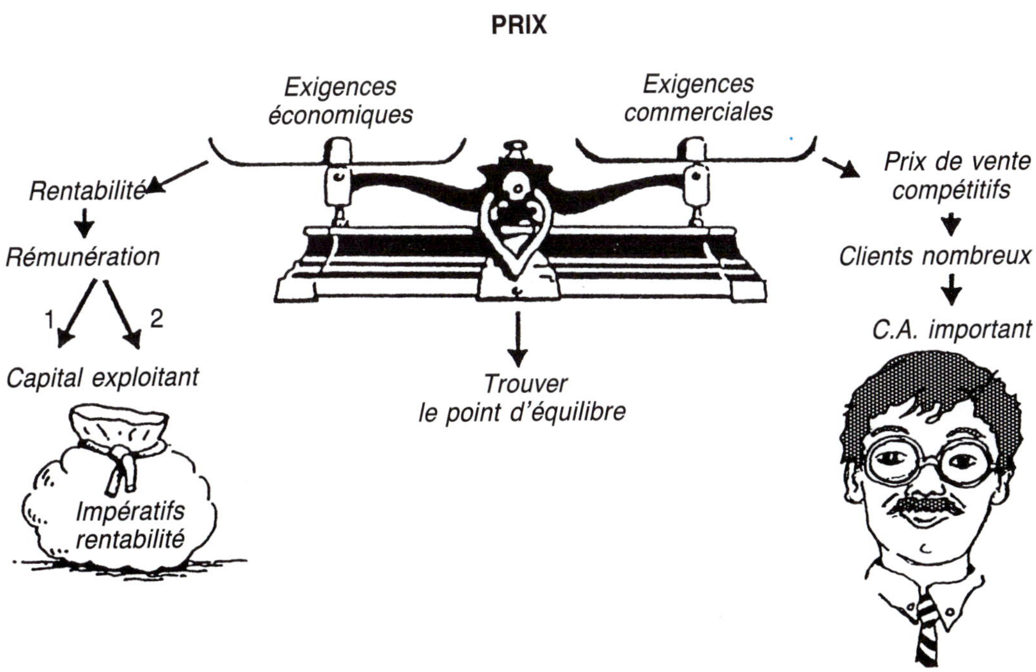

Pour l'exploitant trois cas peuvent se présenter :

1er cas

Le prix est un élément secondaire aux yeux de la clientèle. Par exemple, pour l'homme d'affaires dont le souci essentiel est de séduire son client, en s'aidant d'un bon millésime, de mets précieux et d'une adresse de restaurant prestigieux. C'est le cas aussi d'une catégorie de clients très fortunés qui recherche avant tout le luxe et le meilleur service, le prix n'étant qu'accessoire.

2e cas

Le prix de vente est l'élément primordial. Dans ce cas, toutes les politiques commerciales et tous les systèmes de gestion tendent vers un même objectif : **le discount,** c'est-à-dire pratiquer des prix très bas de façon à attirer un maximun de clientèle.

C'est la politique de la majorité des cafétérias situées près des grands centres commerciaux. Le prix de vente pratiqué est alors de 20 à 30 % moins cher qu'en restauration traditionnelle. La rentabilité s'apprécie alors en valeur absolue et non en pourcentage. Il vaut mieux gagner 2 % sur 300 000 F que 4 % sur 100 000 F.

3e cas

Le prix doit correspondre au bon rapport qualité/prix. La notion de rapport **qualité/prix** reste malgré tout très subjective. En effet, un consommateur disposant de plusieurs formules de restauration dont les produits sont très voisins, choisira peut-être un restaurant plus onéreux car pour lui cela correspond à une connotation de qualité meilleure. Dans ce cas l'**image de marque** du restaurant joue un rôle prédominant.

Pour situer le prix psychologique optimum que le client est prêt à payer, il est souhaitable de déterminer par sondage, dans quelle fourchette de prix (prix mini < > prix maxi) on touche un maximum de clients.

1 - LES EXIGENCES COMMERCIALES

La politique de prix doit prendre en compte l'évolution de la carte des mets et des boissons qui doit rester en adéquation permanente avec la demande des clients.

Pour analyser les ventes il faut déterminer **« l'indice de popularité des plats »** ou **« indice réponse clients »**. La méthode de calcul est expliquée dans le Tome 1, chapitre 6.

L'approche Marketing des prix en restauration est facilité par un ensemble de règles connues sous le nom de principes d'OMNES (1). Ils permettent de déterminer les prix de la carte des mets et des boissons en tenant compte de ce que les clients sont prêts à payer.

Il est bon de rappeler que pour procéder à ces études il est nécessaire de classer les plats et les boissons par **« unité de besoins »** du consommateur afin d'établir les différentes **gammes.**

Exemples

Pour les mets : **hors d'oeuvre, plats principaux, desserts, ...**

Pour les boissons : **vins, apéritifs, cafés, ...**

(1) Principes d'Omnès : énoncés pour la première fois par Jean Toulemonde et utilisés dans les cafétérias avant d'être généralisés dans toutes les formes de restauration.

1.1. Formulation des 4 principes d'Omnès

1er principe : ouverture d'une gamme

2e principe : dispersion des prix

3e principe : rapport de la demande sur l'offre

4e principe : les promotions

1.2. Application des principes d'Omnès

1er principe : ouverture de la gamme

L'ouverture représente l'écart qui existe entre le plus petit et le plus grand prix de vente d'un plat à l'intérieur d'une gamme. On mesure celui-ci en divisant le prix le plus fort par le plus faible, le rapport obtenu ne doit pas dépasser 2,5 ou 3, c'est-à-dire que le prix le plus élevé ne doit pas être plus de 3 fois supérieur au prix le plus bas.

Ce principe répond au fait que la proposition de plats pour une gamme donnée doit être cohérente et s'adresser à une cible clientèle précise.

Exemple

Pour une gamme de hors-d'oeuvre :

- le prix du plat le plus bas est de 35,00 F,
- le prix du plat le plus haut est de 90,00 F.

L'ouverture de la gamme est de $\frac{90,00}{35,00} = 2,57$

2e principe : dispersion des prix

Ce principe régit le positionnement des prix des articles à l'intérieur d'une gamme par rapport aux prix extrêmes.

Méthode

Diviser l'ouverture de la gamme en trois parties égales :

- zone basse,
- zone médiane,
- zone haute.

Le nombre de plats positionnés dans la zone médiane de prix doit compter un nombre de plats au moins égal au nombre total des plats inclus dans les deux zones extrêmes.

Exemple

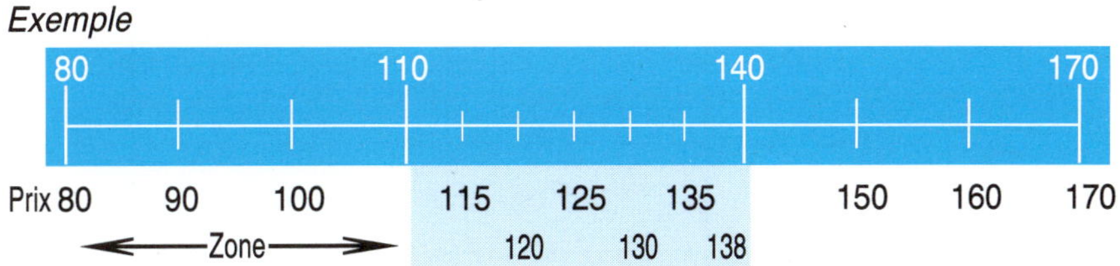

La zone moyenne comprend 6 plats = *Zone basse : 3 plats* + *Zone haute : 3 plats*

3e principe : Rapport de la demande sur l'offre

Ce rapport permet de mesurer le positionnement des mets proposés à la vente par rapport aux souhaits des clients. Le rapport **qualité/prix** doit être calculé sur chaque gamme de mets ou de boissons. Il est possible de faire le même calcul de façon globale pour l'ensemble de la carte des mets ou des boissons, il suffit d'additionner les **prix moyens demandés** et les **prix moyens offerts** de chacune des gammes.

Dans chaque gamme de plats : hors d'oeuvre, entrées, plats principaux, desserts, boissons etc., on effectue les calculs suivants : calcul du prix moyen demandé, du prix moyen offert et le rapport de la demande sur l'offre.

1er cas

Le rapport est bon s'il se situe entre 0,90 et 1 .

Plats principaux	Prix de Vente	Quantités vendues	Chiffre d'affaires
Escalope de saumon à l'oseille	120	111	13 320
Coquille st Jacques en croûte	150	56	8 400
Filet de loup au gingembre	135	67	9 045
Panaché de poissons pantzua	95	112	10 640
Homard grillé beurre cancalais	170	56	9 520
Rognon de veau à l'ancienne	125	97	12 125
Mixed grill vert pré	115	123	14 145
Fricassée de pintade crémée	90	96	8 640
Aiguillettes de canard Montmorency	138	53	7 314
Poulet sauté au vinaigre	80	92	7 360
Filet de boeuf Rossini	160	32	5 120
Entrecôte poêlée aux herbes	130	69	8 970
Total	1 508	964	114 599
Prix de vente moyen offert	125,67		
Prix de vente moyen demandé			118,88
Rapport demande/offre ——>		0,945	

Dans ce cas le rapport = 0,945 est bon puisqu'il se situe entre 0,90 et 1.

Calcul du PRIX MOYEN DEMANDE

$$\frac{\text{Chiffre d'affaires de la gamme}}{\text{Nombre de plats vendus dans la gamme}}$$

Calcul du PRIX MOYEN OFFERT

$$\frac{\text{Somme des prix de ventes des plats d'une gamme}}{\text{Nombre de plats contenus dans la gamme}}$$

Calcul du rapport de la demande sur l'offre :

$$\frac{\text{PRIX MOYEN DEMANDE}}{\text{PRIX MOYEN OFFERT}} = < 1$$

2ᵉ cas

Si le rapport est supérieur à 1, les plats proposés ont des prix trop bas. Les plats à prix très bas n'ont pas la faveur de la clientèle.

Plats principaux	Prix de Vente	Quantités vendues	Chiffre d'affaires
Escalope de saumon à l'oseille	120	59	7 080
Coquille st Jacques en croûte	150	22	3 300
Filet de loup au gingembre	135	36	4 860
Panaché de poissons pantzua	95	213	20 235
Homard grillé beurre cancalais	170	12	2 040
Rognon de veau à l'ancienne	125	58	7 250
Mixed grill vert pré	115	102	11 730
Fricassée de pintade crémée	90	167	15 030
Aiguillettes de canard Montmorency	138	45	6 210
Poulet sauté au vinaigre	80	176	14 080
Filet de boeuf Rossini	160	16	2 560
Entrecôte poêlée aux herbes	130	37	4 810
Total	1 508	943	99 185
Prix de vente moyen offert	125,67		
Prix de vente moyen demandé			105,18
Rapport demande/offre ——————>		0,836	

Dans ce cas les mets proposés sont trop chers pour la clientèle.

3e cas

Si le rapport est inférieur à 0,90, l'offre est trop haute par rapport à la demande. Les plats proposés ont des prix trop élevés, le client ne suit pas.

Attention cela ne veut pas dire que l'on peut purement et simplement augmenter ou baisser les prix ! Il faut revoir la variété des plats et leur composition, le client est peut-être prêt à payer plus cher à condition que la qualité du plat corresponde au prix affiché. A l'inverse une diminution du prix sans changement dans la composition des articles peut mettre en danger la rentabilité du restaurant.

Ce rapport de la demande sur l'offre est un indicateur précieux pour mesurer le bon rapport **qualité/prix.**

En résumé, dans chaque gamme, la moyenne des prix de vente des plats proposés, doit être légèrement supérieure à la moyenne des prix des plats choisis par les clients.

Plats principaux	Prix de Vente	Quantités vendues	Chiffre d'affaires
Escalope de saumon à l'oseille	120	38	4 560
Coquille st Jacques en croûte	150	124	18 600
Filet de loup au gingembre .	135	112	15 120
Panaché de poissons pantzua	95	34	3 230
Homard grillé beurre cancalais	170	128	21 760
Rognon de veau à l'ancienne	125	64	8 000
Mixed grill vert pré	115	31	3 565
Fricassée de pintade crémée	90	27	2 430
Aiguillettes de canard Montmorency	138	151	20 838
Poulet sauté au vinaigre	80	23	1 840
Filet de boeuf Rossini	160	147	23 520
Entrecôte poêlée aux herbes	130	64	8 320
Total	1 508	943	131 783
Prix de vente moyen offert	125,67		
Prix de vente moyen demandé			139,74
Rapport demande/offre ——>		1,112	

Dans ce cas la demande des clients a tendance à tirer les prix vers le haut, il faut revoir l'assortiment avec des tarifs plus élevés.

4e principe : les promotions

Promouvoir mets et boissons, c'est « mettre en avant » des articles qui correspondent le mieux à l'attente de la clientèle. Il ne faut surtout pas confondre promotion et vente **discount** (prix très bas).

Les promotions seront donc constituées d'articles dont le prix avoisine **le prix moyen demandé.** Les menus constituent une forme de promotion intéressante, il s'agit de composer ceux-ci avec des mets pris dans plusieurs gammes et dont le prix est proche du **prix moyen demandé.**

Dans une carte des vins, la **« suggestion du mois »**, par exemple, est une **promotion** ou **« mise en avant »** d'une appellation choisie pour ses qualités intrinsèques et dont le prix de vente est proche du **prix moyen demandé** dans la gamme.

Exemple

Si le prix de vente moyen d'une bouteille de vin est de 88,40 F. la suggestion du mois pourrait être : Château d'AYDIE appellation MADIRAN contrôlée : 89,00 F.

EXEMPLE DE MENU PROMOTION DANS UN RESTAURANT BRASSERIE

Gamme	Zone médiane de prix	Eléments du menu	
Hors d'oeuvre	20 à 28 F	terrine de foie	24 F
Plat chaud	35 à 45 F	fricassé volaille	40 F
Dessert	18 à 25 F	soufflé citron et miel	20 F
Boissons	12 à 20 F	vin rouge ou rosé	16 F
		Prix du menu :100 F	

2 - LES EXIGENCES ECONOMIQUES

Les exigences économiques sont beaucoup plus pragmatiques que les exigences commerciales, elles concernent la rentabilité des capitaux investis.

2.1. Etablir la marge brute

Définition

La marge brute est égale au prix de vente hors taxes diminué du coût matières, elle doit permettre :

- découvrir les frais d'exploitation : salaires, charges sociales, frais d'entretien, d'énergie, de publicité, taxe professionnelle etc.
- découvrir les coûts des moyens d'exploitation : loyers, frais financiers, amortissements ...
- de dégager un bénéfice brut avant impôts.

Niveau de marge brute

Le niveau de la marge brute sera fixé en tenant compte des critères suivants :

- situation géographique,
- type d'établissement : cafétéria, restaurant à thème, restaurant gastronomique...
- caractère de l'établissement : saisonnier ou non,
- concurrence,
- dépense moyenne acceptable par le client,
- etc.

En fonction de ces critères, de l'étude prévisionnelle des postes de charges et de l'objectif de rentabilité, il est possible de fixer un niveau de marge brute.

Exemple

Bénéfice avant impôts	10,00 %
Coûts des moyens d'exploitation	8,00 %
Frais d'exploitation	38,00 %
MARGE BRUTE	56,00 %
COUT MATIERES	28,30 %
T.V.A. (18,60 % sur C.A. hors taxes)	15,70 %
CHIFFRE D'AFFAIRES TAXES COMPRISES	100,00 %

D'une manière pratique on utilise un coefficient multiplicateur pour déterminer le prix de vente T.T.C. à partir du coût matières hors taxes. Celui-ci est obtenu en faisant le rapport suivant :

$$\frac{\text{Prix de vente T.T.C.}}{\text{Coût matières}} \qquad \frac{100{,}00\text{ F}}{28{,}30\text{ F}} = 3{,}53\text{ F}$$

Marge unique

Il est pratiquement impossible de ne tenir qu'une seule marge ou un seul coefficient multiplicateur pour tous les articles de la carte des mets et des vins. Si cette pratique simplifie beaucoup le travail de gestion, elle présente des inconvénients : les prix de vente ne sont pas en rapport avec la demande ou l'attente de la clientèle.

Par exemple pour les gammes telles que « hors d'œuvre », « desserts » les prix sont trop bas du fait d'un faible coût matières, pour d'autres telles que « plats principaux » ils sont trop élevés.

Marge modulée

L'utilisation de marges différentes donc de coefficients multiplicateurs différents, selon les plats, laisse à l'exploitant la possibilité :

- de pratiquer des prix en rapport avec la demande,
- d'engager des actions promotionnelles sur un ou plusieurs produits.

EXEMPLE DE MARGES BRUTES ET DE COEFFICIENTS MULTIPLICATEURS

Gammes	Marges brutes	Coûts matières	Coefficients multiplicateurs
Hors d'oeuvre	69,00	15,3	6,54
Plats chauds	51,00	33,3	3,00
Desserts	60,00	24,3	4,12

3 - ELABORATION DE LA CARTE DES VINS

Les techniques de mise en page et les règles de présentation sont exposées dans le Tome 1, Chapitre 10.

3.1. Politique des prix de vente

De même que la carte des mets ne peut pas présenter toutes les recettes culinaires, la carte des vins est le résultat d'une sélection rigoureuse parmi tous les crus des vins.

Il faut avant tout, tenir compte des souhaits de la clientèle. D'une manière générale, la carte des vins répondra aux exigences suivantes.

Cible clients

La proposition doit correspondre aux besoins spécifiques des clients à un moment donné. En effet, s'adresse-t-on à la même clientèle lorque l'on vend sur une même carte des vins , une bouteille à 60 francs et une autre à 2000 francs ! Si toutefois pour des raisons particulières (clientèle de midi très différente de celle du soir, activité gastronomique cohabitant avec une activité de restauration simplifiée) la cave renferme des stocks de vin dont les écarts de prix sont importants, il est préférable d'élaborer 2 cartes des vins : l'une traditionnelle, l'autre de Prestige par exemple. Le consommateur aura une vision plus claire pour faire son choix car l'offre sera plus cohérente.

Nombre de références

40 à 50 appellations pour une carte des vins de restaurant traditionnel semblent raisonnables, afin de ne pas « noyer » le client dans un choix impossible.

Les appellations inscrites sur la carte doivent correspondre à des vins arrivés à maturité pour être consommés et non pas à la liste exhaustive de l'inventaire de la cave. C'est au restaurateur de faire évoluer le contenu de la carte en tenant compte de la nécessité de la rotation des stocks et de la saisonnalité.

Présentation « Merchandising »

Hormis les règles légales à respecter pour la mise en page, il faut penser la carte des vins en qualité de support des ventes pour la **"Mise en avant"** des produits.

On peut :

- illustrer avec des étiquettes, des cartes viticoles, des photos incitent à l'achat.
- Un texte court explicite sur la qualité de chaque appellation éclaire le client dans son choix.
- Une classification qualitative repérée avec des sigles (étoiles, bouchons, tastevins...) facilite la décision finale.

Adéquation carte des mets/carte des vins

Le prix des bouteilles de vin doit être en harmonie avec les prix des mets proposés à la carte.

3.2. Approche méthodologique

Dans ce paragraphe, nous allons étudier une méthode pour élaborer la carte des vins en prenant un exemple.

Analyse de ventes

En matière de boissons, le comportement du client diffère en fonction du type de restaurant fréquenté.

Dans une Brasserie, parallèlement à la gamme de vins, il exigera une gamme de bières étendue.

Dans un restaurant familial, la gamme des eaux minérales, des boissons aromatisées sans alcool devra être conséquente.

Dans les restaurants à thème, la priorité sera donnée aux boissons s'harmonisant le mieux avec le produit.

Par exemple :

Pizzeria	**vins italiens**
Fruits de mer	**vins blancs en majorité**
Diététique	**jus de fruits et de légumes etc.**

Le premier travail du restaurateur est de diviser la **« famille boissons »** en gammes ou « unités de besoins » qui correspondent au comportement général de sa clientèle.

Pour illustrer cette approche méthodologique de l'élaboration de la carte des vins, nous retiendrons le cas d'un restaurant gastronomique dont le prix moyen du couvert est de 260 F T.T.C. boissons incluses, et les gammes de boissons sont les suivantes :

- Apéritifs
- Digestifs
- Cafés et infusions
- Bières, sodas, eaux minérales
- Champagnes
- Vins fins en bouteilles

Dans la majorité des restaurants, le chiffre d'affaires réalisé par la vente des boissons (apéritifs, vins, eaux minérales, cafés, digestifs...) représente en moyenne entre 20 % et 25 % du chiffre d'affaires total.

Dans notre exemple, si le chiffre d'affaires boissons est de 25 % du chiffre d'affaires total, la part de l'addition du client consacrée aux boissons sera de :

260 F X 25 % = 65,00 F

DEPENSE MOYENNE PAR CLIENT POUR LE VIN

Il faut trouver quelle sera à l'intérieur de la famille **« Boissons »** la dépense moyenne par client achetant une bouteille de vin. En utilisant les statistiques des ventes de cette famille, si l'établissement est déjà ouvert, ou en faisant une simulation des ventes boissons, s'il s'agit d'une ouverture prochaine, on peut obtenir le tableau suivant :

Gammes	Clients consommant dans la gamme colonne A	Prix moyen par gamme colonne B	Participation à la dépense moyenne colonne C
Apéritifs	10,00 %	25,40	2,54
Digestifs	3,00 %	31,50	0,95
Cafés et infusions	81,00 %	10,00	8,10
Eau plate en carafe	4,00 %	0,00	0,00
Bières et eaux minérales	17,00 %	12,30	2,09
Champagnes	0,80 %	350,00	2,80
Vins fins en bouteille	82,00 %	? (B)	? (A)
Recette moyenne boissons par client			65,00

Explication des calculs

La colonne « A » donne les pourcentages de vente de chaque gamme de la famille **« Boissons »** par rapport à la fréquentation.

La colonne « B » donne la dépense moyenne par client pour chaque gamme de la famille **« Boissons »**.

La colonne « C » est obtenue en multipliant la colonne « A » par « B » et donne pour chaque gamme la part de dépense par client.

La participation de la gamme **« Vins fins en bouteille »** dans la dépense moyenne par client pour la famille **« Boissons »** est de :

$$65{,}00\text{ F} - (2{,}54 + 0{,}95 + 8{,}10 + 2{,}09 + 2{,}80) = 48{,}52\text{ F.}$$

Le prix moyen payé par un client consommant du vin en bouteille est de :

$$\frac{48{,}52\text{ F} \times 100}{82} = 59{,}18\text{ F (B).}$$

Si l'on considère que la consommation moyenne par client est d'une demi-bouteille, le prix de vente moyen d'une bouteille de vin devrait s'établir autour de :

$$59{,}18\text{ F X } 2 = 118{,}36 \text{ soit } 118{,}50\text{ F arrondi.}$$

LES PRIX POUR LA GAMME « VINS FINS EN BOUTEILLE »

Ayant déterminé le prix de vente moyen d'une bouteille de vin, il faut établir la liste des prix des appellations qui figureront à la carte.

Pour ceci, on utilisera les principes d'**Omnès** cités plus haut.

1er Principe : ouverture de la gamme

Dans notre exemple le prix de vente moyen d'une bouteille est de 118,50 F, la gamme pourrait se situer de la façon suivante :

prix minimum : 60,00 F. prix maximum : 180,00 F.

60,00 F X 3 = 180,00 F.

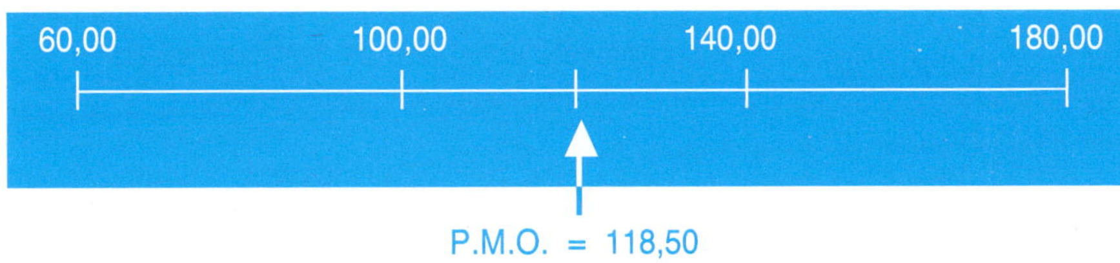

Il faut ensuite répartir des appellations entre les deux prix extrêmes, pour ceci nous utiliserons le deuxième principe d'**Omnès**. Au sein d'une gamme, au moins la moitié des références doivent se trouver en zone médiane de prix afin d'offrir un choix maximum autour du prix moyen.

EXEMPLE DE REPARTITION DES PRIX DANS LA GAMME « VINS FINS »

ZONE BASSE	ZONE MOYENNE	ZONE HAUTE
8 références	16 références	8 références
60,00 F	100,00 F	142,00 F
	102,50 F	
65,00 F	105,00 F	147,00 F
	107,50 F	
70,00 F	110,00 F	152,00 F
	112,50 F	
75,00 F	115,00 F	157,00 F
	117,50 F	
80,00 F	120,00 F	162,00 F
	122,50 F	
85,00 F	125,00 F	167,00 F
	127,50 F	
90,00 F	130,00 F	172,00 F
	132,50 F	
95,00 F	135,00 F	177,00 F
	137,50 F	
619,00 F	1 900,00 F	1 276,00 F

Afin de vérifier si la gamme proposée correspond à l'attente des clients, il est bon de mesurer périodiquement le jugement des consommateurs, leur appréciation du rapport « **Qualité/Prix** ». Pour ce faire on utilisera le 3ème principe d'Omnès qui compare le prix moyen demandé au prix moyen offert.

Total général des prix de vente offerts : 619 F + 1900 F + 1276 F = 3795 F

Le Prix Moyen Offert de la bouteille est de 3795 : 36 = 118,60 F.

Si tous les vins se vendaient exactement en même quantité, cela signifierait que la gamme est parfaite et que le produit proposé convient exactement à la clientèle.

Une fois ce travail accompli on peut rechercher les appellations pour mettre en face de chaque prix.

Le choix des appellations se fera en fonction des mets proposés aux clients et des conditions d'achat auprès des fournisseurs.

EXIGENCES ECONOMIQUES

Pour trouver à quel prix il faut acheter les bouteilles de vin il faut tenir compte de la rentabilité du restaurant, c'est-à-dire que la marge brute doit être suffisante pour payer les frais d'exploitation, et les coûts des moyens d'exploitation et dégager un bénéfice substantiel.

Comme nous l'avons étudié dans ce chapitre, deux méthodes peuvent être utilisées :

- l'application d'un coefficient multiplicateur sur prix d'achat,
- l'addition du prix d'achat et de la marge brute en valeur absolue.

Application d'un coefficient multiplicateur

Le coefficient multiplicateur permet de trouver directement le prix de vente T.T.C. en appliquant celui-ci au coût d'achat hors taxes.

Exemple

26,00 F × 3,5 = 91,00 F.

La pratique courante en restauration traditionnelle est d'appliquer un coefficient entre 3 et 4.

Cette méthode est simple, mais il faut éviter d'être systématique dans son application. En effet, avec les grands crus des vins dont le prix d'achat est élevé, le prix de vente atteint des sommets qui les rendent pratiquement invendables.

Application d'une marge

Pour inciter le client à consommer des vins un peu plus haut de gamme que ceux qu'il a l'habitude de consommer, on peut utiliser la méthode du calcul des prix de vente en fonction de marges définies et non en fonction d'un coefficient multiplicateur unique.

On détermine sur une période (par exemple un mois), quelle est la marge en valeur absolue laissée en moyenne par un client. Concrètement, sur un mois, on calcule le chiffre d'affaires réalisé pour la gamme des « **Vins fins en bouteille** ». De celui-ci, on retire la T.V.A. puis la valeur des consommations du mois (stock initial + achats du mois - stock final). Il reste alors une marge brute qui, divisée par le nombre de couverts du mois, donne le montant recherché.

Exemple

CALCUL DE LA MARGE BRUTE PAR CLIENT

Recette gamme vins H.T.		59 200,00
Valeur stock initial H.T. Achats H.T. Stock final H.T.	21 000,00 24 000,00 29 000,00	
Consommations du mois		16 000,00
Marge brute totale		43 200,00
Nombre de couverts	1 600	
Marge brute par client		27,00

Dans le même temps, on calculera la consommation moyenne en volume par client. Par exemple sur un mois, 600 bouteilles et 400 demi-bouteilles pour 1 600 clients donnent une demi-bouteille par client.

La marge brute obtenue 27,00 F correspond à une demi-bouteille.

Le prix de vente d'une bouteille se calculera ainsi :

Prix d'achat + marge brute = Prix de vente H.T.

Prix de vente H.T. × TAUX DE T.V.A. = PRIX DE VENTE T.T.C.

Exemple

31,00 F + 2(27,00) = 85,00 F × 1,186 = 100,00 F T.T.C.

Bien entendu, ce seul exemple est à moduler en fonction de la politique d'approvisionnement et des attentes du client.

Cette méthode permet de pratiquer des prix raisonnables tout en s'assurant la marge de rentabilité, l'objectif étant de vendre plus en quantité et mieux en qualité pour le client. Quelque soit la méthode utilisée l'important est de dynamiser les ventes des vins, seul le suivi des ventes par ces techniques marketing permet de faire les bons choix qui correspondent aux attentes de la clientèle.

Faire savoir - communiquer

1 - L'OUVERTURE D'UN RESTAURANT

1.1. Les contacts

Dans le mois précédant l'ouverture d'un restaurant, des contacts seront établis avec :

- La Chambre de Commerce et d'Industrie.
- La Mairie.
- L'Office du Tourisme de la ville où est implanté le restaurant, afin d'obtenir l'inscription du restaurant dans le guide « Restaurants de la ville », ainsi que les Offices de Tourisme des communes voisines, le Comité Départemental du Tourisme (chargé de la promotion du Tourisme du Département) et le Comité Régional du Tourisme (chargé de la promotion de la Région).
- La Presse locale et régionale ainsi que les radios locales pour annoncer l'ouverture prochaine du restaurant

Exemple de message radio sur fond musical :

« Gourmands et Gourmets,

Vous aimez les buffets superbes et les petits plats mijotés,

En famille, avec vos amis ou vos collègues, offrez-vous la détente et le plaisir dans un cadre chaleureux et sympathique.

Réservez vite au Restaurant Campanile de Toulouse en appelant le 61... ».

1.2. Le mailing

Le mailing permet de faire parvenir directement et individuellement un message publicitaire à une cible bien déterminée. Ce message peut se présenter sous la forme d'une lettre traditionnelle à laquelle sera joint un dépliant publicitaire léger appelé « flyer », mais également sous forme de carte postale, télégramme, télécopie ou télex qui sont des moyens de communication plus rapides. Le succès d'un mailing, dont on peut espérer jusqu'à 3 % de retombées, tient à la qualité du message mais aussi au choix de la cible.

EXEMPLE DE MAILING SEMINAIRES

Frantour

Paris, le 25 mai 1992

Monsieur le Responsable
du Service Formation
Banque Parisbas
2 rue d'Antin
75002 PARIS

Hôtel Berthier-Brochant
163 bis, avenue de Clichy
75017 Paris
Tél. (1) 40 25 20 00
Télex 660 251 F Batotel
Télécopie (1) 40 25 26 00

Monsieur,

VOUS ORGANISEZ DES SEMINAIRES DE FORMATION POUR VOTRE PERSONNEL

Vous recherchez dans Paris des salles de conférences fonctionnelles, confortables, des prestations hôtelières de qualité et un rapport qualité/prix optimum :

L'HOTEL FRANTOUR BERTHIER BROCHANT
648 CHAMBRES DANS LE 17e ARRONDISSEMENT DE PARIS
LE PLUS GRAND ETABLISSEMENT DE SA CATEGORIE A PARIS
EST UN CONCEPT D'ACCUEIL PARFAITEMENT ADAPTE A VOS BESOINS.

IL MET A VOTRE DISPOSITION POUR LA REUSSITE DE VOTRE SEMINAIRE :

- des salles de réunions adaptables de petite et moyenne capacité, particulièrement appropriées pour des meetings de 10 à 80 personnes, du matériel audio-visuel et des agencements à la demande.

- 3 restaurants d'une qualité que vous apprécierez.

- des chambres de confort international, équipées de salles de bains complètes, téléphone à ligne directe, réveil automatique, télévision couleur recevant 15 chaînes internationales via satellite et radios, ainsi que de minitels.

Si nos services sont susceptibles de vous intéresser, nous vous serions reconnaissants de bien vouloir nous retourner le **coupon-réponse** ci-joint au moyen de l'enveloppe prévue à cet effet, et vous en remercions par avance.

Dans l'espoir d'une très prochaine collaboration, nous vous prions d'agréer, Monsieur, l'expression des nos sentiments distingués.

SERVICE COMMERCIAL

Monsieur DUPONT

Société Parisienne d'Animation Touristique Sato Batignolles - s.a.r.l. au capital de 1 360 000 F
R.C. Paris 75 B 3472 - Siren 303 251 367 00015 - APE 6708

EXEMPLE DE TELECOPIE (Fax Menus)

Frantour

MENUS à 200 F
inclus : vin Château Coutinel
ou ½ Eau Minérale
et Café

MENU N° 1

Salade Frisée aux Lardons - Oeuf poché
Emincé de Volaille aux Champignons, Pâtes Fraîches
Assortiment de Fromages
Soufflé Glacé Grand Marnier

MENU N° 2

Jambon de Pays
Pièce de Boeuf au Poivre Vert ou Bordelaise
Haricots Verts, Pommes Paillasson
Assortiment de Fromages
Tarte aux Fruits

MENU N° 3

Assiette Maraîchère
Brochette d'Agneau Sauce Diable, Riz Safrané
Assortiment de Fromages
Entremets Poire et son Coulis

MENU N° 4

Quiche Lorraine
Viennoise de Cabillaud au Poivre Gris
Epinards en Branche
Assortiment de Fromages
Salade de Fruits Frais

MENU N° 5

Oeuf "Bourguignonne" sur Toast
Mixed Grill de viandes
Tomate Grillée - Pommes Gaufrette
Assortiment de Fromages
Millefeuille Cacao

EXEMPLE DE TELEGRAMME

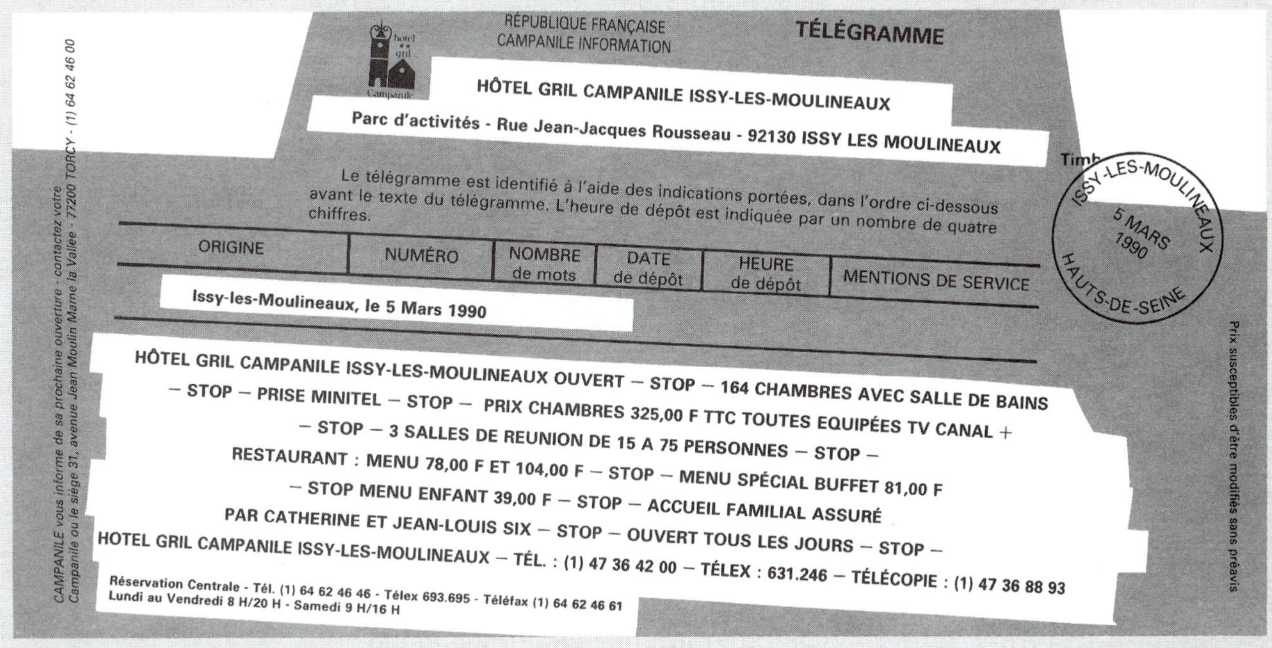
RÉPUBLIQUE FRANÇAISE
CAMPANILE INFORMATION
TÉLÉGRAMME

HÔTEL GRIL CAMPANILE ISSY-LES-MOULINEAUX
Parc d'activités - Rue Jean-Jacques Rousseau - 92130 ISSY LES MOULINEAUX

Le télégramme est identifié à l'aide des indications portées, dans l'ordre ci-dessous avant le texte du télégramme. L'heure de dépôt est indiquée par un nombre de quatre chiffres.

ORIGINE	NUMÉRO	NOMBRE de mots	DATE de dépôt	HEURE de dépôt	MENTIONS DE SERVICE
Issy-les-Moulineaux, le 5 Mars 1990					

HÔTEL GRIL CAMPANILE ISSY-LES-MOULINEAUX OUVERT – STOP – 164 CHAMBRES AVEC SALLE DE BAINS – STOP – PRISE MINITEL – STOP – PRIX CHAMBRES 325,00 F TTC TOUTES EQUIPÉES TV CANAL + – STOP – 3 SALLES DE REUNION DE 15 A 75 PERSONNES – STOP – RESTAURANT : MENU 78,00 F ET 104,00 F – STOP – MENU SPÉCIAL BUFFET 81,00 F – STOP MENU ENFANT 39,00 F – STOP – ACCUEIL FAMILIAL ASSURÉ PAR CATHERINE ET JEAN-LOUIS SIX – STOP – OUVERT TOUS LES JOURS – STOP – HOTEL GRIL CAMPANILE ISSY-LES-MOULINEAUX – TÉL. : (1) 47 36 42 00 – TÉLEX : 631.246 – TÉLÉCOPIE : (1) 47 36 88 93

Réservation Centrale - Tél. (1) 64 62 46 46 - Télex 693.695 - Téléfax (1) 64 62 46 61
Lundi au Vendredi 8 H/20 H - Samedi 9 H/16 H

ISSY-LES-MOULINEAUX 5 MARS 1990 HAUTS-DE-SEINE

CAMPANILE vous informe de sa prochaine ouverture - contactez votre Campanile ou le siège 31, avenue Jean Moulin Marne la Vallée - 77200 TORCY - (1) 64 62 46 00

Prix susceptibles d'être modifiés sans préavis

Il pourra s'adresser, par exemple :

- aux entreprises régionales,
- aux commerçants,
- aux professions libérales (pharmaciens, avocats, architectes, notaires, comptables...),
- aux associations et clubs,

Les annuaires téléphoniques et télex sont d'une grande utilité pour établir les fichiers de clientèle ciblée. Les Chambres de Commerce fournissent le fichier des entreprises régionales ainsi que le Kompas. L'INSEE met à la disposition de toute personne intéressée un fichier de 3 200 000 entreprises, commerces et associations françaises, mis à jour régulièrement. Ce fichier s'appelle SIRENE. L'UFAP (Union Française des Annuaires Professionnels) propose sa base de données ESSOR, fichier purement industriel.

1.3. Les tracts publicitaires

Ils peuvent être diffusés :

- par la poste : Le « postcontact cible » permet de procéder à la distribution de tracts selon une zone déterminée. Le ciblage se base sur un ensemble de critères qui caractérise la clientèle à atteindre : habitat, âge, profession dans de petites zones d'environ 400 foyers desservis par le facteur. Le coût de cette opération est très modique ;

- par le journal gratuit : 10 000 à 15 000 tracts, selon l'importance de la ville et du budget publicitaire peuvent être distribués en même temps que le journal gratuit le plus réputé, bien entendu. Il s'agit d'établir un contrat en collaboration avec l'Agence de distribution du journal afin de sélectionner les quartiers résidentiels de la ville.

EXEMPLE DE TRACT PUBLICITAIRE

1.4. Affichage et fléchage

L'affichage et le fléchage aideront au démarrage du restaurant en facilitant l'accès à l'établissement.

- La pré-enseigne (format 1 m x 1,50 m) se situe sur chaque voie d'accès principale, à 5 km maximum.
- Les réseaux sont des panneaux peints de 12 m² (3 m x 4 m) sur lesquels on colle des affiches pour des durées de 8 à 15 jours. Ils permettent de couvrir de nombreux espaces très rapidement mais coûtent chers. Il s'agit donc de mettre en concurrence les entreprises spécialisées (Avenir, Dauphin, Giraudy...) qui vendent leurs espaces à des prix très différents selon les saisons.
- Le fléchage de proximité est constitué de flèches en plastique, réfléchissantes de 1,20 m x 0,50 m.
- L'affichage extérieur des menus et cartes doit être le plus attractif possible.

1.5. La visite des entreprises

La visite des entreprises les plus importantes de la région, après une prise de rendez-vous téléphonique, s'impose. Il faut alors déterminer la zone de chalandise (environnement proche du restaurant, centre-ville ainsi que les localités et communes environnantes) afin de procéder méthodiquement. Le but de la visite est certes, de présenter le nouveau restaurant, en insistant sur la qualité de ses prestations et services mais surtout d'obtenir de la société des renseignements précis concernant ses besoins en restauration, le nombre annuel de séminaires, réunions et réceptions, leur durée, le nombre de participants, etc...Il sera remis à l'entreprise une documentation comportant un dépliant publicitaire, une carte de visite de la personne à contacter, des menus et cartes avec tarifs ainsi que le dossier séminaires.

1.6. Inauguration

L'inauguration du restaurant s'effectuera quelques jours après l'ouverture et fera l'objet d'invitation à un cocktail des personnalités locales, des journalistes de la presse, la radio ou la TV régionale qui relateront l'évènement, ce qui permettra de valoriser l'établissement pour un coût des plus modiques, des représentants des entreprises, associations, clubs et syndicat d'Initiative, des commerçants et professions libérales de la ville

EXEMPLE DE LETTRE D'INVITATION A UN COCKTAIL

hotel gril Campanile

GROUPE ENVERGURE

Toulouse , le 27 août 1991

INVITATION

Madame, Monsieur,

Toute l'équipe du **CAMPANILE TOULOUSE FUTUROPOLIS** serait heureuse de vous compter parmi ses invités au Cocktail des Responsables Sportifs qui se déroulera en la présence de :

Monsieur Kandalast, Chargé des Relations Internationales de l'Hôtel de Ville de Toulouse.

Nous vous attendons nombreux le **lundi 09 septembre 1991 à 18H** au **CAMPANILE de Toulouse Futuropolis** et vous prions de bien vouloir confirmer votre présence à l'aide du coupon réponse joint ci-dessous.

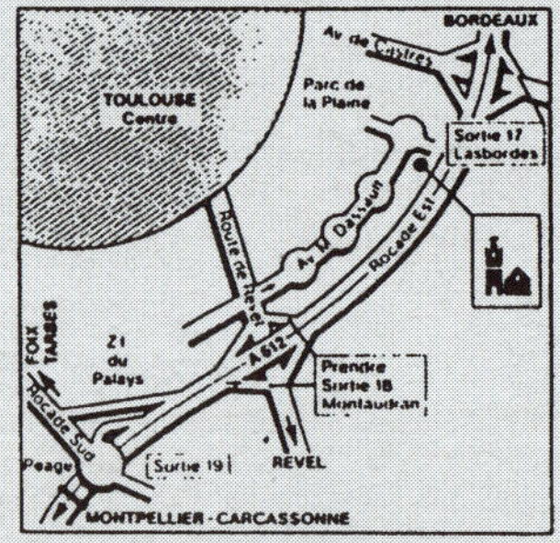

CAMPANILE TOULOUSE FUTUROPOLIS
Parc Technologique
ZAC de la Grande Plaine
Futuropolis
31502 Toulouse Cédex

☏ **61 54 46 25**

Dans l'attente de vous recevoir, nous vous prions d'agréer, Madame, Monsieur, l'expression de nos sincères salutations.

Nathalie et Serge Hamonic
CAMPANILE TOULOUSE FUTUROPOLIS

....

NOM (S) :

❑ Assistera (ont)

❑ N'assistera (ont) pas

A la réception du 09 septembre 1991 à 18 H au Campanile Toulouse Futuropolis

ADRESSE :

SPORT REPRESENTE :

PS : Renvoyer ce coupon complété à l'adresse indiquée ci-dessus. Vous pourrez gagner de nombreux lots lors du **tirage au sort** qui aura lieu pendant le cocktail.

2 - ACTIONS DE FIDELISATION ET PROMOTION

Les actions commerciales peuvent faire venir les clients, mais seule la qualité du service et du produit les fera revenir.

Pour conserver une image dynamique de l'établissement, il sera nécessaire d'informer régulièrement la clientèle des nouveautés : changement de carte, soirée à thème, mise en place d'un nouveau service. Pour cela, il faudra dès les premiers contacts, créer un fichier des entreprises et associations mais aussi des clients individuels dont les noms et adresses peuvent être relevés sur les chèques ou cartes de paiement (avec une indispensable discrétion). Ce fichier, régulièrement mis à jour, se révèlera un outil incomparable pour la relance de la clientèle, outil qu'il faudra protéger de la concurrence.

Après un ou deux mois d'activité, il est bon de prévoir la relance téléphonique des sociétés touchées par le mailing d'ouverture ainsi que des entreprises visitées. Si elles ne sont pas clientes, une invitation à déjeuner ou dîner peut les faire changer d'avis. Si elles sont clientes, même rarement, envisager une visite de sympathie à l'occasion d'une nouvelle carte ou d'une animation particulière du restaurant.

Se tenir informer de toutes les manifestations de la ville et de la région : foires, salons, kermesses, rencontres amicales, quinzaines commerciales et y participer en offrant, par exemple, des repas.

Pour les fêtes de fin d'année, penser à envoyer voeux et cadeaux aux meilleurs clients.

Organiser un réveillon peut aussi être une action commerciale intéressante.

Il est possible de lancer une campagne radio à moindre frais par la voix d'une radio locale privée dont le taux d'écoute rivalise parfois avec les radios périphériques. Les plus côtées sont actuellement NRJ, FUN et Nostalgie. Il faut alors bien choisir le créneau horaire, l'écoute la plus forte se situant de 7 H à 8 H 30, de 12 H à 14 H et de 17 à 19 H ; la durée du message (la durée idéale : 30 secondes), sa répétition et fréquence.

Soigner les cadeaux publicitaires : briquets, pochettes d'allumettes, stylos, cendriers, auto-collants, pin's.

Figurer sur un guide touristique national ou régional, correspondant au type de clientèle ciblée peut se révéler comme une excellente stratégie publicitaire. Mieux encore, la conquête des étoiles Michelin ou des Toques Gault-Millau ou la participation aux concours culinaires (les plus prestigieux étant le Meilleur Ouvrier de France et le Bocuse d'Or), de sommellerie ou de bar.

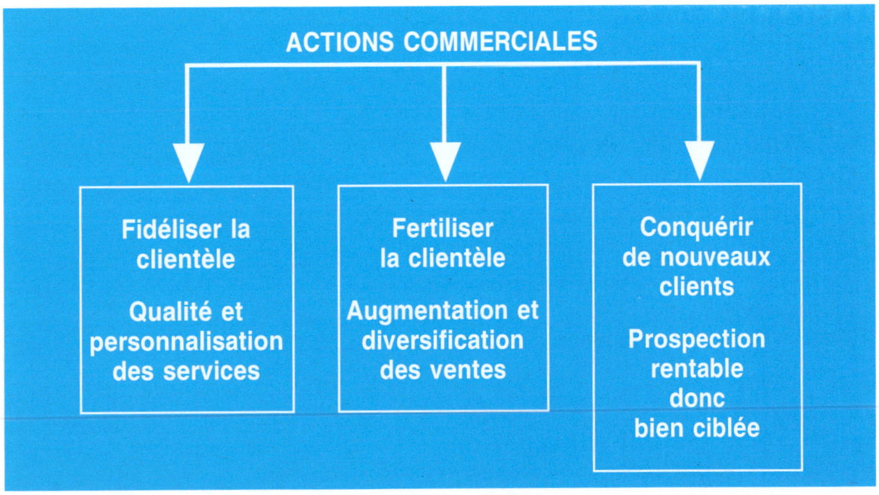

3 - PLAN D'ACTION COMMERCIAL

Etabli chaque année, il permet de planifier les actions commerciales prioritaires pour l'année à venir, à partir de l'analyse des résultats des années antérieures et des scores réalisés par la concurrence. Les actions seront déterminées en fonction de la cible et du budget publicité/promotion.

Exemple

Nombre de couverts du dimanche peu satisfaisant

Objectif

Améliorer ce nombre de couverts

Cible

- Clientèle locale familiale.
- Associations.
- Groupes.

Actions possibles

A choisir en fonction du budget de l'établissement.
Mailing aux particuliers déjà clients.
Publicité dans les journaux locaux.
Affiches chez les commerçants.
Visite aux dirigeants d'associations.
Contacts Syndicat d'Initiative pour groupes.

La proposition peut différer selon la cible

Menu du dimanche aux particuliers.
Repas à thème pour les Associations.
Menus groupes.

Extrait d'un plan d'action commercial

Campanile..........................

P.A.C. 1992

Actions régulières	Ventilation par poste montant en francs H.T.
- pré-enseignes (tournée régulière des pré-enseignes)	FF 9 000 F
- flêchage sauvage	FF
- annuaire France Télécom	FF 4 500 F
- Cotisation Office du Tourisme	FF 1 000 F
- adhésion club hôtelier	FF 1 000 F
- Voeux de fin d'année	FF 5 000 F
- Autres actions Réunion Nationale Régionale Relance mailing clientèle groupe	 FF 5 000 F FF 1 000 F
- Total actions régulières	FF 26 500 F

Budget prévisionnel	70 000 F
Budget actions régulières	26 500 F
Budget actions ponctuelles	43 500 F

Extrait d'un plan commercial
Actions ponctuelles P.A.C. 1992

Répartition sur l'année		1er semestre						2e semestre					
Actions diverses	Ventilation/Poste Montant en FF/HT	J	F	M	A	M	J	J	A	S	O	N	D
Mailings Fax entreprises		X		X		X				X		X	
Visites entreprises													
Affichage	12 000 FF	X											
Radio													
Insertions publicitaires													
Cocktails sportif	2 500 FF			X									
Associations, secrétaires	3 000 FF										X		
Offerts	8 000 FF												
Autres actions* :													
Galettes des rois	5 000 FF	X											
Trophée golf	5 000 FF				X								
Semaine à thème	5 000 FF											X	
Goûter campi (rentrée des classes)	3 000 FF									X			
Total :	FF 43 500 FF												

* semaine à thème/Mailing télex/tirage carte de visite/beaujolais nouveau/distribution galettes des rois ou gâteaux/inauguration/anniversaire/trophée golf/participation kermesse, foires, salons/goûter enfant/anniversaire enfant/marketing téléphonique...

1 - Actions annuelles	
Fléchage	• Pré-enseignes : de 5 à 15 suivant visibilité, accessibilité et concurrence • Panneaux 12 m² : seulement si impossibilité d'obtenir un nombre suffisant de pré-enseignes • Fléchage sauvage : vérifier régulièrement leur présence
Publicité	• Annuaire P.T.T. : réalisé au niveau du siège • Guide Office du Tourisme • Mailing relance clients groupes juillet/août • Autres actions (fiches taxis, information hôtellerie dans la presse du week-end, etc.)

2 - Actions ponctuelles

Analyse des besoins	Cible clientèle	Coûts approximatifs des actions
Restaurant semaine	Clientèle locale (soir) + entreprise (midi) + passage	**Mailing Télex** Quantité : 200 télex minimum Cible : entreprises de la ville Annonce : marmites et entrées de la semaine, y compris celles du week-end Période : chaque week-end pendant 6 semaines sans oublier les villes aux alentours - 30/50 kms pour séminaires
		Affichage Quantité : 30 à 40 panneaux Durée : 7 à 14 jours Prix : 350 à 400 Frs le panneau + repiquage + affiche (environ 100 Frs) Période : janvier, février, juillet, août et suivant opportunités Attention aux périodes électorales !
Restaurant + séminaire		**Mailing** Cible : entreprises (INSEE - ESSOR) Coût : 6 000 Frs HT tout compris Quantité : 1 000 minimum Affichettes paysage - Cartes postales
Restaurant week-end	Clientèle locale	**Tracts** Quantité : 10 000 minimum Distribution : en couplage avec le meilleur gratuit ou imprimés sans adresse avec P.T.T. Coût : 5 000 HT environ (impression + distribution) **Attention** : prévoir le fléchage sauvage en même temps
		Mailing association Clientèle : sportifs, 3e âge, professions libérales, associations culturelles Fichier : page jaune annuaire, mairie, office de tourisme, direction départementale de la jeunesse et des sports, Minitel... Coût : 4 000 Frs Documents : Affichette paysage
		Encart presse Choix : journal local de préférence Emplacement manchette ou page locale Taille : 5 à 10 cm sur 2 ou 3 colonnes Prix : de 500 à 1 000 Frs Période : le week-end si possible Message : buffet - petits plats - menu enfants - nom des gérants
Source : Document GROUPE ENVERGURE		**Radio** - Descriptif détaillé disponible au siège Choix : la plus écoutée Clientèle : tranche d'âge (+ de 30 ans) Nombre de spots : 12 minimum par jour sur 1 ou 2 semaines Période : entre 7 et 9 heures et entre 18 et 20 heures Coût : entre 80 et 130 Frs le spot de 30 secondes Message : axé sur la restauration CAMPANILE - buffets - petits plats

Avoir un bon produit et offrir des prestations de qualité ne suffit pas, il est indispensable de faire savoir ce que l'on est capable de réaliser pour satisfaire les clients.

CHAPITRE 2

Les relations avec la clientèle Accueil et vente

Introduction

La restauration est un métier où l'accueil et la vente sont deux composantes essentielles du service rendu au client. Nous pouvons définir simplement l'ACCUEIL et la VENTE.

L'**accueil** est l'ensemble des comportements, techniques voire des politiques mis en oeuvre pour établir une relation humaine de qualité avec le client, dans le but de satisfaire ses besoins, ses goûts, ses aspirations.

La vente c'est l'art de faire acheter des marchandises qui ne reviendront pas... ...à des clients, qui eux reviendront.

Principaux éléments de la communication professionnelle

La communication peut être verbale ou non verbale.

La communication verbale véhicule des messages exprimés dans un langage composé de mots, de phrases ;le mode de transmission est oral, écrit, ou audio-visuel.

La communication non verbale véhicule des messages exprimés au moyen du langage gestuel, le mode de transmission est le plus souvent visuel.

La communication purement verbale n'intervient que pour une faible part dans l'impression que les autres se font de nous.

L'impact est le suivant :

Communication au niveau verbal

10 % des messages passent par les mots

35 % passent par le ton

Communication au niveau non verbal

55 % passent par le regard, les gestes inconscients

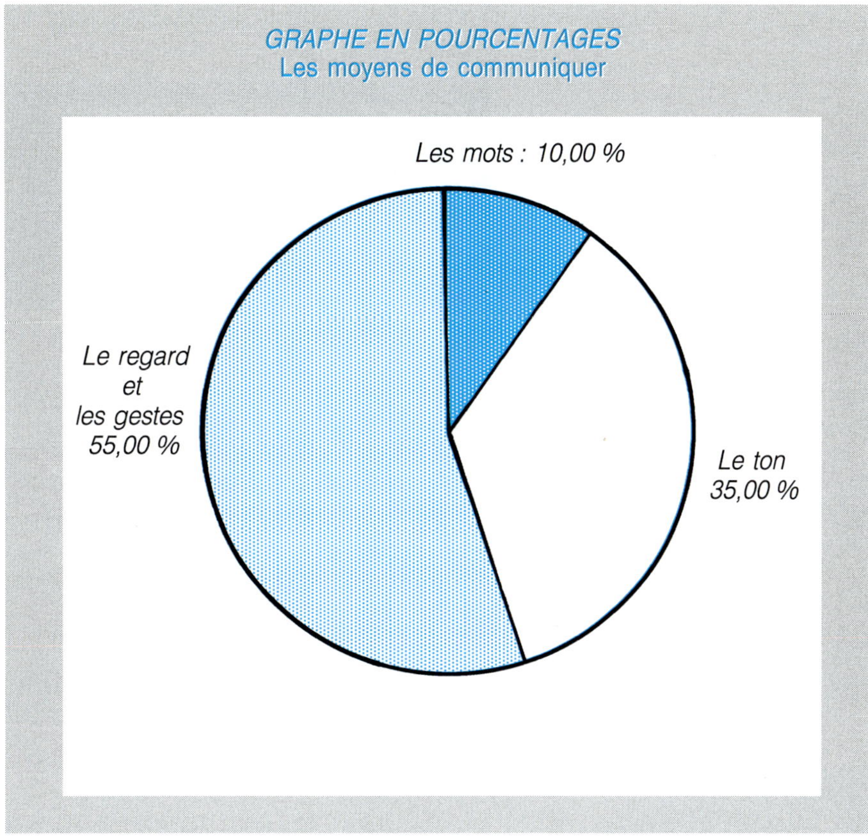

Les principaux moyens d'expression sont : le regard, le sourire, les gestes, le vocabulaire, la démarche, la tenue vestimentaire et corporelle.

1 - LE SOURIRE

Le sourire est primordial dans l'hôtellerie et la restauration comme en témoigne ce vieux proverbe chinois :

« L'homme qui ne sait pas sourire ne devrait pas tenir boutique »

Le sourire est une marque muette de bienvenue, qui calme et valorise le client. Il signifie :

- *« ...Je suis heureux de vous recevoir... »,*
- *« ...Soyez le bienvenu... »,*
- *« ...Je vous remercie d'avoir choisi notre établissement... »,*
- *« ...Je suis heureux de vous rendre service... ».*

Le climat de détente engendré par le sourire permet de créer un climat de confiance pour le client. Bien sûr le « sourire commercial » figé, crispé ne donne pas du tout le même résultat. Le sourire doit être naturel, spontané, c'est le rayonnement du coeur et de l'esprit.

> ON MET EN ACTION 65 MUSCLES FACIAUX
> QUAND ON A L'AIR MECONTENT ET
> 10 SEULEMENT QUAND ON SOURIT.
>
> POURQUOI SE SURMENER ?

2 - LE REGARD

Le regard est un canal de communication qui établit le « contact » entre deux personnes. Au moment de la prise de contact, c'est le regard qui va créer sur le client une première impression, sympathique ou non.

Regarder un client c'est le reconnaître, même si on ne peut pas s'occuper immédiatement de lui parce qu'on est pris par d'autres clients, le regard souriant permet de rassurer le client, le message étant :

« je vous ai vu,
je fais l'impossible pour vous servir
dans les meilleurs délais ».

3 - LES GESTES

Les gestes traduisent et renforcent les messages que nous exprimons, ils doivent être naturels, spontanés afin d'exprimer la conviction et non l'ennui ou l'hésitation.

En présence des clients, il faut éviter d'avoir les bras croisés qui marquent une attitude réservée, les poings serrés dénotant l'irritation, la colère. Il faut préférer des gestes ronds, larges, comme les bras ouverts ou légèrement tendus signifiant l'ouverture d'esprit, des dispositions à l'accueil, la disponibilité pour rendre service.

4 - LA VOIX

La voix est caractérisée par :

- **Le ton** qui doit varier constamment sur les mots, les phrases afin d'éviter d'être monotone ou au contraire trop agressif.

Le ton de la voix doit s'adapter aux circonstances : pour l'accueil du client la voix s'efforcera d'être chaude, amicale, naturelle. Utiliser un ton bas pour créer un climat de confiance. Pour convaincre lors d'une vente par exemple, la voix sera énergique, affirmative, le ton légèrement plus élevé.

C'est surtout au ton de la voix que le client reconnaît si l'on est convaincu soi-même et si l'on s'intéresse vraiment à lui.

- **Le débit** conditionne la bonne compréhension du message, il doit s'adapter aux circonstances et aux clients. Une personne âgée appréciera un débit plus lent lui permettant de bien comprendre.

- **L'articulation** : pour obtenir une prononciation distincte il suffit bien souvent d'articuler correctement les consonnes.

5 - LE VOCABULAIRE

> Dans l'accueil au restaurant,
> les dix premiers mots sont plus importants
> que les dix mille qui suivent...

Le langage courant ou usuel combiné à un vocabulaire adapté à la profession est celui qui doit être utilisé dans le domaine professionnel. Il se caractérise par une expression correcte mais sans recherche littéraire ou autre, le but recherché n'étant pas d'éblouir ses interlocuteurs mais de se faire comprendre clairement.

En hôtellerie restauration certains mots doivent être évités :

• Les mots négatifs

« Non...,
ne... pas,
pas du tout...,
impossible...,
jamais de la vie etc. ».

Ils créent un climat tendu et négatif pour le client. Il est préférable de poser des questions pour mieux comprendre le client et l'amener à dire **« oui ».**

« Pensez-vous qu'il serait possible... »,
« Préférez-vous cette table ?... ».

• Les mots agressifs

Le seul moyen de remporter une victoire dans une discussion, c'est de l'éviter, car l'homme que l'on cherche à convaincre contre son gré, ne changera pas d'avis.

« Personnellement j'estime... »,
« Croyez-en mon expérience... »,
« Je vais vous prouver que... »,
« Vous avez tort..., c'est faux... ».

• Les mots minorants ou dévalorisants

« Un petit apéritif... »,
« Une petite table... ».
« Excusez-moi de vous déranger pour prendre la commande... »,
« Excusez-moi de vous demander pardon... ».

Il faut éviter les mots ou les expressions qui mettent le serveur **« plat ventre »** devant le client, un bon service n'est pas l'abnégation de la personnalité, mais l'adaptation du discours afin de satisfaire les besoins du client.

Un service discret est une qualité première, mais le service doit être omniprésent, car il fait partie de l'image de marque de l'entreprise.

• Les mots trop techniques

« Les rissolles sont déglacées au vin blanc et mouillées au fond brun... »,

Le client aura du mal à comprendre et sera mal à l'aise pour faire son choix. Sans compter que cela entraîne généralement des discussions interminables.

En résumé

Les 6 mots les plus importants :
« Que puis-je faire pour votre service ? ».

Les 5 mots les plus importants :
« Ai-je fait une erreur ? ».

Les 4 mots les plus importants :
« Quel est votre avis ? »

Les 3 mots les plus importants :
« S'il vous plaît ? ».

Les 2 mots les plus importants :
« Merci beaucoup ».

Le mot le plus important :
« Vous ».

Le mot le moins important :
« Moi ».

6 - LA TENUE VESTIMENTAIRE ET CORPORELLE

La tenue vestimentaire et corporelle du personnel fait partie des premières impressions du client lorsqu'il pénètre dans un établissement, d'où l'attention particulière à porter sur l'aspect des personnes en contact avec le client :

- des vêtements adaptés à la fonction et au style de l'établissement,
- des vêtements fonctionnels, agréables à porter et à regarder,
- des vêtements faciles d'entretien et toujours propres,
- les chaussures en bon état, cirées,
- les vestes, tabliers, pantalons, jupes doivent être propres, ne pas être déformés par des poches trop pleines avec tous les boutons bien cousus,
- les mains et les ongles propres et soignés,
- les cheveux doivent être d'aspect net et coiffés afin de rester en place pendant tout le service,
- le visage doit être rasé de près, la barbe est difficilement compatible avec les métiers de service en restauration,
- le maquillage peut être discret tout en mettant la personne en valeur,

- les parties des jambes visibles doivent être épilées, les collants discrets ne doivent pas avoir filés,
- le parfum fait partie des soins du corps mais celui-ci doit rester très discret,
- le port des bijoux doit rester limité (alliance, montre) et en tout cas être discret.

En résumé

La propreté est le témoin du respect de soi-même et du client.

Les attitudes professionnelles

1 - LA NOTION DE SERVICE

Offrir un bon service à un client, c'est lui donner le sentiment de bien-être.

Dans le secteur de la restauration de nombreux restaurants proposent des menus, des mets, des vins et des prix qui en font des produits comparables. Dans cette situation de concurrence, c'est le restaurant qui offre le meilleur service personnel qui réussit.

Il existe de nombreuses interprétations possibles du concept de « service », pourquoi le service est-il si difficile à définir ?

- Il n'est pas tangible, il ne peut être ni pesé ni mesuré, il est plus émotionnel que rationnel.
- Il est possible de vendre le service, mais on ne peut pas en donner un échantillon à emporter, à donner aux autres.
- Le service ne peut pas être standardisé.
- Le service peut être perçu de différentes façons :
  - par des clients différents appartenant au même groupe culturel,
  - par le même client à des moments et dans des humeurs différentes,
  - par des clients de milieu social, culturel et géographique différent.

La manière dont le service est perçu dépend de ce que les clients en attendent. Si le service que le client reçoit ne répond pas à ses attentes, il est fréquemment qualifié de « mauvais service ».

Une chose est certaine :

un client évaluera le service selon ses propres critères.

Satisfaire la clientèle c'est répondre à ses besoins. Chaque client a ses propres besoins. Il y a ceux qui ont besoin d'être rassurés, ceux qui veulent faire la conversation, ceux qui préfèrent la tranquillité etc. (voir plus loin).

Dans la majorité des situations pour offrir un bon service il suffit :

- d'établir un contact avec les yeux,
- de prêter toute son attention au client,
- de comprendre quels sont les besoins du client,
- d'adapter son comportement à ses besoins,
- de montrer que, sans l'ombre d'un doute on respecte et on accepte le client sans se soucier des questions de race, de sexe, de culture,
- d'utiliser le nom de la personne à bon escient,
- d'être solidaire de ses collègues et de son entreprise,
- d'être calme et confiant,
- d'avoir une bonne tenue vestimentaire et corporelle.

**N'oublions pas que,
si un client satisfait en amène quatre autres,
un client mécontent en fait fuir dix...**

2 - L'ACCUEIL AU TELEPHONE

L'accueil téléphonique est caractérisé par un échange uniquement verbal sans le secours des regards, des mimiques, des gestes qui nuancent les paroles.

Une bonne relation dans la communication téléphonique résulte de la combinaison harmonieuse de plusieurs éléments :

- **La voix** : il est inutile de parler plus fort que d'habitude, mais il est indispensable d'articuler nettement et de parler plus lentement ;
- **L'attitude physique** : la voix change selon la position du corps, une bonne tenue donne une voix nette. Les gestes ou mouvements intempestifs pour attraper un crayon, un papier, appeler quelqu'un, s'entendent.

**Le sourire « s'entend » au téléphone,
Il rend la voix plus chaude et
plus sympathique**

- **L'expression et le ton** : le sens des mots employés doit être bien maîtrisé afin de donner une forme correcte au message émis. Le ton donne au message « couleur et saveur », il laisse transparaître les sentiments : impatience, disponibilité, embarras, colère, vivacité, nonchalance, gaîeté, indifférence etc.

**Au téléphone l'indifférence peut être perçue de façon négative,
le manque de chaleur risque de passer pour de la froideur,
sinon de l'agressivité.**

**De plus, le ton est souvent contagieux :
morosité ou
amabilité deviennent facilement communicatives !**

- **Le contenu du message** : c'est l'information à transmettre, pour cela il est nécessaire de réunir tous les éléments utiles pour poser des questions ou fournir des renseignements précis. Par exemple une fiche de commande pour prendre une réservation ; la carte des vins et les menus pour renseigner les clients etc.

Comme dans toute relation, le bon déroulement d'une communication téléphonique comprend 4 étapes qui conditionnent la réussite de l'entretien (Voir tome 1, chapitre 8.) :

1re étape **prendre contact :** pour accueillir, se présenter ;

2e étape **prendre en charge :** pour comprendre la demande qui est faite ou exprimer une demande, échanger des informations, proposer une solution adaptée ;

3e étape **assurer le suivi :** pour argumenter, adopter une solution, formuler un accord ;

4e étape **prendre congé :** pour remercier, saluer.

Quelques phrases au téléphone pour :

Accueillir

- Restaurant Trimaran bonjour.

- Bienvenue au restaurant Trimaran.

- Restaurant Trimaran à votre service, bonjour.

Faire patienter

- Merci de rester en ligne.

- Préférez-vous rester en ligne ou rappeler dans quelques instants ?

- Monsieur LAZOU est occupé pour l'instant, à quel numéro pouvons nous vous rappeler ?

- Je vous mets en communication avec Monsieur SKIPPER.

Informer

- C'est à quel sujet ?

- En quoi puis-je vous aider ?

- Avez-vous de quoi noter ?

- A quelle adresse puis-je vous envoyer ce document ?

- Monsieur FOC est sorti, souhaitez-vous laisser un message ?

- Toutes nos tables sont occupées ce soir, souhaitez-vous faire une réservation pour une autre date ?

Demander le nom

- A quel nom dois-je faire la réservation ?
- Je crains de mal orthographier votre nom, pouvez-vous me l'épeler s'il vous plait ?
- Qui dois-je annoncer ?

Prendre congé

- Ce sera fait, vous pouvez compter sur moi.
- Je vous remercie d'avoir appelé, et je vous souhaite une très bonne journée.
- Merci de votre réservation, à bientôt le plaisir de vous recevoir.
- Merci de votre confiance.

Prendre un message

- Voulez-vous laisser un message ?
- Voulez-vous qu'il vous rappelle ?
- A quel numéro peut-on vous joindre ?
- Soyez tranquille, nous ferons le nécessaire.
- Il aura votre message dès son retour.

3 - L'ACCUEIL AU RESTAURANT

3.1. L'environnement

Soigner l'accueil c'est soigner l'offre globale.

C'est pourquoi l'apparence et le fonctionnement d'un restaurant font partie des éléments d'accueil et témoignent de l'attention que l'on porte aux clients. Ainsi en soignant les éléments suivants :

- la façade et les abords du restaurant,
- la propreté des locaux et les odeurs agréables,
- la décoration, l'éclairage et le confort des salles,
- l'insonorisation, l'ambiance
- l'intimité, la sécurité,
- les aménagements spéciaux pour les enfants, les handicapés, les personnes âgées etc.,
- la présentation des produits.

3.2. L'arrivée du client

Le moment privilégié de l'accueil se situe à l'arrivée du client. Le premier contact est l'élément psychologique qui va influencer en grande partie la suite des relations d'accueil.

**Un client ne me dérange pas dans mon travail,
Il est mon travail !**

Accueillir c'est créer un climat de confiance,
pour réussir retenir la règle des 4 FOIS 10 :

Les 10 premières secondes

Le regard — Dès qu'un client se présente, le regarder permet de lui donner les signes de reconnaissance qui le rassureront, il aura le sentiment d'être pris en charge et qu'on ne l'oublie pas même s'il n'est pas possible de s'occuper immédiatement de lui. L'impression d'isolement peut être désagréable lorsque l'on pénètre dans un restaurant et que personne ne s'occupe de vous, en même temps on a le sentiment que l'ensemble des clients attablés porte leur regard sur vous !

Les 10 premiers pas

Le corps — Se diriger immédiatement vers le client, ce mouvement dans sa direction renforce le sentiment d'être pris en charge.

Les 10 cm du visage

Le sourire — Le premier signe de courtoisie envers le client est de lui offrir un visage souriant.

Les 10 premiers mots

La voix — Les mots de bienvenue sont prononcés avec un ton aimable.

**Attention à ce que la routine
ne se tranforme pas en indifférence**

3.3. Quelques conseils de savoir-vivre

- Comment s'adresser à un client ?

Oui Non Bonjour Au revoir Merci	→ Sont toujours suivis de →	Madame ou Mesdames Mademoiselle ou Mesdemoiselles Monsieur ou Messieurs

Pour un couple dire : « *bonjour Madame, bonjour Monsieur* »

A certains personnages on peut donner un titre :

Un Ambassadeur :	*Votre Excellence*
Un curé :	*Monsieur le Curé*
Un Evêque Catholique :	*Monseigneur*
Un Evêque Orthodoxe :	*Monseigneur*
Grand Rabin :	*Monsieur le Grand Rabin*
Pasteur :	*Monsieur le Pasteur*
Une Religieuse :	*Ma Soeur, ou Ma Mère*
Baron : Baronne :	Monsieur le Baron *Madame la Baronne*
Comte :	*Monseigneur*
Comtesse :	*Madame la Comtesse*
Duc :	*Monseigneur*
Duchesse :	*Madame la Duchesse*
Prince :	*Votre Altesse*

- Eviter de dire : *« Je ne sais pas »*
  Préférer : *« Je vais me renseigner et trouver la réponse. »*
- Tirer les chaises aux dames.
- Présenter la carte aux dames en premier.
- Tenir compte des différences d'âge.

3.4. Le départ du client

Le départ du client est important afin qu'il reste sur une impression favorable.

Payer n'est jamais ressenti par le client comme un moment agréable, c'est pourquoi la facture devra être lisible, facile à comprendre et surtout ne pas se faire attendre.

Lorsque le client quitte l'établissement, l'accueil c'est aussi :

- demander si le repas a été agréable,
- proposer des services : vestiaires, taxis...
- remettre une carte de visite du restaurant,
- dire que l'on sera heureux de revoir le client,
- saluer le client et le remercier de sa visite.

Le restaurateur et ses clients

1 - LA TRILOGIE

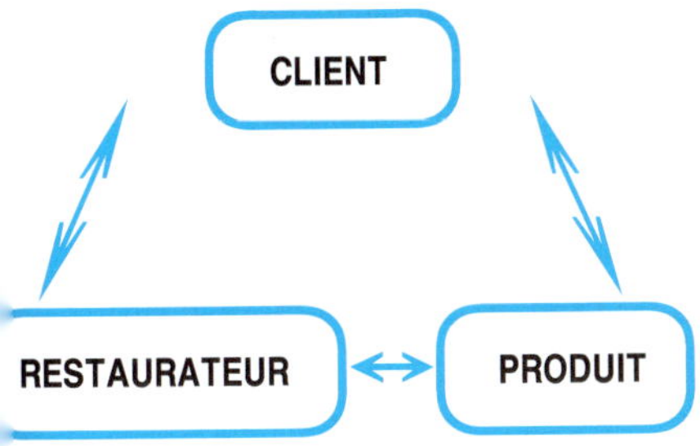

Dans sa relation avec le client, le professionnel a deux types de préoccupations :

- **l'intérêt pour le produit ou le service** qui peut aller de la récitation bien apprise et convaincue d'un argumentaire très technique au dialogue actif dans le souci de faire consommer ou de faire acheter ;
- **l'intérêt pour le client** qui peut aller du souci de le satisfaire coûte que coûte au simple climat de confiance.

L'intérêt pour le produit ou pour le client est plus ou moins fort d'un employé à l'autre, mais il est présent chez tous. Pour déterminer le style de chacun, il faut savoir si l'intérêt pour le produit est plus fort que l'intérêt pour le client, ou réciproquement et comment ces deux préoccupations peuvent se combiner. Chaque combinaison a bien entendu son côté efficace et son côté inefficace.

2 - CONNAITRE SA PROPRE PERSONNALITE

2.1. Le maître d'hôtel technicien

Pour celui-ci, l'intérêt porté au produit/services passe en priorité par rapport à l'intérêt porté au client.

Cet employé connaît bien son produit et son environnement technique, la composition de la carte et des mets qui la composent, les caractéristiques des vins stockés à la cave. Il est capable d'apporter à son client une information détaillée, précise, parfois trop technique sur le plan du langage et cela risque de lasser son interlocuteur.

Il présente bien le produit ou le service, mais oublie de répondre aux besoins du client, car il n'a qu'une connaissance superficielle de celui-ci.

« Nous vous suggérons un Madiran pour accompagner votre Daube Basquaise, c'est un vin issu de cépages Tannat et Bouchy qui sont plantés sur des terrains argilo-calcaires ce qui leur donne beaucoup de mâche.

La vinification menée par Monsieur Brumont, propriétaire à Maumusson est basée sur l'utilisation de pied de cuve. »

2.2. Le maître d'hôtel indifférent ou sûr de lui

Ce type d'employé s'intéresse peu à son produit et à sa clientèle.

Il se comporte de façon froide, un peu distante, et ses relations avec les clients manquent de chaleur. En réalité, il propose mais ne vend rien. Le produit/services se vend tout seul, le client consomme ou achète sans l'aide de l'employé.

En réalité, il n'investit pas son travail.

Il donne peu d'explications sur le produit.

Il est peu à l'écoute des préoccupations des clients.

Le mieux qu'il puisse faire, est de donner une carte, un dépliant, ou une brochure de banquets séminaires, ou de lire presque par coeur un passage de la carte. Il oriente rarement la conversation sur les caractéristiques du produit/services, de même, il ne s'intéresse guère à son client en tant que personne.

2.3. Le maître d'hôtel relationnel ou intime

L'intérêt pour les clients domine très nettement l'intérêt pour le produit. Il attache avant tout une grande importance à ses rapports avec les clients. Il sait les écouter, les comprendre et les conseiller au mieux de leurs besoins et de leurs intérêts. Il cherche à établir un climat de confiance et de sympathie, en évitant toute situation conflictuelle. Ce style est très professionnel et très classique pour l'hôtelier ou le restaurateur.

Il s'agit là de l'image devenue un peu caricaturale du chef de cuisine venant apprécier en salle la satisfaction de ses clients : par cette relation, il se vend lui-même, renforce son talent et sa renommée, tout en apportant les informations culinaires dont le client est friand.

Les aspects négatifs ne sont pas absents de ce type de fonctionnement. Ce vendeur ne sait pas s'affirmer et se laisse « mener en bateau » par ceux qui exigent de lui des conditions spéciales qu'il n'ose généralement pas refuser. Ainsi, pour obtenir une réservation, il peut faire un prix spécial, allonger les délais de réglement, ou réclamer des changements dans les préparations culinaires. Son amabilité fait que le client peut facilement le manoeuvrer. Il cherche avant tout à plaire et à se faire aimer, mais ce comportement n'est pas toujours rentable et efficace pour l'établissement dont il dépend.

« Avez-vous choisi ? »

« Je vous laisse choisir votre vin sur la carte. »

2.4. Le maître d'hôtel manipulateur ou mauvais vendeur

L'intérêt qu'il porte au produit et au client est très moyen. C'est un individualiste, opportuniste et très ambitieux.

Peu soucieux des besoins du client, il essaie de vendre n'importe quoi par n'importe quel moyen dans le seul but de vendre.

Pour vendre, il est capable de faire des promesses mirifiques, susceptibles de mettre l'entreprise dans l'embarras, et qui, en définitive, ne pourront pas être tenues, ce qui engendre le mécontentement des clients.

Comme ce maître d'hôtel qui a vendu une bouteille de Château Margaux, à un client seul, pour accompagner une crudité et une grillade !

2.5. Le maître d'hôtel bon vendeur

Il porte un grand intérêt, à la fois au produit et au client. Il est avant tout, un grand négociateur capable d'entretenir, non seulement de bonnes relations avec des clients satisfaits, mais aussi d'obtenir de bons résultats.

Son souci essentiel est d'aider le client à prendre une décision d'achat ou de consommation rationnelle.

Conscient de la force persuasive du savoir et du savoir-faire, ce professionnel authentique édifie son assurance et son savoir-être en acquérant une connaissance sérieuse et approfondie de son produit et de ses services. Il y parvient par une étude, une analyse et une recherche permanentes sur les qualités des produits eux-mêmes.

« Si j'ai bien compris, vous préféreriez débuter le repas avec du champagne et poursuivre avec un vin rouge léger... »

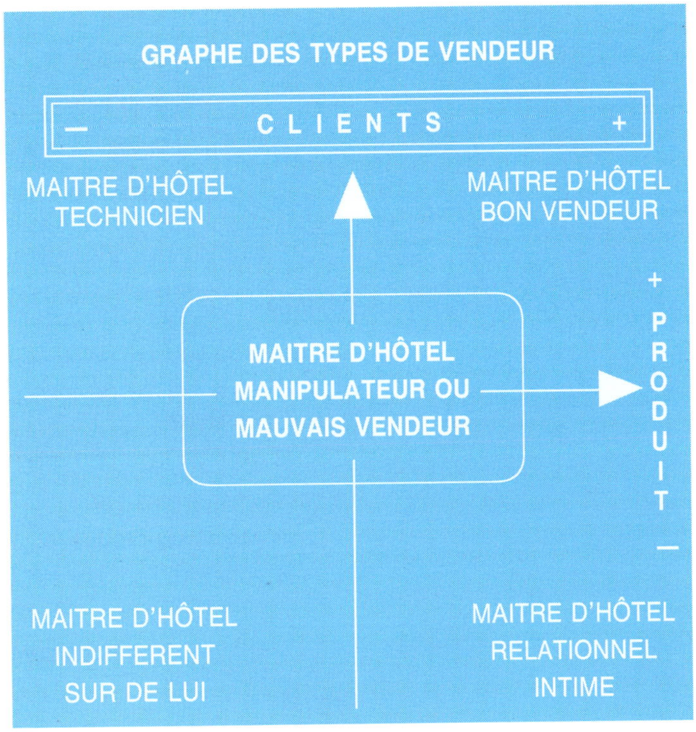

Ce graphe permet de visualiser les différents types de vendeurs selon l'intérêt qu'il porte au produit / services ou pour le client.

3 - CONNAITRE SON CLIENT

3.1. Besoins du client ou mobiles d'achat

Avant de parler du produit ou du service que l'on propose au client, il importe d'identifier les besoins de notre client. En effet lorsque nous décidons d'acheter un produit/service, ce n'est pas seulement l'article lui-même que nous recherchons, mais la satisfaction qu'il nous apporte, en réponse à nos attentes.

Il faut distinguer le besoin matériel du mobile d'achat qui est un désir d'ordre psychologique qui seul compte en définitive.

Le besoin de se nourrir est un besoin matériel physiologique de base qui correspond à un minimum, nous avons tous besoin de manger et de boire. Nos désirs, nos mobiles d'achat représentent un maximum : nous pouvons avoir envie d'une nourriture raffinée et de boissons d'exception.

Entre ce maximum et ce minimum, l'attitude finale du consommateur sera fonction, certes de nos moyens financiers, mais aussi de la façon dont nous seront présentés les produits/services par le vendeur, la signalisation ou la publicité.

En définitive, la formule de restauration choisie, les mets et les boissons commandés, dépendent des besoins psychologiques ou mobiles d'achat.

Six grands thèmes peuvent regrouper ces besoins. Il existe des formules mnémotechniques pour s'en souvenir par exemple : S.O.N.C.A.S. ou S.A.B.O.N.E.

S	écurité
O	rgueil
N	ouveauté
C	onfort
A	vidité
S	ympathie

S	écurité
A	ffectivité
B	ien-être
O	rgueil
N	ouveauté
E	conomie

Sécurité

Le besoin de sécurité est la conséquence de l'instinct de conservation :

- c'est la crainte de manquer de quelque chose, la peur de la nouveauté, l'incertitude ;
- le désir de faire bon usage du service/produit, d'être complètement garanti.

La satisfaction passe par :

- la fiabilité du produit, sa qualité
- la notoriété, l'ancienneté de la maison, les références

« Je suis certain que... »,
« Nous sommes livrés tous les jours... »

Orgueil

C'est le besoin de s'affirmer, d'être à la mode, de dominer, de paraître, de se distinguer.

Le choix de certains mets très chers, ou de bouteilles de vins prestigieuses répondent parfois au désir « d'épater », de se distinguer. La préférence d'une table bien « en-vue » relève du désir de paraître.

« Nous vous avons réservé la meilleure table...»

Nouveauté

C'est le désir de satisfaire sa curiosité, l'envie de changer ses habitudes, la recherche de sensations nouvelles, tels que les nouvelles préparations culinaires ou la découverte du cocktail du jour.

Il faut satisfaire la curiosité en parlant de nouvelles méthodes, de changement, de progrès, d'originalité.

« Voulez-vous déguster
la dernière création de notre chef barman ? »

Confort ou Bien-être

C'est la recherche du confort sous toutes ses formes : gain de temps, d'effort, de place, d'efficacité.

C'est le désir d'utiliser des services sans complications, des installations faciles d'emploi.

« Notre séminaire doit se dérouler dans un endroit tranquille, comme d'habitude... »

« Nous aimerions prendre nos repas sur place sans avoir à changer de bâtiment... »

Avidité ou Economie

C'est le désir de faire une bonne affaire qui influence dans ce cas l'acte de consommation.

« ...La boisson est comprise dans le prix du menu ?... »

« ...Les plats à la carte sont-ils plus copieux qu'au menu ?... »

Sympathie ou Affectivité

Le comportement est caractérisé par le désir d'avoir une relation privilégiée, d'être heureux, qui entraîne une confiance naturelle et permanente vis-à-vis d'autrui.

« ...Maître d'hôtel, pensez-vous que ce Chablis me plaira ?... »

3.2. Types de clients

Le style de consommateur a, lui aussi, son importance, il peut être déterminé selon les degrés d'intérêt que celui-ci porte au restaurateur et au produit qui lui est offert.

Le client sur la défensive

Il n'a, a priori, pas besoin d'un maître d'hôtel pour consommer, il fait lui-même sa commande. Il pense que personne ne pourra ou ne saura l'influencer, au contraire, il cherche à dominer, essaie d'obtenir le maximum de prestations pour le minimum de dépenses. C'est le client exigeant, qui veut tout, tout de suite. Il parle peu et ne souhaite pas entrer en relation avec son interlocuteur. Il ne s'intéresse qu'au produit qu'il veut consommer. Face à un tel client, le maître d'hôtel ou chef de rang devra posséder une très bonne connaissance de son produit et une grande technicité.

Le client crédule

Il attend avant tout une relation affective. Il pense que si le maître d'hôtel ou le chef de rang éprouve de la sympathie pour lui, lui conseille quelque chose, c'est que cela doit être bon.
Le maître d'hôtel ou chef de rang doit faire preuve de courtoisie, de sympathie, de gentillesse, de persuasion. Un tel client cherche une aide, une confiance dans le restaurateur. Cependant si ce client se sent lésé ou « volé », il revendiquera vivement.

Le client indifférent

Ce type de client n'est pas fréquent dans les hôtels et les restaurants haut de gamme. Ce client limite ses besoins de manger, boire et dormir, avec un budget précis.

Il évite autant que possible le contact avec le personnel. C'est le client privilégié du restaurant libre service ou « Fast Food ».

Le client sur réputation

Il consulte et fait confiance aux guides avant de décider de fréquenter tel ou tel établissement.

Il pense aussi qu'aller dans un restaurant de prestige peut augmenter son propre prestige.

Les jugements de ce client seront d'autant plus sévères que le produit ou le service proposé ne sera pas en conformité avec l'appréciation du guide conseiller. Le plus souvent c'est le professionnel qui est en tort, et le client s'empressera de remplir une note critique à l'attention des dirigeants du guide. Face à une réclamation émise, le maître d'hôtel ou chef de rang doit faire preuve d'un réel professionnalisme.

Le client averti

C'est le client le plus réaliste, et certainement le meilleur client à terme.

Ce client est très sensible à la qualité de ce qu'il consomme, aux éléments de confort et à l'esthétique. Il demande beaucoup au personnel parce qu'il ne peut le dissocier de la prestation qu'il désire.

Il pense que les diverses prestations correspondent aux besoins qu'il éprouve à ce moment privilégié.

Il appartient au professionnel à la fois par son sens de la relation et la bonne connaissance qu'il doit avoir de son produit, de satisfaire ces besoins.

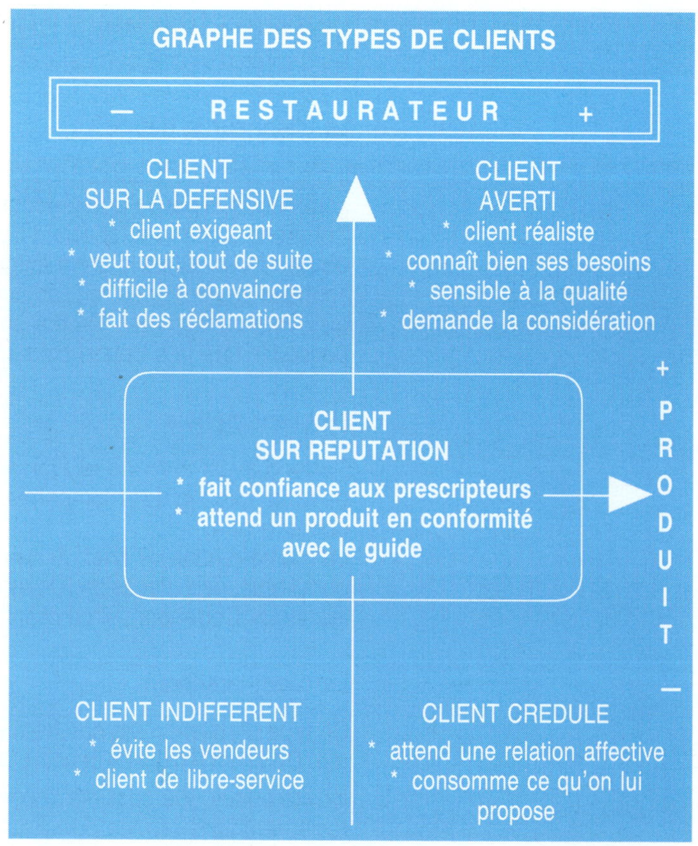

Ce graphe permet de visualiser les types de clients selon l'intérêt qu'il porte au restaurateur ou au produit.

3.3. Morphopsychologie

Face à un client que nous voyons pour la première fois, avant même d'échanger quelques paroles, nous ressentons une certaine impression qui nous laisse présager de son comportement ultérieur. Cette intuition personnelle se fonde simplement sur l'aspect du visage du client.

« ...Il a l'air sympathique, dynamique... »
« ...Il est plutôt hésitant, timide, réservé... »

Nous faisons de la morphopsychologie sans le savoir.

La morphopsychologie est une science très complexe, qu'il serait bien prétentieux de vouloir traiter en un seul paragraphe. Il s'agit ici simplement de mettre à profit le système le plus simple, le plus ancien, celui d'**Hippocrate**, qui distingue quatre tempéraments de base correspondant à la prédominance des éléments contenus dans notre organisme (la bile, les nerfs, le sang, la lymphe).

Ces notions qu'on doit utiliser avec prudence, n'ont qu'une valeur indicative.

Ces tempéraments sont :

- le bilieux,
- le nerveux,
- le sanguin,
- le lymphatique.

Les caractéristiques principales de ces clients sont regroupées dans le tableau ci-dessous.

Les différents étages du visage sont à repérer de la façon suivante :

- l'étage supérieur commence au début de l'implantation des cheveux, jusqu'aux sourcils, et représente la partie **cérébrale** de l'individu,
- l'étage moyen va des sourcils à la lèvre supérieure et répésente la vie **affective** de l'individu,
- l'étage inférieur va de la lèvre supérieure à la pointe du menton et représente la partie **physique.**

Les proportions respectives de ces trois parties constituent un critère assez précis pour distinguer les différents types de tempéraments.

Vous ne rencontrerez jamais ces quatre types de tempérament à l'état pur, il s'agit très souvent chez les clients d'une prédominance d'un ou deux des éléments qui se combinent. Enfin on a pu remarquer que pour chaque type de tempérament, il existe un certain lien avec les mobiles d'achat ou besoins psychologiques. Ces besoins sont indiqués dans le tableau récapitulatif.

TABLEAU DES QUATRE TEMPERAMENTS DE BASE

TYPE	PHYSIQUE	CARACTERE	BESOINS	ATTITUDE RESTAURATEUR
 Bilieux 	Visage carré les 3 étages du visages sont sensiblement égaux.	Positif : Client dynamique ayant le sens pratique ; méthodique, décidé, il n'aime pas les délais. Négatif : Client intransigeant, excessif autoritaire, ambitieux, susceptible, avec des humeurs plutôt mauvaises.	ORGUEIL ECONOMIE	Ne pas s'écarter du sujet, être précis dans les renseignements à donner. Ne pas contrarier ce client, suggérer des solutions en adoptant son point de vue.
 Nerveux 	Visage en triangle pointe en bas l'étage supérieur est prédominant.	Positif : Client à l'esprit vif, intuitif. Il est dynamique et a le goût des contacts humains. Avec un esprit critique et imaginatif, il comprend vite. Négatif : Client au tempérament anxieux, irritable et impatient, parfois timide, il n'aime s'engager.	NOUVEAUTE SECURITE	Il faut rester calme, compréhensif. Laisser parler le client, puis le ramener sur le sujet. Insister sur l'originalité de tel produit. Expliquer la façon de préparer. Rassurer sur la qualité du produit.
 Sanguin 	Visage ovale l'étage moyen est prédominant.	Positif : Client du genre bon vivant, aimable et spontané. Très expansif et passionné il est aimable et agréable. Négatif : Client qui n'aime pas attendre il est parfois impulsif et agité.	AFFECTIVITE BIEN ETRE	Etre calme et patient Ecouter le client avec intérêt et essayer de le mettre en valeur, le féliciter. Avoir une attitude très conviviale. Ne pas bousculer ce client, l'encourager. Etre précis dans l'argumentation.
 Lymphatique 	Visage en trapèze la petite base en haut étage inférieur prédominant.	Positif : Client très sûr de lui, calme, patient, parfois passif. Aime le concret et le pratique. Négatif : Méfiant, il hésite avant de choisir, n'aime pas changer.	SECURITE	Etre patient, ne pas brusquer ce client. Etre concret, dire l'essentiel. Parler lentement, l'aider à se décider.

4 - CONNAITRE SON PRODUIT

Pour bien vendre, il est indispensable de bien connaître les produits et les services que l'on propose à la clientèle avec leurs points forts et leurs points faibles.

Le maître d'hôtel ou le chef de rang doivent connaître :

- le potentiel du restaurant : nombre de tables, nombre de personnes pouvant s'intaller aux tables selon les dispositions etc.
- les disponibilités par rapport aux réservations en cours
- les mets à vendre avec leur composition, les vins disponibles à la cave, le prix des principales prestations
- l'accord des mets et les vins, les règles à respecter pour établir un menu
- les modes de règlements admis dans l'établissement.

Rien n'est plus désagréable que d'entendre :

« Un instant Madame je vais voir s'il en reste... »

« Vous n'avez pas de chance
la dernière tarte aux framboises vient d'être vendue. »

« La coupe dijonnaise ? attendez je vais demander au chef... »

Les techniques de vente

La vente en restauration peut être réceptive ou prospective.

La vente est réceptive lorsque le client décide de venir au restaurant, la vente concernera le choix des denrées et des boissons.

La vente est prospective lorsque le restaurateur décide de démarcher à domicile les clients. C'est le cas lorsque l'on recherche à vendre des repas, des séminaires à des entreprises.

Dans les deux cas, le déroulement de la vente est un art qui suit certaines règles.

Si le produit à vendre est toujours le même, les clients sont toujours différents. La méthode de vente du même produit varie selon chaque client. Le restaurateur devra adapter sa personnalité à celle du client.

1 - LES ETAPES DE LA VENTE

Comme toute relation, la vente au restaurant peut être décomposée en quatres étapes principales (voir Tome 1, Chapitre 8).

Le rôle du vendeur est de faire franchir au client toutes les étapes grâce à ses efforts de persuasion.

Prendre contact ➡	L'ACCUEIL DU CLIENT
Prendre en charge ➡	DECOUVRIR LES BESOINS DU CLIENT, S'INFORMER DES DESIRS DU CLIENT
Assurer la continuité ➡	FAIRE UNE OFFRE DE PRODUIT/SERVICES en accord avec les besoins du client CONVAINCRE LE CLIENT
Prendre congé ➡	CONCLURE en amenant le client à prendre sa décision

Pour franchir ces étapes avec succès le restaurateur doit maîtriser certaines techniques que nous allons étudier chronologiquement.

2 - PRENDRE CONTACT

Le but de cette étape est de mettre en confiance le client, lui donner toute son attention en toutes circonstances :

- un client qui arrive au restaurant pour déjeuner,
- le maître d'hôtel qui présente la carte des mets avant une prise de commande,
- le chef de rang qui propose le chariot des pâtisseries.

Il faut parvenir d'emblée à conditionner positivement le client afin que la relation de vente se déroule dans un climat favorable.

Rappel des attitudes minimales d'accueil :

- regarder les clients,
- sourire,
- se déplacer vers eux,
- saluer selon les rites *« Bonjour, Madame, Bonjour Monsieur »*.

3 - PRENDRE EN CHARGE

Le but de cette étape est de découvrir et analyser les besoins du client, afin de lui proposer le produit/services qui correspond à ses attentes.

Nous avons définis précédemment les principaux besoins psychologiques ou mobiles d'achat du client (Sécurité, Orgueil, Nouveauté, Confort, Avidité, Sympathie) nous allons étudier les techniques pour découvrir les mobiles d'achat.

3.1. Ecouter - Reformuler

Ecouter c'est dabord se taire, si la nature nous a donné deux oreilles et une bouche, c'est sans doute pour écouter deux fois plus qu'on ne parle. Ecouter ce n'est pas laisser parler le client, c'est essayer de se "mettre dans la peau" du client afin d'enregistrer et d'analyser toutes ses paroles.

Une écoute active du client, c'est-à-dire attentive, compréhensive, permet de :

- gagner rapidement sa sympathie, sa confiance,
- de comprendre les attentes du client de la façon la plus précise possible.

L'écoute dans la vente doit nécessairement être complétée par la reformulation des propos tenus par le client de façon à faire savoir au client qu'on l'a bien entendu et compris.

« Donc, si j'ai bien compris.... »

3.2. Observer

Les gestes, les sourires, les attitudes, le ton de la voix sont des signes révélateurs des sentiments du client. L'observation permet de les détecter et de guider le restaurateur dans la conduite de l'argumentaire :

- situation du client : âge, catégorie sociale, niveau économique, personnalité,
- besoins non formulés : affection, orgueil, avidité, sécurité,
- décalage entre ce qui est dit et le comportement,
- degré de satisfaction.

3.3. Questionner

Poser des questions permet de découvrir les désirs du client en le faisant parler, préciser, prendre position. Selon la situation on peut utiliser différents types de questions.

- **Question ouverte** : c'est une question générale qui permet au client de développer son point de vue

  « Que pensez-vous des vins de bordeaux ? »

  « Qu'est-ce qui vous ferait plaisir ? »

- **Question fermée** : cette question requiert une réponse alternative oui/non

  « Désirez-vous un apéritif ? »

- **Question neutre**

  « Que pensez-vous de l'idée de partager une côte de boeuf ? »

4 - ASSURER LA CONTINUITE

Le but de cette étape est de transformer les besoins psychologiques du client en désir d'achat.

Le restaurateur doit convaincre le client par une bonne argumentation, une bonne présentation du produit, et répondre à ses objections.

4.1. Argumenter

Argumenter c'est mettre en valeur les qualités d'un produit ou d'un service en fonction des mobiles d'achat d'un client pour développer chez lui le désir d'acheter.

Bâtir un argumentaire est une opération préparatoire à la vente qui se déroule de la façon suivante :

1°) rechercher des informations sur le produit (composition des mets, provenance des vins et leur type),

2°) trier et classer les informations (fiche de produit),

3°) décrire et montrer le produit en le mettant en valeur (présentation valorisante),

4°) énumérer et classer les avantages du produit (argumentaire).

EXEMPLE DE FICHE ARGUMENTAIRE

PRODUIT : SAUMON FUME D'ECOSSE		
RUBRIQUES	**CARACTERISTIQUES (faits objectifs)**	**ARGUMENTS POUR LE CLIENT (avantages du produit)**
Présentation	Pièce entière	- Découpe devant le client - Pas de peau, tranche parée - N'a pas été congélé (cas des saumons prétranchés)
Provenance etc.	etc.	etc.

Argumenter est un acte de persuasion qui impose certaines règles.

- **Vendre la satisfaction d'un besoin que procure le produit.**

« Habillez » votre offre selon les besoins décelés, ne vendez pas le produit mais l'idée qu'il représente.

Vous ne vendez qu'un prix si vous proposez :

« un menu à 95 francs et un menu à 130 francs. »

Mais si vous dites :

« Je vous propose des rougets que le mareyeur nous a livrés ce matin. »
Vous vendez l'idée de fraîcheur du produit donc la **sécurité.**

En disant :

« La sole est servie avec une sauce au champagne et décorée de truffes. »
Vous vendez l'idée de **confort, d'orgueil.**

« Souhaitez-vous changer de menu ? »
C'est le mobile d'achat **nouveauté** qui sera plutôt concerné.

Mais attention ! la description que vous faites du produit doit éveiller le désir et satisfaire les besoins du client.

C'est pourquoi le même plat, le même vin seront présentés différemment selon que le client est en déjeuner d'affaires ou en dîner intime, car les mobiles d'achat ne sont plus les mêmes.

- **Utiliser des termes valorisants**

Evitez les termes et tournures de phrases négatives, les mots agressifs, excessifs ou trop techniques.

Ne dites pas	Mais dites plutôt
Malheureusement	*Heureusement*
Un menu sans fromage	*Un menu avec entrée, plat principal et dessert*
C'est faux !	*Selon le cas on peut considérer*
C'est glacé à la salamandre	*Légèrement doré sur le dessus*
Aujourd'hui il y a du poulet	*Aujourd'hui nous avons préparé une volaille rôtie à la broche*
Etc.	

- **Proposer toujours une alternative**

Soumettez toujours une offre alternative, c'est-à-dire deux propositions afin de donner au client la possibilité de choisir, et pour mieux appréhender les besoins et le objections du client.

Le client demande un vin rouge régional, proposez par exemple :

- deux millésimes différents
- deux vins de propriétaires différents.

Ne proposez pas trois ou quatre offres simultanément, car le client ne peut pas les retenir. Avancez toujours par paire d'offres.

- **Parler au présent pour anticiper l'acte de consommation**

« ...Vous prenez ce saumon et
l'on vous sert des blinis tout chaud en accompagnement... »

« ...Accompagnez le foie gras avec
ce montbazillac, le mariage est parfait... »

Cette mise en situation en parlant au présent a pour but de faire rêver le client afin qu'il désire encore plus fort la proposition qui lui est faite.

- **L'argumentation interrogative**

L'argumentation interrogative remplace l'affirmation par la suggestion. Cette technique permet d'éviter la contradiction ou de faire naître des objections chez des clients susceptibles.
Au lieu de :

« ...Je suis convaincu que ce bourgogne blanc plaira aux dames. »

Dire :

« ...Ne pensez-vous pas que ce bourgogne blanc plaira aux dames ? »

- **Bien présenter une prestation simple**

Si le client demande un menu simple accompagné d'un vin de pays, l'offre doit être tout aussi positive et être présentée sans dédain. Le maître d'hôtel ou le chef de rang doit trouver des arguments positifs afin que le client soit bien considéré dans tout les cas.

« Ce vin de pays est très agréable à boire un peu frais... »

4.2. Montrer/Démontrer

La démonstration ou la présentation permettent de mettre en valeur concrètement les qualités du produit.

Montrer les produits que l'on vend renforce de manière considérable l'argumentation :

- le plateau de fromages,
- l' assortiment de pâtisseries,
- la pièce de boucherie sur une table à trancher,
- le homard dans un aquarium.

Sont des articles qu'il est facile de mettre en valeur à condition toutefois :

- que la présentation soit irréprochable,
- que le maître d'hôtel ou le chef de rang se donne la peine d'approcher ces produits à côté du client. Chaque fois que c'est possible il faut inciter le client à voir, bien sûr, mais aussi à toucher et même goûter.

Montrer le produit permet de déceler rapidement les réactions du client et de se rendre compte de son degré d'intérêt et de conviction.

4.3. Présenter le prix

Le prix est l'élément négatif de la vente, il convient de laisser le client aborder en premier la question. Il existe cependant des exceptions :

- lorsque le prix est un argument de vente par rapport à la concurrence, il correspond à un mobile d'achat (économie). Exemple un menu à 90 F avec apéritif et vin compris ;
- dans le cas d'un entretien de vente avec un client qui souhaite organiser une manifestation au restaurant (séminaires, repas de communion, de mariage, etc.) il est nécessaire de connaître rapidement le prix que le client est prêt à payer afin de faire des propositions qui correspondent aux désirs du client. Dans ce cas on demandera :

« Quelle somme comptez-vous engager pour ce... ? »

- **Le prix en sandwich**

La demande du prix par le client est toujours le signe qu'il porte un intérêt à votre offre. Enveloppez le prix entre deux prestations :

« Le menu gastronomique est à 350 F avec
en apéritif un cocktail de votre choix. »

- **Le prix choc**

Annoncer le prix au début, puis énumérer tous les avantages du produit.

Le prix s'oublie, la qualité reste

4.4. Répondre aux objections

L'objection est un réflexe naturel de défense de la part du client. Le client hésite, le produit l'intéresse, mais il n'est pas encore totalement convaincu.

Le fait que le client fasse des objections doit être considéré comme une aide pour le vendeur, le client le plus difficile est celui qui est à la fois indécis et silencieux.

Le client formule ses objections en posant des questions ou en réfutant les arguments présentés. Les objections les plus courantes sont :

- les objections sur le prix,
- les objections sur la qualité, la fraîcheur des produits,
- les objections sur le goût.

Pour répondre positivement, il faut respecter certaines règles :

• Ecouter tout ce que le client veut exprimer, pour comprendre le besoin fondamental et désamorcer l'objection.

Client : **« Moi, vous comprenez, j'aime le vin rouge servi frais... »**
Maître d'hôtel : *« Vous faites bien d'attirer mon attention sur ce point... »*

• Expliquer les avantages pour le client

Client : **« C'est trop cher, je ne suis pas d'accord ».**
Maître d'hôtel : *« En fait, c'est un prix plutôt avantageux.*
Si vous voulez faire le calcul avec moi,
le vin et le café sont inclus dans le menu... »

• Amoindrir l'ampleur de l'objection en la reformulant de façon plus anodine

Client : **« C'est trop cher, je ne suis pas d'accord ».**
Maître d'hôtel : *« A quel point de vue ce prix vous paraît-il élevé ? »*
Client : **« Je ne suis pas décider à prendre le menu... »**
Maître d'hôtel : *« Qu'est-ce qui vous fait hésiter à le prendre ? »*

• Encourager le client à se découvrir, en lui donnant raison.

Maître d'hôtel : *« Vous avez raison, Monsieur,*
je comprends vos observations.... »

• Eviter de rentrer en conflit avec le client. Ne pas dire :

Maître d'hôtel : *« Vous faites erreur, Monsieur,*
le vin de bordeaux vieillit très bien ».

Après avoir répondu à l'objection, il ne faut pas laisser de silence, il vaut mieux orienter tout de suite son esprit ailleurs ou essayer de conclure si le moment est venu.

5 - PRENDRE CONGE

Le but de cette étape est d'obtenir une décision finale favorable permettant de concrétiser le désir d'achat défini à l'étape précédente.

Il faut conclure dès que l'on décèle chez le client un « signal d'achat » montrant qu'il est prêt à acheter, à consommer.

Le signal peut se présenter sous plusieurs formes :

- **un changement d'attitude** : le bavard devient silencieux, le client se détend en se penchant en arrière et en allongeant les jambes etc.
- **Une réflexion** : *« Ce gigot d'agneau m'a l'air pas mal ».*
- **Une question** : *« Est-ce qu'il faut attendre pour avoir le plat du jour ? »*
- **Une objection de pure forme** : *« Tout ceci est parfait, mais le service est très long. »*

Au moment de conclure, il faut rassurer le client sur le choix qu'il a fait :

« Vous ne trouverez pas de meilleure bouillabaisse sur toute la côte... »

« Je suis sûr que cette formule vous donnera satisfaction et que vos invités seront agréablement surpris »

Que le client ait acheté ou non, nous devons prendre congé de lui avec la même politesse et la même attitude. Lui dire au revoir avec gentillesse, sera déjà anticiper sur sa prochaine visite.

6 - COMMENT TRAITER LES RECLAMATIONS

Les réclamations, sont l'expression plus ou moins intense d'une revendication, fondée ou non, sincère ou non, issue d'un besoin non satisfait.

Le client a-t-il toujours raison ?

Pas toujours bien sûr, mais la véritable question n'est pas là. L'important est de savoir s'il vaut la peine de lui donner raison. Et là il faut répondre par l'affirmative.

QUELQUES CONSEILS

Rester calme

- Il est rare qu'un client fasse calmement une réclamation.
- Sourire et rester maître de soi est le seul moyen de calmer le client.
- Faire asseoir le client... car il est plus difficile de se fâcher assis !

Ecouter

- Surtout ne pas lui couper la parole.
- Compatir sincèrement, et le laisser « vider son sac ».

« Je me mets à votre place... »

« Vous faites bien d'attirer mon attention sur ce point... »

Questionner	- Pour l'aider à bien tout dire : *« Qu'est-ce qui ne va pas ? »* *« Quel est le problème ? »* *« Puis-je vous aider ? »* - Pour établir avec précision les responsabilités.
Reformuler	- Pour faire sentir au client que sa réclamations est prise en charge : *« Je comprends, vos légumes ne sont pas assez cuits ! »*
Expliquer	- Rapidement et reconnaître sa responsabilité. - Présenter des excuses. - Ne pas chercher à se justifier. - Ne pas mettre en cause un collègue.
Proposer une solution	- En fonction de ce qui est possible demander au client sa solution et chercher avec lui un arrangement aimable. - Ne promettre que ce que l'on peut tenir. - Faire formuler un accord sur la solution retenue.
Conclure aimablement	- Remercier le client de vous avoir fait part du problème qu'il a rencontré. - S'assurer par la suite que le client est satisfait.

Les réclamations doivent inciter le restaurateur à réfléchir sur la bonne qualité du produit et des services de son établissement.

La promotion des Ventes en restauration

La promotion des ventes est le complément de la publicité, c'est l'ensemble des actions destinées à développer et dynamiser l'activité du restaurant.

Les moyens de promotion des ventes sont infinis puisqu'il en existe autant que l'imagination peut en créer. En voici quelques exemples faciles à mettre en œuvre dans un restaurant.

- Faire une décoration florale.
- Offrir une fleur aux dames.
- Offrir un verre de bienvenue.
- Entretenir et décorer les toilettes avec raffinement.
- Noter les préférences des client habitués (régime, mets ou vins préférés).
- Installer une boîte à lettres pour recueillir les suggestions.
- Proposer une exposition de tableaux d'artistes régionaux.
- Mettre à la disposition des enfants des jeux, coloriages, revues.
- Faire un ou deux menus pour les enfants, ou des desserts avec des tarifs juniors.
- Mettre à la disposition des parents des chaises hautes pour les enfants en bas âge.
- Prévoir des coussins pour les enfants et les personnes âgées.
- Organiser la garde des enfants certains jours fériés.
- Prévoir des cartes de mets sans indication de prix pour les invités.
- Proposer une nourriture pour animaux dans des récipients adaptés.
- Célébrer le fêtes traditionnelles par un menu spécial (Chandeleur, St Valentin, Fête des mères).
- Mettre sur le menu du jour la fête à souhaiter.
- Organiser des soirées à thèmes (soirées musicales, soirée Cabaret, soirée fleurie, soirée dansante etc.).
- Concevoir le service de certains mets comme une véritable animation de la salle (flambage, tranchage de grosses pièces, chariot de pâtisseries bien garni).
- Fêter les anniversaires de l'ouverture du restaurant.
- Mettre à la disposition de la clientèle un livre d'or.
- Installer un buffet d'exposition avec des produits régionaux.

A vous de compléter la liste...

On a pu se rendre compte que parfois les petites attentions sans grands moyens financiers avaient un impact sur la clientèle beaucoup plus important qu'une campagne publicitaire toujours très onéreuse.

Pour conclure, la réflexion d'un client :

> « Je suis celui qui ne revient jamais et cela m'amuse de vous voir dépenser des millions pour essayer de me faire venir chez vous, alors que je suis venu et qu'il suffisait pour que je revienne de me donner un peu de service et de me traiter avec un peu de courtoisie ».

CHAPITRE 3

La restauration en banquets et l'organisation des réunions

Besoins du marché et évolution

Définition des termes usuels

Les locaux d'accueil

Aménagement des salons

Matériel et mobilier

La commercialisation des banquets et réunions

Mise en œuvre de la réalisation technique

Besoins du marché et évolution

L'activité du service des banquets et des réunions représente pour les établissements hôteliers un marché important et en plein développement.

Les besoins en communication, en formation pour les entreprises se sont considérablement accrus ces dernières années. Il s'agit de réunions internes entre les membres d'une même firme, ou bien de rencontres avec les fournisseurs, les clients, des relations d'affaires, sans parler du congrès qui rassemble un grand nombre de personnes à des fins d'échange culturel, politique, religieux etc.

L'hôtel est un lieu idéal pour ce genre de manifestation, car il offre, grâce à ses structures traditionnelles, un ensemble de prestations qui complètent heureusement les activités de groupe lors de conférences ou de séminaires, particulièrement lorsqu'elles durent plusieurs jours.

Le marché des groupes présente pour l'hôtelier de nombreux avantages. Connaissant exactement le nombre de participants, les prévisions pour la production et le service peuvent être ajustées au mieux. Les risques d'aléas que l'on connaît en restauration traditionnelle sont minimisés, la rentabilité de ce secteur est donc très intéressante.

Définition des termes usuels

Lunch

Ce mot d'origine celtique, signifie en Angleterre repas léger. En France, le lunch est une formule qui consiste à servir les convives à partir de mets exposés sur un buffet. On en distingue deux formes, le lunch assis et le lunch debout.

Le **Lunch assis** convient parfaitement aux manifestations de longue durée comme un mariage par exemple. Le service se fait par petites tables dressées ou non, le buffet comporte dans ce cas une variété de plats cuisinés.

Le **Lunch debout** s'adapte mieux à un style de collation rapide pour un grand nombre de personnes. Le service se déroule principalement au buffet où sont exposés des plateaux de canapés divers, des mets froids salés et sucrés déjà portionnés.

Banquet	Repas réunissant un grand nombre de convives, (de 15 personnes à 1000 personnes voir plus !) auxquels il est servi un menu unique réservé à l'avance. Ces repas concernent les fêtes de familles, les repas d'affaires, les repas d'associations etc.
Buffet	Désigne une grande table très large, parfois légèrement surélevée par rapport aux tables de restaurant, où sont présentés les mets et les boissons à servir.
Cocktail party	Manifestation ayant pour but de réunir des convives au cours de laquelle sont servis des boissons apéritives avec ou sans alcool, des assortiments de canapés et amuse-bouche divers. Les convives consomment généralement debout.
Réception	Désigne une manifestation à caractère festif et de haut standing au cours de laquelle sont servis des boissons et des mets élaborés de grande qualité. Le service est généralement effectué au buffet, les convives dégustent soit debout soit assis selon le caractère de la manifestation.
Séminaire	C'est une réunion de travail ou de formation. Lorsque les participants sont logés à l'hôtel, on l'appelle séminaire résidentiel. L'effectif est de 10 à 30 personnes. D'une durée de 3 à 5 jours, la restauration comprend les repas principaux et les pauses rafraîchissantes.
Réunions	C'est une manifestation à caractère commercial, promotionnel, publicitaire ou informatif regroupant de 30 à 150 personnes. La durée de la manifestation excède rarement 3 jours. La restauration peut comprendre des repas ou des cocktails, et la mise à disposition permanente de boissons (bar ouvert).
Congrès	C'est une manifestation à caractère informatif, de 100 à 1 000 personnes pendant 2 ou 3 jours. La restauration est organisée en repas banquets.
Colloque	Réunion animée par des experts durant plusieurs jours sur un sujet donné. L'assistance peut se partager en plusieurs ateliers qui, chacun sous la conduite d'un expert, examine une particularité du sujet principal.

Conférence	Réunion au cours de laquelle une personne traite d'un sujet sans participation du public.
Symposium	Un groupe d'experts discute entre eux d'un sujet devant un public mais sans sa participation.
Convention	Terme anglais pour « congrès ».
Workshop	Sens américain : assemblée au cours de laquelle, de petits groupes discutent entre eux pour échanger leurs expériences. Assistance de 30 à 35 personnes. Sens français : sorte de salon, foire, où les exposants ont des stands et présentent leurs produits à un public de professionnels. Assistance illimitée.

Les Locaux d'accueil

1 - IMPLANTATION GENERALE

La partie réservée à ce type d'activité dans un établissement hôtelier est généralement composée de plusieurs salles de surfaces diverses. La grandeur des salles sera fonction des prévisions quantitatives étudiées lors de l'implantation.

Les salles équipées pour des réunions diverses peuvent également servir pour les banquets, les réceptions, les cocktails qui sont la suite logique d'un rassemblement de personnes.

Les différents paramètres à prendre en compte pour l'implantation des locaux concernent le hall d'accueil et les salons.

1.1. Le hall d'accueil

Lieu distinct du hall d'hôtel, il aura une entrée indépendante, donnant directement sur l'extérieur, voies d'accès, parking... La dimension de ce hall d'accueil sera suffisamment vaste pour faciliter l'accès aux différents salons d'une part, et pour aménager une ou plusieurs zones de détente où seront servies les pauses rafraîchissantes pendant les séminaires, ou bien les apéritifs avant les repas en banquet.

A proximité du hall on trouvera les installations suivantes :

- un bureau pour le service secrétariat à la clientèle,

- des cabines téléphoniques bien insonorisées, car c'est précisément au moment de leur utilisation, lors d'une pause dans les réunions, que le hall est animé et bruyant. Ces cabines disposeront d'un système de prépaiement automatique afin d'être autonomes,
- des toilettes en nombre suffisant par rapport à la capacité d'accueil des salons,
- des vestiaires fixes ou mobiles pour chaque salon sont toujours appréciés. Il est possible d'installer un local commun pour tous les salons avec comptoir de réception tenu par une hôtesse.

EXEMPLE D'IMPLANTATION DE SALONS DE BANQUETS ET REUNIONS

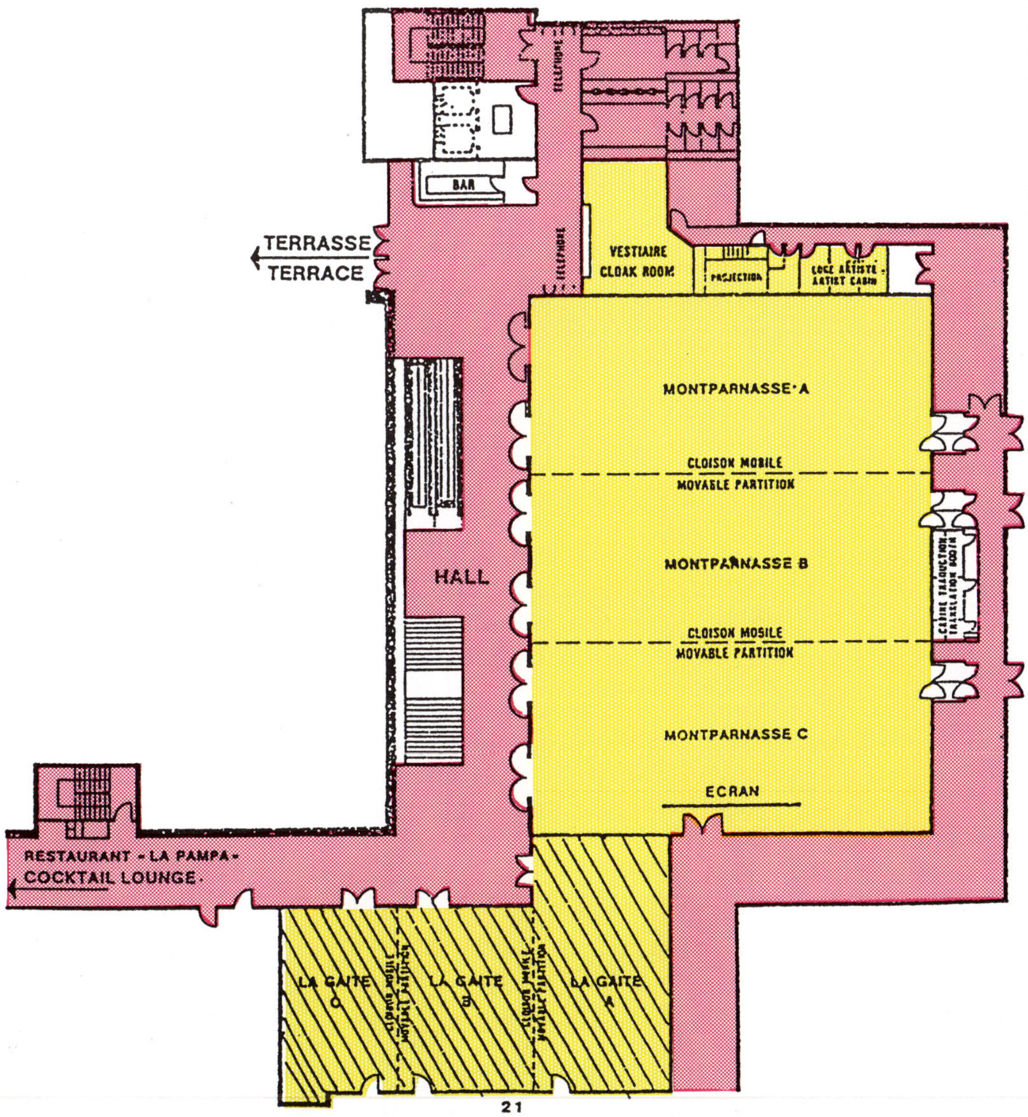

(Doc. Hotel Méridien)

1.2. Les salons

De dimensions différentes, ils seront modulables et séparés par des cloisons amovibles. Ils devront tous posséder une entrée indépendante venant du hall d'accueil. En annexe de ces salons suivant les cas, il faut prévoir :

- des zones de stockage pour le mobilier. Selon le caractère des manifestations, le mobilier utilisé est différent, afin de faciliter les changements fréquents de mise en place, il est nécessaire que les rangements soient à proximité ou attenants aux salons ;
- des réserves pour le matériel de restauration ;
- pour les salons destinés aux banquets, il faut veiller à l'implantation des offices et cuisines relais afin de limiter les déplacements pour le service et assurer l'approvisionnement des marchandises dans de bonnes conditions ;

EXEMPLES D'IMPLANTATION DE SALONS DE BANQUETS ET REUNIONS

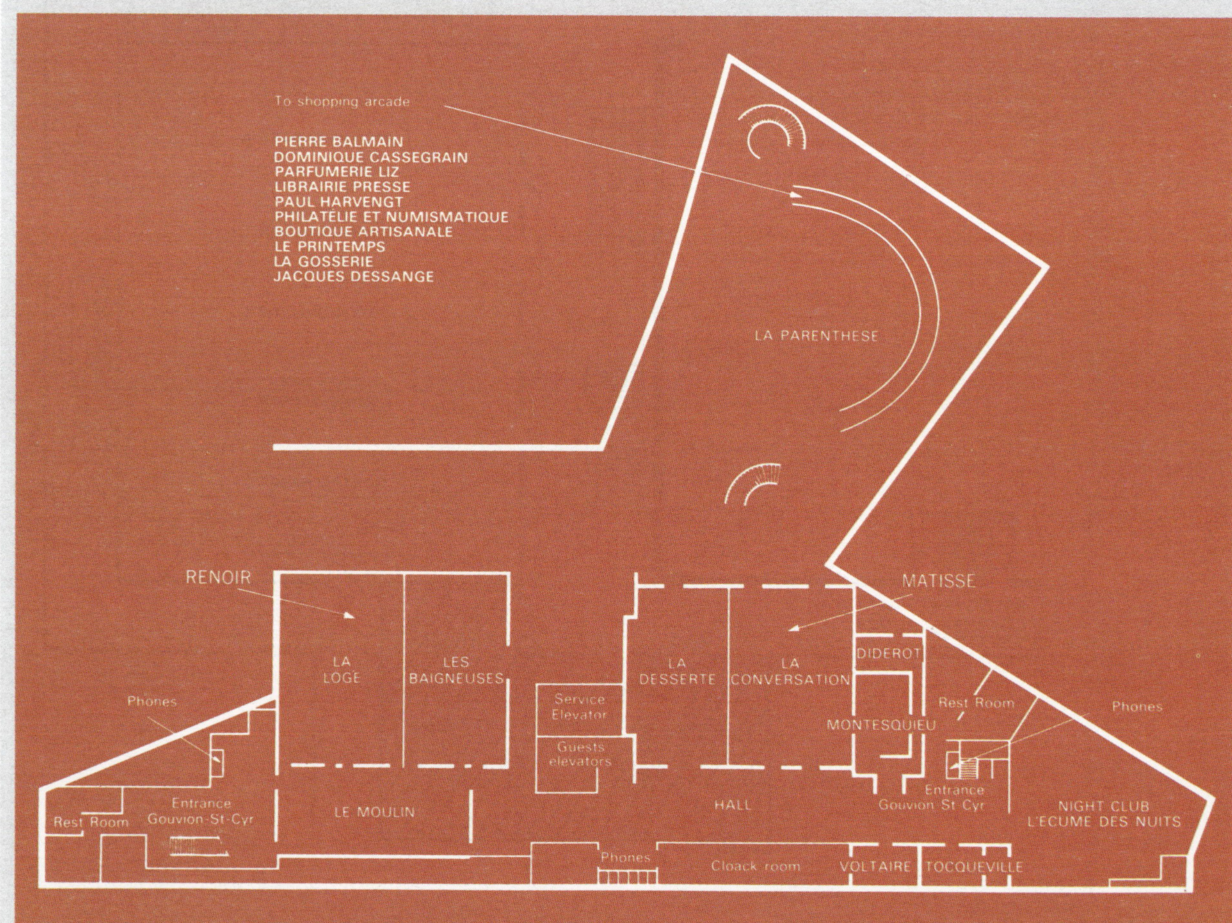

- une régie pour l'installation et le stockage du matériel de sonorisation, d'équipements vidéo etc. ;
- une ou plusieurs cabines équipées pour la traduction simultanée.

L'ensemble de ces installations doivent bien sûr répondre aux normes de sécurité exigées pour les établissements ouverts au public (1).

PALAIS NEPTUNE

Niveau 1

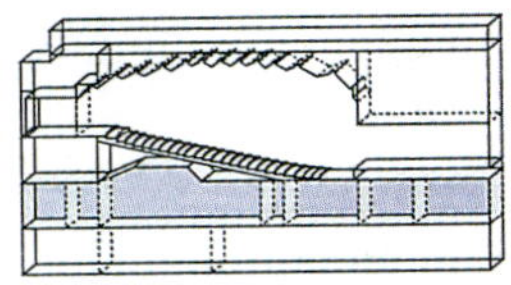

Salle COLBERT - 400 places
Salle BONAPARTE - 200 places
Salle RAIMU 1 - 120 places
Salle RAIMU 2 - 100 places
Salles de Commission - 25 places

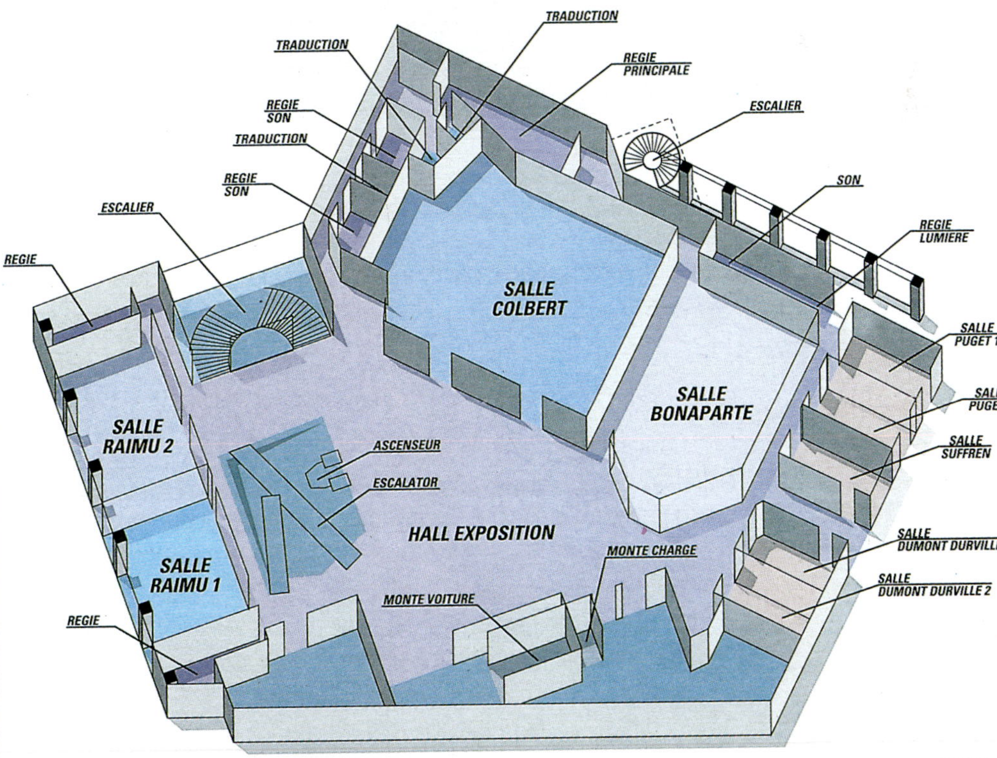

Doc. Palais des Congrès « Neptune » (Toulon)

(1) Voir L'HÔTEL Théorie et Pratique, chapitre 7, des mêmes auteurs et du même éditeur.

aménagement des salons

Grand Hôtel : une salle de réunion

Pour les salons qui comportent des fenêtres sur l'extérieur, il faut prévoir un système d'occultation de la lumière.

Les locaux doivent bénéficier d'une bonne acoustique, c'est pourquoi le choix des matériaux suivants revêt une grande importance :

- les cloisons mobiles,
- les revêtements de sol et muraux,
- les tentures et les rideaux de décoration,
- le matériel de sonorisation et l'implantation des haut-parleurs.

L'éclairage à intensité variable doit pouvoir répondre à tous les types de manifestations. L'installation de nombreuses prises électriques laissera plus de souplesse dans l'organisation des mises en place. Un dispositif combiné allumage projecteur et extinction de la salle est souhaitable, il réduit l'immobilisation du personnel préposé à l'éclairage des salons.

La climatisation est un équipement indispensable dans l'implantation de ces locaux. Des thermostats d'ambiance doivent permettre de moduler la température de chaque salon.

1 - RATIOS D'OCCUPATION DES SURFACES

Selon le caractère d'une manifestation il est possible de déterminer des ratios moyens d'occupation des locaux, c'est-à-dire la surface occupée par une personne.

- Pour les repas assis : .... 1,2 à 1,5 m²
- Pour les cocktails ou lunches debout : .... 0,70 m²
  (ce ratio comprend l'emplacement du buffet)
- Pour les lunches assis (y compris le buffet) .... 1,80 m²
- Pour réunion en disposition style salle de classe .... 1,30 m²
- Pour réunion en disposition style théatre .... 0,70 m²

- Pour réunion avec table en U .... 1,80 m²
- Pour réunion avec table en V .... 2,00 m²
- Pour réunion avec table rectangulaire .... 1,50 m²

La distance coude à coude entre deux personnes assises à une table doit être de 0,60 m minimum.

La longueur nécessaire des buffets pour les cocktails et les lunches varie avec le nombre de convives. Quelques exemples :

- buffet pour 120 personnes .... 8 m
- buffet pour 250 personnes .... 12 m
- buffet pour 500 personnes .... 24 m

La largeur des buffets est généralement de 1,20 m.

Les ratios ci-dessus sont calculés pour des locaux d'une surface de 150 m² environ. Ceux-ci peuvent varier selon le mobilier utilisé, la forme du local. Enfin plus la surface du local est petite et plus les ratios d'occupation auront tendance à augmenter.

2 - MISES EN PLACE POUR MANIFESTATIONS IMPORTANTES

Les dimensions sont données à titre indicatif, il appartient au responsable de la mise en place de les moduler en fonction du nombre de personnes et de l'implantation de la salle.

Nous appellerons **« espace »** l'écartement entre deux sièges côte à côte ; et **« distance »** l'écartement entre deux rangées de sièges.

EXEMPLE D'AUDITORIUM

Salle Berlioz
Auditorium 1000, 1500 et 2010 places

Toutes les possibilités de mise en scène sont envisageables :

- Scène 850 m², arrière-scène 360 m²
- Plateau mobile 1 (59 m²) : 83 sièges amovibles sur 4 rangs
- Plateau mobile 2 (92m²) : 153 sièges amovibles sur 5 rangs

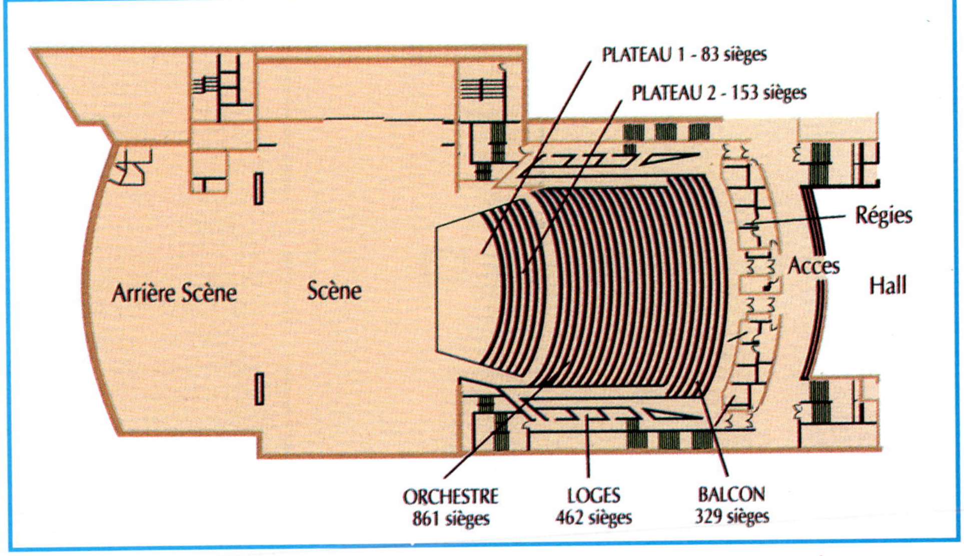

Doc. le Corum, Palais des Congrès, Montpellier

2.1. Mise en place conventionnelle ou style théâtre

La table des orateurs est placée sur une estrade bien centrée et face aux auditeurs. Dans le cas d'une assemblée de plus de 200 personnes, il est nécessaire d'aménager une allée centrale.

La méthode de mise en place est la suivante :

- déterminer l'emplacement de la table des orateurs ;
- placer le premier rang de sièges à 1,80 / 2,50 m de la table des orateurs ;
- situer l'allée centrale en plaçant les premières chaises, puis procéder à l'installation des autres sièges en respectant l'alignement. L'espace entre deux sièges sera de 5 cm au minimum. La distance entre deux rangées sera de 40 à 50 cm ;
- prévoir une allée centrale de 1,50 à 2 m si le nombre de personnes dépasse 200 ;
- laisser des allées de dégagement de 1,50 m sur les côtés.

MISE EN PLACE CONVENTIONNELLE OU STYLE THEATRE

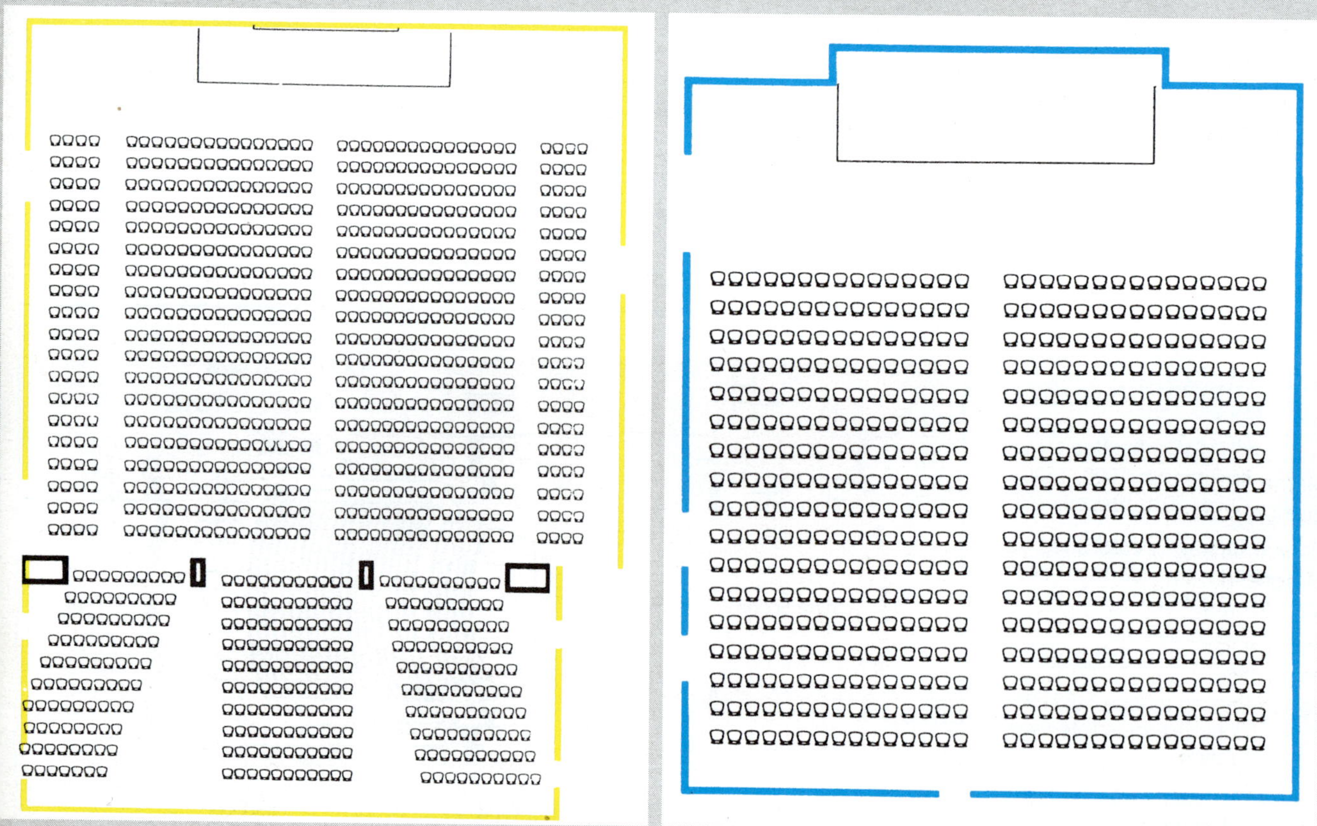

Doc. Hôtel Méridien Paris

2.2. Auditorium semi-circulaire à nef centrale

Cette disposition est très agréable, mais elle fait perdre beaucoup de place au sol. Elle est donc à déconseiller lors de réunions très importantes.

La méthode de mise en place est la suivante :

- placer l'estrade et la table des orateurs comme précédemment ;
- délimiter l'allée centrale à l'aide de deux sièges espacés de 1,80 m l'un de l'autre et distants de 3,60 m de la table des orateurs ;
- utiliser un étançon (système de compas) de 3 m de hauteur muni d'une cordelette de 4,60 m. Poser l'étançon au milieu et devant la table des orateurs, et utiliser la corde comme un rapporteur pour délimiter l'emplacement des chaises de la première rangée ;
- aligner les autres sièges sur la première rangée ;
- les allées latérales auront 1,50 à 1,80 m de large.

AUDITORIUM SEMI-CIRCULAIRE A NEF CENTRALE

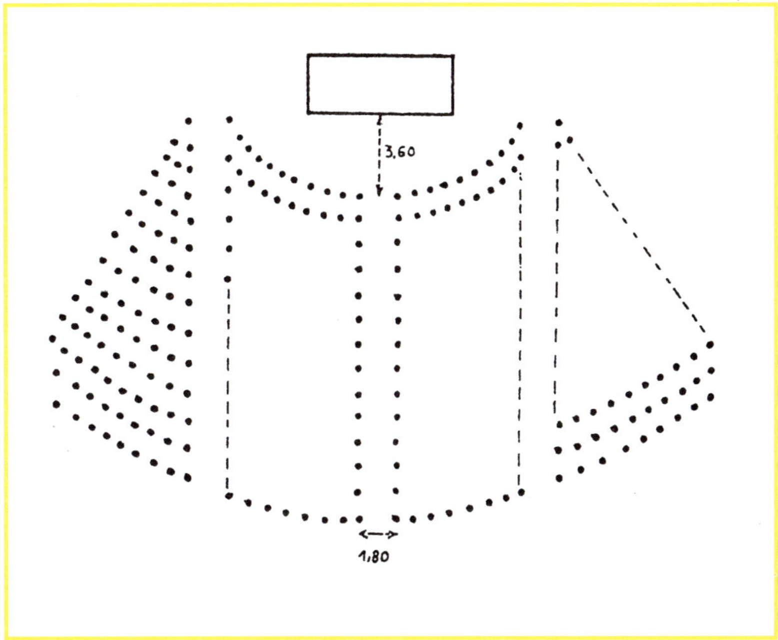

2.3. Auditorium semi-circulaire avec bloc central et ailes incurvées

Même disposition pour la table des orateurs que précédemment.

Prévoir un bloc central le plus large possible et laisser de chaque côté de ce bloc une allée de 1,20 à 1,50 m de large.

Incurver les deux ailes comme sur le croquis en laissant des allées latérales de dégagement.

AUDITORIUM SEMI-CIRCULAIRE AVEC BLOC CENTRAL ET AILES INCURVEES

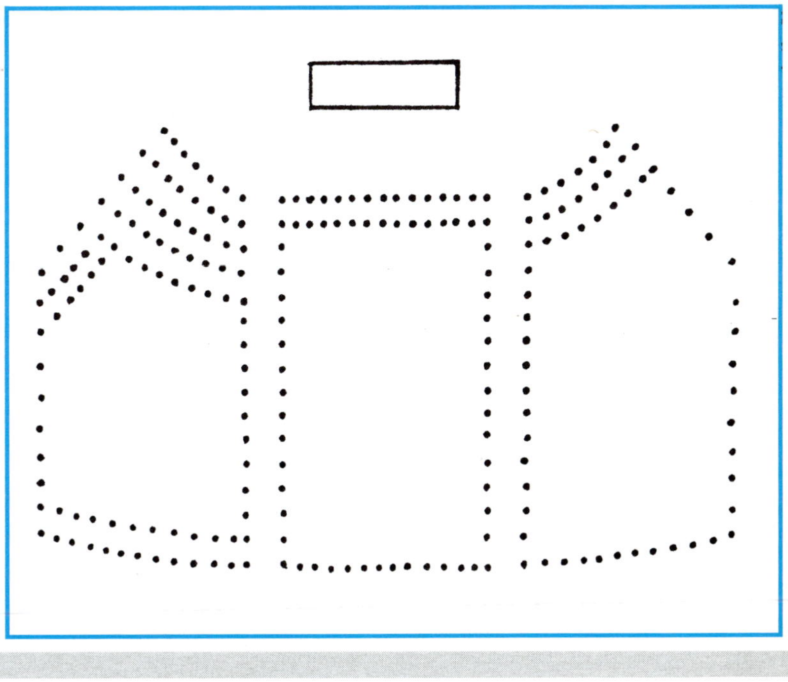

AUDITORIUM EN FORME DE V

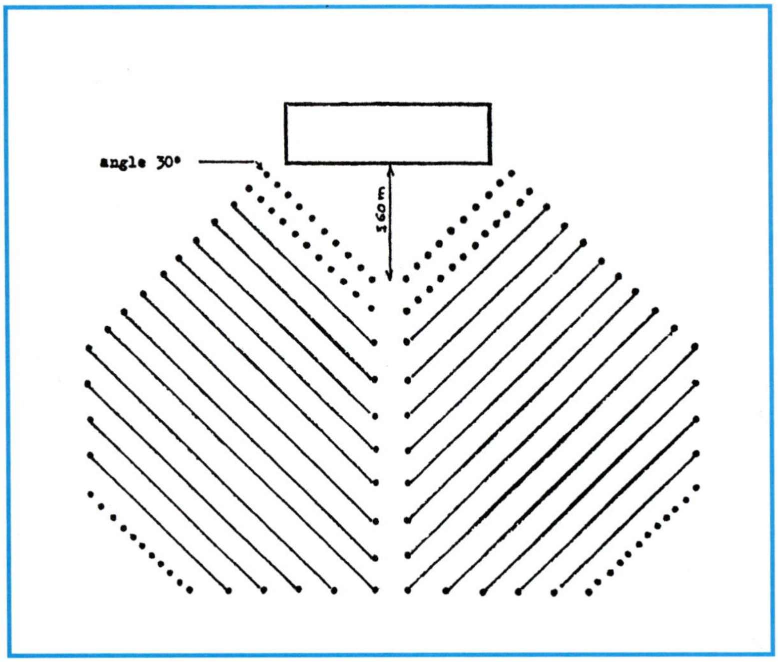

2.4. Auditorium en forme de « V »

La méthode de mise en place est la suivante :

- disposer la table des orateurs comme précédemment,
- délimiter l'allée centrale à l'aide de deux sièges placés à 3,60 m minimum de la table des orateurs,
- placer les autres sièges en droites rectilignes, celles-ci formant un angle de 30 degrés avec la table des orateurs.

Cette mise en place est peu usitée, son origine remonte à la deuxième guerre mondiale où le « V » de la victoire était demandé pour les banquets et les réunions.

MISE EN PLACE AVEC SIÈGES DOTÉS DE TABLETTE ÉCRITOIRE

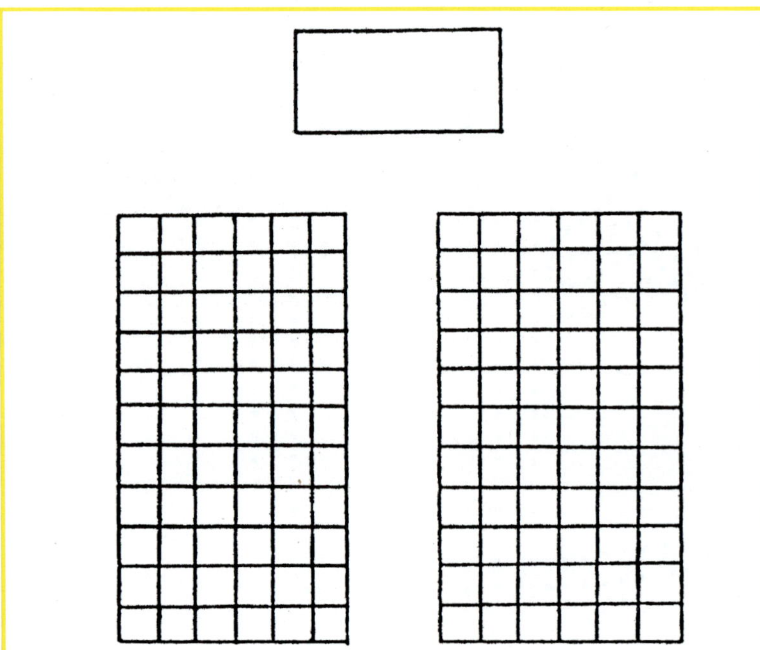

2.5. Mise en place avec sièges dotés de tablette écritoire

Toutes les dispositions précédentes conviennent pour la mise en place de ce type de sièges, cependant la mise en place conventionnelle est particulièrement adaptée.

L'utilisation de ces tablettes impose un espace de 8 à 10 cm entre le bord de la tablette ouverte et le bord du siège voisin.

La distance entre les rangées de sièges doit être de 50 à 55 cm.

2.6. Mise en place disposition « salle de classe »

Pour cette disposition, il est souhaitable d'avoir des tables de 1,20 m. ou 1,80 m. de long sur 0,45 m. de large, pour gagner de la place.

La méthode de mise en place est la suivante :

- aligner les tables par rangées de 2 ou 3 suivant la largeur de la salle en faisant une allée centrale de dimension suffisante et des allées de dégagement entre les rangées ;
- la distance entre deux rangées de tables doit être de 0,60 m. minimum, pour un bon confort laisser 0,70 m.

MISE EN PLACE DISPOSITION « SALLE DE CLASSE »

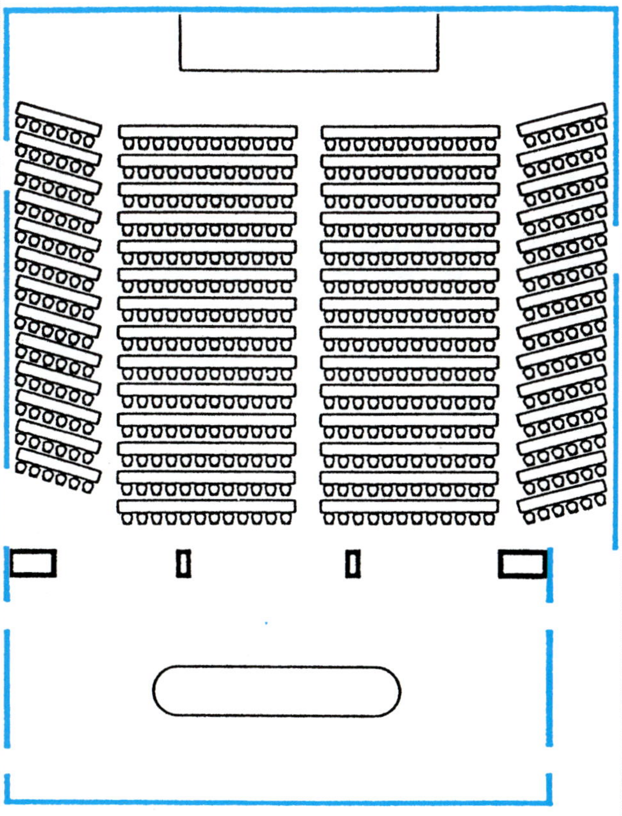

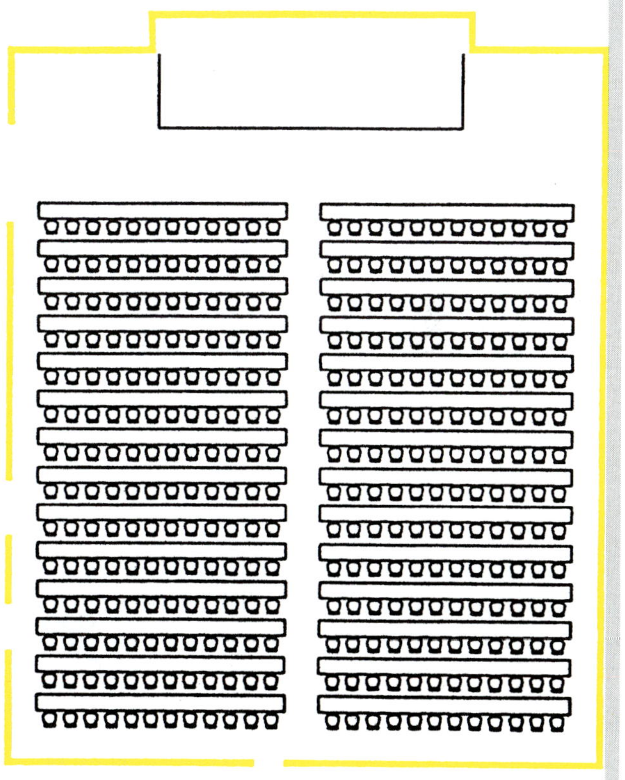

(Doc. Hôtel Méridien, Paris)

2.7. Disposition salle de classe en forme de « V »

Cette disposition s'apparente à la salle de classe traditionnelle de la figure précédente, mais les tables sont inclinées vers la table de l'orateur pour former avec celle-ci un angle de 30 degrés.

Certains groupes demandent cette disposition qui permet aux membres de mieux participer à des discussions prévues pendant ou aussitôt après les sessions.

*DISPOSITION SALLE DE CLASSE EN FORME DE « V » **

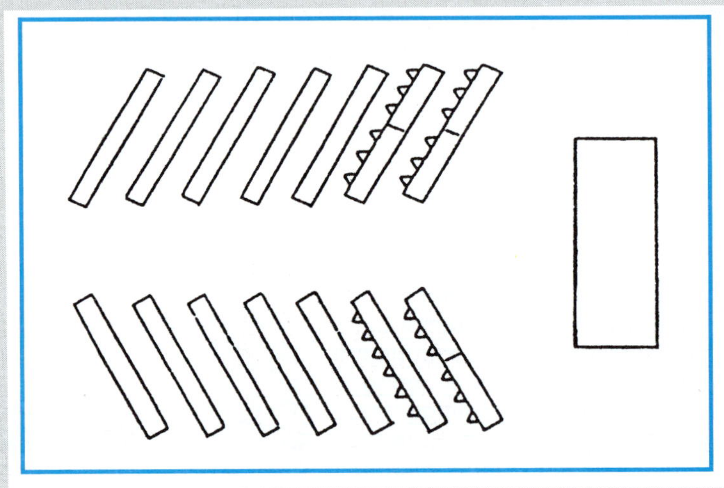

2.8. Disposition pour défilés de mode

Installer une estrade au milieu et sur toute la longueur de la salle. Sa largeur sera de 2 m, sa hauteur de 1 m et les deux extrémités en forme de « T ».

*DISPOSITION POUR DÉFILÉS DE MODE **

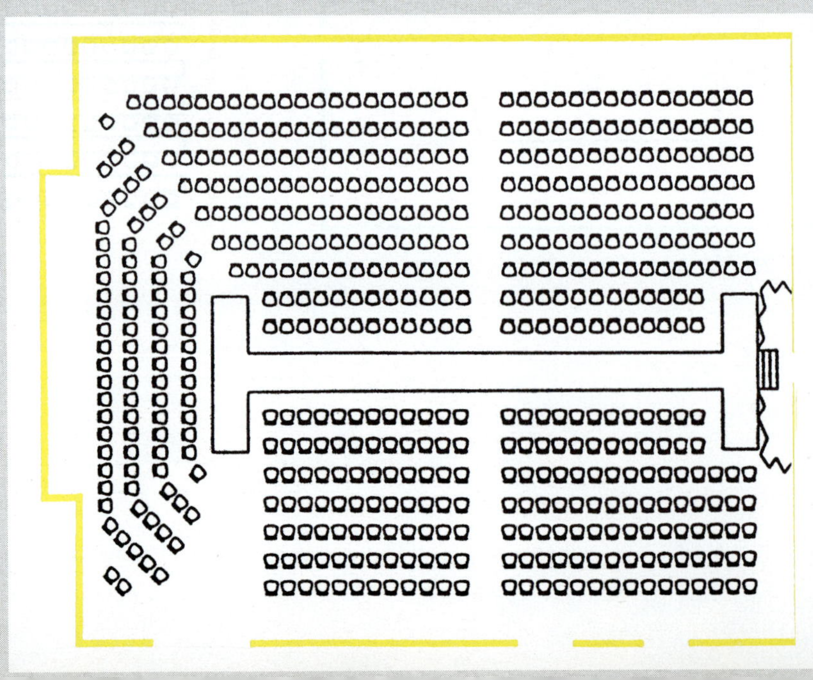

* *(Doc. Hôtel Méridien, Paris)*

2.9. Disposition pour concours de danse

La surface minimale de la piste de danse pour organiser un concours est de 110 m pour 4 couples devant évoluer en même temps.

3 - DISPOSITIONS DES TABLES POUR REUNIONS ET BANQUETS

Les dispositions suivantes peuvent être utilisées pour accueillir des clients en réunions ou en banquets.

Les dimensions des tables sont données dans le paragraphe suivant : MATERIEL ET MOBILIER.

Pour des réunions de travail la mise en place de base est la suivante :

- napper avec un tapis épais genre feutrine,
- disposer pour chaque personne 1 sous-main, 1 crayon, quelques feuilles de papier blanc,
- répartir en divers points de la salle de grandes corbeilles à papier,
- prévoir 1 cendrier profond pour deux personnes,
- disposer un verre par personne et répartir sur la table des bouteilles d'eau minérale ou autres boissons rafraîchissantes selon la demande. Les verres et bouteilles reposeront sur des dessous de verres ou plateaux afin de protéger le tapis de table,
- fleurir la table et la salle avec beaucoup de discrétion.

3.1. Table en « I »

Prévoir une table de 1,20 à 1,50 m de largeur afin que les personnes puissent se voir sans difficulté. Pour cela mettre des tables bout à bout dans le sens de la largeur ou doubler la table sur toute la longueur.

Cette disposition est usitée pour les conseils d'administration ou pour des repas dont le nombre ne dépasse pas 30 couverts.

Pour un conseil d'administration mettre une seule tête à un bout de table.

Pour un repas les places d'honneur se font face au milieu de la table, prévoir un nombre impair de convives de chaque côté (2).

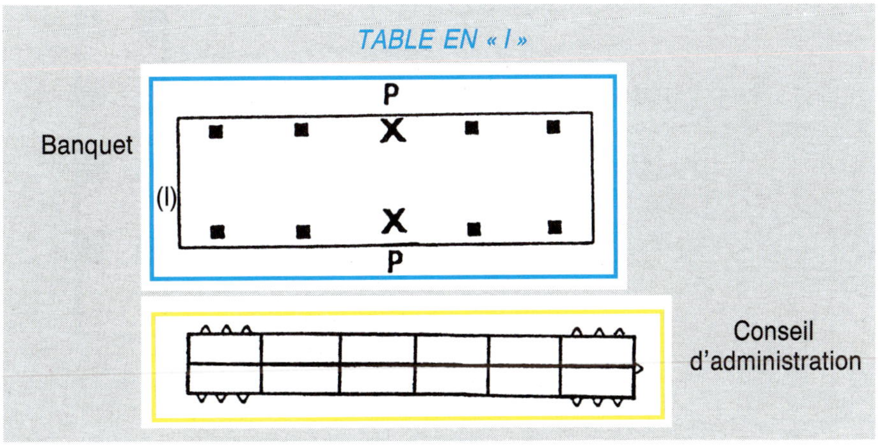

(2) Voir les règles de présence et d'ordre de service pour les banquets Tome 1, chapitre 8.

3.2. Table ovale

Lorsque le conseil d'administration ne souhaite pas donner un caractère officiel à la réunion, construire une table en « I » comme précédemment en rajoutant 2 demi-ronds à chaque extrémité.

Disposer 2 chaises sur chacun des demi-ronds de manière à laisser vide le centre du demi-rond.

TABLE OVALE

Tables de 1,80 m x 0,75 m

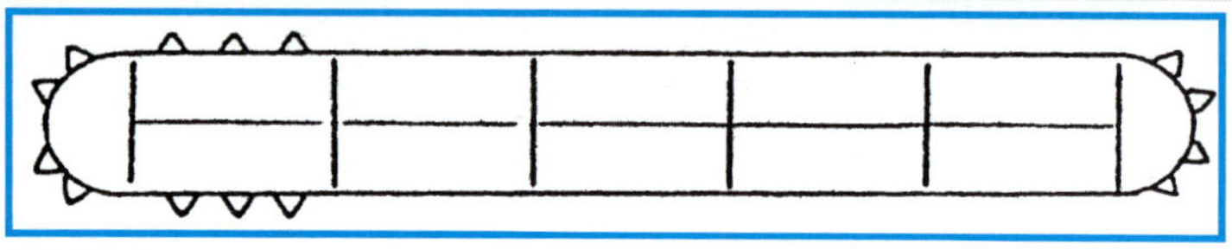

3.3. Table en « T »

Dresser la table d'honneur avec des tables de 0,75 ou 0,80 m de largeur. La jambe du « T » sera doublée en largeur de 1,20 à 1,50 m.

Cette disposition convient particulièrement pour les repas d'affaires qui ne dépassent pas les 50 convives. La table d'honneur ne devra pas être trop longue pour éviter l'isolement des personnes placées sur les côtés. Ne pas mettre de convives en bout de table ni à l'intérieur du « T ».

TABLE EN « T » (3)

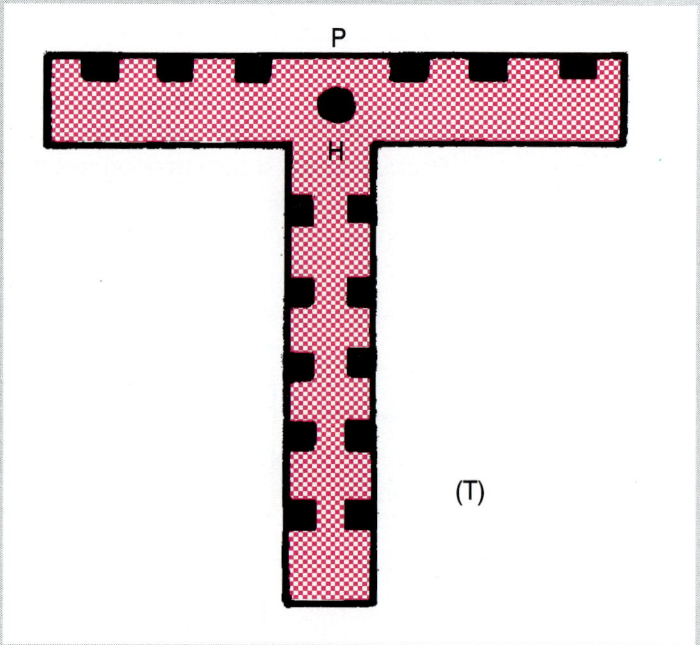

(3) P = place d'honneur ; H = table d'honneur

3.4. Tables en « U » et en « fer à cheval »

Construire les tables en « U » avec un assemblage de tables rectangulaires de 0,75 ou 0,80 m de largeur.

Pour la table en « fer à cheval » la jonction entre la table d'honneur et les deux jambes est faite avec 2 tables quart de rond.

Cette disposition est utilisée pour 50 personnes maximum. Dans ce cas, il est difficile de placer de nombreux invités à la table d'honneur, car l'écartement des deux tables transversales deviendrait trop important. Ne pas mettre de convives en vis-à-vis pour la table d'honneur.

TABLE EN « U » ET EN « FER A CHEVAL »

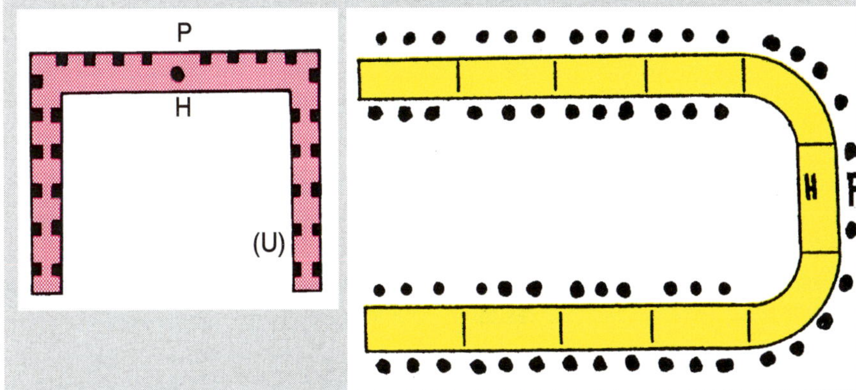

3.5. Table en forme de carré ou rectangle évidé

Cette table est en « U » fermé. Le nappage à l'intérieur du rectangle ou du carré descend jusqu'au sol. Les chaises sont placées de manière ininterrompue sur tout le pourtour.

TABLE EN FORME DE CARRÉ OU RECTANGLE ÉVIDÉ

3.6. Table en forme d'anneau

La disposition de la table est identique à celle de la table en « fer à cheval » , mais elle est fermée à l'autre extrémité avec 2 tables quart-de-rond supplémentaires.

TABLE EN FORME D'ANNEAU

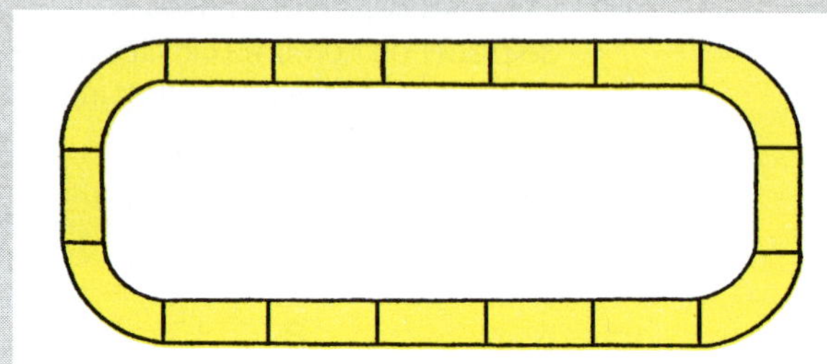

3.7. Table en « peigne ou rateau »

Les dimensions imposées pour la table d'honneur et le nombre de convives détermi-nent le nombre et la longueur des dents.

Procéder de la même manière que pour les tables en « U ». Prévoir 1,50 m entre les tables qui forment les dents du peigne.

TABLE EN « PEIGNE OU RATEAU »

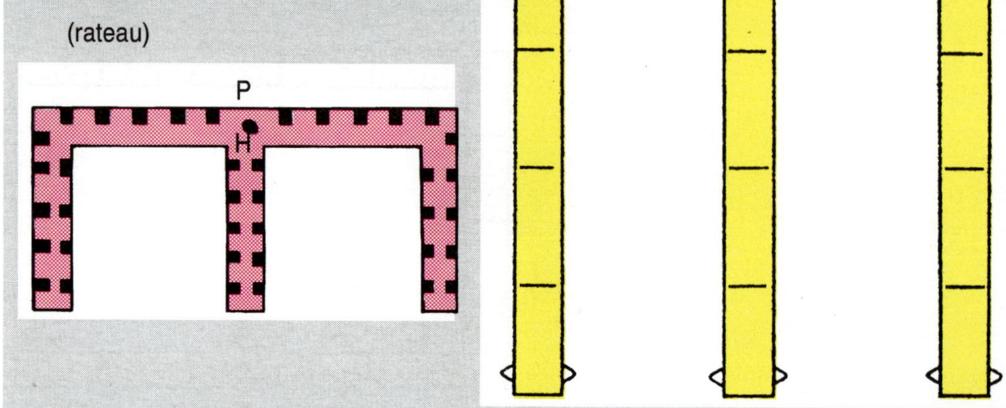

3.8. Table en « éventail »

En éventail simple ou double, cette disposition comporte une table d'honneur présidée par deux convives se faisant face dans le cas d'un éventail double. Les autres tables de 10 à 20 couverts sont disposées en éventail autour de la table d'honneur.

Utilisée pour des repas à partir de 100 couverts cette mise en place permet de conserver un caractère intime.

TABLES EN « EVENTAIL »

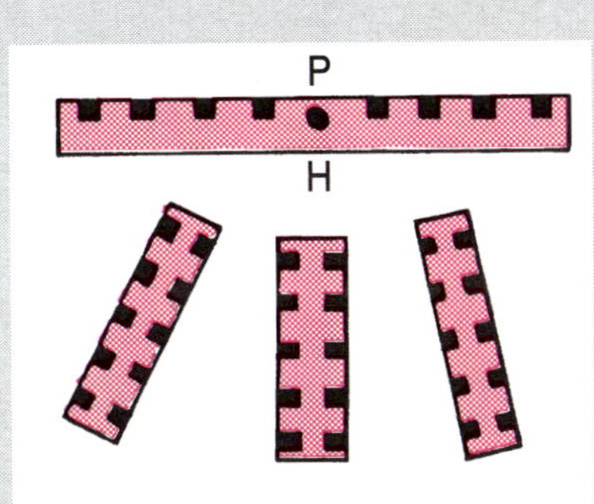

Eventail simple

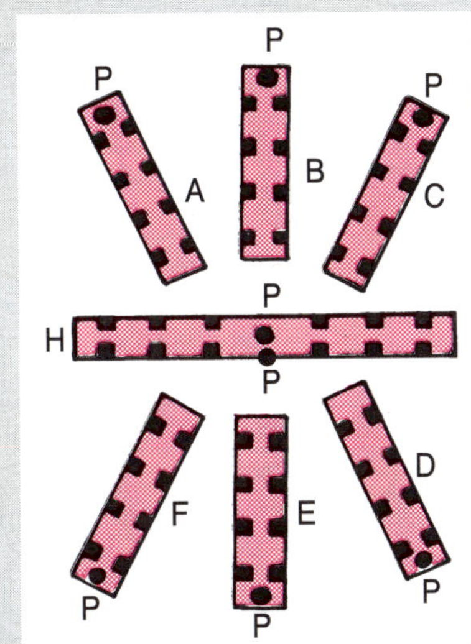

Eventail double

Combinaison d'éventails

DISPOSITION EN TABLES RONDES

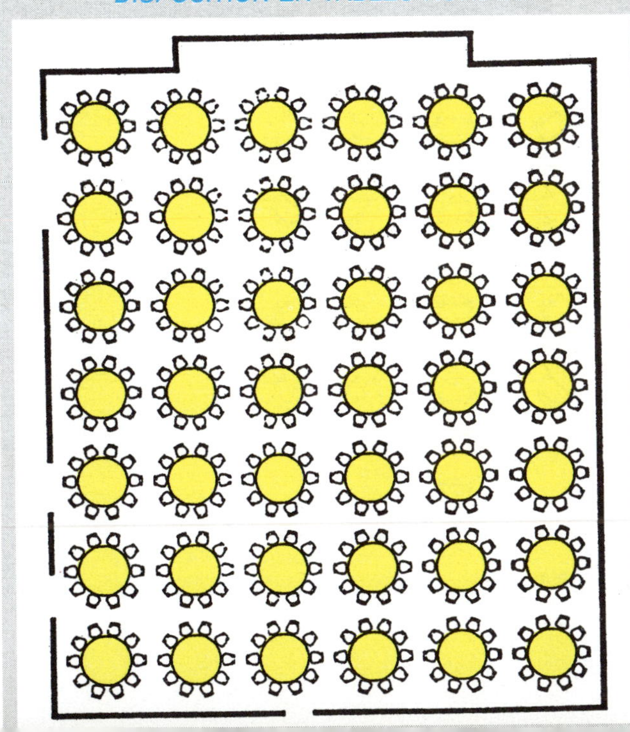

3.9. Disposition en tables rondes

Cette disposition est surtout employée pour les repas, la table d'honneur est très souvent placée au centre de la pièce. Les tables ont généralement un diamètre de 1,75 m et permettent d'installer 8 à 10 convives. (Voir Tome 1 chapitre 3).

(Doc. Hôtel Méridien, Paris)

DISPOSITION EN TABLES RONDES

dimensions utiles en m	superficie utile en m²	aménagement
21,2 × 10	212	260 personnes

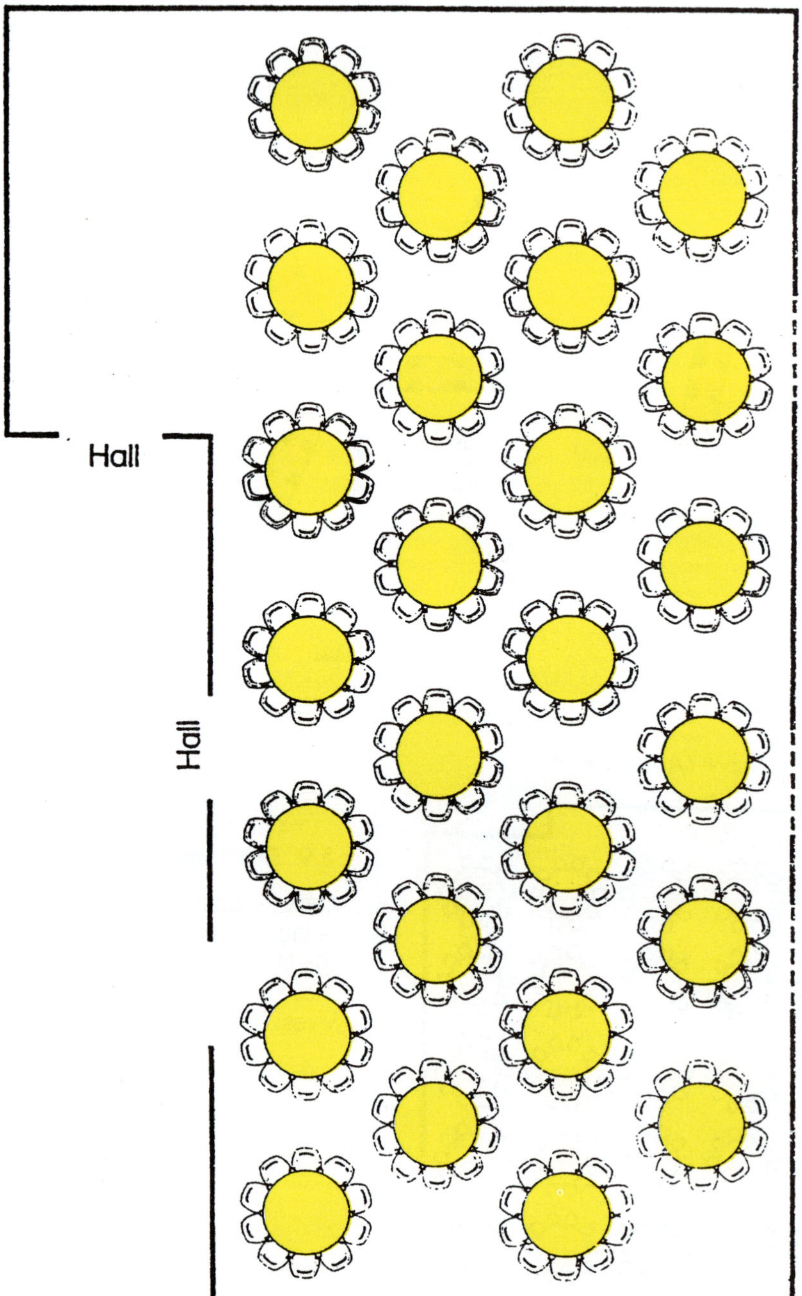

4 - DISPOSITION DE BUFFETS

4.1. Buffet circulaire à centre évidé

Utiliser pour cette mise en place des tables de coin (incurvées ou trapézoïdales) reliées avec des tables rectangulaires.

Les dimensions convenables pour ce type de buffet sont approximativement de 6 X 6 m.

Le vide central permet d'installer une table ronde pour disposer une décoration florale ou une pièce montée (réalisation en sucre, en chocolat etc.).

BUFFET CIRCULAIRE

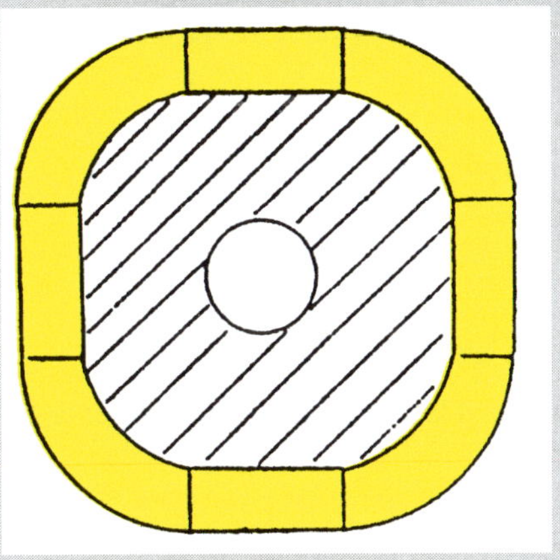

BUFFET CIRCULAIRE A CENTRE VIDE

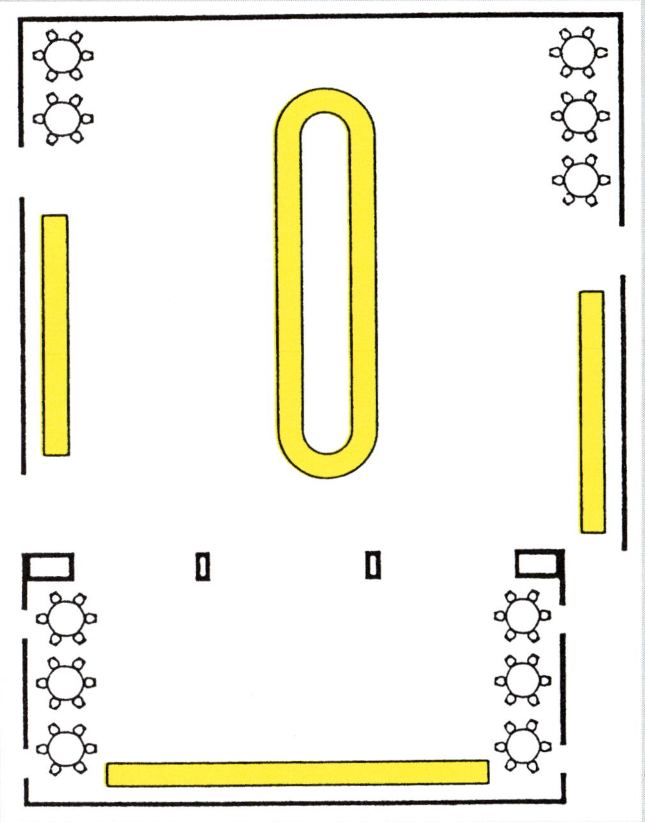

(Doc. Hôtel Méridien, Paris)

BUFFET EN « TETE DE BELIER »

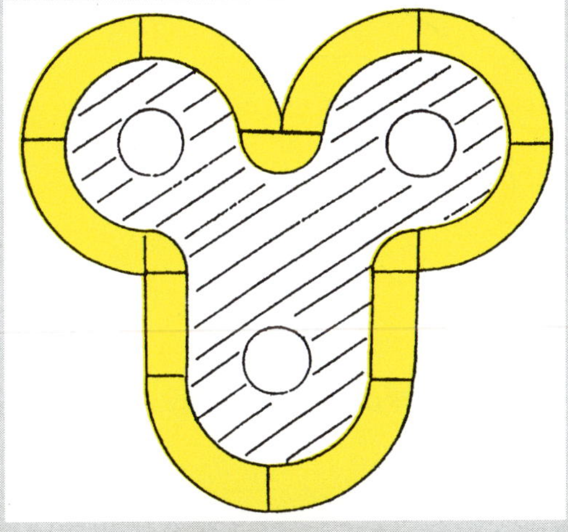

4.2. Buffet en « tête de bélier »

Cette disposition, placée au centre d'une grande salle, est toute indiquée lors de manifestations importantes.

Le croquis ci-contre est composé de 8 tables en coin, 2 quarts de lune de 0,75 m, 2 tables rectangulaires de 1,20 X 0,75 m, 1 demi-lune de 0,75 m de rayon.

Les tables placées dans le vide du buffet permettront d'exposer des pièces décoratives.

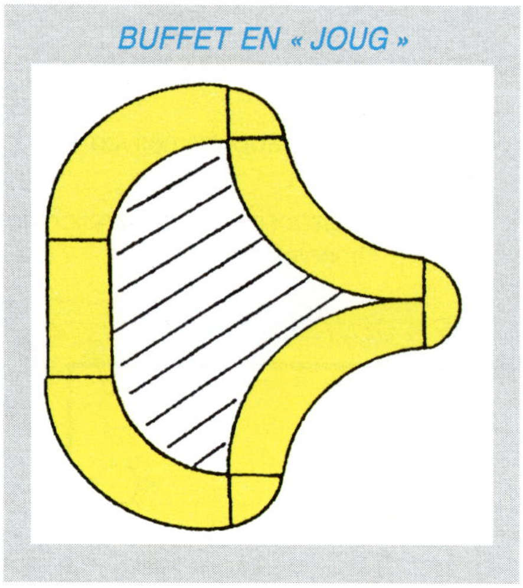
BUFFET EN « JOUG »

4.3. Buffet en « joug »

Même type de mobilier que précédemment : largeur 0,75 m :

- 4 tables de coin
- 1 table rectangulaire de 1,20 m
- 2 quarts de lune
- 1 demi-lune

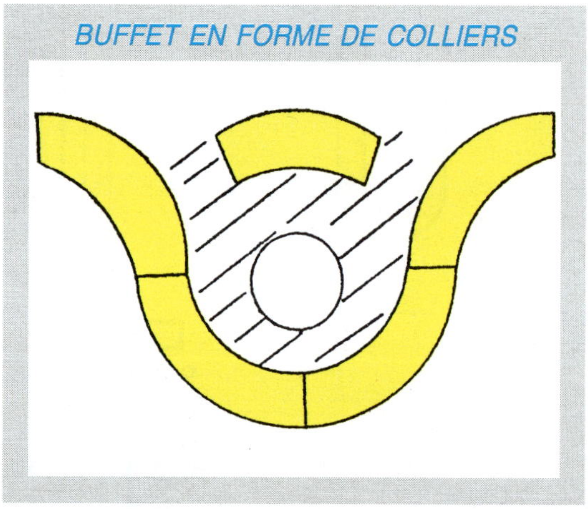
BUFFET EN FORME DE COLLIERS

4.4. Buffet en forme de colliers

Il suffit d'assembler 4 tables de coin pour former le corps principal du buffet.

4.5. Buffet en « cornes de bisons »

Le buffet est composé de 8 tables de coin assemblées comme sur le croquis ci-dessous, les 2 extrémités sont terminées par 2 quarts de lune.

BUFFET EN « CORNES DE BISONS »

Matériel et Mobilier

1 - LES TABLES

Les tables pour équiper les salons doivent être stables, pliantes, solides mais légères, facilement empilables. Certains modèles de tables sont équipés de roulettes qui permettent de les déplacer facilement une fois repliés.

La hauteur standard des tables est de 0,75 m.

Voici quelques modèles de tables :

- tables rectangulaires de 1,80 X 0,75 m utilisées comme tables principales d'honneur, pour les dispositions en « U », pour les tables de conseils d'administration, les banquets etc.
- tables de 2,40 X 0,75 m et de 1,20 X 0,75 m pouvant être ajustées avec les tables de 1,80 m en fonction des dimensions de la salle et le nombre de convives ;
- tables rondes de 1,50 m pour 8 personnes ;
- tables rondes de 1,75 m pour 10 personnes ;
- tables rectangulaires de 1,80 X 0,45 m pour les dispositions en « salle de classe » ;
- tables « demi-rond » de 1,50 m et 2,25 m permettant de construire des tables ovales, des tables de buffet, des tables en forme de trèfle ;
- tables « quart de rond » de 0,75 et 1,20 m pour construire des tables en fer à cheval, des tables circulaires avec creux, etc.

Exemples de tables de conférence avec élements juxtaposables :

- rectangulaires de 1,30 X 0,65 m,
- trapézoïdaux de 1,30 et 0,65 m,
- carrés de 0,65 X 0,65 m.

Avec des éléments de trois types :

rectangle (1,30 X 0,65),
trapèze (1,30 X 0,65),
carré (0,65 X 0,65)

il est possible de faire de multiples compositions de tables de conférences.
On remarque que les capacités indiquées (jusqu'à 24 personnes) sont obtenues avec une occupation de table d'un seul côté pour que tous les participants soient face à face.

(Doc Simco)

TABLES DE CONFERENCE PAR ELEMENTS JUXTAPOSABLES

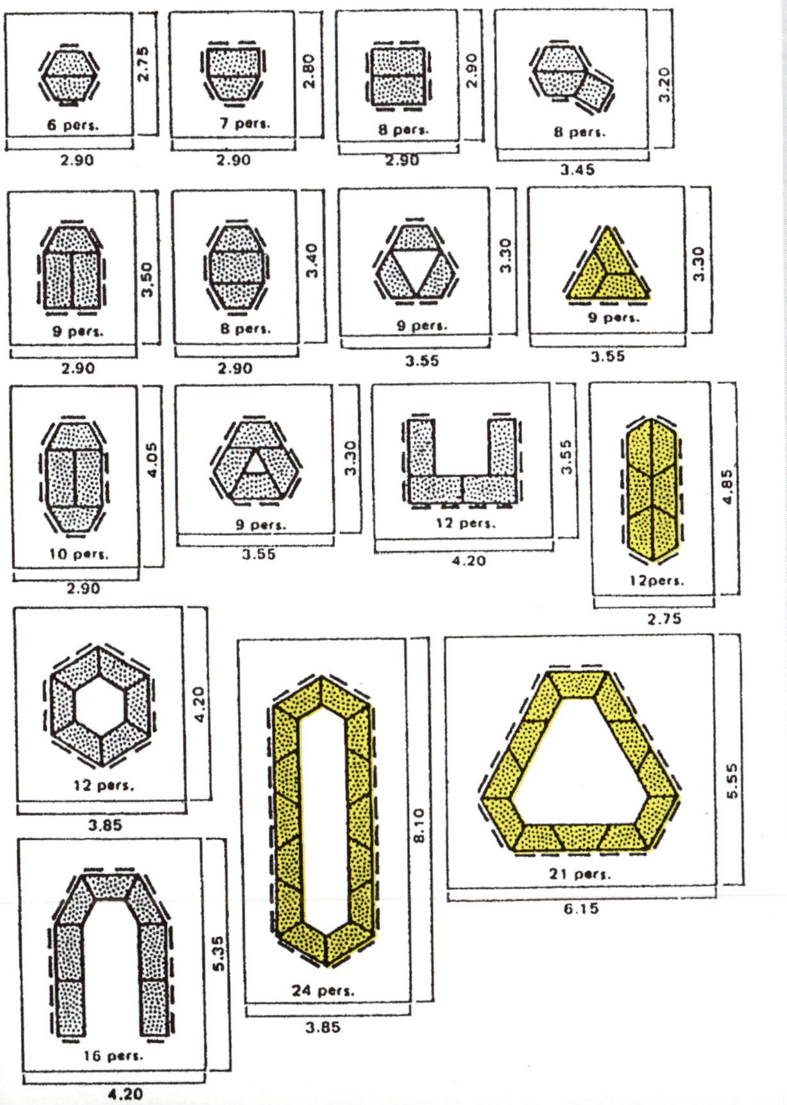

2 - CHAISES

Elles doivent être confortables, légères, solides, empilables ou pliantes.

Confortables car un congressite reste assis pendant 3 heures de suite.

Légères pour faciliter les manutentions lors de la mise en place.

Pliantes ou empilables elles peuvent être placées par 12 sur des chariots afin de réduire l'encombrement au niveau du stockage.

Afin de répondre à la règlementation en matière de sécurité, une salle de conférence étant par définition un amphithéâtre, les sièges doivent être reliés entre eux et les rangées ainsi constituées fixées à chacune des extrémités. (J.O. N° 1111). Il existe des modèles munis de systèmes d'accrochage qui les rendent solidaires afin de constituer des rangées continues. La plupart des chaises de conférence ont un encombrement de 0,45 X 0,45 m minimum et une hauteur de 0,425 m.

Les fauteuils ont un encombrement de 0,50 X 0,50 m et une hauteur de 0,425 m.

Certains modèles permettent d'adapter un tablette-écritoire sur un côté du siège. Ce système augmente le confort des participants tout en autorisant une occupation maximale de la salle.

(Doc. Rodet)

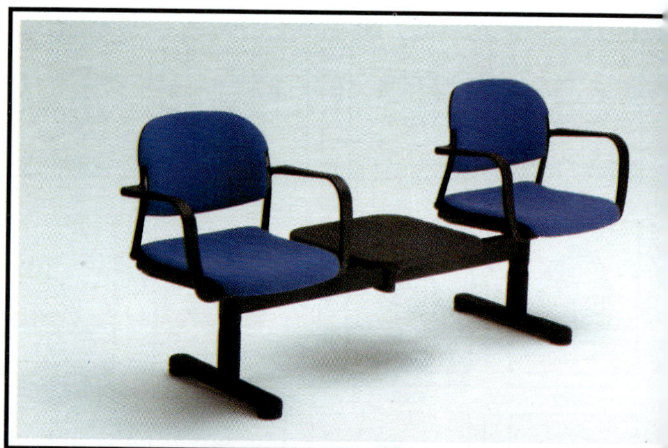

(Doc. Com System)

(Doc. Souvignet)

3 - ESTRADES OU PODIUMS

Composées d'éléments carrés ou rectangulaires, les estrades doivent se mettre en place rapidement. Selon les besoins et en fonction de la taille de la salle, l'estrade sera de hauteur variable : 0,25, 0,50, 0,75 m. et même plus.

4 - PUPITRES

Un pupitre peut se présenter de deux manières :
- être amovible et s'adapter à la table des conférenciers,
- meuble à part entière, il fait fonction en même temps d'estrade surélevée.

5 - MATERIEL D'ACCUEIL ET D'INFORMATION

Ces éléments ont un rôle fonctionnel et décoratif :
- tableau d'informations sur pied à affichage lumineux ou plus simplement à l'aide de lettres adhésives et amovibles,
- poste de réception ou petit comptoir, où se présentent les participants pour retirer divers documents, badges, dossiers de presse etc.,
- panneaux d'affichage mobiles montés sur roulettes pour agraffer les messages personnels, les informations de dernière minute,
- panneaux muraux pour afficher les informations sur les activités locales, les horaires des transports, spectacles etc.,
- vitrines d'exposition de produits régionaux ou autres souvenirs.

6 - EQUIPEMENT AUDIO-VISUEL

Selon le type de réunion, il doit être mis à disposition des utilisateurs :
- tableaux de papier format 0,65 X 1,00 mètre,
- tableaux avec photocopieuse incorporée,
- baguette télescopique pour explication au tableau,
- projecteurs de films et de diapositives,
- flèche lumineuse pour pointer sur un écran,
- rétroprojecteur,
- tables de projection,
- magnétophone,
- magnétoscope et téléviseur,
- écran perlé de cinéma, mural ou sur pied, fixe ou enroulable,
- épiscopes destinés à la projection de documents non tranparents,
- télévision en circuit fermé permettant des intercommunications entre plusieurs salles,
- unité vidéo portable,
- sonorisation volante avec plusieurs micros,
- microphone de table monté sur flexible et socle,
- microphone de proximité tenu à la main,
- microphone de cravate,
- etc.

7 - LE MATERIEL DE SERVICE

Il se différencie peu de celui du restaurant et comprend l'argenterie, la platerie et la verrerie.
Pour les cocktails debout, un matériel particulier est indispensable. Il servira à présenter sur les buffets : les sandwiches, les canapés, tartelettes, petits fours etc...

8 - LE LINGE

Pour les banquets, il comprend des serviettes de table, des nappes de grandes dimensions, des molletons, des liteaux de service, des essuie-verres.
A titre d'exemple, citons quelques dimensions courantes pour les nappes :

- 2,10 X 2,10 m. - 2,50 X 1,60 m. - 4,50 X 2,10 m. - 6,00 X 2,50 m.

Pour les réunions il faut disposer de grand tapis en feutrine pour recouvrir les tables. Ce tissu de bel aspect assure un bon confort pour les participants.

EXEMPLES DE MATÉRIEL SPÉCIFIQUE

COMPOTIER POUR PETITS FOURS
(Doc. Saint-Hilaire)

SERVITEUR MUET
(Doc. Saint-Hilaire)

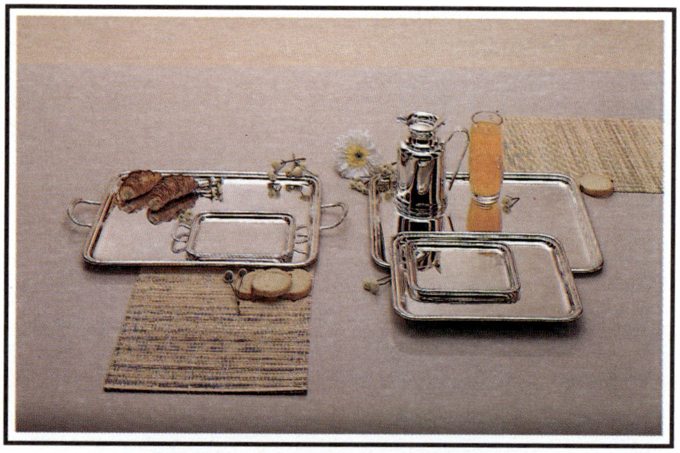

DIFFÉRENTS TYPES DE PLATEAUX
(Doc. Saint-Hilaire)

BAIN-MARIE
(Doc. Spring-Pontarlier)

(Doc. Luminarc)

La Commercialisation des banquets et réunions

La commercialisation des banquets et réunions est faîte par le propriétaire ou le directeur dans un petit établissement. Dans le cas d'un hôtel de grande capacité, il est nécessaire de créer un service commercial constitué d'une équipe d'attachés commerciaux sous l'autorité du directeur commercial.

EXEMPLE D'ORGANISATION DU SECTEUR RESTAURATION DANS UN HOTEL DE GRANDE CAPACITE

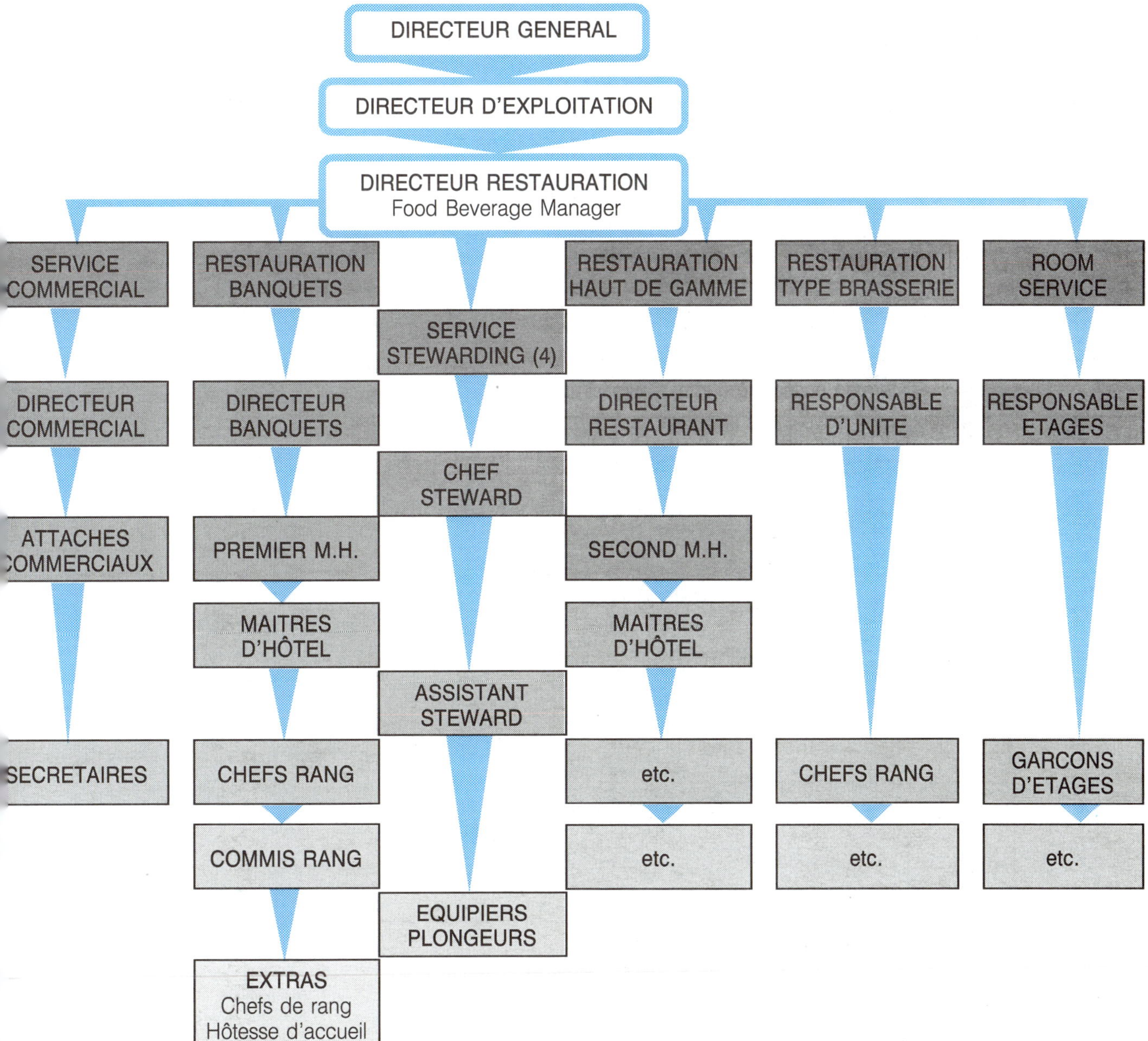

(4) Ce service regroupe toutes les activités concernant la gestion et l'entretien du matériel de restauration.

Pour bien commercialiser l'activité "Banquets et Réunions" il est nécessaire de bien maîtriser les techniques de vente (voir chapitre 2) et de posséder des outils spécifiques performants dont le catalogue des ventes, le contrat client, et la fiche de réservation.

1 - LE CATALOGUE DES VENTES

Il doit regrouper l'ensemble des prestations offertes aux clients, sous différentes rubriques.

1.1. Locations de salons

Un plan de masse simplifié doit permettre de visualiser l'ensemble des possibilités de l'établissement.

Pour chaque salon, le document indiquera sa superficie et sa capacité d'accueil selon le type de mise en place (salle de classe, table en U, théâtre, cocktail, banquet).

Les prix de location sont établis pour chaque salon à la journée ou à la demi-journée, à l'heure. Il est également possible de proposer un prix de location au mètre carré.

Cette rubrique doit présenter les équipements complémentaires pour les salons en faisant la distinction entre le matériel mis gratuitement à disposition et celui facturé en sus. Pour des équipements spécifiques, il est recommandé de fournir un devis à la demande.

PLAN DES SALONS

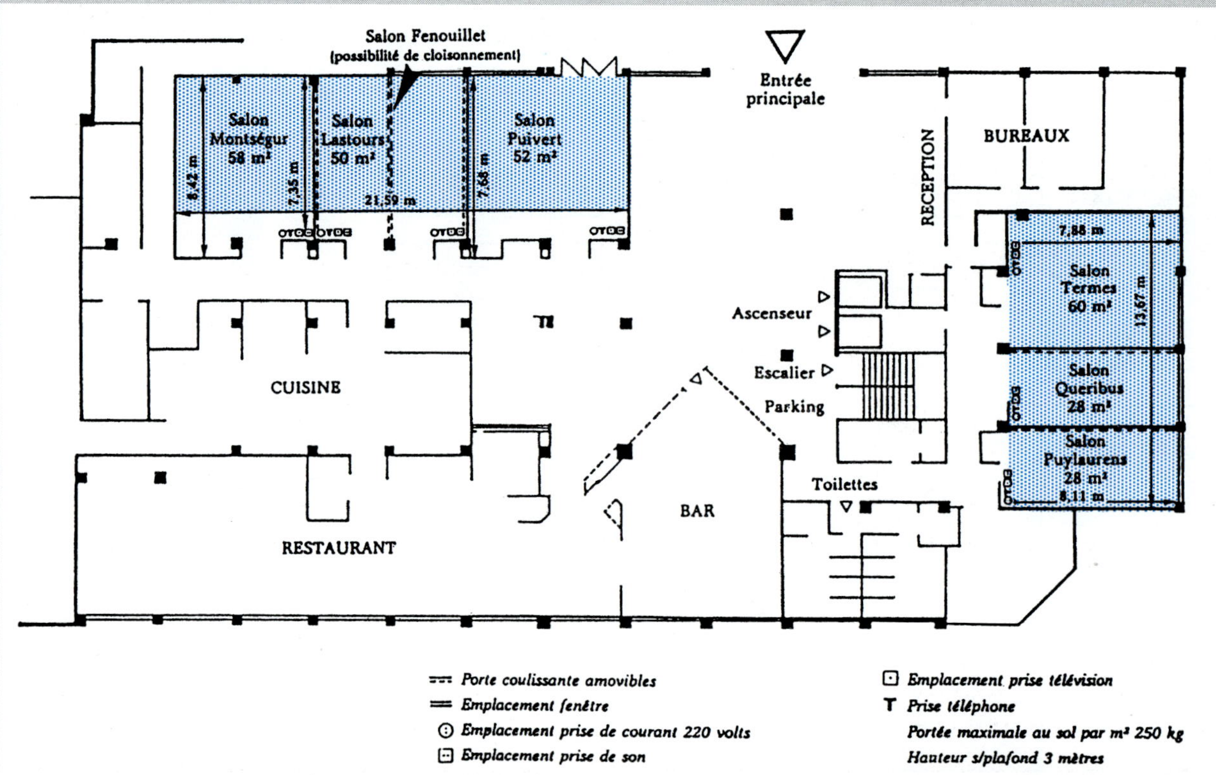

(Doc. Novotel)

Toutes les salles sont sonorisées et peuvent être équipées d'équipement audio visuels

SUPERFICIE ET CAPACITE DES SALONS

	Style théâtre	Table rectangulaire	Table en U	Table en V	Style classe	En épi	
Salons et surfaces							
Termes 60 m²	50 personnes	25 personnes	25	20	35	35	
Queribus 28 m²	20 personnes	13	15	10	17	17	116 m²
Puylaurens 28 m²	25 personnes	18	15	10	17	17	
Montségur 58 m²	56 personnes	35	30	20	38	38	
Lastours 50 m²	40 personnes	30	25	15	33	33	160 m²
Puivert 52 m²	46 personnes	32	30	16	34	34	

(Doc. Novotel)

SUPERFICIE ET CAPACITE DE NOS SALONS

NOS SALONS	*Superficie en m²*	*Nombre de personnes en fonction de la disposition des salons*					
		en U	*Style école*	*Tables rondes*	*Style théâtre*	*Table rectangle*	*COCKTAIL DEBOUT avec BUFFET*
"Champs-Élysées"	*68*	*30*	*35*	*40*	*50*	*30*	*60*
"Washington"	*55*	*25*	*30*	*36*	*45*	*25*	*50*
"Berri"	*47*	*16*	*20*	*30*	*30*	*16*	*40*

N.B. - Nos trois salons sont modulables entre eux et peuvent être réunis.

(Doc. Hôtel Le Warwick)

TARIF DE LOCATION DE NOS SALONS

NOS SALONS	JOURNÉE de 9 h à 18 h 30	DEMI-JOURNÉE de 8 h à 12 h ou de 14 h à 18 h 30	HEURE
"Champs-Elysées"	2400	1500	490
"Washington"	2200	1400	440
"Berri"	1800	1200	390

TARIF DE LOCATION DES EQUIPEMENTS AUDIO-VISUELS

• *Projecteur de diapositives et commande à distance*	*250 F*
Objectif de 35 mm	*70 F*
• *Rétroprojecteur*	*220 F*
Ecran	*90 F*
• *Sonorisation (amplificateur et enceintes)*	*sur devis*
Micro de table ou sur pied	*sur devis*
Micro balladeur sans fil	*sur devis*
• *Vidéo (VHS, U-matic, Tri-standard, NTSC)*	*sur devis*

N.B. - Ces prix s'entendent toutes taxes comprises par jour.

1.2. Cocktail party

Les propositions d'assortiments de canapés, amuse-bouche et boissons peuvent être présentées sous la forme de plusieurs formules à prix fixe ou bien sous la forme d'une carte où chaque article a son prix de vente unitaire.

Dans les deux cas il faut respecter certaines règles :

- les articles salés doivent dominer dans l'assortiment,
- on calcule environ 1 pièce sucrée pour 3 pièces salées,
- parmi les pièces salées, il faut prévoir des amuse-bouche à servir chaud,
- lorsqu'un repas suit le cocktail, on prévoit environ 2 à 3 pièces salées par personne,

EXEMPLE D'ASSORTIMENTS POUR COCKTAILS

Hôtel Le Warwick

COCKTAIL PARTY

T.T.C. par personne

Dry snacks, olives, cacahuètes

10 pièces assorties

CANAPÉS FROIDS

- *Jambon blanc*
- *Œuf niçoise*
- *Salami*
- *Gruyère au paprika*
- *Beurre de cresson*
- *Mousse de thon*

CANAPÉS CHAUDS

- *Quiche*
- *Pizza*
- *Croque monsieur*
- *Pruneaux bacon*

PETITS FOURS SUCRÉS

- *Petits choux à la crème*
- *Fruits déguisés*
- *Petits fours secs*

MINIMUM 20 PERSONNES

COCKTAIL PARTY DE LUXE

T.T.C. par personne

Dry snacks, olives, cacahuètes

12 pièces assorties

CANAPÉS FROIDS

- *Saumon fumé*
- *Mousse de Roquefort*
- *Œufs de lump*
- *Pointes d'asperges*
- *Jambon de montagne*
- *Œufs de saumon*
- *Jambon d'York*

CANAPÉS CHAUDS

- *Brochette de foie de veau et langoustines*
- *Tartelette aux champignons*
- *Beignets de crevettes*
- *Goujonnettes de sole*

PETITS FOURS SUCRÉS

- *Tartelettes aux fruits*
- *Fruits déguisés*
- *Petits choux à la crème*
- *Petits fours secs*

MINIMUM 20 PERSONNES

N.B. - Le nombre de convives doit être confirmé 48 h à l'avance

- pour un " Cocktail Riche ", lors d'une réception de mariage d'une durée de 2 à 3 heures par exemple, on calcule environ 12 à 16 pièces d'amuse-bouche par personne,
- la proposition d'un assortiment doit toujours mentionner le nombre de personnes minimum pour la commande afin de tenir compte du coût de mise en œuvre et de fabrication,
- pour la nourriture, les proportions peuvent être calculées de la manière suivante :

ARTICLES	QUANTITE PAR PERSONNE	DUREE DU COCKTAIL
Canapés et amuse-bouche	5 à 7 pièces 3 à 4 pièces	pour la 1re heure pour chaque heure supplémentaire
Feuilletés Biscuits secs Olives Mélanges salés	15 grammes 15 grammes 15 grammes 15 grammes	pour toute la durée de la manifestation
Pommes chips	10 grammes	idem

- pour la boisson les quantités peuvent être calculées ainsi :

DUREE DU COCKTAIL	1/2 HEURE	1 HEURE	1 HEURE 1/2	2HEURES
NBRE DE PERSONNES	Nombre de verres par personne			
25 à 100	2	3	3 3/4	4 1/4
100 à 200	2	2 3/4	3 1/2	4
Plus de 200	2	2 1/2	3 1/4	3 3/4

- les boissons sont soit facturées au réel selon consommation, soit comprises dans la composition d'un forfait boissons ou d'un forfait global (nourriture et les boissons).

EXEMPLES DE FORFAITS BOISSONS / PRIX ...F. par personne

NOMBRE DE PERSONNES		100	80	60	40
ASSORTIMENTS	UNITES	NOMBRE DE BOUTEILLES			
Champagne	bouteille	31	24	19	12
Jus de fruits	litre	10	8	6	4
Perrier	magnum	10	8	6	4
Champagne	bouteille	25	21	15	10
Whisky	bouteille	4	3	2	1
Jus de fruits	litre	9	7	5	3
Perrier	magnum	9	7	5	3
etc.					

1.3. Menus banquets

Les menus pour les banquets doivent être établis selon les mêmes règles que pour la carte du restaurant (Tome 1 chapitre 6).

Les différentes catégories de menus proposés sont :

- **menus à prix fixe** sans choix possible,
- **menus à prix fixe** avec possibilité de choisir entre plusieurs mets proposés pour chaque gamme,
- **menus types** destinés à la clientèle des séminaires, ils devront permettre un service rapide et offrir un repas de travail équilibré.

Pour permettre au client de choisir en toute liberté il est possible de présenter une liste de mets classés par gamme et par prix (hors d'oeuvre, entrées froides, entrées chaudes, grillades, etc.). Le prix est fixé par gamme de plats.

EXEMPLES DE MENUS FORFAIT SEMINAIRES

MENU A

Bavarois d'avocat au saumon fumé
Civet de canard à l'ancienne
Plateau de fromages
Assiette de fruits rouges

MENU B

Mousse de foies de volailles
Escalope de saumon à la fondue d'épinards
Plateau de fromages
Gâteau forêt noire

MENU C

Salade tiède de baudroie aux haricots verts
Filet mignon de veau à la crème d'échalottes
Plateau de fromages
Gratin de fruits au sabayon de Sauternes

MENU D

Crème de tomates froide au basilic
Jambonnette de volaille aux pleurottes
Plateau de fromages
Mousse aux citron verts

MENU E

Gâteau de pigeonneaux à la fine gelée
Médaillon de baudroie au safran
Plateau de fromages
Feuilleté aux poires

MENU F

Tourte de cailles sauce bordelaise
Filet de sole aux nouilles
Plateau de fromages
Bavarois aux poires et son coulis

MENU G

Saumon mariné à l'huile de noix
Filet de bœuf aux câpres
Plateau de fromages
Assiette de sorbets exotiques

MENU H

Feuilleté aux fruits de mer
Carré d'agneau à la fleur de thym
Plateau de fromages
Marquise au chocolat

MENU I

Mince gratin d'écrevisses aux poireaux
Panaché de poissons au pistil de safran
Plateau de fromages
Tarte aux pommes tièdes avec son coulis

MENU J

Salade de caille avec son œuf
Escalope de daurade à la graine de moutarde
Plateau de fromages
Mousse au chocolat aux zestes d'orange

MENU K

Crème d'écrevisses à la feuille d'estragon
Faux filet à la mœlle et au vin rouge
Plateau de fromages
Gâteau glacé Saint Marc

MENU L

Terrine de légumes au coulis de pommes d'amour
Emincé de veau forestière
Plateau de fromages
Soupe aux fruits à la menthe

(Doc. Hôtel Le Warwick)

EXEMPLE DE LISTE DE METS PAR GAMME

HORS D'ŒUVRE A....F.

Avocat aux crevettes
Vol-au-vent aux fruits de mer
Quiche au saumon fumé
Velouté aux champignons
Consommé double au Sherry

HORS D'ŒUVRE A....F.

Crème Vichyssoise rafraîchie
Terrine de poisson, sauce verte
Croustade de fruits de mer Nantua
Salade de choux et de crabe relevée
Crème d'asperges

HORS D'ŒUVRE A....F.

Saumon fumé et sa garniture
Foie gras au poivre vert
Croustade de crevettes Cardinal
Bisque de homard
Consommé de tortue Amontillado

PLATS PRINCIPAUX A....F.

Filet de mostelle Bréval
Médaillon de veau à la crème
Coquelet Financière
Cœur d'aloyau rôti
dans sa coque de gros sel
Escalope de veau Biarrote

PLATS PRINCIPAUX A....F.

Escalope de saumon au champagne
Filet de barbue Florentine
Médaillon de veau au basilic
Caneton poêlé à l'orange sanguine
Suprême de volaille Ambassadeur

PLATS PRINCIPAUX A....F.

Filet de sole Normande
Médaillon de lotte au safran
Carré d'agneau bonne bouche
Filet de bœuf Wellington
Coquelet rôti aux cèpes

LEGUMES FRAIS ET POMMES

Haricots verts Amandine
Tomate Florentine
Laitue braisée
Pommes Fondantes

DESSERTS A....F.

Savarin Chantilly
Gâteau Forêt Noire
Sorbet fraises des bois et citron
Ananas frais au Marasquin
Poire Belle Hélène

DESSERTS A....F.

Fraisalia
Ananas en surprise.
Vacherin glacé
Granité au champagne
Omelette Norvégienne

DESSERTS A....F.

Bavarois aux fruits et ses sorbets
Tarte amandine et sa crème anglaise
Crèpes soufflées au vieux marc
Nougatine glacée au coulis de framboise
Gâteau Napoléon

1.4. Buffets

Les buffets proposent pour un prix fixe un assortiment de mets dans une ou plusieurs gammes :

- hors-d'œuvre,
- charcuteries,
- plats froids (poissons, viandes),
- plats chauds,
- fromages,
- desserts.

Comme plat chaud, le choix d'une pièce de boucherie présentée entière et découpée devant les clients apporte un certain agrément au service.

L'apéritif, les boissons d'accompagnement, le café peuvent faire partie du forfait proposé.

La composition des buffets peut être élaborée en tenant compte de différents thèmes par exemple : campagnard, chasse, goûter d'enfants, piscine, prestige, gastronomie régionale (Sud-ouest, Alsace, Bretagne, etc.), cuisine étrangère (Antilles, Asie, Espagne, Italie etc.).

SUGGESTION DE BUFFET CAMPAGNARD

Minimum 25 personnes

Pâté en croûte
Rillettes d'oie
Terrine du chef
Rosette de Lyon
Saucisse de Bretagne
Salami italien

Salade de lentilles au lard
Salade frisée aux croûtons
Salade de pommes de terre à l'huile
Salade de céleri rave
Salade de haricots rouges
Salade de haricots de Soisson

PLATS CHAUDS

Poulet à la Forestière
Paleron de boeuf braisé au vin rouge
Pommes au four
Choux braisé au lard fumé
Plateau de fromages
Beurre en motte

DESSERTS

Clafoutis aux cerise
Assortiment de pâtisseries
Corbeille de fruits

CAFE

SUGGESTION DE BUFFET POUR SOIREE FROMAGES

PLATS CHAUDS

La tarte aux oignons à l'Appenzeler
La croûte de Gruyère
Les raviolis à la Ricotta, velouté au Parmesan
Le gratin de poireaux Dauphinoise
L'escalope de veau en portefeuille
Les aubergines Parmegianna

PLATS FROIDS

Feuilleté à la tome de Savoie
Terrine de légumes au Bleu des Causses
Croquettes à l'Edam
Salade d'épinards au Roquefort
Salade de cervelas à l'Emmenthal
Salade de mesclun au chèvre

LES FROMAGES

Quarante variétés accompagnées de :

Noix
Figues sèches
Poires
Pommes
Pain aux noix
Pain aux olives

Pain de seigle
Pain complet
Pain de son
Pain à la Parisienne
Pain de campagne

LES DESSERTS

Le gâteau fromage Alsacien
La Vatrushka
Les chaussons au fromage blanc
La tarte au fromage à la groseille
Le cheesecake aux fraises
Le cheesecake au chocolat
Panier de fruits

CAFE

★★★

Vins rouges maison de bordeaux,
de bourgogne, des côtes du rhône.

1.5. Séminaires résidentiels

A l'attention de la clientèle d'affaires qui souhaite se réunir plusieurs jours dans l'établissement, le forfait séminaire résidentiel propose pour un prix fixe par personne :

- l'hébergement en chambre individuelle,
- le petit déjeuner,
- deux repas avec boissons d'accompagnement comprises,
- deux pauses rafraîchissantes,
- la salle de réunion plénière.

Les repas seront choisis parmi les propositions des menus types pour séminaires (voir paragraphe précédent).

1.6. Journée d'étude

Le forfait **journée d'étude** comprend :

- un repas avec boissons d'accompagnement comprises,
- deux pauses rafraîchissantes,
- la salle de réunion plénière.

1.7. Petit déjeuner d'affaires

Plusieurs formules de petits déjeuners peuvent être proposées en tenant compte du mode de service, à table ou au buffet.

1.8. Carte des boissons

Une carte des boissons spécifiques à l'activité des banquets permet d'offrir une sélection de vins, apéritifs, et autres boissons, avec des prix étudiés qui tiennent compte du volume vendu et des conditions optimales d'approvisionnement.

Les principales rubriques de cette carte des boissons sont :

- vins banquets (vins rouges, rosés, blancs, champagne et autres vins effervescents),
- apéritifs et alcools (prix de vente à la bouteille),
- boissons sans alcool (prix de vente des jus de fruits au litre),
- cocktails de la famille des '' CUP '' (voir chapitre 4),
- formule « **bar ouvert privé** » facturé au temps de consommation (1/2 heure, 1 heure, 2 heures).

2 - LA RESERVATION DU CLIENT

La réservation du client pour une manifestation doit être consignée par écrit pour servir :

- de contrat de vente avec le client,
- de support d'informations pour les services concernés dans l'établissement.

Cette fiche de réservation doit être remplie avec le plus grand soin et comporter un maximum de renseignements qui répondent aux questions :

- **Quand ?** date, heure, durée.........................
- **Qui ?** nom de la société, du responsable............
- **Quoi ?** quelle prestation, quel service................
- **Comment ?** modalités du déroulement...................

Cette fiche de réservation se présente sous forme de liasse, en papier autocopiant, de 5 à 6 exemplaires, distribués de la façon suivante :

- **Original**

  Les deux premiers exemplaires seront envoyés au client pour confirmation de sa commande, avec une lettre d'accompagnement faisant état des conditions générales de vente.

- **1re Copie**

  La copie, véritable contrat de vente, sera signée par le client et renvoyée aux services de l'hôtel.

- **2e Copie**

  A la direction et/ou la réception pour réservation des salons et la facturation.

- **3e Copie**

  Au service banquets pour organiser la manifestation.

- **4e Copie**

  A la cuisine pour planifier les commandes et la fabrication.

- **5e Copie**

  Au service des achats ou du contrôle restauration.

Suivant la taille de l'établissement hôtelier , des copies supplémentaires peuvent être prévues pour d'autres départements.

Ce système de communication permet à chaque service de prendre les mesures nécessaires au bon déroulement des manifestations. Dans chaque service, ces fiches de réservations seront classées par ordre chronologique.

Pour planifier les réservations, le responsable des ventes tiendra à jour un planning prévisionnel de l'occupation des salons afin de connaître à tout moment les disponibilités.

Chaque semaine, il établira un planning d'occupation hebdomadaire qui récapitulera les manifestations pour la semaine à venir.

EXEMPLE DE PLANNING D'OCCUPATION HEBDOMADAIRE
DES MANIFESTATIONS A VENIR

SALONS	DIDEROT	MONTESQUIEU	VOLTAIRE	TOCQUEVILLE	RENOIR
LUNDI	STE GENERALE réunion 25 pers. 9 h à 12 h	Sté PRORECOR COCKTAIL 100 pers.	18 h	G.H.M. HOTEL Formation 10 pers.	9 h à 18 h
MARDI	SERNAM APERITIF 11 h 30	RENAULT S.A. REPAS 50 pers. 12 h 30	SOVAC EXPO- SITION	toute journée	
MERCREDI	Edit. LANORE EXPOSITION 10 h à 19 h	LILY FEYZIN EXPOSITION 10 h à 19 h	16 h	FIL D'ARIANE DEFILE MODE	
JEUDI	ETC.	ETC.	ETC.		
VENDREDI					
SAMEDI					

EXEMPLE DE FICHE DE RESERVATION

DATE DE LA MANIFESTATION		MIDI SOIR JOURNEE

NATURE DE LA MANIFESTATION : BANQUET | SEMINAIRE | COCKTAIL

NOM DE LA SOCIETE :

NOM DU RESPONSABLE : .... N° TEL. :
N° TELEX :
N° FAX :

ADRESSE DE LA SOCIETE OU DU RESPONSABLE : ....
....
....

FACTURATION : ARRHES :

NOMBRE DE CHAMBRES :		SINGLE			DOUBLE			TRIPLE

NOMBRE DE PERSONNES :	SALON :	HEURE :

CONDITIONS DE PRIX :

MENU OU FORMULE COCKTAIL	BOISSONS
	APERITIFS : VINS : BOISSONS COCKTAILS : PAUSE :
DETAILS MISE EN PLACE	**MATERIEL**
	PAPER BOARD ( ) RETROPROJECTEUR ( ) PROJECTEUR DIAPO ( ) MAGNETOSCOPE ( ) TELEVISEUR ( ) SONORISATION ( )

DATE DE LA DEMANDE : [ ] OPTION | CONFIRME

MODE DE RESERVATION	TELEPHONE	TELEX OU FAX	VISITE	COURRIER

RESERVATION ENREGISTREE PAR :

EXEMPLE DE CONDITIONS GENERALES DE VENTE

Hôtel de Crillon

CONDITIONS GENERALES
(vente et location)

1 - Conclusion du contrat
Le contrat ne devient définitif entre l'hôtel et le client que lorsque le client a retourné à l'hôtel les conditions générales et les conditions particulières du contrat dûment datées, signées et portant la mention " bon pour acceptation ".

2 - Facturation
Le prix facturé par l'hôtel au client est celui dont il aura été convenu au jour de la conclusion du contrat, majoré du coût des prestations non prévue initialement, effectivement exécutées par l'hôtel à la requête du client lors de l'exécution du contrat.

3 - Facturation des salons et réceptions
Le client s'engage à la conclusion du contrat sur la présence d'un nombre minimum garanti de convives au jour de la manifestation. Le client confirmera par écrit à la direction des Banquets et Réceptions de l'hôtel au plus tard 72 heures avant la réception, le nombre de convives définitivement arrêté par lui.
Il est cependant expressement stipulé que le montant de la facture de l'hôtel ne pourra en aucun cas être inférieur au montant de facturation correspondant au nombre minimum garanti de convives auquel s'était engagé le clien 72 heures avant la date prévue pour l'exécution du contrat.

4 - Paiement
Le client acquittera 50 % du montant convenu au jour de la conclusion du contrat à titre d'acompte et le solde du montant total dans les 30 jours suivant la réception de la facture de l'hôtel.

5 - Tarifs
L'hôtel se réserve le droit de modifier périodiquement les tarifs de ses prestations si la situation économique l'exigeait.

6 - Organisation

a) L'hôtel de Crillon n'est pas organisateur d'expositions mais propose à ses clients, sociétés ou associations tiers, des salons dans l'hôtel pour une durée déterminée.

b) L'hôtel n'est en aucun cas responsable de la non exécution d'une prestation annexe qui n'aurait pas été précisée au moment de la signature du contrat comme devant être organisée par l'intermédiaire de l'hôtel.

c) Tous projets de décoration, installations techniques, aménagements divers des salles et salons de l'hôtel devront être conformes aux règlements et aux normes de sécurité en vigueur et préalablement approuvés par la Direction Générale de l'hôtel, étant précisé que l'approbation dont il s'agit est toujours exclusive de toute autorisation et de tous percements de murs, sols et revêtements par quelques moyens que ce soit ainsi que de toutes applications, collages, affichages supposant l'application d'un produit collant sur les murs, plafonds ou sols des locaux de l'hôtel.

d) Sauf autorisation de la Direction Générale de l'hôtel, il est interdit au client de faire quelque référence que ce soit ou d'utiliser de quelques manières que ce soit les signes, sigles, logos dépendant de la dénomination HOTEL DE CRILLON, de même que les photos prises dans les locaux de l'hôtel lors de l'exécution du contrat.

e) Dès l'expiration du contrat, le client fera retirer à ses frais les divers matériels, effets, documentations et équipements quels qu'ils soient, apportés à sa demande, dans les locaux de l'hôtel pour l'exécution du contrat.

7 - Responsabilité et assurances

a) Jusqu'à l'expiration du contrat, l'hôtel assumera la responsabilité des vêtements et effets personnels (à l'exclusion de tous bagages, colis encombrants, bijoux et valeurs) dûment déposés au vestiaire organisé à cet effet par l'hôtel pour les hôtes et convives du client.

b) Hors faute dûment prouvée de l'hôtel ou de ses comettants, le client répondra seul de tous dommages corporels ou matériels quels qu'ils soient, survenus lors de l'exécution du contrat ou subis par les matériels, effets, documentations et équipements quelconques n'appartenant pas à l'hôtel et apportés à la demande du client pour l'exécution du contrat.

c) Le client dégage la responsabilité de l'HOTEL DE CRILLON de toutes responsabilités pour les dommages de quelque nature qu'ils soient, qui pourraient être occasionnés aux objets ou par les objets exposés dans le dit salon, qu'il s'agisse de dégats causés par incendies et/ou explosion, par une fuite d'eau ou encore par les vols qui pourraient les affecter. L'assurance multi-risque contractée par l'exposant devra donc comporter une clause d'abandon de recours contre L'HOTEL DE CRILLON, de même que contre les assureurs de ladite société.

d) Le client s'engage à fournir à la Direction de l'Hôtel de Crillon, avant le début de l'exposition une attestation d'assurance tous risques dite : " clou à clou " des objets exposés, c'est-à-dire couvrant lesdits objets durant le transport aller, l'installation, la durée de l'exposition, le démontage et transport retour.

8 - Résiliation anticipée du contrat

a) L'hôtel se réserve le droit absolu de résilier unilatéralement sans préavis ni indemnité, tout contrat dont l'objet ou la cause s'avérerait incompatible avec la destination des lieux loués ou encore serait contraire aux bonnes moeurs ou risquerait de troubler l'ordre public.

b) L'hôtel se réserve le droit absolu de résilier unilatéralement le contrat sans préavis ni indemnité après simple mise en demeure restée sans effet, en l'absence de règlement par le client de tout ou partie des acomptes stipulés à l'article PAIEMENT ci-dessus.

c)La résiliation unilatérale du contrat par le client moins de 8 jours avant la date d'exécution du contrat l'oblige à acquitter une indemnité forfaitaire irréductible s'élevant à 50 % du prix convenu.
En tout état de cause, les acomptes versés par le client resteront acquis à l'hôtel lorsque la résiliation du contrat par le client interviendra moins de 8 jours avant la date d'éxécution de ce contrat.

Pour l'Hôtel de Crillon « Lu et approuvé »	Pour le client « Lu et approuvé »
Date de proposition, le	Date d'acceptation, le

Mise en œuvre de la réalisation technique

1 - ORGANISATION PRELIMINAIRE

1.1. Elaboration d'un plan de salle

Le client a choisi un plan d'ensemble, il faut ensuite établir un plan réel correspondant. Pour l'établir, il faut respecter certaines règles :

- connaître les dimensions exactes de la salle, du mobilier, des tables de service, des sièges utilisés etc...,
- tenir compte des portes d'accès au salon, des portes de service, des couloirs de circulation pour les clients et le personnel de service,
- prendre en compte l'orientation de la salle (vue sur l'extérieur, emplacement des installations de projection de cinéma etc...),
- disposer les tables pour favoriser la répartition des rangs,
- respecter les cotes d'encombrement du mobilier,
- désigner les tables soit par des lettres dans l'ordre alphabétique, soit par des chiffres en série continue ou en série paire et impaire, réparties selon la physionomie de la mise en place ;
- prévoir une table de service pour 2 ou 3 chefs de rang dans la salle ou en annexe à la rigueur.

Dans les deux exemples suivants on constate que, avec un mobilier identique, la surface utilisée peut être différente selon la disposition adoptée.

1er exemple

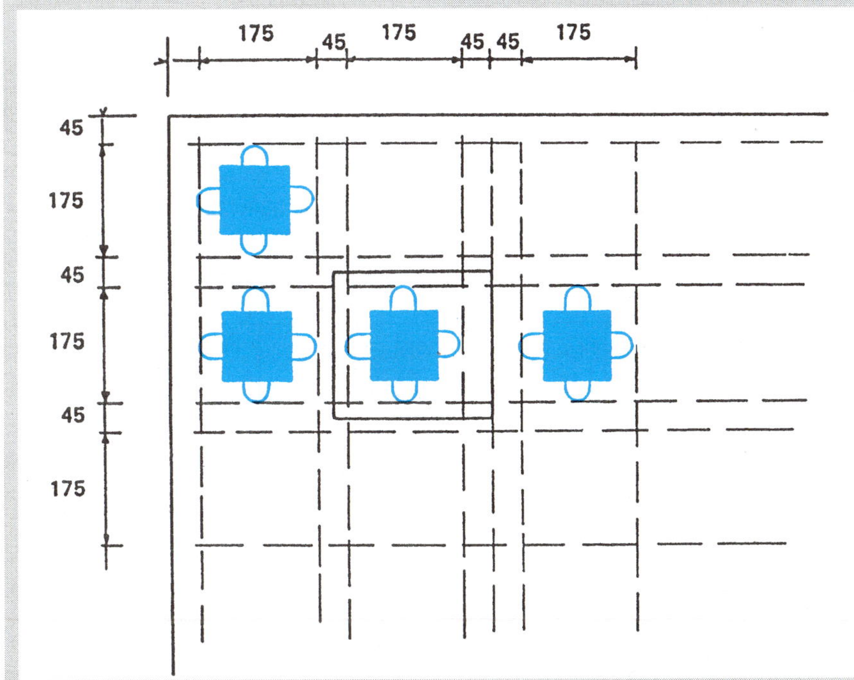

- surface utilisée pour une table (en laissant un espace plus important toutes les 2 tables)

$$(45 + 175 + 22,5) \times (22,5 + 175 + 22,5) = \frac{532}{4} = 1,34 \text{ m}^2$$

2e exemple

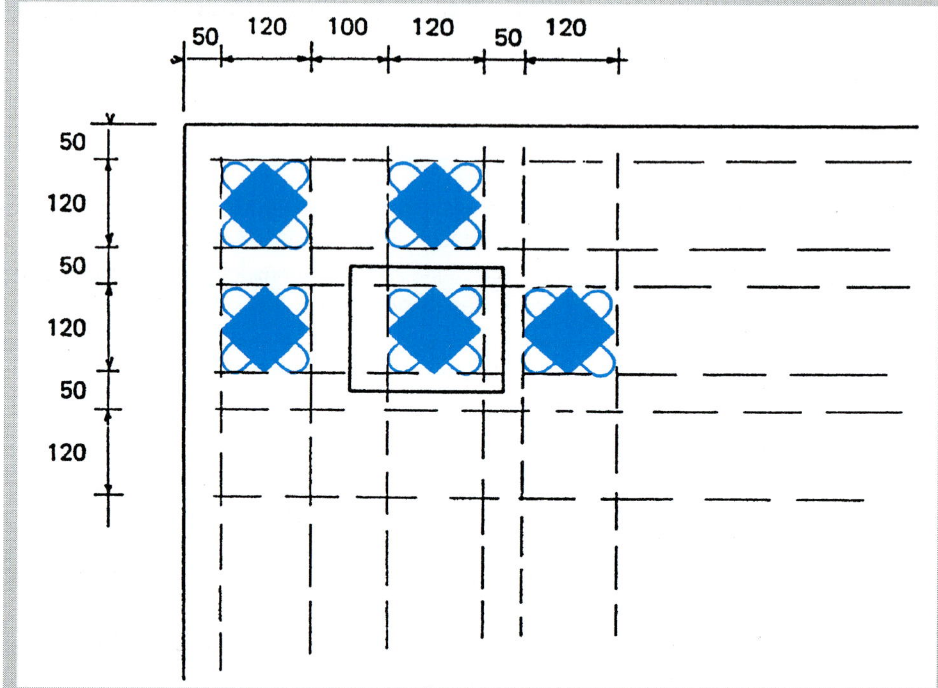

- surface utilisée

$$(50 + 120 + 125) \times (25 + 120 + 25) = \frac{331}{4} = 0{,}83 \text{ m}^2$$

1.2. Prévisions de mobilier et de linge

La prévision du mobilier découle directement de la structure du plan.

Les besoins seront calculés d'après les quantités et les dimensions du linge dont dispose l'établissement ou le fournisseur en location de linge, afin de couvrir le mobilier prévu en tenant compte d'une réserve de sécurité d'environ 5% selon le caractère de la manifestation.

On peut utiliser un document récapitulatif comme le montre un extrait du modèle ci-après.

TABLES	PLATEAUX 2,40 x 0,75	PLATEAUX 1,80 x 0,75	TABLES RONDES	etc.	NAPPES 4,50 x 2,10	NAPPES 2,50 x 1,60	NAPPES 2,50 x 2,50	etc.	
H	4				2				
A			1				1		
B							1		
C		2				2			
D		2				2			
etc.	etc.	etc.	etc.		etc.	etc.	etc.		
TOTAL									

1.3. Prévisions de matériel de table

Ces prévisions permettent de définir les besoins en matériel à préparer par le service « Stewarding » ou à commander auprès d'un loueur de matériel de table.

PREVISION DE MATERIEL
Etat détaillé

Manifestation : | Date :
Lieu : | Service prévu :

Menu	Grandes cuillères	Grandes fourch.	Grands couteaux	Couverts à poisson	Entremets			Cuill. à café	Louche	Divers	Assiettes plates		Assiettes entrem.		Ass. creuses chaudes	Café	
					Cuill.	Fourch.	Cout.				chaudes	froides	chaudes	froides		tasses	s.-tasses
Quenelles de brochet				40							40						
Gigot d'agneau		40	40								40						
Salade														40			
Savarin					40	40								40			
Café								40								40	40
Pause café								50								50	50
MATERIEL DIVERS																	
Assiette d'attente												40					
Couverts de service	20	20															
Assiettes à pain														40			
TOTAUX	20	60	40	40	40	40		90			80	40		120		90	90

BOISSONS	Verres		Verres à vin		Verres		Verres				Divers	Sucriers	Ronds de car.	Ménages		Cendriers	
	eau		rouge	blanc	jus de fruits	Apéritif	Champagne	Liqueurs									
Muscadet				40							*Accessoires*	8	10	10		20	
Château Hte jitade			40								*de service*						
Eaux minérales	100 (2)																
Jus de fruits					50 (1)	50 (1)											
TOTAUX	100		40	40	50	50						8	10	10		20	

Supplément de 25 % prévu pour le renouvellement de certaines consommations.
Ce chiffre tient compte des eaux minérales servies pendant la conférence, la pause-café, le déjeuner.

1.4. Commandes nourriture boissons

Le maître d'hôtel des banquets aura en charge de prévoir les autres denrées et boissons d'accompagnement. Les prévisions sont variables selon le caractère et le niveau de la prestation à servir (type de clientèle, repas du midi ou du soir, saison, région etc...).

Prévisions nourriture

- Pain : la valeur d'un petit pain et demi par personne.
- Beurre : 10 à 15 grammes par personne.
- Fromages : le poids moyen consommé par personne est d'environ 50 à 70 grammes. Il faut préparer un plateau par chef de rang qui présentera en moyenne trois variétés de fromages : un à pâte pressée et cuite, un à pâte molle et croûte fleurie, un fromage de chèvre. Il est également possible d'envisager 1 seul fromage typique de la région d'implantation.

Prévisions boissons

Dans le cas d'un ***menu avec deux vins :***

- 1 bouteille de vin blanc pour 4 personnes	18,75 cl
- 1 bouteille de vin rouge pour 3 personnes	25,00 cl
Consommation moyenne	43,75 cl

Dans le cas d'un ***menu avec trois vins :***

- 1 bouteille de vin blanc pour 4 personnes	18,75 cl
- la 1ère bouteille de vin rouge pour 4 personnes	18,75 cl
- la 2ème bouteille de vin rouge pour 3 personnes	25,00 cl
Consommation moyenne	62,50 cl

Dans le cas d'un ***menu avec quatre vins :***

- 2 fois 1 bouteille de vin blanc pour 5 personnes	30,00 cl
- 2 fois 1 bouteille de vin rouge pour 3 personnes	37,50 cl
Consommation moyenne	67,50 cl

Eaux minérales

- 1 bouteille pour 6 personnes en panachant sur chaque table une eau plate et une eau gazeuse

Champagne en fin de repas

- 1 bouteille pour 6 personnes

Digestifs

- 2 cl par personne en moyenne
- prévoir un jeu de bouteilles par sommelier par exemple, 1 cognac ou Armagnac, 1 Eau-de-vie blanche de fruits, 1 liqueur de plantes.

Apéritifs

- selon la commande du client, les quantités sont déterminées par le forfait choisi, ou bien la consommation réelle. Dans ce cas on prévoit en moyenne par exemple :
  - un litre d'apéritif pour 14 à 16 personnes
  - une bouteille de porto pour 10 à 12 personnes
  - une bouteille de whisky pour 16 à 18 personnes
  - une bouteille d'anisé pour 24 à 30 personnes
  - un litre de jus de fruits pour 6 à 8 personnes

Cafeterie

- 10 à 15 grammes de café moulu selon le type de machine utilisée
- sucre d'accompagnement : 15 grammes par personne
- prévoir 1 sachet de thé et 1 sachet d'infusion pour 20 personnes environ.

1.5. Prévision personnel de service

Le nombre d'employés varie avec la catégorie de l'établissement et la nature de la manifestation. A titre d'exemple on peut prévoir :

Dans le cas d'un banquet traditionnel

- 1 maître d'hôtel pour 40 à 50 couverts
- 1 chef de rang pour 10 à 15 personnes
- 1 sommelier pour 20 à 25 personnes.

Dans le cas d'un lunch debout

- 1 maître d'hôtel pour 100 personnes
- 1 chef de rang pour 30 à 40 personnes.

Dans le cas d'un buffet assis

- 1 maître d'hôtel pour 75 personnes
- 1 chef de rang pour 20 à 30 personnes.

Le personnel est composé d'employés permanents de l'établissement ou d'employés « EXTRAS » rémunérés au forfait ou à l'heure.

HOTEL ....

Service des banquets

EFFECTIF EXTRA

Manifestation : *Ciel d'Azur*
Responsable : *M. BELLIER*
Maître d'hôtel : *M. LAMBERT*

Date : *8 novembre 19..*
Horaire : *9 h à 18 heures.*
Nombre de personne : *40*
Service prévu : *Conférence, Pause-café, déjeuner.*

N°	Noms et prénoms	Fonctions	Salaire net	Horaire	Observat.
1	*LE CHANOIS Marcel*	*Chef de rang*		*de 9 h à 15 h*	
2	*MARQUIS Emile*	*Chef de rang*		*de 9 h à 15 h*	
3	*DARBON Jean*	*Chef de rang*		*de 9 h à 15 h*	
4	*CHAUTARD André*	*Chef de rang*		*de 9 h à 15 h*	
5	*LEGRAND Simone*	*Hôtesse*		*de 8 h 30 à 18 h*	
6	*RIMBAUD Christiane*	*Hôtesse*		*de 8 h 30 à 18 h*	
Salaire net total				Pour accord, Le directeur des banquets	

1.6. Mise en place

Les sièges

Disposer à la table d'honneur un nombre égal de sièges de chaque côté de la place présidentielle.

Les nappes

Lorsqu'elles ne correspondent pas à la longueur de la table, il faut en utiliser plusieurs de même largeur, de tissage et de pliage identiques. Les placer bout à bout en prenant soin de faire coïncider les plis (creux et reliefs), les retombées devant suivre une ligne régulière et continue.

Le matériel de service

Deux solutions sont possibles :

- donner à chaque chef de rang la charge de la mise en place de son rang. Dans ce cas il faut attribuer à chacun juste la quantité de matériel nécessaire pour couvrir son rang.
- une fois les tables nappées, répartir le travail de la mise en place en donnant à chaque employé une tâche spécifique à accomplir pour l'ensemble des tables (placer les assiettes, disposer les couteaux, etc...).

Pour les petits banquets, une mise en place à la carte est recommandée ; pour les manifestations importantes, une mise en place de type " menu à prix fixe " est préférable. (Voir Tome 1, chapitre 9)

La répartion des rangs

Elle sera affichée, à l'office, en même temps que le plan schématique de la salle.

Les numéros de table, bristols, menus

Pour les banquets importants, on dispose à chaque table sur un support le numéro ou la lettre attribué sur le plan afin de faciliter le repérage de la table par les clients.

Si les places sont individualisées, un bristol avec le nom de chaque convive est déposé sur la serviette ou bien devant les verres.

Le menu à servir, imprimé sur un support cartonné, est déposé à plat à gauche de la grande assiette ou bien debout à gauche du verre à eau.

1.7. Distribution des tâches et consignes

Afin d'éviter les confusions, il faut imposer à chaque chef de rang un contingent de matériel correspondant aux besoins du service qu'il trouvera dans la console qui lui sera affectée.

L'ordre de passage des chefs de rang en cuisine est le suivant : doivent entrer en salle les premiers, les chefs de rang responsables du service de la table d'honneur, suivis par les responsables des rangs les plus éloignés de la cuisine.

Suivant l'importance de la manifestation les recommandations données au personnel seront verbales et écrites sous la forme d'une fiche de consignes reprenant en détail le déroulement du service et le débarrassage.

EXEMPLAIRE DE FICHE DE CONSIGNES

CLIENT : *Société CALVER* DEJEUNER DU : *24/10/..*

Nbre de couverts : *200, 20 tables de 10 couverts*

Pendant l'apéritif, disposer sur chaque table :
- 1 bouteille de Vittel
- 1 bouteille de Badoit
- 1 saucière pour le poisson (avec la cuillère à entremets)

MENU ET VINS	DEROULEMENT
POUILLY FUISSE 1988	Servir le vin blanc (2 bouteilles par table).
TRUITE SAUMONEE	Prendre en cuisine un plat de poisson. Servir à l'anglaise. Débarrasser au signal du maître d'hôtel.
	Prendre en cuisine les assiettes chaudes et les disposer sur table.
ALOXE CORTON 1988	Servir le vin rouge (3 bouteilles par table).
FILET DE BOEUF WELLINGTON Sauce périgueux Fond d'artichaut Florentine	Prendre en cuisine 1 plat de viande et 1 saucière. Poser la saucière sur table (avec cuillère entremets). Servir la viande à l'anglaise. Prendre 1 plat de légumes et servir à l'anglaise
ALOXE CORTON 1988	Servir le vin
	Débarrasser assiettes et couverts. Placer une assiette à entremets devant les clients

FROMAGES	Prendre 1 plateau de fromages pour deux tables. Servir à l'anglaise.
ALOXE CORTON 1988	Servir le vin.
	Débarrasser assiettes, couverts, ménages, pain. Faire les miettes Placer 1 assiette entremets pour le dessert.
LANSON BLACK LABEL BRUT	Servir le champagne 1 bouteille pour 6 personnes.
BOMBE AIDA (tranchée en pâtisserie) Mignardises	Poser les mignardises sur la table. Servir 1 tranche de bombe par personne. Débarrasser assiettes et couverts. Ne pas débarrasser les verres compte tenu du manque de place à l'office.
CAFE	Disposer sur table les tasses à café et les sucriers. Prendre 1 cafetière pour 2 tables et servir.
FIN DE SERVICE	Débarrassage des assiettes à dessert. Débarrassage des tasses à café. Débarrassage des verres sur plateaux uniquement. Attacher les serviettes sales par paquet de 10. Empaqueter les nappes.

2 - DEROULEMENT DE LA MANIFESTATION

2.1. L'Accueil des participants aux réunions

Dès leur arrivée, les participants doivent trouver dans le hall d'accueil tous les renseignements utiles affichés sur des panneaux fixes ou mobiles :

- le nom du groupe et de la salle qui lui est réservée,
- les horaires des séances et l'ordre du jour,
- les renseignements complémentaires (heures des repas etc...).

Du personnel d'accueil s'installera à un bureau près de l'entrée pour tenir à jour les liste des participants, faire remplir les imprimés ou documents, distribuer les badges, les textes de conférences etc...

Il faut mettre à la dispositon des participants des bottins, annuaires, un ou plusieurs Minitel, des plans de la ville et autres dépliants d'informations.

Si les participants bénéficient de conditions spéciales de transport, prévoir un bureau ou comptoir où seront timbrées les réservations et titres de transport.

2.2. Le placement des convives en banquet

Une bonne organisation dans le placement des convives évite les hésitations et la bousculade au moment de passer à table. Selon le nombre de couverts la méthode est différente :

Pour **un petit banquet,** un plan de table très lisible affiché à l'entrée du salon indique la place de chacun. Le personnel de service, ainsi qu'une hôtesse s'il y a lieu, aident les invités à trouver leur place.

Pour **un banquet important** une étude plus précise s'impose :

- **un plan général de la salle,** placé à l'entrée, indique la disposition des tables et leur numéro,
- **un carton d'accueil,** est remis par une hôtesse à chaque participant. Ce carton comporte le nom du client et l'indication sur un plan miniaturisé de la salle ou d'une table numérotée avec la place qui lui est réservée.

Lorsqu'il s'agit d'un repas à caractère non protocolaire, seuls les invités à la table d'honneur ont leur place réservée nominativement. Les autres convives se groupent selon leurs affinités.

EXEMPLES DE CARTON D'ACCUEIL

Plan de table pour petit banquet

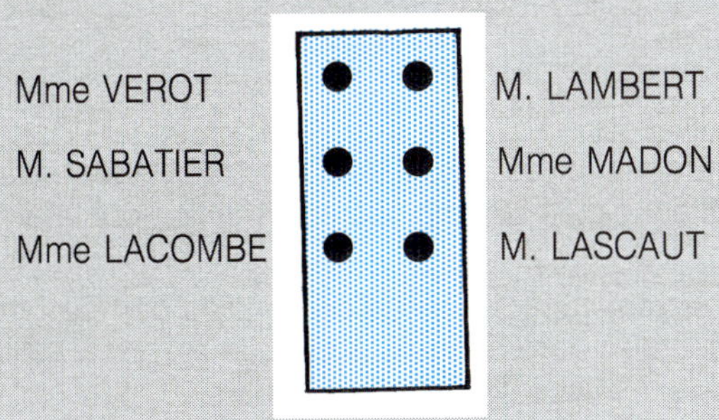

Carton d'accueil

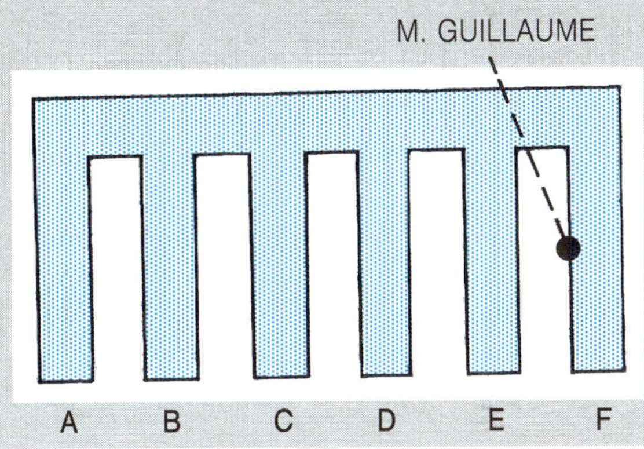

2.3. Le service

Pour réaliser une unité dans le travail avec un personnel parfois hétéroclite, le maître d'hôtel se doit d'être très vigilant et de donner, avant le repas, des indications précises concernant l'ordre de préséance, le service des mets et des vins, le débarrassage, le comportement pendant les allocutions.

Préséance

La préséance des dames dans un banquet ne doit pas changer l'ordre de service, sauf dans le cas où elles sont peu nombreuses. On procède de la façon suivante :

- à la table d'honneur, on sert le président, puis la personne placée à sa droite, ensuite celle située à sa gauche ;
- pour les autres tables, il n'y a pas de présidence. Le service est commencé une fois par un bout de table et la fois suivante par l'autre bout.

Service des mets

Afin qu'il soit synchronisé, des règles particulières doivent être observées :

- tous les serveurs se présentent ensemble à la cuisine ;

- tous pénètrent en même temps dans la salle à manger ; ceux de la table d'honneur et des tables les plus éloignées entrant les premiers ;
- les plats doivent être présentés par les chefs de rang à toutes les tables en même temps ;
- le maître d'hôtel, placé derrière la table d'honneur, surveille le déroulement des opérations ;
- les mets sont généralement servis à l'anglaise, sauf quelques-uns, très délicats, tels que poissons entiers, bombes glacées, etc., qui sont détaillés au guéridon.

Le service des vins

On applique les règles habituelles (1). Toutefois :

- le vin est goûté par le sommelier et non par le président de table,
- celui-ci doit être servi le premier,
- les vins sont servis avant les plats.

Débarrassage

Tout comme le service, il doit être synchronisé. Le maître d'hôtel fait d'abord desservir la table d'honneur. Aussitôt chaque chef de rang opère de même pour les tables qui lui sont confiées.

Souvent les repas de banquets se terminent par des allocutions ou des discours. Il est souhaitable qu'ils soient prononcés après le café. A ce moment, pour éviter le bruit, les serveurs quittent la table, à l'exception des sommeliers.

Le rangement du mobilier et du matériel

Lorsque la manifestation est terminée, on débarrasse rapidement les tables et on remet les locaux en état. Le maître d'hôtel veille au rangement du mobilier et du matériel de service.

A l'aide de sa feuille d'inventaire, le responsable vérifie que le matériel rendu correspond à celui qui a été mis à sa disposition.

Avant leur prochaine utilisation, couverts, plats, ménages, etc. subiront la mise en état qui s'impose (voir tome 1, chapitre 3).

3 - LA FACTURATION ET LE CONTROLE BANQUETS

Les deux cas les plus fréquents pour la facturation des manifestations sont :

3.1. Les prestations au forfait

La facturation est simple, il suffit de multiplier le nombre de personnes présentes par le prix unitaire du forfait commandé.

Il est nécessaire de compter les repas s'il s'agit d'un banquet, ou les personnes présentes pour un cocktail. Le comptage s'effectue discrètement à l'aide d'un compteur manuel à impulsion.

(1) Cf Restaurant théorie et pratique - tome 1

Dans le cas où le nombre de personnes est inférieur à la commande prévue, l'hôtelier facturera le nombre de couverts garantis selon les modalités du contrat établi avec le client, ou les conditions générales de vente annexées au contrat.

3.2. Les prestations à la consommation réelle

La facture sera détaillée en portant :

- pour la nourriture, le nombre de personnes réellement servies en faisant jouer la clause de garantie minimum s'il y a lieu ;
- pour les boissons, la consommation réelle calculée à l'aide du bon **« sorties et retours banquets » ;**
- pour les prestations annexes (matériel didactique, audio-visuel, ambiance musicale etc..), selon le tarif en vigueur ou le devis fourni.

EXEMPLE DE BON « SORTIES ET RETOURS BANQUETS »

NOM DU CLIENT :						DATE :		
		QUANTITES			COUT REEL		VENTES REELLES	
ARTICLES	UNIT	SORTIES	RETOURS	VENDUES	P.U.	TOTAL	P.U.	MONTANT
TOTAL								
Sorties demandées par :					Retours effectués par :			

3.3. Analyse des résultats

Pour suivre l'activité de ce secteur :

- il est nécessaire d'établir pour chaque manifestation une fiche récapitulant les recettes et les principaux postes de charges ceci afin de dégager un résultat brut et un ratio par manifestation ;
- il faut enregistrer les différentes manifestations sur un récapitulatif mensuel. Cet état des recettes et des dépenses cumulées sur toute l'année permet de faire une analyse comparative avec les prévisions et d'établir les budgets pour les exercices suivants.

Les principales statistiques sont à calculer pour chaque type de manifestations (cocktail, banquet, location de salon etc.) :

- les recettes par type de manifestation,
- la recette moyenne par personne et par type de manifestation,
- les ratios coût matières, coût personnel etc...,
- la recette moyenne de location au mètre carré,

  etc...

Le département des banquets, dans un établissement hôtelier, peut augmenter d'une façon importante le chiffre d'affaires et les bénéfices. Il contribue à lui donner un rayonnement plus grand et permet d'accroître la notoriété de l'établissement.

CHAPITRE 4

Le bar et autres débits de boissons

Les différentes formes d'exploitation

Réglementation de la vente des boissons

Implantation du bar

Le matériel du bar

Organisation du service

Le matériel du bar

Les cocktails classiques

Étude des produits utilisés au bar

Les apéritifs

Les digestifs

Contrôle de gestion au bar

Les différentes formes d'exploitation

Clientèle et lieu d'implantation déterminent souvent le caractère des points de vente situés à proximité de centres d'activité tels que : marchés et magasins, usines et ateliers, gares et ports, théâtres et cinémas.

La brasserie

Implantée dans les centres villes et les quartiers à grande fréquentation, ce type d'établissement ouvert toute la journée est spécialisé dans la vente des bières, on y sert à toute heure aussi toutes sortes de boissons apéritives, digestives et des boissons chaudes. Ces établissements proposent également une restauration simple avec un ou deux plats du jour aux heures des repas.

Le café

Typiquement français, implanté dans les villages et les quartiers des villes, il est un lieu de rencontre d'habitués qui consomment des cafés, des apéritifs, des digestifs, du vin,des bières et des boissons non alcoolisées.

Le bistrot

Est l'appellation plus populaire pour désigner une forme de petit café ou bar. Par exemple Le bistrot à vins désigne un établissement où le client peut manger au comptoir un petit " en cas " et déguster du vin au verre.

Le pub

Désigne un établissement typiquement anglais où l'on sert principalement une grande variété de bières à la pression, différents whiskies et des mélanges de différentes boissons.

Le bar américain

Indépendant ou intégré dans un hôtel, c'est un lieu confortable, intime, idéal pour recevoir la clientèle internationale de tourisme et d'affaires. Toutes les boissons françaises et étrangères y sont servies et en particulier un grand choix de cocktails.

Le piano bar

Indépendant ou intégré dans un hôtel, cet établissement offre les mêmes prestations que le BAR AMERICAIN en s'assurant les services d'un pianiste pour créer une ambiance musicale.

La discothèque

Est un établissement ouvert à une clientèle jeune qui recherche la distraction et l'amusement en dansant et consommant toutes sortes de boissons au son d'une musique moderne.

Le cabaret

Sert les mêmes prestations que le bar américain. Il présente un spectacle et parfois on peut également danser.

Le salon de thé

Ouvert du matin jusqu'en fin d'après-midi cet établissement est spécialisé dans le service des boissons chaudes et froides sans alcool. Un choix de pâtisseries fines est proposé aux clients et servi en même temps.

Règlementation de la vente des boissons

1 - OUVERTURE D'UN ETABLISSEMENT

L'ouverture d'un établissement ayant pour vocation la vente de boissons au public nécessite l'acquisition d'une licence d'exploitation. Il existe trois sortes de licence :

Les licences de restaurant permettent de vendre des boissons à consommer sur place à l'occasion des repas principaux et comme complément de la nourriture. Il existe deux types de licence restaurant. (voir tableau ci-dessous)

Les licences pour les débits de boissons permettent la vente au comptoir ou à table des boissons alcoolisées ou non selon la catégorie de licence, il en existe quatre. (Voir le tableau ci-dessous).

Les licences pour la vente à emporter autorisent seulement la vente de boissons qui ne sont pas consommées sur place. Il existe deux types de licence pour la vente à emporter. (Voir le tableau ci-dessous).

Chaque catégorie de licence autorise la vente d'un ou plusieurs groupes de boissons. Les boissons correspondant à chaque groupe de boissons sont définies dans le Code des débits de boissons (article L1).

LES GROUPES DE BOISSONS

Gr. 1	Boissons sans alcool - eaux minérales ou gazéifiées. Jus de fruits ou de légumes non fermentés ou ne comportant pas, à la suite d'un début de fermentation, plus de 1° d'alcool. Limonade, sirops, infusions, lait, thé, café, chocolat, etc.
Gr. 2	Boissons fermentées non distillées : vin, bière, cidre, poiré, hydromel. Vins doux naturels bénéficiant du régime fiscal des vins. Crème de cassis. Jus de fruits ou de légumes fermentés comportant de 1 à 3° d'alcool.
Gr. 3	Vins doux naturels autres que ceux appartenant au groupe 2, vins de liqueur - apéritifs à base de vin. Liqueur de fraises, framboises, cassis, ou cerises ne titrant pas plus de 18° d'alcool pur.
Gr. 4	Rhums, tafias - alcools provenant de la distillation des vins, cidres, poires ou fruits ne supportant aucune addition d'essence, ainsi que les liqueurs édulcorées au moyen de sucre, de glucose ou de miel.
Gr. 5	Il comprend toutes les autres boissons alcooliques telles que whisky, vodka, gin, genièvre, apéritifs anisés, amers, goudron, gentiane, etc.

Remarques : Pour lutter contre l'alcoolisme, la création d'une licence de 4ème catégorie est interdite par le code des débits de boissons. Le rachat et le transfert de licences de 4ème catégorie existantes sont possibles mais doivent répondre aux exigences prévues par le code des boissons. (voir cours de droit).De même la création d'une licence de 2ème, 3ème catégorie est possible uniquement dans les communes où la proportion d'une licence (de 2ème, 3ème et 4ème catégorie) pour 450 habitants n'est pas atteinte. L'exploitant doit faire selon le cas une déclaration d'ouverture,(pour une création) ou de mutation,(pour un changement d'exploitant) ou de translation (pour un transfert de la licence d'un lieu à un autre). Voir un exemple de récépissé de déclaration ci-après.

Un hôtel qui propose à la vente des boissons à l'aide d'appareils automatiques ou de mini-bars doit posséder une licence de vente à consommer sur place correspondant aux groupes de boissons entreposées.

LES DIFFERENTES CATEGORIES DE LICENCES

CATEGORIES DE LICENCES	GROUPES DE BOISSONS				
	1	2	3	4	5
Pour les restaurants					
Petite Licence	X	X			
Licence restaurant	X	X	X	X	X
Pour les débits de boissons					
Licence 1ère Catégorie	X				
Licence 2ème Catégorie	X	X			
Licence 3ème Catégorie	X	X	X		
Licence 4ème Catégorie	X	X	X	X	X
Pour les ventes à emporter					
Petite Licence	X	X			
Licence à Emporter	X	X	X	X	X

2 - RECEPISSE DE DECLARATION

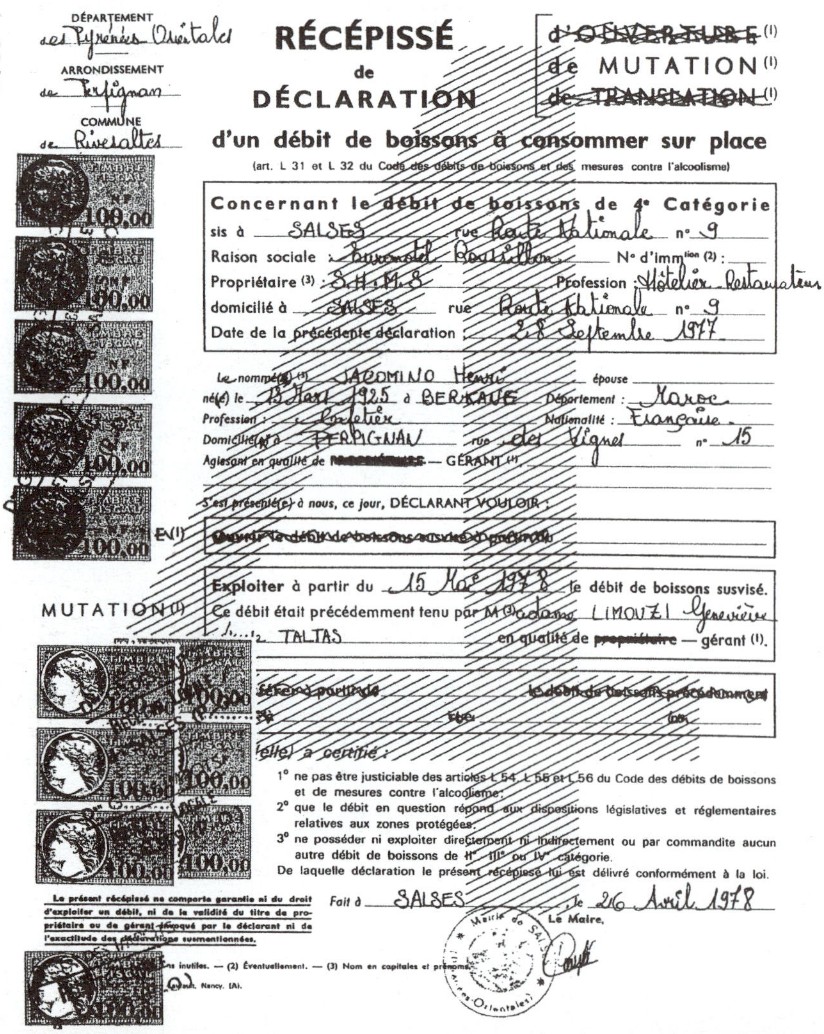
DÉPARTEMENT des Pyrénées Orientales
ARRONDISSEMENT de Perpignan
COMMUNE de Rivesaltes

RÉCÉPISSÉ de DÉCLARATION ~~d'OUVERTURE~~ (1) de MUTATION (1) ~~de TRANSLATION~~ (1)

d'un débit de boissons à consommer sur place

(art. L 31 et L 32 du Code des débits de boissons et des mesures contre l'alcoolisme)

Concernant le débit de boissons de 4e Catégorie
sis à SALSES rue Route Nationale n° 9
Raison sociale : Euromotel Roussillon N° d'immtion (2) :
Propriétaire (3) : S.H.M.S Profession : Hôtelier Restaurateur
domicilié à SALSES rue Route Nationale n° 9
Date de la précédente déclaration : 28 Septembre 1977

Le nommé (3) JACOMINO Henri épouse
né le 13 Mars 1925 à BERKANE Département : Maroc
Profession : Cafetier Nationalité : Française
Domicilié à PERPIGNAN rue des Vignes n° 15
Agissant en qualité de [redacted] — GÉRANT (1)

S'est présenté(e) à nous, ce jour, DÉCLARANT VOULOIR :

~~Ouvrir le débit de boissons susvisé à partir du~~

Exploiter à partir du 15 Mai 1978 le débit de boissons susvisé.
Ce débit était précédemment tenu par M (3) adame LIMOUZI Geneviève ... TALTAS en qualité de ~~propriétaire~~ — gérant (1).

MUTATION (1)

~~Transférer à partir du~~ ~~le débit de boissons précédemment~~ ~~sis~~ ~~rue~~ ~~n°~~

(elle) a certifié :

1° ne pas être justiciable des articles L 54, L 55 et L 56 du Code des débits de boissons et de mesures contre l'alcoolisme;
2° que le débit en question répond aux dispositions législatives et réglementaires relatives aux zones protégées;
3° ne posséder ni exploiter directement ni indirectement ou par commandite aucun autre débit de boissons de IIe, IIIe ou IVe catégorie.
De laquelle déclaration le présent récépissé lui est délivré conformément à la loi.

Le présent récépissé ne comporte garantie ni du droit d'exploiter un débit, ni de la validité du titre de propriétaire ou de gérant invoqué par le déclarant ni de l'exactitude des déclarations susmentionnées.

Fait à SALSES, le 26 Avril 1978
Le Maire,

(1) ...s inutiles. — (2) Éventuellement. — (3) Nom en capitales et prénoms.

3 - OBLIGATIONS DE L'EXPLOITANT

3.1. Tarif des consommations

Le prix des consommations doit être affiché à l'intérieur et à l'extérieur de l'établissement. La dimension des lettres et des chiffres doit être d'au moins 1,5 cm de hauteur.

Le volume des boissons servies doit être indiqué.

Les prix affichés sont nets c'est-à-dire T.V.A. (Taxe sur la valeur ajoutée) et service compris.

Les exploitants de débits de boissons ont l'obligation d'afficher à l'extérieur le prix des consommations courantes nommées par l'arrêté du 27 mars 1987 : la tasse de café, le demi de bière à la pression, une bouteille de bière, un jus de fruit, un soda, une eau minérale plate et gazeuse, un apéritif anisé.

Une carte de boissons peut être mise à la disposition des clients. Outre les règles commerciales de présentation identiques à tous les supports de vente en restauration, cette carte présentera les libellés exacts des appellations, le volume de liquide servi, et le prix net correspondant.

EXEMPLE DE CARTE DE BAR

Apéritifs 7 cl

Martini, Cinzano, Punt e mes, Suze, Campari, Lillet, Dubonnet, Noilly Prat	50

Anis 4 cl

Pernod, Ricard	50

Sherries 7 cl

Tio pepe, la Ina, Harveys, Dry sack	55

Portos 7 cl

Croft 10 ans, Croft Ruby, Croft blanc, Sandeman	55
Croft 20 ans	65

Les Whiskies

SCOTCH WHISKY 5 cl	
Bell's, Dewar's white label, White horse, Johnnie Walker, J and B, Cutty Sark, Ballantine's, William Lawson, Grant's	58
SCOTCH WHISKY 12 ans d'âge 5 cl	
Chivas Regal, Dimple, Johnnie Walker, Ancestor, Buchanam's, Old Parr	65
RYE et BOURBON 5 cl	
Seagram's V.O., Canadian Club, Harper, Old Grand Dad, Jack Daniel's (Tennessee)	65
IRISH 5 cl	
John Power's, Irish whiskey	65
PUR MALT 5 cl	
Glenfiddich, Glenlivet, Cardhu, Knockando	65

Les Whiskies de Luxe

Glenmorangie, J and B (15 ans), Wild Turkey	85
Crown Royal, Laphroaig, Balvenie (Founder's reserve)	120
Royal Salute	195

Les Gins 5 cl

Gordon's, Beefeater, Bombay, Tanqueray, Gilbey's	55

Les Vodkas 5 cl

Absolut, Wyborowa, Moskovskaya,	60
Smirnoff, Eristoff	55

Soda d'accompagnement 10

Les Cocktails

NOS CREATIONS

Plaisir d'Amour	65
Copper's Dew	65
Luna Rossa	65
Waikiki	65

La Coupe de Champagne 60

Les Classiques

Alexandra	60	Kir	40
Americano	60	Kir Royal	65
Apricot Sour	60	(Cassis, framboise, mûre)	
Bacardi	60	Manhattan	60
Bull Shot	60	Old Fashioned	60
Champagne cocktail	65	Pimm's n° 1	60
Champagne Orange	65	Pimm's Royal	70
Champagne Pick me up	65	Pink Gin	60
Collins	60	Porto flip	60
Cuba libre	60	Rob Roy	60
Daïquiri	60	Rose	60
Fizzes	60	Screwdriver	60
Gimlet	60	Side car	60
Gibson	60	Sours	60
Gin Vodka Tonic	65	White lady	60

Les After Dinner		*Nos Spécialités*	
Black Russian	60	Dry Martini	60
Grass hopper	60	Bloody Mary	60
Irish Coffee	65	Mint Julep	60
Spanish Coffee	65	Planter's punch	60
Rusty Nail	60	Clover Club	60
Stinger	60	Negroni	60
Luna Rossa	60	Margarita	60
B and B	60	Doctor's Cocktail	60

Nos prix s'entendent toutes taxes et 15% service compris
Our prices include VAT and 15% service charge

RÉPUBLIQUE FRANÇAISE

PROTECTION DES MINEURS
ET
RÉPRESSION DE L'IVRESSE PUBLIQUE

(Code des débits de boissons et des mesures de lutte contre l'alcoolisme, art. L 77
et arrêté interministériel du 28 octobre 1974, *J. O.* du 15 novembre 1974, page 11 453)

PROTECTION DES MINEURS

ACCÈS DES MINEURS AUX DÉBITS DE BOISSONS

Il est interdit de recevoir dans les débits de boissons des mineurs de moins de seize ans qui ne sont pas accompagnés de leur père, mère ou tuteur ou de toute personne de plus de dix-huit ans en ayant la charge ou la surveillance.

SERVICE DES BOISSONS

Consommation sur place :

1° Peuvent seules être vendues ou offertes gratuitement aux mineurs de moins de quatorze ans, pour être consommées sur place, les boissons non alcooliques constituant le premier groupe des boissons.

2° Peuvent seules être vendues ou offertes gratuitement aux mineurs de plus de quatorze ans et de moins de dix-huit ans, pour être consommées sur place, des boissons appartenant aux premier et deuxième groupes des boissons.

Boissons à emporter :

Peuvent seules être vendues ou offertes gratuitement aux mineurs de moins de seize ans, pour emporter, les boissons appartenant aux premier et deuxième groupes des boissons.

RÉPRESSION DE L'IVRESSE PUBLIQUE

1° Il est interdit de vendre au détail, A CRÉDIT, soit au verre, soit en bouteille, des boissons des troisième, quatrième et cinquième groupes à consommer sur place ou à emporter.

2° Il est interdit de vendre au détail, A CRÉDIT, soit au verre, soit en bouteille, des boissons du deuxième groupe à consommer sur place.

3° Outre l'interdiction qui leur est faite de faire boire jusqu'à l'ivresse un mineur, il est interdit aux débitants de boissons de donner à boire à des gens manifestement ivres ou de les recevoir dans leurs établissements.

Toute personne contrevenant aux dispositions du code des débits de boissons et des mesures contre l'alcoolisme rappelées ci-dessus sera passible de poursuites judiciaires.

Sera également poursuivi quiconque sera trouvé en état d'ivresse manifeste dans les débits de boissons et autres lieux publics et sur la voie publique.

Il en sera de même de toute personne qui aura détruit ou lacéré la présente affiche.

(Arrêté interministériel du 28 octobre 1974.)

CLASSIFICATION DES BOISSONS

***Premier groupe.* — Boissons non alcooliques.**

***Deuxième groupe.* — Vins, bières, cidres, poirés, hydromels, vins doux naturels bénéficiant du régime fiscal des vins, crèmes de cassis, jus de fruits ou de légumes fermentés comportant de 1 à 3 degrés d'alcool.**

***Troisième groupe.* — Vins doux naturels autres que ceux appartenant au groupe 2. Vins de liqueur, apéritifs à base de vin et liqueurs de fraises, framboises, cassis ou cerises, ne titrant pas plus de 18 degrés d'alcool pur.**

***Quatrième groupe.* — Rhums, tafias, alcools provenant de la distillation des vins, cidres, poirés ou fruits et ne supportant aucune addition d'essence ainsi que les liqueurs définies par la loi du 27 juin 1957.**

***Cinquième groupe.* — Toutes les autres boissons alcooliques.**

Imprimerie Nationale – N° 8351 – 7 076610 4 88 · Mai 1977 O F

AFFICHE DE LA LOI SUR LA REPRESSION DE LIVRESSE PUBLIQUE

3.2. Affichages obligatoires

En plus des affichages obligatoires pour toute exploitation à caractère commercial, l'exploitant est tenu d'afficher :

- à l'extérieur de l'établissement le PANONCEAU DE LA LICENCE indiquant la catégorie de Licence exploitée.
- à l'intérieur de l'établissement le PANONCEAU SUR LA PROTECTION DES MINEURS ET REPRESSION DE L'IVRESSE PUBLIQUE qui reprend l'essentiel des mesures de lutte contre l'alcoolisme.

3.3. Diverses obligations

• Etalage des boissons non alcooliques

Les titulaires d'une licence pour **débits de boissons** doivent exposer dix bouteilles ou autres récipients représentant au moins quatre catégories de boissons sans alcool parmi les sept catégories suivantes :

- 1° Jus de fruits et de légumes,
- 2° Boissons au jus de fruits gazéifiées,
- 3° Sodas,
- 4° Limonades,
- 5° Sirops,
- 6° Eaux ordinaires gazéifiées artificiellement ou non
- 7° Eaux ordinaires gazeuses ou non

• Le service des boissons

Les boissons détenues en bouteille doivent être versées en présence des consommateurs afin d'éviter toute fraude relative à la qualité de la boisson servie. Les boissons vendues à la bouteille entière doivent être ouvertes en sa présence.

• Les mesures de capacité

La possession d'une série de mesures à verser permet d'éviter toute contestation en cas de besoin. Leur contenance sera de 1 cl, 2 cl, 5 cl, 10 cl, 20 cl, 50 cl, 100 cl. Ces récipients en étain, en aluminium, ou en acier inox doivent être poinçonnés par le service des Instruments et Mesures.

• La vente de tabac

Elle est autorisée mais la publicité et l'étalage des produits sont interdits. Les approvisionnement seront faits au bureau de tabac le plus proche. Le prix de vente peut être majoré, dans une limite raisonnable, d'un montant correspondant au service pratiqué dans l'établissement.

• L'embauche

L'exploitant ne doit pas employer de mineurs dans un débit de boissons à consommer sur place, exception faîte pour certains membres de sa famille.

Implantation du bar

1 - LOCALISATION

Pour un établissement indépendant, il faut rechercher une implantation en rez-de-chaussée, à l'angle de deux rues afin de favoriser le " captage " de la clientèle par une bonne visualisation et des entrées multiples.

Pour un bar intégré dans l'exploitation d'un établissement hôtelier, s'appliquent les mêmes règles de localisation auxquelles il faut rajouter les contraintes commerciales de l'ensemble hôtelier à savoir :

- la possibilité d'une entrée indépendante sur la rue de façon à attirer les clients de passage,
- la proximité du hall d'entrée de l'hôtel,
- la proximité du restaurant ou sur le passage conduisant au restaurant,
- la possibilité de réapprovisionner le stock et d'évacuer les bouteilles vides sans croiser les circuits des clients.

La signalisation du ou des bars devra figurer sur des plans muraux installés sur des lieux de passage ainsi que sur les dépliants de l'hôtel. Les heures d'ouverture, les structures d'accueil, la typicité des produits servis complèteront l'information à la clientèle.

2 - AMENAGEMENT DES LOCAUX

Les aménagements nécessaires pour l'exploitation d'un bar ou débit de boissons se répartissent en plusieurs parties : le bar-comptoir, l'office, la salle de consommation, la terrasse, les dépendances.

Les cotes généralement admises lors de l'aménagement d'un bar figurent sur le document ci-dessous.

DIMENSIONS POUR L'AMENAGEMENT

I Salle

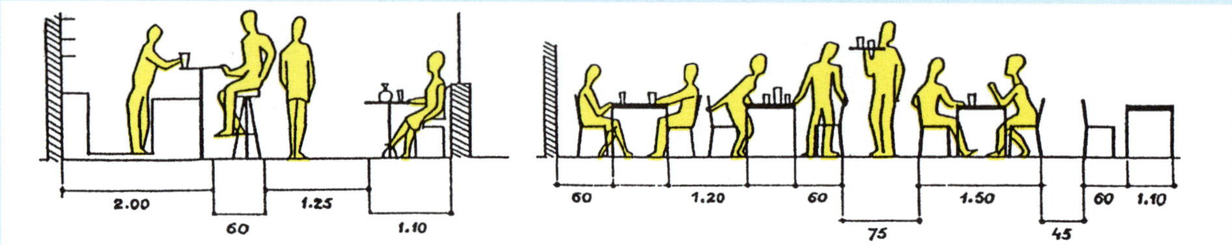

II Mobilier

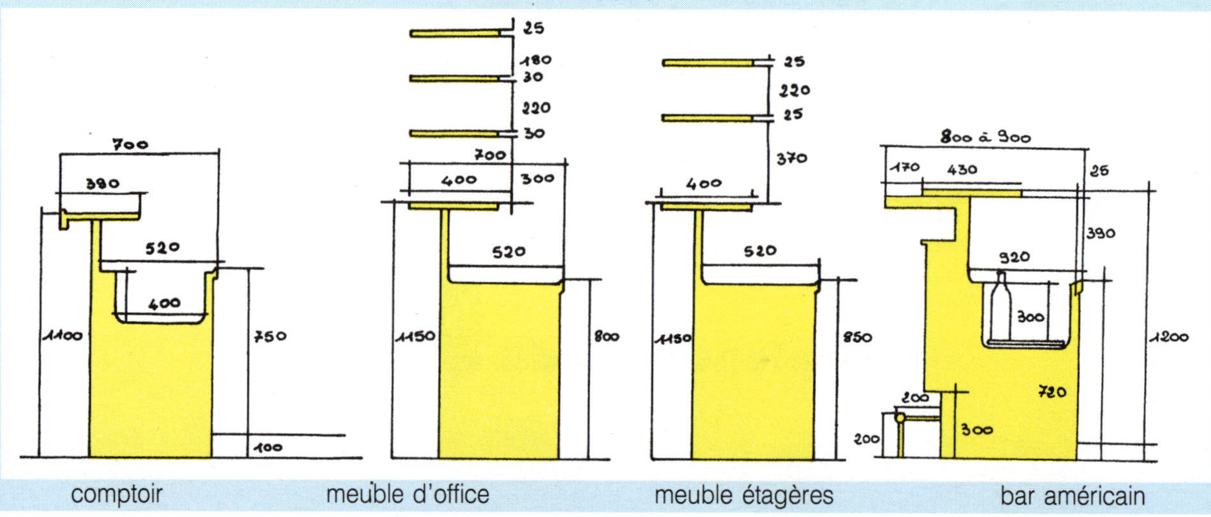

III Sièges

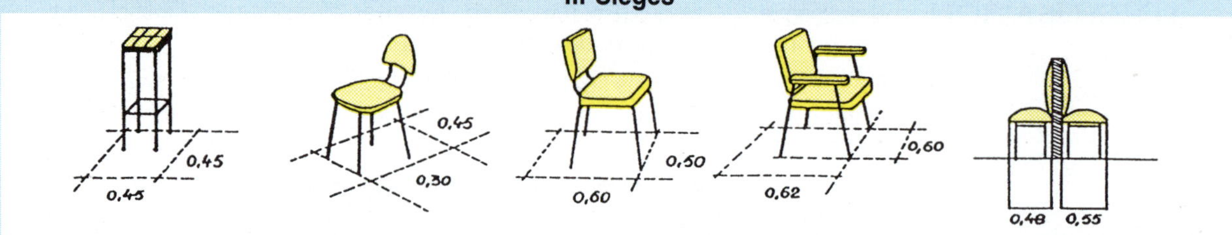

IV Tables et guéridons

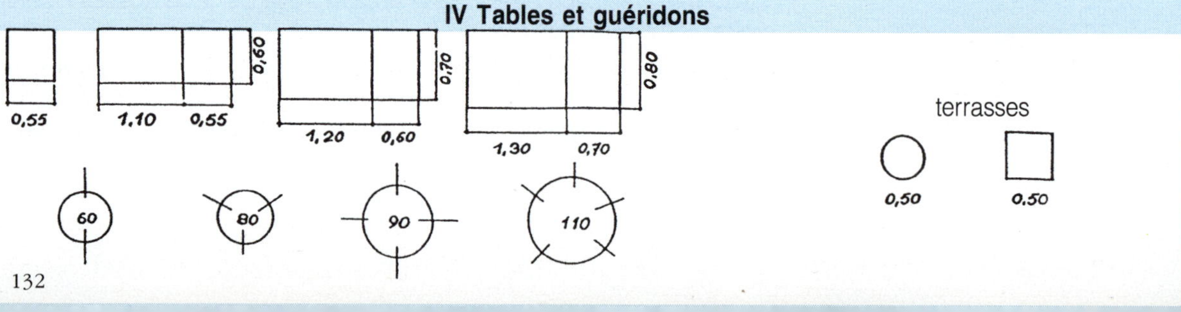

2.1. Le bar-comptoir

De formes diverses, linéaire, en courbe, en L, le bar-comptoir constitue l'élément principal. Distributeur de boissons destinées à la salle ou à la terrasse, il est aussi le lieu de consommation pour les clients pressés.

D'une hauteur de 1,20 mètre et de longueur variable, il est presque toujours situé parallèlement à un mur. Pour permettre au personnel de travailler à bonne hauteur, on prévoit un plancher légèrement surélevé.

L'intérieur du comptoir est équipé des dispositifs suivants :

- arrivées d'eau chaude et d'eau froide alimentant un ou plusieurs bacs,
- distributeur de bière à la pression,
- logement adapté aux bouteilles,
- compartiments réfrigérés,
- étagères et tiroirs.
- caisse équipée d'un système d'enregistrement des recettes.

Contre le mur sont aménagés des placards réfrigérés surmontés d'étagères qui permettent d'exposer des bouteilles destinées à la vente.

Bar du restaurant Harris San Francisco (Photo F. Jallot)

COMPTOIR-BAR — AMÉNAGEMENT INTÉRIEUR

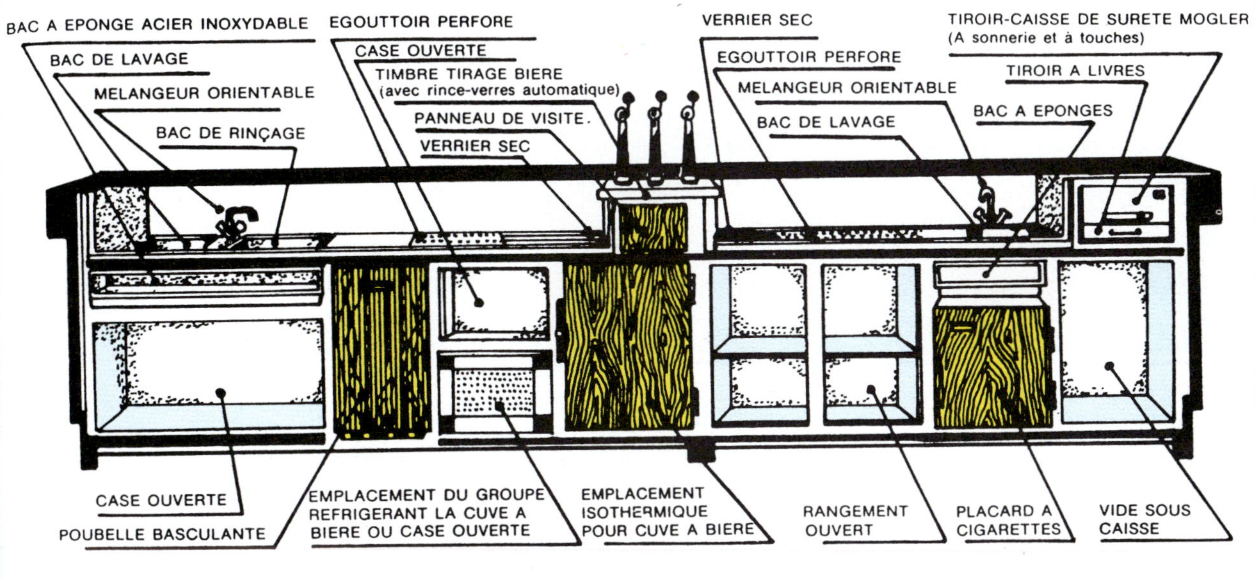

2.2. L'office

Il est souhaitable de prévoir ce local toutes les fois que c'est possible. Attenant au bar il est aménagé d'une plonge, d'un plan de travail, de placards et équipé principalement avec :

- une machine à café expresso fournissant également l'eau chaude pour les infusions et les grogs. L'installation de la machine à café dans un office est préférable lorsqu'il s'agit d'un bar américain car son fonctionnement, (vapeur, bruit), entraîne des nuisances pour le confort de la clientèle du bar ;
- une machine à fabriquer les glaçons,
- un broyeur pour la glace pilée,
- un mixeur électrique,
- un presse-fruits électrique,
- un grille pain pour les toasts,
- un réfrigérateur,
- une machine pour laver les verres.

L'office sert aussi de réserve pour la marchandise vendue au bar, la vaisselle, le linge et les produits divers pour l'entretien et le fonctionnement des appareils.

Bar du Maximin à Nice (Photo A. Schramm)

2.3. La salle de consommation

La décoration et l'aménagement de la salle doivent donner une impression de confort, de calme et d'intimité.

Pour obtenir de bons résultats il faut bien penser aux éléments suivants :

- le choix des coloris et de l'éclairage,
- le chauffage et la climatisation,
- l'insonorisation et l'acoustique de la salle,
- l'ambiance musicale.

2.4. La terrasse

Elle constitue un élément attractif supplémentaire. En plein air l'été, fermée et chauffée en hiver elle est très souvent appréciée des consommateurs.

2.5. Les dépendances

Les cabines téléphoniques ou points-phones constituent un service complémentaire mis à la disposition des clients.

Les toilettes pour hommes et femmes séparées, en nombre suffisant, doivent être maintenues en parfait état de propreté toute au long de la journée.

Le Matériel du bar

Nomenclature du matériel et du linge nécessaires pour l'exploitation d'un Bar Américain ayant une capacité d'accueil de 50 personnes.

La quantité de matériel indiquée dans les tableaux ci-dessous constitue un stock de fonctionnement pouvant varier et être complété selon les caractèristiques propres à chaque exploitation.

1 - ARGENTERIE

On désigne sous ce nom un ensemble du matériel utilisé au bar, ces articles pouvant être en métal argenté, en acier inoxydable.

QUANTITE	DESIGNATION
2	Shakers 0,500 Litre à deux timbales
1	Shaker 0,750 Litre à deux timbales
1	Shaker 1 Litre à deux timbales
2	Passoires à cocktail
2	Cuillères à mélange avec pilon
4	Cuillères à glaçons
1	Pince à champagne
2	Bouchons mécaniques à champagne
2	Porte-cuillères à café
2	Porte-cure-dents
4	Porte-chalumeaux
1	Porte-épices
1	Porte-Mosers
2	Porte-agrumes
2	Presse-fruits manuel
6	Seaux à champagne
6	Seaux à glaçons avec égouttoir

QUANTITE	DESIGNATION
4	Couteaux limonadiers
2	Plateaux ronds de 30 cm
2	Plateaux ronds de 45 cm
1	Râpe à muscade
12	Porte-verres (grogs)
2	Chauffe-Fine
15	Vases à fleurs
48	Cuillères à café
24	Couteaux à entremets
24	Fourchettes à entremets
24	Cuillères à entremets
24	Cuillères à crème glacée
6	Théières 1/2 personnes
4	Théières 3/4 personnes
10	Pots à eau
10	Pots à lait
10	Crémiers
15	Sucriers
6	Moulins à poivre

2 - VAISSELLE

QUANTITE	DESIGNATION
30	Tasses à thé
30	Sous-tasses à thé
50	Assiettes à entremets

QUANTITE	DESIGNATION
50	Tasses à café
50	Sous-tasses à café
20	Raviers pour amuse-bouche

3 - VERRERIE

QUANTITE	DESIGNATION
12	Verres à double cocktail
24	Verres à cocktails 12 cl
12	Verres tumbler 17 cl
24	Verres tumbler 27 cl
24	Verres Old Fashioned 20cl
24	Flûtes à champagne 15 cl
12	Verres à porto 16 cl
12	Chopes à bière
24	Verres à dégustation 19cl
12	Verres à digestifs 9 cl
12	Verres pour apéritifs anisés
2	Carafe à décanter
4	Verres à mélange

QUANTITE	DESIGNATION
24	Verres à vin
12	Verres à grog et monture
12	Coupes à glace
6	Verres Irish Coffee
2	Cup
12	Carafes à eau
2	Flacons stilligouttes
2	Vases à fleurs
4	Carafes à Jus de fruits
6	Salières
8	Saupoudreuses à sucre
36	Cendriers

PRINCIPAUX VERRES

De gauche à droite et de haut en bas.

1 Tumbler 17 cl
2 Tumbler 27 cl
3 Verre à double cocktail
4 Verre à porto
5 Verre à dégustation
6 Verre à digestif
7 Verre à cocktail
8 Verre à Irish Coffee
9 Flûte à champagne
10 Verre à Old Fashioned
11 Verre à bière
12 Verre à anisé
13 Verre à grog

4 - MATERIEL DIVERS

QUANTITE	DESIGNATION
2	Conservateurs à glaçons
2	Présentoirs à canapés
2	Ouvre-boîtes
1	Coupe-cigares
5	Jeux divers (cartes, pistes de dés etc...)

QUANTITE	DESIGNATION
2	Couteaux d'office
2	Couteaux zesteur
2	Couteaux économe
2	Planches à découper

Organisation du Service

1 - LE PERSONNEL

L'importance de la brigade du bar dépend de la qualité et de la taille de l'établissement. Elle comprend des commis barmen et des barmen placés sous l'autorité du chef barman.

• Parmi les qualités essentielles, un barman doit être :

- **physionomiste,** car les clients apprécient qu'on les reconnaisse et que l'on se souvienne de leurs goûts et habitudes.
- **discret et psychologue,** il évitera d'ennuyer le client avec ses problèmes, au contraire il écoutera avec attention les propos de chacun sans pour cela prendre position, ni affirmer ses opinions. Une règle fondamentale : ne jamais critiquer un client qui vient de partir soit avec ses collègues soit avec d'autres clients.
- **vendeur** : il n'hésitera pas à suggérer des boissons, un alcool avec un café, un second verre si le client semble disposer d'un certain temps.

(Voir le profil de poste général du barman dans le Tome 1, chapitre 4, page 50).

2 - OPERATIONS PREPARATOIRES AU SERVICE DU BAR

2.1. Entretien et règles d'hygiène

L'entretien des locaux et du mobilier a lieu le matin avant l'ouverture selon les mêmes règles que pour la salle de restaurant (Tome 1, chapitre 9).

Des règlements sanitaires sont publiés dans chaque département. Rappelons ici les principales conditions d'hygiène auxquelles sont soumis les débits de boissons en ce qui concerne la propreté du matériel et des denrées entreposés :

- les tables doivent être recouvertes d'un matériau lavable et être nettoyées dès le départ du client avec de l'eau chaude additionnée d'un produit désinfectant autorisé ;
- les carafes d'eau doivent être vidées entre chaque utilisation et nettoyées règulièrement avec un produit désinfectant autorisé ;

- la vaisselle et la verrerie ébréchées doivent être retirées de la circulation ;
- la vaisselle et la verrerie doivent être nettoyées à l'eau chaude additionnée d'un détersif autorisé, puis rincées à l'eau courante et séchées. L'utilisation d'un lave-vaisselle permet de remplir les conditions d'hygiène ;
- toutes précautions doivent être prises pour que les denrées, telles que croissants, sandwiches, crèmes glacées etc... non présentées sous emballage d'origine soient tenues à l'abri des pollutions ;
- les denrées altérables à la chaleur doivent être conservées dans une enceinte réfrigérée.

2.2. Mise en place du bar

La mise en place journalière du bar comprend divers travaux à effectuer avant l'ouverture à la clientèle.

Effectuer la mise en place de la salle et éventuellement de la terrasse : aligner les tables et les chaises, disposer des cendriers et les cartes des boissons, entretenir les fleurs et les plantes.

Contrôler et nettoyer les réfrigérateurs.

Nettoyer les étagères et les présentoirs.

Essuyer les bouteilles à l'aide d'un chiffon humide.

Vérifier la pression du gaz pour la tireuse à bière ainsi que les niveaux des fûts de bière.

Ranger la vaisselle et la verrerie.

Après inventaire, réapprovisionner le stock initial en établissant des bons pour chaque service concerné :

- la cave pour les boissons (jus de fruits, apéritifs, digestifs etc...)
- l'économat pour les denrées (fruits, épices, café etc...)
- la cuisine pour les canapés et les sandwiches
- la lingerie pour l'échange du linge sale.

Vérifier le fonds de caisse et la remise à zéro de la caisse enregistreuse ou autre appareil d'enregistrement des recettes.

Juste avant l'ouverture du bar on procèdera "aux finitions de la mise en place" :

- créer une ambiance musicale
- mettre les glaçons dans les containers
- disposer sur le bar les amuse-bouche et canapés divers
- préparer quelques décorations pour les cocktails.

2.3. Disposition et rangement des marchandises

La disposition des bouteilles doit toujours être la même pour faciliter le travail du barman et éviter les pertes de temps.

Dans les compartiments réfrigérés prendront place les boissons devant être servies rafraîchies :

- les vins blancs et les champagnes,
- les eaux-de-vie blanches de fruits,
- les bières en bouteille,
- les jus de fruits en bocaux (1 l) et bouteilles (20 cl),
- les eaux minérales,
- les boissons sans alcool (sodas, tonics, bitters, etc.).

Sur les étagères murales disposer de haut en bas dans un ordre croissant d'utilité, les produits par famille :

- l'étalage des dix boissons sans alcool,
- les liqueurs de plantes,
- les liqueurs de fruits,
- les crèmes,
- les eaux-de-vie de fruits,
- les eaux-de-vie à base de vin,
- les eaux-de-vie à base de céreales et de plantes.

Sur le comptoir en dessous des étagères :

- les apéritifs (quinquinas, vermouths, amers etc.),
- les sirops (grenadine, citron, orgeat etc.),
- la verrerie.

Sur le comptoir client disposer harmonieusement :

- les ingrédients entrant dans la composition des cocktails (angostura, sel au céleri, noix de muscade etc.),
- le petit matériel (shaker, passoire, porte-chalumeaux etc.).

3 - LE SERVICE DES BOISSONS AU BAR

Les commandes des clients sont exécutées au comptoir et font l'objet de règles de service selon la nature des boissons.

TYPES DE BOISSONS	MATERIEL UTILISE	PREPARATION ET SERVICE
Vin		
Blanc, Rosé	Verre à vin	Rafraîchi (1)
Rouge	Verre à vin	Tempéré
Champagne	Flûte	Rafraîchi, Moser Si service à la bouteille, voir Tome 1 Chapitre 10
Apéritifs sec		
Vin Doux Naturel	Verre à porto	Rafraîchi
Porto rouge	Verre à porto	Tempéré
Porto blanc	Verre à porto	Rafraîchi
Whisky, bourbon de grande qualité	Verre à dégustation	Prendre les mêmes soins qu'avec les vieux cognacs.
Apéritifs à l'eau		
Anisés	Verre à anisé	Eau plate + glaçons à part (2)
	Verre à anisé	Préparations dérivées :
	Verre à anisé	- Tomate (anisés + sirop grenadine)
	Verre à anisé	- Perroquet (anisés + sirop menthe)
	Verre à anisé	- Mauresque (anisés + sirop orgeat)
Vermouths sur glace	Verre Old fashioned	Glaçons + zeste de citron
Vermouths à l'eau	Tumbler 27 cl.	Idem + eau gazeuse
Quinquinas sur glace	Verre Old fashioned	Glaçons + zeste d'orange
Quinquinas à l'eau	Tumbler 27 cl.	Idem + eau gazeuse
Gentiane (Suze) /glace	Verre Old fashioned	Glaçons + zeste de citron
Gentiane à l'eau	Tumbler 27 cl.	Idem + eau gazeuse se sert aussi avec un peu de sirop de citron ou cassis
Whisky, bourbon	Tumbler	Glace à part,
	Tumbler	Eau plate ou gazeuse (eau de Seltz ou Perrier)
Cocktails		Voir paragraphe suivant
Eaux de vie		
De fruits	Verre à dégustation	Rafraîchi
Cognac, Armagnac	Verre à dégustation	Tempéré
Calvados, Marc	Verre à dégustation	Tempéré
Rhum	Verre à dégustation	Tempéré
Vodka	Tumbler	Glaçons + eau gazeuse
Gin	Tumbler	Glaçons + eau gazeuse

(1) Voir les températures optimales de service des vins dans le tome 1, chapitre 10.

(2) Ne jamais servir un apéritif anisé sur des glaçons, la présentation s'en ressentirait.

TYPES DE BOISSONS	MATERIEL UTILISE	PREPARATION ET SERVICE
Liqueurs nature (3)		
à base de menthe	Verre à dégustation	Nature dans verre rafraîchi ou sur glaçons
à base d'orange	Verre à dégustation	Idem
à base de plantes	Verre à dégustation	Verre rafraîchi
Liqueurs à l'eau	Tumbler	Eau plate et glace à part
Liqueurs à base E.D.V.(4) de vin ou de whisky	**Verre à dégustation**	**Tempéré**
Bières	Chope ou tumbler	Rafraîchi
Boisson sans alcool		
Eau minérale	Tumbler	Rafraîchi, Chalumeaux, Adjonction de sirops possible
limonade	Tumbler	Idem
Sodas	Tumbler	Rafraîchi, Chalumeaux
Jus de fruits		
Frais pressés	Tumbler	Glaçons, eau plate, sucre, sous-tasse et agitateur, chalumeaux
En bouteille	Tumbler	Rafraîchi, glaçons, chalumeau
Sirops	Tumbler	Glaçons, chalumeaux, agitateur eau plate ou gazeuse
Boissons chaudes (5)		Voir aussi Tome 1 Chapitre 10
Café, lait	Tasse et S/tasse	Sucre en morceaux
Infusions	Tasse et S/tasse	Sucre en morceaux
Thé	Tasse et S/tasse	Sucre, citron ou lait, pot d'eau chaude
Grog (Ex. : rhum)	Verre à grog	Sucre + rondelle de citron, pot d'eau chaude
Boissons glacées		
Café	Tumbler,	Rafraîchi, glaçons, sucre, chalumeau
Thé	Tumbler	Rafraîchi + glaçons, sucre, rondelles citron, chalumeau
Lait	Tumbler	Frappé, sucre, chalumeau
Glaces et sorbets	Coupe à glace Tumbler	Boules de glace, Carafe eau fraîche Serviette papier

Remarques

Ne jamais servir systématiquement la glace, mais la proposer.
L'accompagnement des apéritifs par des assortiments de biscuits salés, amuse-bouche, canapés etc. est apprécié des clients et favorise le renouvellement des consommations.

(3) Ne pas stocker les liqueurs au froid car elles ont tendance à troubler.
(4) Eau-de-vie.
(5) Voir le service des boissons chaudes Tome 1, chapitre 10.

4 - PREPARATION ET SERVICE DES COCKTAILS

4.1. Composition des mélanges

Une bonne connaissance des produits utilisés au bar est nécessaire pour opérer des mélanges. En effet ils ne sont pas toujours compatibles entre eux ; le tableau ci-dessous donne les principales règles pour le mélange des produits.

PRODUITS DE BASE	PRODUITS COMPATIBLES	PRODUITS INCOMPATIBLES
Jus de fruits	Sirops Vins et dérivés Toutes les Eaux de vie	Produits laitiers Crèmes de liqueurs Liqueurs de plantes
Sirops	Jus de fruits Vins et dérivés Toutes Eaux de vie	Crèmes de liqueurs Liqueurs de plantes
Lait	Sirops,E.D.V.(6)de fruits	Autres produits
Crème	Crème de liqueurs Vin et dérivés	Autres produits
Œufs	Vin et dérivés, Gin	Autres produits
Vins et dérivés Champagne, V.D.L. Vermouths, V.D.N. Porto,bitters	E.D.V. de céréales Crèmes de liqueurs	Liqueurs de plantes
Eaux de vie de vin Cognac, Armagnac...	Jus de fruits Oeufs, lait Vin et dérivés	E.D.V. de céréales
Eaux de vie de céréales Whisky, gin , vodka	Jus de fruits	Mélange entre eux
Eaux de vie de plantes Rhum	E.D.V de vin Jus de fruits, Sirops Produits laitiers	E.D.V. de céréales E.D.V. de fruits
Eaux de vie de fruits Kirsch, poire, ...	Jus de fruits Sirops	E.D.V. de vin E.D.V. de céréales
Liqueurs de fruits Cointreau, curaçao, Mandarine, fraise,...	Jus de fruits Produits laitiers	Crèmes de liqueurs Liqueurs de plantes
Crèmes de liqueurs Cassis, cacao, Menthe,...	Jus de fruits Gin, vodka Produits laitiers	Liqueurs de plantes Sirops E.D.V. de fruits
Liqueurs de plantes Chartreuse, Izarra, Bénédictine	Gin, vodka	Les autres produits

(6) Eau-de-vie.

4.2. Technique des mélanges

Les différentes catégories de cocktails sont :

- les " **Short drink** " généralement servis dans un verre à cocktail ou dans un verre à Old Fashioned,
- Les " **Long drink** " généralement servis dans un tumbler, un verre à vin, ou un verre spécifique,
- Les " **Hot drink** " servis dans un verre à grog ou un verre spécifique (Irish Coffee).

Il faut respecter les règles suivantes :

- **le versement des produits de base va toujours du moins alcoolisé au plus alcoolisé,**
- **la crème fraîche et les oeufs doivent toujours être mélangés au shaker,**
- **un cocktail ne doit pas contenir plus de 7 cl d'alcool,**
- **le volume total d'un cocktail "short drink" varie de 6 à 12 cl,**
- **le volume total d'un cocktail "long drink" varie de 12 à 25 cl.**
- **la décoration d'un cocktail doit être composée d'éléments comestibles.**

Une même recette mélangée selon les moyens cités, donné des goûts et des aspects différents, du seul fait de la vitesse du mouvement lorsqu'on effectue le mélange. Dans ce cas l'appellation du cocktail peut varier. Exemple Tom Collins et Gin Fizz.

TECHNIQUE DE PREPARATION D'UN COCKTAIL DIRECTEMENT DANS LE VERRE

1
Présentation du poste de travail.

2
Mettre les glaçons dans le verre du clier
Dans notre exemple : un grand tumble

3

4

5

Verser les produits dans l'ordre de la recette. Dans notre exemple : sucre, citron, gin.

6
Remuer avec la cuillère à mélange.

7
Compléter avec du soda.

8
Décorer et servir.
Dans notre exemple : avec une tranche c
citron et une cerise à l'eau-de-vie.

TECHNIQUE DE PRÉPARATION D'UN COCKTAIL AU VERRE À MÉLANGE

1
Présentation du poste de travail.

Cette technique est valable pour tous les cocktails préparés au verre à mélange. L'exemple ci-dessous illustre la préparation d'un MANHATTAN.

2
Rafraîchir le verre à mélange en le remplissant à moitié de glaçons. Préparer les produits de la recette, ce n'est que lorsque tout est prêt que l'on commence le mélange. Jeter l'eau qui s'est accumulée dans le verre à mélange.

3

4

5

Verser les produits dans l'ordre de la recette. Dans notre exemple : angostura, vermouth italien, rye whiskey.

6
Remuer énergiquement avec la cuillère à mélange.

7
Disposer la passoire à cocktail sur le verre à mélange et verser dans le verre du client. Dans notre exemple : verre à cocktail. Quand le mélange est réalisé pour plusieurs cocktails, remplir les verres progressivement en plusieurs fois en passant de l'un à l'autre.

8
Décorer et servir au client. Dans notre exemple : 1 cerise à l'eau-de-vie.

1
Présentation du poste de travail.

TECHNIQUE DE PREPARATION D'UN COCKTAIL AU SHAKER

Cette technique est valable pour tous le cocktails préparés au shaker. L'exemp ci-dessous illustre la préparation d'u SCOTCH SOUR.

2
Rafraîchir le shaker en le remplissant à moit de glaçons. Préparer les produits de la recett ce n'est que lorsque tout est prêt que l'on cor mence le mélange.

3
Egoutter l'eau qui s'est accumulée dans le shaker.

4

5

6

Verser les produits dans l'ordre de la recette. Dans notre exemple : sucre, citron, scotch whisky.

7
Secouer énergiquement le shaker en positionnant une main en bas et l'autre sur le couvercle.

8
Ouvrir le shaker. Disposer la passoire sur le shaker et remplir le verre du client. Dans notre exemple : une verre à cocktail. Quand le mélange est réalisé pour plusieurs cocktails, remplir les verres progressivement en plusieurs fois en passant de l'un à l'autre.

9

10
Décorer et servir le client. Dans notre exemple : 3 cerises à l'eau-de-vie sur un pic.

Remarque
Il est possible de verser les constituants liquides du cocktail en pr mier dans le couvercle du shaker, et de verser l'ensemble sur la glac après avoir égoutté le shaker.

Les cocktails Classiques

Origine : Il existe plusieurs versions qui tentent d'expliquer le mot cocktail. Nous citerons celle du Larousse Gastronomique :

" vraisemblablement d'origine anglo-américaine, elle signifie queue de coq soit à cause du chatoiement des mélanges de liqueurs colorées, soit, selon certaines éthymologies parce que le cocktail primitif des pionniers de Manhattan consistait... en plumes de coq trempées dans une décoction de piment dont ils se chatouillaient le gosier pour les inciter à boire ".

Les cocktails et leurs dérivés ont donné lieu à une classification très étendue. Les recettes données ci-après sont classées selon deux catégories déjà nommées précédemment, Les cocktails **" Long drink " et " Short drink ".** Chaque catégorie se subdivise en plusieurs types selon leur mode de préparation. La liste ci-dessous n'est pas exhaustive, elle reprend les préparations les plus répandues.

1 - LES COCKTAILS " LONG DRINK "

1.1. Type : Cups ou Bowls

Préparés et mis à rafraîchir une heure ou deux à l'avance dans un récipient spécial appelé " cup " (1), ces cocktails sont généralement à base de fruits frais que l'on fait macérer avec des eaux de vie et des liqueurs. Au moment du service on rajoute du vin, du champagne ou encore des jus de fruits, des boissons sans alcool, du soda. Les verres ou les coupes sont remplis à l'aide d'une petite louche.

Exemple : **CHAMPAGNE CUP pour 20 personnes**

le jus de 2 citrons
20 cl de marasquin
20 cl de kirsch
20 cl de curaçao
40 cl de cognac
Des fruits de saison :
1 ananas, 3 oranges,
2 pommes, 3 bananes,
2 pêches, 2 poires,
cerises et fraises
4 bouteilles de champagne

Mettre les fruits coupés en petits dés ou en tranches minces dans le " Cup ". Mettre à macérer les fruits avec les eaux-de-vie et le jus de citron. Rafraîchir pendant 2 heures. Rajouter le champagne bien frais au moment du servir.

1.2. Type : Eggnogs

Ces cocktails se boivent chauds ou froids. Chauds, ils sont préparés directement dans le verre. Froids, ils sont mélangés au shaker. A base de lait, d'œufs, de sucre, d'eau-de-vie et de muscade, ils se servent dans un grand tumbler.

Exemple : **BRANDY EGG NOG**

1 jaune d'œuf
4 cl de cognac
1 cuillère de sucre
8 cl de lait

Mélanger au shaker, frapper vivement, verser dans un **grand tumbler,** compléter avec le lait. Muscader légèrement.

(1) Un cup ressemble à un grand saladier. Il est en verre ou en argent.

1.3. Type : Cobblers

Préparés directement dans un grand tumbler contenant de la glace pilée grossièrement, ils sont à base de vins, spiritueux, très souvent de champagne. Le verre est décoré avec des fruits de saison.

Exemple : GIN COBBLER

2 traits de curaçao
3 traits de cognac
4 cl de gin
Champagne brut

Diluer un peu de sucre avec de l'eau gazeuse. Verser les eaux-de-vie sur la glace. Allonger avec du champagne et décorer avec des fruits de saison.

1.4. Type : Fizzes

Ce sont des boissons désaltérantes, caractérisées par le jus de citron et le sucre qui entrent dans leur composition. Ils se préparent au shaker, sont servis dans un tumbler et allongés avec de l'eau de Seltz ou du Perrier. Il existe deux variantes dans ce type :

- le **Silver Fizz** obtenu en rajoutant un blanc d'œuf à la préparation de base.
- le **Golden Fizz** obtenu en rajoutant un jaune d'œuf à la préparation de base.

Exemple : GIN FIZZ

1 cuillère de sucre
2 cl de jus de citron
4 cl de gin
8 cl de Perrier
1 tranche de citron

Mélanger au shaker, le sucre, le jus de citron et le gin. Frapper et verser dans un **grand tumbler.** Compléter avec le Perrier et décorer avec la tranche de citron.

1.5. Type : Collins

Exemple : TOM COLLINS

1 cuillère à café de sucre
2 cl de jus de citron
4 cl de gin
6 cl de soda ou Perrier
1 tranche de citron
1 cerise à l'eau-de-vie

Verser le sucre, le jus de citron, le gin directement **dans le verre** du client rempli de glace. Remuer et compléter avec le Perrier. Décorer avec une tranche de citron et une cerise à l'eau-de-vie.

1.6. Type : divers "Long Drink"

AMERICANO

2 cl de vermouth italien
5 cl de Bitter Campari
5 cl de soda
1/2 tranche d'orange
1/2 tranche de citron

Verser directement dans **un tumbler** rempli de glace le vermouth, le Campari et le soda. Remuer et ajouter une demi-tranche d'orange et une demi-tranche de citron.

CHAMPAGNE COCKTAIL

1/2 morceau de sucre
Angostura
1 cl de cognac
11 cl de champagne
1 zeste d'orange

Déposer au fond d'une **flûte à champagne** le morceau de sucre imbibé de 3 gouttes d'angostura. Ajouter le cognac et verser le champagne. Décorer avec un zeste d'orange.

PIMM'S N°1

4 cl de Pimm's
8 cl de soda
1/2 tranche d'orange
2 cerises à l'eau-de-vie
1 zeste de citron
Peau de concombre
et menthe fraîche facultatives

Directement dans un **grand tumbler** rempli de glace, verser le Pimm's et le soda. Remuer et décorer avec la demi-tranche d'orange, les cerises à l'eau-de-vie et le zeste de citron, éventuellement la peau de concombre et la menthe fraîche.

2 - LES COCKTAILS " SHORT DRINK "

2.1. Type : à base de cognac

Exemple : ALEXANDER

2 cl de crème fraîche
2 cl de crème de cacao
5 cl de cognac

Verser la crème fraîche, la crème de cacao et le cognac dans un **shaker** rempli de glace. Frapper et verser dans un **verre à cocktail.**

Autre exemple : **SIDE CAR** (Voir liste coupe SCOTT).

2.2. Type : à base de gin vodka tequila

Exemple : DRY MARTINI

1,5 cl vermouth blanc sec
5,5 cl gin
1 olive verte ou 1 zeste de citron

Verser le vermouth et le gin dans un **verre à mélange** à moitié rempli de glace. Remuer et verser dans un **verre à cocktail.** Décorer avec un zeste de citron ou une olive verte.

Autre exemple : **WHITE LADY** (Voir liste coupe SCOTT).

2.3. Type : à base de rhum

Exemple : DAIQUIRI

1 cl de sucre de canne
2 cl de jus de citron
4 cl de rhum blanc

Verser le sirop de sucre de canne, le jus de citron, le rhum blanc dans un **shaker** rempli à moitié avec de la glace. Frapper et servir dans un **verre à cocktail**.

2.4. Type : à base de whisky

Le whisky se mélange harmonieusement à tous les jus de fruits, car son fumet particulier en rehausse la saveur sans en anéantir le parfum.

Exemple : MANHATTAN

3/4 gouttes d'angostura
2 cl de vermouth italien
5 cl de rye whiskey (Canadien)
1 cerise à l'eau-de-vie

Verser l'angostura, le vermouth italien, le rye whisky dans un **verre à mélange** rempli à moitié de glace.

2.5. Type : Old Fashioned

Exemple : BOURBON OLD FASHIONED

1/2 morceau de sucre
1 cl de soda ou de Perrier
3/4 gouttes d'angostura
4 cl de bourbon whiskey
1/2 tranche d'orange
2 Cerises et 1 zeste de citron

Faire fondre le sucre imbibé d'angostura avec le soda dans un **verre à old fashioned.** Mettre de la glace, verser le bourbon, remuer et décorer avec une demi-tranche d'orange, deux cerises et un zeste de citron.

2.6. Type : Sours

Ils se préparent toujours au shaker. C'est une boisson acide à base de citron vert.

Exemple : SCOTCH SOUR

1 cuillère à café de sucre
2 cl de jus de citron
5 cl de scotch whisky
1 cerise à l'eau-de-vie

Verser le sucre, le jus de citron et le scotch whisky dans un shaker rempli de glace à moitié. Frapper et servir dans un **verre à cocktail.** Décorer avec la cerise à l'eau-de-vie.

Autres exemples :
ARMAGNAC SOUR, BRANDY SOUR, GIN SOUR (Voir liste coupe SCOTT).

2.7. Type : Flips

Exemple : PORTO FLIP

1 cuillère à café de sucre
1 jaune d'œuf
2 cl de cognac
5 cl de porto rouge
Noix de muscade

Verser le sucre, le jaune d'oeuf, cognac et le porto rouge dans un shaker rempli à moitié de glace. Frapper et servir dans un **double verre à cocktail.** Saupoudrer de noix de muscade.

Autres exemples : **BRANDY FLIP, SHERRY FLIP** (Voir liste coupe SCOTT).

3 - LISTE DES COCKTAILS DE LA COUPE SCOTT

Liste des cocktails classiques*

Dans tous les cocktails où est indiquée « une mesure », celle-ci équivaut à 4 cl.

1 - Alaska
Au shaker :
- 3/10 chartreuse jaune
- 7/10 gin
Frapper et verser dans un verre à cocktail.

2- Alexander
Au shaker :
- 1 cuillère à café de crème fraîche
- 3/10 crème de cacao brune
- 7/10 cognac
Frapper et verser dans un double verre à cocktail.

3 - Bacardi
Au shaker :
- 1/10 sirop de grenadine
- 3/10 jus de citron
- 6/10 Rhum Bacardi
Frapper et verser dans un verre à cocktail.

4 - Bronx
Au shaker :
- 1/10 jus d'orange
- 2/10 vermouth dry
- 2/10 vermouth italien
- 5/10 gin
Frapper et verser dans un verre à cocktail.

5 - B and B
Dans un verre à dégustation, verser :
- 5/10 Bénédictine
- 5/10 Brandy

6 - Black Russian
Dans un verre à Old Fashioned rempli de glace, verser :
- 3/10 liqueur de café
- 7/10 vodka

7 - Champagne cocktail
Dans un verre à champagne :
- 1/4 de morceau de sucre imbibé d'angostura bitter
- 1 trait de cognac
Finir avec du champagne
Presser un zeste d'orange

8 - Clover club
Au shaker
- 1/2 blanc d'œuf
- 1/10 sirop de grenadine
- 3/10 jus de citron
- 6/10 gin
Frapper et verser dans un double verre à cocktail.

9 - Daiquiri
Au shaker :
- 1/10 sirop de sucre de canne
- 3/10 jus de citron
- 6/10 rhum blanc
Frapper et verser dans un verre à cocktail.

10 - Dubonnet cocktail
Au verre à mélange :
- 5/10 Dubonnet
- 5/10 gin
Remuer et verser dans un verre à cocktail

11 - Gibson
Au verre à mélange :
- 2/10 vermouth dry
- 8/10 gin
Remuer et verser dans un verre à cocktail. Ajouter 1 ou 2 petits oignons blancs.

12 - Grasshoper
Au shaker :
- 1 cuillerée de crème fraîche
- 3/10 crème de cacao blanche
- 7/10 crème de menthe verte
Frapper et verser dans un double verre à cocktail.

13 - Tequila Sunrise
Au shaker :
- 6/10 jus d'orange
- 4/10 tequila
Frapper et verser dans un double verre à cocktail. Finir par un trait de sirop de grenadine.

14 - Jack Rose
Au shaker :
- 1/10 sirop de grenadine
- 3/10 jus de citron
- 6/10 calvados
Frapper et verser dans un verre à cocktail.

15 - Manhattan
Au verre à mélange :
- quelques gouttes d'angostura bitter
- 3/10 vermouth italien
- 7/10 rye whiskey
Remuer et verser dans un verre à cocktail. Ajouter une cerise.

16 - Margarita
Au shaker :
- 1/10 jus de citron
- 3/10 cointreau
- 6/10 tequila
Frapper et verser dans un verre à cocktail givré au sel fin.

17 - Dry Martini
Au verre à mélange :
- 2/10 vermouth dry
- 8/10 gin
Remuer et verser dans un verre à cocktail.

18 - Bourbon Old Fashioned
Dans un verre à Old Fashioned :
- Ecraser 1/4 de morceau de sucre imbibé d'angostura bitter.
- Remplir de glace, ajouter une mesure de bourbon whiskey.
Remuer et décorer avec 1/2 tranche d'orange, cerises et zeste de citron.

19 - Brandy Old Fashioned
Remplacer le bourbon whiskey par du cognac.

20 - Rye Old Fashioned
Remplacer le bourbon whiskey par du rye whiskey

21 - Scotch Old Fashioned
Remplacer le bourbon whiskey par du scotch whisky

22 - Orange Blossom
Au shaker :
- 6/10 jus d'orange
- 4/10 gin
Frapper et verser dans un double verre à cocktail.

23 - Paradise
Au shaker :
- 1/10 jus d'orange
- 3/10 Apricot Brandy
- 6/10 gin
Frapper et verser dans un verre à cocktail.

24 - Pink Gin
Dans un verre à cocktail :
- Faire tourner 2 traits d'angostura bitter
- Puis, verser une mesure de gin.
Servir accompagné d'un verre d'eau glacée.

* Avec l'aimable autorisation de l'Association des Barmen de France.

25 - Pink Lady
Au shaker :
- 1/10 sirop de grenadine
- 3/10 jus de citron
- 6/10 gin
Frapper et verser dans un verre à cocktail.

26 - Rusty Nail
Dans un verre à Old Fashioned rempli de glace, verser :
- 5/10 liqueur de scotch whisky
- 5/10 scotch whisky

27 - Rob Roy
Au verre à mélange :
- Quelques gouttes d'angostura bitter
- 2/10 vermouth italien
- 8/10 scotch whisky
Remuer et verser dans un verre à cocktail. Ajouter une cerise.

28 - Rose
Au verre à mélange :
- 6/10 vermouth dry
- 2/10 kirsch
- 2/10 Cherry Brandy
Remuer et verser dans un verre à cocktail. Ajouter une cerise.

29 - Red Lion
Au shaker :
- 2/10 jus d'orange
- 2/10 jus de citron
- 3/10 Grand Marnier
- 3/10 gin
Frapper et verser dans un verre à cocktail.

30 - Side-Car
Au shaker :
- 1/10 jus de citron
- 3/10 Cointreau
- 6/10 cognac
Frapper et verser dans un verre à cocktail.

31 - Stinger
Au shaker :
- 3/10 crème de menthe blanche
- 7/10 cognac
Frapper et verser dans un verre à cocktail.

32 - Suissesse
Au shaker :
- 1/2 blanc d'oeuf
- 3/10 jus de citron
- 7/10 Pernod
Frapper et verser dans un tumbler. Remplir de soda.

33 - Trinity
Au verre à mélange :
- 3/10 vermouth dry
- 3/10 vermouth italien
- 4/10 gin
Remuer et verser dans un verre à cocktail. Presser un zeste de citron.

34 - White Lady
Au shaker :
- 1/10 jus de citron
- 3/10 Cointreau
- 6/10 gin
Frapper et verser dans un verre à cocktail.

35 - Gimlet
Verre à mélange :
- 3/10 Lime Juice Cordial
- 7/10 gin
Remuer et verser dans un verre à cocktail.

COLLINS

36 - Tom Collins
Dans un tumbler, rempli de glace, verser :
- 1 cuillerée à café de sucre
- Le jus d'un citron
- 1 mesure de gin
Ajouter du soda et remuer.
Garnir avec une tranche de citron et une cerise.

37 - Rhum Collins
Même recette que « Tom Collins », employer du rhum blanc à la place du gin.

38 - Rye Collins
Même recette, employer du rye whiskey à la place du gin.

39 - Bourbon Collins
Même recette, employer du bourbon whiskey à la place du gin.

40 - Brandy Collins
Même recette, employer du cognac à la place du gin.

41 - Scotch Collins
Même recette, employer du scotch whisky à la place du gin.

FIZZES

42 - Brandy Fizz
Au shaker :
- 1 cuillère à café de sucre
- Le jus d'un citron
- 1 mesure de cognac
Frapper et verser dans un tumbler. Remplir de soda.

43 - Gin Fizz
Au shaker :
- 1 cuillerée à café de sucre
- Le jus d'un citron
- 1 mesure de gin
Frapper et verser dans un tumbler. Remplir de soda.

44 - Golden Fizz
Au shaker :
- 1 jaune d'œuf
- 1 cuillère à café de sucre
- Le jus d'un citron
- 1 mesure de gin
Frapper et verser dans un tumbler. Remplir de soda.

45 - Rhum Fizz
Au shaker :
- 1 cuillère à café de sucre
- Le jus d'un citron
- 1 mesure de rhum blanc
Frapper et verser dans un tumbler. Remplir de soda.

46 - Silver Fizz
Au shaker :
- 1 blanc d'œuf
- 1 cuillère à café de sucre
- Le jus d'un citron
- 1 mesure de gin
Frapper et verser dans tumbler. Remplir de soda.

FLIPS

47 - Brandy Flip
Au shaker :
- 1 cuillère à café de sucre
- 1 jaune d'œuf
- 1 mesure de cognac
Frapper et verser dans un double verre à cocktail.
Saupoudrer de noix de muscade.

48 - Porto Flip
Au shaker :
- 1 cuillère à café de sucre
- 1 jaune d'œuf
- 2 traits de cognac
- 1 mesure de porto rouge

Frapper et verser dans un double verre à cocktail.
Saupoudrer de noix de muscade.

49 - Sherry Flip
Même recette que « Porto Flip », Employer du Dry Sherry à la place de porto.

50 - Planter's Punch
Dans un tumbler rempli de glace, verser :
- 1 trait de curaçao orange
- 1 trait de Marasquin
- 2/10 jus de citron
- 2/10 jus d'orange
- 2/10 jus d'ananas
- 4/10 rhum blanc

Remuer. Décorer avec un quartier d'ananas et 2 cerises.
Terminer avec trait de rhum ambré.

SOURS

51 - Armagnac Sour
Au shaker :
- 1 cuillerée à café de sucre
- 3/10 jus de citron
- 7/10 armagnac

Frapper et verser dans un verre à cocktail.

52 - Scotch Sour
Au shaker :
- 1 cuillerée à café de sucre
- 3/10 jus de citron
- 7/10 scotch whisky

Frapper et verser dans un verre à cocktail.

53 - Brandy Sour
Même recette que le « Scotch Sour », employer du brandy à la place du scotch whisky.

54 - Bourbon Sour
Même recette que le « Scotch Sour », employer du bourbon whiskey à la place du scotch whisky.

55 - Gin Sour
Même recette que le « Scotch Sour », employer du gin à la place du scotch whisky.

56 - Rye Sour
Même recette que le « Scotch Sour », employer le rye whiskey à la place de scotch whisky.

LONG DRINKS

57 - Singapore Sling
Au shaker :
- 2/10 jus de citron
- 4/10 gin
- 4/10 Cherry Brandy

Frapper et verser dans un tumbler. Remplir de soda ou d'eau plate.

58 - Americano
Dans un tumbler rempli de glace, verser :
- 7/10 Bitter Campari
- 3/10 vermouth italien

Ajouter un peu de soda. Décorer avec 1/2 tranche d'orange et 1/2 tranche de citron.

59 - Barbottage
Au shaker :
- 1/10 sirop de grenadine
- 3/10 jus de citron
- 6/10 jus d'orange

Frapper et verser dans un verre à champagne, compléter de champagne.

60 - Tampico
Dans un tumbler rempli de glace, verser :
- 3/10 jus de citron
- 4/10 Campari
- 3/10 Cointreau

Ajouter du tonic et remuer.

61 - Bloody Mary
Dans un tumbler rempli de glace
- Saupoudrer de sel de céleri
- Verser :
- 1 trait de tabasco
- 1 trait de sauce anglaise
- 1/10 jus de citron
- 3/10 vodka
- 6/10 jus de tomate

Remuer.

62 - Brandy Egg Nogg
Au shaker :
- 1 cuillerée à café de sucre
- 1 jaune d'œuf
- 1 mesure de cognac

Frapper et verser dans un tumbler, compléter avec du lait.
Saupoudrer de noix de muscade.

63 - Macca
Dans un tumbler rempli de glace, verser :
- 1/10 crème de cassis
- 3/10 vermouth dry
- 3/10 vermouth italien
- 3/10 gin

Ajouter un peu de soda.
Remuer et presser un zeste de citron.

64 - Negroni
Dans un tumbler rempli de glace, verser :
- 3/10 vermouth italien
- 3/10 Bitter Campari
- 4/10 gin

Remuer. Décorer avec 1/2 tranche d'orange et un zeste de citron.

65 - Pimms n°1
Dans un pimm's cup rempli de glace, verser :
- 1 mesure de Pimm's
- Compléter de soda

Décorer avec 1/2 tranche d'orange, 2 cerises et presser un zeste de citron. Peau de concombre et menthe fraîche (facultatives)

66 - Screwdriver
Dans un tumbler rempli de glace, verser :
- 4/10 vodka
- 6/10 jus d'orange

Remuer.

La vodka pourra être employée dans les mélanges suivants : Dry, Gibson, Fizzes, Sours et Collins.

Etude des produits utilisés au bar

1 - LES INGREDIENTS DIVERS

Angostura
C'est un bitter (amer) à base de rhum d'herbes et de plantes fabriqué en Amérique du Sud.

Cannelle
Provient d'une écorce d'arbre : le cannelier. Sa saveur est fine, sucrée et aromatique.

Muscade
Graine du muscadier, arbre des pays chauds, de forme arrondie et de couleur brun cendré, c'est un condiment aromatique.

Tabasco
Sauce à base de piments très forts.

Sauce anglaise
Sauce aromatique à base vinaigre, échalotes, anchois, ail, sucre, sel, épices, mélasses. Exemple **Worcherster** sauce.

2 - LES BOISSONS

Des boissons variées sont offertes au choix du client, ainsi que certains aliments faciles à servir.

Distinguons les boissons hygiéniques sans alcool et les boissons alcoolisées.

2.1. Boissons non alcoolisées

Les eaux minérales
Nombreuses en France, elles sont gazeuses ou non. Elles peuvent être aussi vendues aromatisées :
- gazeuses : ex. Perrier, Badoit, Evian, Saint-Yorre, etc. ;
- non gazeuses : ex. Vittel, Volvic, etc. ;
- aromatisées par adjonction de jus de fruits concentrés et sucrés, commercialisées sous des noms de marques : Vittel-Délices, Evian-Fruité, Pschitt, etc.

Les limonades
boissons gazeuses à base d'eau légèrement sucrée et acidulée.

Les jus de fruits
- pressés à la commande : citron, orange ;
- ou en conserve, provenant de fruits mûrs non fermentés tels que pamplemousse, ananas, grenade, abricot, raisin, pomme.

Les sirops de fruits
proviennent de la dissolution plus ou moins concentrée de sucre dans un jus de fruit ;

ex. : sirops de fraise, de framboise, de cassis, etc.

Les infusions
sont obtenues par macération de plantes aromatiques dans l'eau chaude ; ex. : tilleul, menthe, verveine, etc.

Le café et le thé
constituent des boissons stimulantes qu'on obtient à partir de grains de caféier ou de feuilles de théier.

Le chocolat
est une liaison nourrissante à base de poudre de cacao, de sucre et de lait.

Le lait
est servi chaud ou froid, souvent aromatisé par adjonction de sirop.

2.2. Boissons alcoolisées

La bière : boisson légèrement alcoolisée (entre 2 et 5,5°) obtenue par fermentation du sucre de l'orge germée, sous l'action de la levure de bière, et parfumée avec du houblon. C'est une boisson apéritive rafraîchissante et stimulante.

Elle est servie :

- à la pression (bière française légères) ;
- en bouteille (bières étrangères blondes ou brunes de provenances diverses : Belgique, Angleterre, Allemagne, Danemark).

Le cidre
provient exclusivement de la fermentation du jus de pommes fraîches. Selon la méthode d'élaboration, il est mousseux ou simplement pétillant.

Les vins
La France est le pays du vin. On consomme à tout heure, au comptoir, des vins de pays, légers, fruités, blancs, rouges ou rosés :

- blancs : ex. Muscadet, Gros plant, Alsace ;
- rouges : ex. Beaujolais, Côtes du Rhône ;
- rosés : ex. Côtes de Provence, Cabernet d'Anjou.

Citons à part le champagne qui trouve sa place en toute circonstance.

Les apéritifs

VERMOUTHS	*VIN DOUX NATURELS (V.D.N.)* *VINS DE LIQUEURS (V.D.L.)*	*QUINQUINAS*
Définition C'est un A.B.V. (1) obtenu à partir de vins blancs, alcool ou mistelle (2), plantes arômatiques et matières colorantes (caramélisation). **Types** • Français : blanc et sec Italiens : rouge et doux Bianco et doux Rosé • Blanc sec : 18° Blanc bianco : 16° Rosé : 16° Rouge doux : 16° **Exemples** Cinzano, Martini, Noilly Prat...	**Définition** C'est un A.B.V. (1) dont la fermentation a été arrêtée par addition d'alcool • mutage (3) en cours de fermentation : Banyuls, Muscat, porto, Rivesaltes... • mutage en fin de fermentation : Sherry. **Appellations** **V.D.N.** Banyuls, Muscats, Rivesaltes... **V.D.L.** Madère 16°-18°, Malaga 16°, Marsala 16°-20°, Pineau des Charentes 16°-22°, Porto 20°, Ratafia 16°-18°, Sherry 15°-23°.	**Définition** C'est un A.B.V. (1) Mélange de vin et de mistelle (2) aromatisé d'écorces de quinquinas et d'autres plantes aromatiques (écorces d'orange...) **Exemples** Ambassadeur 16° Byrrh 17° Dubonnet 16° Saint-Raphaël 16°
BITTERS	*SPIRITUEUX ANISES*	*GENTIANES*
Définition C'est un A.B.A. (4) élaboré à partir d'alcool aromatisé par des substances amères (coriandre, cannelle, écorces d'oranges amères). **Exemples** Campari 25° Angostura Bitter 44°7 Amer Picon 21° Orange Bitter 30° Mandarin 20° Clacquesin 22°	**Définition** C'est un A.B.A. (4) élaboré à partir d'alcool et d'essence de Badiane (anis étoilé) **Catégories** ***Pastis (anis et réglisse) :*** Ricard (45°), Pastis 51 (45°) Duval (45°), Casanis (45°)... ***Anis colorés (moins de réglisse, beaucoup de plantes aromatiques) :*** Pernod (45°) Pernod light (20°) ***Anis blancs ou incolores (beaucoup d'anis) :*** Cristal, Anis gras, Berger blanc, Phénix.	**Définition** C'est un A.B.A. (4), résultant de l'infusion de la macération de gentiane dans de l'alcool. **Exemples** Suze 16° Avèze 16° Salers 16°

(1) A.B.V. = Apéritif à base de vin.
(2) Mistelle = Moût de raisin très riche en sucre auquel on ajoute de l'alcool rectifié, avant tout début de fermentation.
(3) Mutage = Arrêt de la fermentation alcoolique par addition d'alcool rectifié.
(4) A.B.A. = Apéritif à base d'alcool.

Les digestifs

Eaux-de-vie

WHISKIES	*GINS*	*VODKAS*
Définition C'est le résultat, après fermentation, de la distillation de grains (orge, maïs, seigle). **Catégories** Ecossais : orge Irlandais : orge Américain : - Bourbon : maïs 51 % minimum - Rye : seigle 51 % minimum - Corn : maïs 80 % minimum Canadien : - Canadien : maïs, seigle - Rye : seigle 51 % minimum. **Degré alcoolique** 35° à 55°.	**Définition** C'est le résultat, après fermentation, de la distillation de grains (maïs, orge, blé, seigle) parfumé au genièvre. **Catégories** Gin anglais. Gin hollandais... **Degré alcoolique** 34° à 47°.	**Définition** c'est le résultat, après fermentation, de la distillation de grains (blé, seigle, orge, maïs). **Degré alcoolique** 34° à 47°

COGNACS	*ARMAGNACS*	*CALVADOS*	*RHUMS*
Définition C'est le résultat de la double distillation de vins blancs provenant exclusivement des départements de Charentes et Charentes Maritimes. **Appellations et sigles** **Fine Champagne :** Cognac à base des 2 meilleurs crus de la région : 50% de Grande Champagne et 50% de Petite Champagne. **V.S.O.P. :** (Very Superior Old Pale) assemblage de cognacs d'environ 15 ans. **3 étoiles :** assemblage de cognacs d'environ 5 ans. **Degré alcoolique** 40° minimum.	**Définition** C'est le résultat de la distillation de vins blancs provenant principalement du département du Gers et d'une partie des Landes et du Lot-et-Garonne. Trois appellations correspondant à trois régions : - Le Haut Armagnac - Le Ténarèze - Le Bas Armagnac (le meilleur) **Degré alcoolique** 40° à 50°.	**Définition** C'est le résultat de la distillation de cidres produits dans le département du Calvados en Normandie. **Degré alcoolique** 40° à 50°.	**Définition** C'est le résultat, après fermentation, de la distillation : - de jus de canne à sucre (procédé agricole). - de mélasses issues des sucreries (procédé industriel). **Degré alcoolique** 40° à 70°.

Liqueurs

RACINES, ECORCES, ARBRISSEAUX, FEUILLES, FRUITS, FLEURS, GRAINS...

(*) Avec l'aimable autorisation de l'Association des Barmen de France.

Contrôle de gestion au bar

1 - BUT DU CONTRÔLE

Le contrôle du bar a pour objectif d'assurer un suivi commercial et économique de l'exploitation du bar.

Le suivi commercial consiste à déceler quelles sont les boissons et cocktails qui ont la faveur de la clientèle en faisant l'analyse des ventes.

Selon les résultats certains cocktails feront l'objet de promotion, de nouveaux mélanges remplaceront ceux qui n'ont pas la faveur des clients.

Les techniques d'analyse de la carte du bar sont identiques à celles utilisées pour la carte des mets. (Voir Tome 1 chapitre 6, et Tome 2 chapitre 1).

Ce paragraphe propose d'étudier le suivi économique. Le contrôle comprend deux phases importantes :
- mettre en place des standards de fabrication (fiches techniques, cahier de dosage...) et de ventes (coefficient multiplicateur, ratios...) ;
- veiller au respect de ces standards en procédant à l'analyse de l'exploitation (ratio théorique, ratio réel...).

2 - MISE EN PLACE DES STANDARDS DE PRODUCTION

2.1. Cahier de dosage

L'ouverture d'un cahier de dosage permet de répertorier l'ensemble des produits vendus au bar avec le volume de leur conditionnement. Pour chacun on détermine le volume de la portion et le nombre de doses pour chaque contenant.

EXEMPLE EXTRAIT D'UN CAHIER DE DOSAGE

CODE ARTICLES	DESIGNATION	VOLUME Bt en cl	PORTION en cl	NOMBRE DE DOSES	PRIX VENTE
230120	AMBASSADEUR	100	6	16,5	35
230125	BYRRH	100	6	16,5	35
230130	DUBONNET	100	6	16,5	35
230320	MARTINI	100	6	16,5	35
230325	NOILLY PRAT	100	6	16,5	35
250100	RICARD	100	4	25	35
250105	PASTIS 51	100	4	25	35
260110	PORTO ROUGE ROZES	70	6	11,5	40
260115	PORTO BLANC ROZES	70	6	11,5	40
270100	SCOTCH J & B	70	5	14	50
270105	SCOTCH GLENFIDDISH	70	5	14	50
275100	WODKA WYBOROWA	70	5	14	45
276100	GIN GORDON'S	70	5	14	45
280100	REMY MARTIN V.S.O.P.	70	4	17,5	55
280105	HENNESSY X.O.	70	4	17,5	75
285100	POIRE WILLIAMINE	70	4	17,5	40
285110	MIRABELLE MORANGE	70	4	17,5	40
290110	CHAMPAGNE LANSON	Bt	Bt	1	450
295100	BIERE KRONENBOURG	Bt	Bt	1	20
	etc.				

2.2. Fiche de fabrication cocktail

Les recettes de cocktails sont très souvent données en dixième pour indiquer le rapport du volume des divers composants.

Quelque soit sa catégorie, short drink ou long drink, un cocktail contient en général 7 centilitres d'alcool au maximum. Les dixièmes indiqués correspondent à une fraction de ces 7 centilitres.

La différence entre les 7 cl d'alcool et le volume final est constituée par :
- un ou plusieurs ingrédients dans le cas des shorts drinks (crème fraîche, oeuf etc..)
- un complément de soda (eau gazeuse), de champagne, ou de jus de fruits dans le cas d'un long drink.

EXEMPLE : **Cocktail NEGRONI**

COMPOSANTS		arrondi à :
3/10 de vermouth italien	X 7 cl =	2 cl
3/10 de Bitter Campari	X 7 cl =	2 cl
4/10 de gin	X 7 cl =	3 cl
	TOTAL =	7 cl

La fiche de fabrication a un double but :
- celui de servir d'aide-mémoire pour la réalisation technique du cocktail
- celui de servir de fiche de calcul du coût du cocktail.

<table>
<tr><th colspan="4">EXEMPLE DE FICHE TECHNIQUE DE FABRICATION DE COCKTAIL</th></tr>
<tr><td>NOM DU COCKTAIL : MANHATTAN</td><td colspan="3">DATE : 1/01/19....</td></tr>
<tr><td>CATEGORIE : SHORT DRINK</td><td colspan="3">PRIX DE VENTE T.T.C. : 50,00 F(8).</td></tr>
<tr><td>COMPOSITION</td><td>QUANTITE</td><td>P.U.</td><td>TOTAL</td></tr>
<tr><td>Quelques gouttes d'angostura
3/10 vermouth italien
7/10 rye whiskey (canadien)</td><td>
2 cl
5 cl</td><td>
0,40
1,20</td><td>
0,80
6,00</td></tr>
<tr><td>PHOTO</td><td colspan="2">SOUS-TOTAL</td><td>6,80</td></tr>
<tr><td rowspan="8"></td><td colspan="2">INGREDIENTS 3 % (9)</td><td>0,20</td></tr>
<tr><td colspan="2">COUT TOTAL H.T.</td><td>7,00</td></tr>
<tr><td colspan="2">RATIO THEORIQUE (10)</td><td>16,60 %</td></tr>
<tr><td colspan="3">PREPARATION</td></tr>
<tr><td colspan="3">MODE : verre à mélange</td></tr>
<tr><td colspan="3">VERRE : verre à cocktail</td></tr>
<tr><td colspan="3">TECHNIQUE
Remplir à moitié le verre à mélange avec de la glace.
Verser dans l'ordre :
- les gouttes d'angostura
- le vermouth italien
- le rye whiskey</td></tr>
<tr><td colspan="3"></td></tr>
<tr><td>FINITION
Décorer avec une cerise à l'eau-de-vie</td><td colspan="3">Remuer et verser dans un verre à cocktail.</td></tr>
</table>

(8) Le prix de vente H.T. est obtenu en divisant 50, 00 F par 1,186 soit 42, 158 F.
(9) Représente une somme forfaitaire pour le coût des ingrédients divers (angostura, cerise à l'eau-de-vie etc...).
(10) Est égal au coût total H.T. divisé par le Prix de vente H.T.

2.3. La rentabilité

Le prix de vente d'un article peut se décomposer ainsi :

<table>
<tr><td>Coût des matières utilisées</td><td rowspan="2">PRIX DE VENTE HORS TAXES</td><td rowspan="3">PRIX DE VENTE T.T.C.</td></tr>
<tr><td>Marge brute sur coût matières</td></tr>
<tr><td>Taxe sur la Valeur Ajoutée</td><td>18,6 %</td></tr>
</table>

Le coût des matières utilisées est celui obtenu sur la fiche de fabrication.

La marge brute sert à couvrir tous les autres frais dépendant de l'exploitation et à générer un bénéfice.

Les prix des articles à la carte sont fixés afin de respecter les exigences commerciales et économiques de l'exploitation, c'est-à-dire le juste prix qui permettra de capter une clientèle nombreuse et de dégager un bénéfice maximum.

La politique de prix mise en place permet de fixer des repères pour contrôler la gestion du bar.

Ces repères sont :

$$\text{le ratio coût matières} = \frac{\text{Coût des marchandises revendues}}{\text{PRIX DE VENTE HORS TAXES}}$$

$$\text{Exemple} = \frac{15\ 800}{79\ 000} = 0{,}20$$

Pour l'exprimer en **pourcentage** il suffit de multiplier le ratio par 100.

Exemple = $0{,}20 \times 100 = 20\ \%$.

Par exemple, si une entreprise a défini son % de coût matières à 20 %, le prix de vente d'une boisson se calcule ainsi :

Coût matières : 9,27 F. AMERICANO

$$\text{Prix de vente Hors taxes} : = \frac{9{,}27 \times 100}{20} = 46{,}35$$

Prix de vente T.T.C. (T.V.A. à 18,6 %) $46{,}35 \times 1{,}186 = 54{,}97$

soit 55 F. **arrondi**

Il est possible de calculer un coefficient multiplicateur qui permettra de trouver directement le prix de vente T.T.C. Dans notre exemple il est :

$$\text{Coefficient multiplicateur} = \frac{54{,}97}{9{,}27} = 5{,}93$$

L'objectif fixé représente une moyenne, les marges appliquées pour l'ensemble des articles vendus à la carte peuvent être modulées afin de conserver des prix de vente attractifs.

Le ratio ou pourcentage coût matières sera calculé règulièrement afin de contrôler l'utilisation des marchandises et sa facturation.

Afin d'affiner ce contrôle il est possible de définir des objectifs de coût matières par gamme de produits, exemple : apéritifs, digestifs, caféterie, etc...

Voir le tableau **exemple de coût par gamme** à la fin de ce chapitre.

2.4. Stock initial du bar

A l'ouverture du bar, il faut définir le nombre de bouteilles et autres marchandises nécessaires pour faire face à la demande entre deux approvisionnements.

A chaque approvisionnement, le stock initial sera reconstitué en fonction des ventes. Cette méthode permet d'effectuer un contrôle quantitatif sur les boissons vendues à l'unité.

2.5. Ventilation du chiffre d'affaires

Afin de permettre le suivi des ventes et un contrôle rigoureux des marchandises, il faut programmer l'enregistrement des ventes selon les critères d'analyse retenus.

EXTRAITS D'UNE VENTILATION SUR QUATRE NIVEAUX D'ANALYSE

ARTICLES	GAMME	FAMILLE	
PERNOD 45 RICARD PASTIS 51	Anisés	Boissons	**Chiffre d'affaires total**
CINZANO RGE MARTINI RGE NOILLY PRAT	Vermouths		
TUBORG KRONENBOURG HENNEKEN	Bières		
CAFE THE CHOCOLAT	Caféterie		
CAKES CANAPES SANDWICHES	Pâtisserie	Nourriture	
COUPE ARMANDA BANANA SPLIT	Glaces		

Par exemple : Le fait d'enregistrer la vente d'un Martini rouge augmente les totaux chiffre d'affaires et quantité vendue à chaque niveau de l'analyse : article, gamme, famille et total général.

3 - CONTROLE JOURNALIER

3.1. Réapprovisionnement du bar

Le réapprovisionnement des marchandises au bar a lieu en général tous les jours avant l'ouverture au même rythme que les clôtures de caisse.

La quantité réapprovisionnée doit correspondre aux ventes effectuées. Celles-ci apparaissent sur les états de fin de journée. Une fois les marchandises mises en place il est possible de faire un contrôle quantitatif en vérifiant si le stock initial est complet.

Pour les bouteilles vendues à la dose, les réapprovisionnements se feront par bouteille entière, le contrôle de ces produits se fera lors d'un inventaire périodique. Si l'on désire contrôler également tous les jours ces produits, il faut alors remplacer tous les jours les bouteilles entamées par des bouteilles pleines et mesurer les volumes des bouteilles entamées. Voir le paragraphe Contrôle périodique.

Le réapprovisionement est consigné sur un bon de cession qui est remis aux services distributeurs (cave, économat, pâtisserie etc.) ; ce bon sera chiffré afin de déterminer le montant de l'approvisionnement du jour.

EXEMPLE DE BON DE CESSION

CODE	DESIGNATION	QTE DEMANDEE	QTE LIVREE	P.U.	MONTANT
230120	AMBASSADEUR	1	1	45	45
290110	CHAMPAGNE LANSON	3	3	150	450
295100	KRONENBOURG	24	24	5	120
295120	SCHWEPPES	16	16	4	64
		MONTANT TOTAL HORS TAXES			679

Service demandeur : **BAR PISCINE** Date de la demande : **10/01/92**	Service distributeur : **CAVE CENTRALE** Date de la livraison : **10/01/92**
Responsable : **M. LEROY** **EMARGEMENT**	Responsable : **M. BAFOU** **EMARGEMENT**

Les colonnes de ce bon de cession sont remplies en premier par le responsable du bar, puis par le caviste qui note les quantités délivrées, enfin le contrôleur chiffrera le montant de l'approvisionnement.

3.2. Ventes au bar

ENREGISTREMENT DU CHIFFRE D'AFFAIRES

Pour assurer efficacement l'enregistrement des ventes , il est souhaitable d'utiliser une caisse enregistreuse ou un logiciel informatique.

La commande du client est enregistrée selon les données des différents paramètres et une facture ou ticket est édité pour être remis au client.

La délivrance de la note est soumise aux mêmes règles que pour le restaurant (voir Tome 1, chapitre 7).

REGLEMENT DES FACTURES

Différents cas peuvent se produire pour le règlement de la facture :

- le client règle sa facture par divers moyens de paiement : c'est un règlement au comptant ;
- le client peut demander le report de ses consommations sur sa note d'hôtel. Dans ce cas il faut noter le nom et le numéro de chambre du client, faire signer la facture, conserver la facture pour la remettre au caissier général ;
- le client a un compte débiteur ouvert dans l'établissement : procéder comme précédemment, et vérifier que l'on possède bien les coordonnées du client avec l'adresse d'expédition de la facture (1) ;
- le client est invité par l'établissemnt, faire émarger le responsable de service qui offre la prestation. L'ensemble de ces notes sera comptabilisé en " **offerts** ".
- les consommations sont servies au personnel de direction : faire émarger les personnes et comptabiliser ces notes en " **consommations direction** ".

FIN DE JOURNEE

La clôture de fin de journée permet de calculer le chiffre d'affaires et de vérifier les règlements correspondants.

CHIFFRE D'AFFAIRES BRUT = PAIEMENT COMPTANT
+ REPORT SUR NOTE D'HOTEL
+ REPORT EN COMPTES DEBITEURS
+ OFFERTS CLIENTS
+ CONSOMMATIONS DIRECTION

4 - CONTROLE PERIODIQUE

Le contrôle périodique a pour but de mesurer la performance de l'exploitation et de vérifier si les standards mis en place sont respectés.

Ce contrôle peut avoir lieu tous les 10 jours ou selon une autre fréquence en fonction de l'organisation interne de l'établissement.

4.1. Elaboration du cout réel et théorique

Le **coût réel** correspond à la dépense effective constatée après inventaire.

Le **coût théorique** est celui qui correspond au calcul des dépenses obtenu en multipliant le nombre d'articles vendus par le coût figurant sur la fiche de fabrication.

(1) Voir l'Hôtel Théorie et Pratique, éditions J. Lanore, mêmes auteurs. Chapitre 10 pour la Gestion des clients débiteurs.

Si le fonctionnement du service était parfait, les deux coûts seraient identiques. Mais la manipulation des produits, les erreurs de dosage, les aléas du service entraînent des écarts. L'analyse de ces écarts permet de corriger certains dysfonctionnements dans le service.

LE COUT REEL

Pour comprendre la méthode de calcul nous utiliserons l'exemple ci-dessous. Si l'on considère que la périodicité du contrôle est la décade, il est calculé de la manière suivante :

JACOMY'S BAR		
N°Ligne	PERIODE DU 01/01/.... au 10/01/....	MONTANT H.T.
1	Stock du début de la décade	8 950
2	+ Approvisionnements de la décade	23 680
3	— Stock de la fin de la décade	4 578
4	= Coût réel des marchandises consommées	28 052
5	— Les différents crédits (offerts, consommations direction etc..)	1 230
6	= Coût réel des marchandises revendues	26 822

Ligne 1 : le stock du début est le résultat de l'inventaire chiffré au 01/01/....

Ligne 2 : le montant est obtenu en additionnant tous les bons de cession rédigés pendant la période du 01/01/.... au 10/01/....

Ligne 3 : pour calculer son montant il faut faire un inventaire complet le 10/01/.... et chiffrer cet inventaire. Voir les méthodes d'inventaire ci-dessous.

Ligne 4 : le coût réel des marchandises consommées obtenu en additionnant les lignes 1 et 2 et en retranchant la ligne 3. C'est le montant des dépenses totales effectuées au cours de la période.

Ligne 5 : les différents crédits représentent les produits qui ont été utilisés mais qui ne génèrent pas de recettes. Les **offerts** à la clientèle, les consommations de la **direction**, la **casse**, etc... La nomenclature des crédits est définie en fonction des besoins selon les établissements. Le montant est obtenu en appliquant le ratio coût réel du mois précédent au chiffre d'affaires représentant les crédits. (Voir le chapitre 8).

Ligne 6 : le coût réel des marchandises revendues représente la part des dépenses correspondant aux recettes (1), ce chiffre peut être comparé avec le coût théorique, et permet de calculer le ratio coût réel.

L'inventaire des bouteilles entamées peut être fait de différentes façons :

- par 1/10 de bouteille en faisant une évaluation au " jugé " des quantités restantes. Cette méthode demande une grande expérience pour être juste, elle présente l'avantage d'être très rapide ;
- en pesant les bouteilles, les boissons sont considérées comme une marchandise au poids. Les poids sont variables selon les titres alcoolométriques des liquides et leur teneur en sucres. Toutefois on peut considérer que 1 cl = 10 grammes.

(1) recettes = Chiffre affaires brut — offerts, consommations direction etc...

Si pour les contrôles par capacité la contenance des bouteilles était indispensable, le poids du contenu le devient dans ce cas et devra figurer dans le cahier de dosage ;

- en utilisant des mesures étalonnées pour chaque bouteille. Il suffit d'appliquer cette mesure contre la bouteille et de lire en regard du niveau du liquide la contenance ou le nombre de doses restant ;
- en versant le contenu de chaque bouteille dans une éprouvette graduée. Cette méthode très exacte s'avère très longue, car il faut rincer l'éprouvette entre chaque produit.

LE COUT THEORIQUE

Il est calculé de la façon suivante :

ARTICLES	PORTIONS VENDUES	COUT UNITAIRE	MONTANT
RICARD PERNOD 45 CAMPARI ETC...	53 22 46	4,00 3,80 2,50	212,00 83,60 115,00
	MONTANT TOTAL HORS TAXES		

4.2. Elaboration du chiffre d'affaires

Deux corrections doivent être opérées sur le chiffre d'affaires avant de calculer le ratio du coût réel.

JACOMY'S BAR		
N°Ligne	PERIODE DU 01/01/.... au 10/01/....	MONTANT H.T.
1	**Chiffre d'affaires brut**	**133 230**
2	**- Chiffre d'affaires des crédits**	**6 150**
3	**- Ajustement des ventes sur cocktails**	**560**
4	**Chiffre d'affaires net**	**126 520**

Ligne 1 : le chiffre d'affaires brut figure sur les résultats de fin journée donnés par l'ordinateur ou la caisse enregistreuse.

Ligne 2 : ce montant concerne les enregistrements des crédits au prix de vente. (offerts, consommations direction etc...).

Ligne 3 : les ajustements des ventes sur les cocktails représentent la différence entre le prix de vente réel des cocktails et le prix de vente potentiel des produits qui composent les cocktails. Le chiffre peut être positif ou négatif.

EXEMPLE D'AJUSTEMENT POUR UN COCKTAIL

N°Ligne	ARTICLES	PRIX VENTE POTENTIEL	PRIX VENTE REEL	AJUSTEMENT
1	AMERICANO * 2 cl vermouth rouge * 5 cl Bitter Campari	 20 40	50	
	TOTAL	60	50	<10> (11)

Si les boissons avaient été servies selon leur nature, le chiffre d'affaires réalisé aurait été de 60,00 F. ; le fait d'être vendues sous forme de cocktail entraîne une diminution de chiffre d'affaires de 10,00 F.

4.3. Calcul du ratio

Le ratio du coût réel est calculé de la façon suivante :

$$\frac{\text{Coût des marchandises revendues}}{\text{CHIFFRE D'AFFAIRES NET}}$$

Dans notre exemple : $\frac{26\,822}{126\,520}$ = 0,2119 exprimé en % = 21,19 %.

Le ratio coût réel doit être analysé par rapport :

- au coût théorique de la même période,
- au coût réel de la période précédente,
- aux objectifs de rentabilité définis en début d'exercice.

Les écarts importants doivent entraîner des recherches pour déceler les causes.

Un ratio trop élevé peut signifier :

- non respect des doses servies,
- recettes non enregistrées,
- coulage important,
- etc.

Un ratio trop faible :

- non respect des doses,
- réapprovisionnement non contrôlé,
- etc.

Pour affiner l'analyse, il est possible de calculer le coût réel de plusieurs familles ou gammes de produits.

EXEMPLE DE COUT PAR GAMME

JACOMY'S BAR				
PERIODE DU 01/01/ .... au 10/01/....	BOISSONS	NOURRITURE	CAFETERIE	TOTAL
Chiffre d'affaires net Coût réel	98 450 21 492	2 340 660	25 730 4 670	126 520 26 822
Ratio réel en pourcentage	19,28	28,20	18,15	21,19

(11) Dans un rapport, ces deux signes < > indiquent que le chiffre est négatif

CHAPITRE 5

La restauration en libre-service

Le libre-service en restauration collective

Le libre-service en restauration commerciale

Le libre-service en restauration Collective

Nombre de repas servis chaque année en restauration collective : environ 7 milliards.

Devant le développement du nombre de repas pris hors foyer, il a fallu repenser l'organisation des repas sur les lieux d'activité. La formule artisanale des " cantines " a fait place à une création industrielle spécialisée : la restauration en libre-service dans les collectivités.

Ses progrès ont été saisissants. Dix à douze millions de français prennent au moins 5 repas par semaine en restauration collective. La moitié des enfants d'âge scolaire prennent le repas de midi à l'école 5 jours par semaine.

Actuellement, elle s'étend aux secteurs suivants, classés par ordre d'importance décroissante : enseignement, restauration d'entreprise, établissements de soins, colonies de vacances, armées, communautés religieuses, prisons.

Les collectivités de faible importance pratiquent souvent encore l'autogestion en utilisant parfois les services d'un gérant appointé.

Dans le secteur industriel et commercial, sur le plan juridique, le comité d'entreprise qui gère, contrôle, administre les œuvres sociales, est seul responsable. Pratiquement, comme l'exploitation d'un restaurant exige des compétences particulières et impose de lourdes servitudes, les établissements importants font souvent appel à un traiteur artisan ou à des sociétés de gestion nettement spécialisées (Générale de Restauration, SODEXO, EUREST, SCORE etc.).

Un contrat est établi qui lie le gestionnaire à l'entreprise. Celle-ci fournit les locaux ainsi que l'équipement et le matériel dont elle garantit l'entretien technique. La société gestionnaire engage et rémunère son personnel qui comprend exécutants et cadre responsable.

Elle fournit linge et vêtements dont elle assure l'entretien régulier. Seule habilitée auprès de ses fournisseurs et du personnel, elle procède aux achats et s'engage à offrir chaque jour — au prix convenu — des repas dont la qualité et la variété ont été déterminées avec soin. Afin de diminuer les frais afférents aux investissements et à la gestion, plusieurs entreprises peuvent se grouper pour créer un restaurant inter-entreprises.

Sur le plan technique, la formule libre-service que nous étudierons ci-après, s'impose le plus souvent. On ne saurait, cependant, oublier le service au plateau, que les circonstances rendent obligatoires dans les établissements de soins.

1 - LIBRE-SERVICE

La formule libre-service permet, mieux que toute autre, de respecter les impératifs de la restauration rapide :

- utilisation d'un espace restreint,
- grand nombre de rationnaires,
- rotation rapide des consommateurs,
- prestations variées à des prix peu élevés.

On considère pourtant que la rentabilité ne peut être assurée si le nombre de couverts est inférieur à 500 par jour.

Comptoir en libre service « Le Banville » Paris (Doc. Eurest, photo Ph. Couette)

1.1. Implantation

Le repas doit constituer un moment de détente. La fatigue, la tension nerveuse, l'anxiété provoquées par certaines formes d'activités professionnelles ou par les cadences imposées dans certains postes de travail favorisent grandement l'apparition de troubles fonctionnels (digestifs, nerveux entre autres) dont la fréquence est élevée et qui coûtent fort cher à la société.

Le consommateur a besoin de :

- prendre contact avec l'extérieur,
- de voir d'autres personnes que celles qu'il côtoie toute la journée dans son établissement (collègues, confrères).

Pour toutes ces raisons, le restaurant inter-entreprises est souvent privilégié au restaurant d'entreprise.

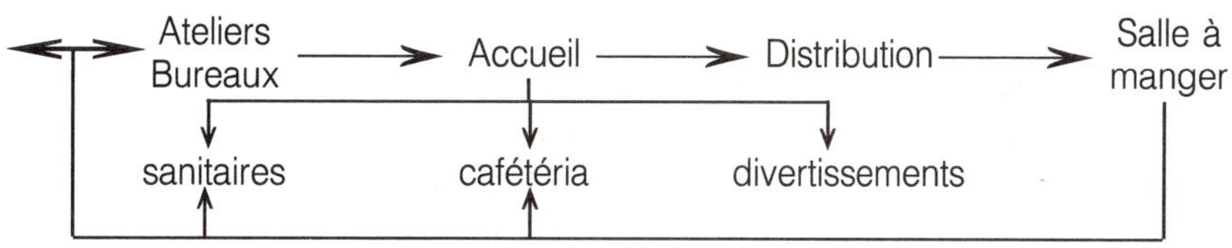

Le choix d'implantation d'un espace de restauration collective est très important sur la motivation des usagers qui viennent s'y détendre :

- temps de trajet réduit (inférieur à 5 minutes),
- moyens d'accès faciles,
- parcours permettant aux usagers de se diriger sans contrainte.

Accueil

C'est le point de repère, de rendez-vous des usagers. Il assure la liaison entre les différents services périphériques proposés.

Distribution

C'est l'espace de transition et de liaison entre le lieu de production (la cuisine) et le lieu de consommation (la salle de restauration proprement dite).

L'accroche visuelle doit être particulièrement bien soignée.

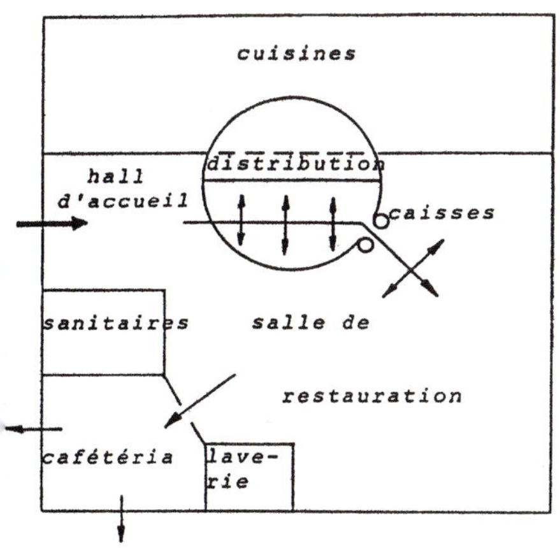

Prise du repas

La salle de restauration est l'espace principal du temps de restauration.

On y trouve donc tous les éléments favorisant la convivialité et préparant l'instant de détente :

- cloisonnement léger, mobilier modulable,
- décor renouvelable : (tableaux, bac à fleurs), etc.

1.2. Les installations

Une réduction extrêmement sensible du personnel et l'accroissement de la production s'obtiennent aux prix d'un équipement important, très différent de celui utilisé dans la restauration traditionnelle ; il intéresse à la fois la fabrication (cuisine) et la distribution (restaurant et ses annexes).

La cuisine

Elle doit être contiguë à la salle à manger et, si possible, visible par les clients. Comme pour les installations classiques, les locaux annexes indispensables sont situés à proximité : économat, cave, chambres froides, plonge, batterie, laveries, sanitaires à l'usage du personnel.

L'équipement en appareils modernes pour l'épluchage des légumes, la cuisson des aliments et la plonge est indispensable.

Lorsque le nombre de rationnaires est peu élevé, l'entreprise hésite souvent à faire de gros investissements dans l'installation d'une cuisine particulière ; elle peut alors décider de faire préparer les plats par des spécialistes dans une cuisine centrale.

La cuisine centrale effectue les préparations culinaires dont la consommation est différée dans le temps. Elle peut être installée hors de l'établissement et peut assurer les repas de plusieurs établissements différents.

Les règles d'hygiène sont très strictes et le respect de la marche en avant fondamental c'est-à-dire que le circuit des denrées et matériels propres ne doit jamais croiser celui des déchets et de ce qui est sale.

SCHEMA DIRECTEUR D'UNE CUISINE : respectant la marche en avant

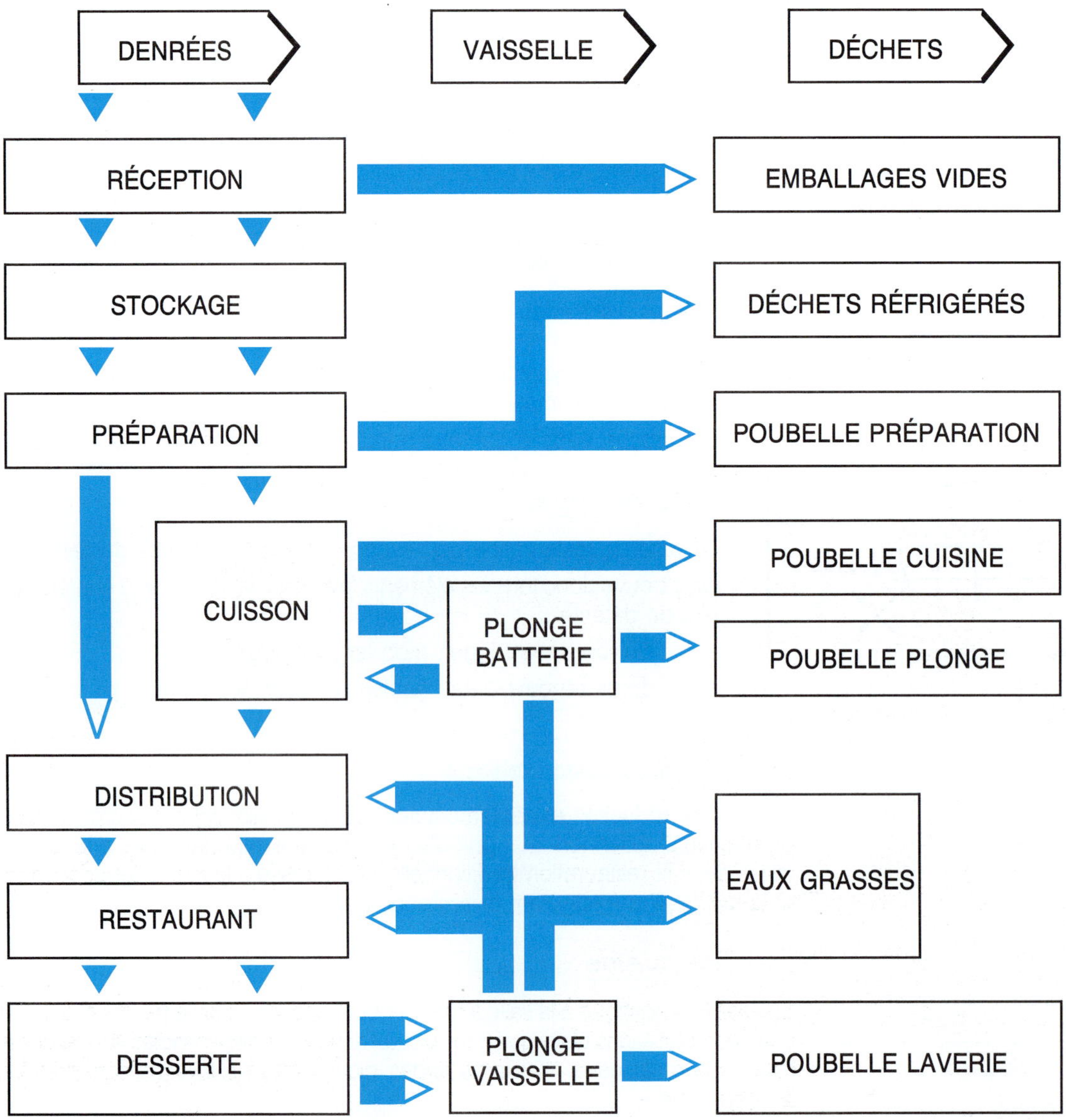

Au départ de la cuisine centrale, il existe deux modes de distribution avec chacun leurs contraintes spécifiques

La liaison chaude

Le principe est la maintenance en température pendant toute la période allant de la fabrication à la consommation des plats cuisinés.

Les mets sont déposés dès la fin de la cuisson dans des containers isothermes qui permettent de les conserver impérativement à une température de 65°C.

La distribution des plats s'effectue de manière classique.

La liaison froide

Ce procédé dissocie totalement la cuisson de la distribution, il permet d'étaler dans le temps le travail au niveau de la cuisine et des diverses préparations.

Le schéma directeur du système est le suivant :

- Préparation et cuisson des aliments.
- Refroidissement rapide des aliments en cellule de refroidissement à + 3°C.
- Stockage des aliments cuits en chambre froide à 0°C et + 3°C.
- Transport éventuel vers les lieux de distribution ou de conditionnement.
- Remise en température des aliments au niveau de chaque unité de consommation (1).
- Distribution en salle à manger.
- Retour de la vaisselle sale à la verrerie centrale ou à l'office.

La salle de restaurant

L'impératif majeur d'un restaurant d'entreprise est de permettre au personnel, sans troubler la bonne marche des services de l'entreprise, de prendre le plus souvent un seul repas dans les meilleures conditions de confort et de détente.

On peut classer les paramètres d'implantation en deux catégories :

- les paramètres d'obligation
- les paramètres de confort et d'ambiance.

Technopolis Issy-les-Moulineaux
(Doc. Eurest, photo Ph. Couette)

Les paramètres d'obligation

Nourrir tous les consommateurs employés d'une entreprise entre 11 h 45 et 14 h. La journée continue, les horaires à la carte renforcent la nécessité de produire et servir dans un court laps de temps.

Obtenir le nombre de consommateurs quotidiens ; pour cela on utilise l'effectif global affecté d'un coefficient multiplicateur pour tenir compte de l'absentéisme, des congés, des déplacements.

Le temps moyen dont dispose un client pour faire son choix et prendre son repas est d'environ 30 minutes.

(1) La mise en condition des aliments au moment du repas peut être réalisée de diverses façons, notamment par l'utilisation de fours à micro-ondes ou l'application de la régéthermis (voir cours de cuisine)

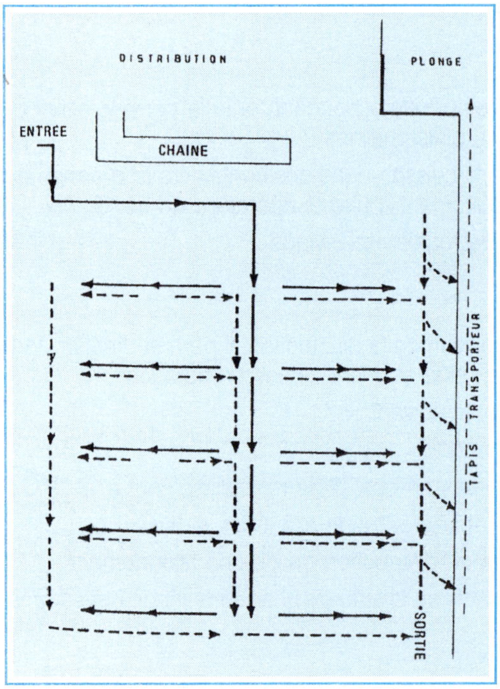

Exemple de circuit de circulation de clients ayant à déposer eux-mêmes leur plateau en fin de repas.

Paramètres de confort et d'ambiance

Couloirs de circulation

La circulation des clients doit s'effectuer en tenant compte des points suivants :

- éviter la bousculade : prévoir des allées principales de 1,50 m de large ;
- ne pas gêner les consommateurs assis : les allées secondaires auront 1 m de large ;
- les axes de circulation des clients doivent tenir compte des circuits de débarrassage. En restauration d'entreprise, les clients débarrassent eux-même leur plateau en fin de repas (majorité des cas).

Pour la rapidité du service, il est indispensable que le couloir d'entrée dans la salle débouche le plus rapidement possible sur la chaîne de distribution, la sortie quant à elle doit se situer le plus près possible du circuit de débarrassage des plateaux.

Surface de la salle

Pour déterminer la surface de la salle, on utilise un ratio : nombre de m² par place assise. On entend par nombre de m² la surface d'occupation (chaises, tables, accès à la table, couloirs de circulation principaux, dégagements).

En restauration d'entreprise, le ratio évolue de la façon suivante :

- 1,00 m² par place : confort spartiate
- 1,20 m² par place : confort moyen
- 1,30 m² par place : confort normal
- 1,40 m² par place : bon confort.

Détermination de la capacité d'accueil et de la surface

Prenons l'exemple d'une entreprise qui doit prévoir de nourrir chaque jour, au déjeuner 600 personnes entre 12 heures et 14 heures et dont les chaînes de production s'arrêtent les unes après les autres.

Une chaîne en libre-service peut assurer un débit de 7 à 8 clients à la minute. Il arrive que ce débit soit augmenté ou ralenti, nous adopterons donc la norme de 7 clients par minute avec une durée de repas de 30 minutes.

- Détermination du nombre de places assises
  - Nombre de consommateurs : 600
  - Temps d'occupation par client en salle : 30 minutes
  - En 30 minutes il est prévu de servir 7 x 30 = 210 clients
  - La rotation maximale est de 90/30 = 3 *
  - La rotation prévue est de : 600/210 = 2,85

L'implantation de 210 places couvrira donc les besoins

- Détermination de la surface
  - surface par client adoptée : 1 m² 30
  - surface requise : 210 x 1,30 = 273 m²

* les derniers clients étant servis à 13 h 30 l'amplitude du service est de 90 minutes.

Pour augmenter le confort dans un premier temps et pour pallier une éventuelle augmentation de l'effectif, on peut prévoir une salle de 300 m². Il conviendra de prévoir, en accord avec la direction du personnel des vagues de 70 à 75 personnes toutes les dix minutes.

Mobilier

Le choix du mobilier s'effectue en fonction des données suivantes :

- coloris, nature du matériau, forme, fiabilité, niveau sonore (chaises), confort, taille, facilité de nettoyage, standing de l'établissement.

Les dimensions d'une table pour 4 personnes doivent être calculées en fonction de la surface de 4 plateaux et doivent ménager un espace libre au milieu pour recevoir une carafe d'eau fraîche et une ménagère.

L'utilisation de tables de 2, 4 ou 6 personnes s'effectue en fonction du caractère de la clientèle. Néanmoins, pour une meilleure rotation il est recommandé d'utiliser :

- 80 % de tables de 4
- 20 % de tables de 2

On a toujours la possibilité d'obtenir des tables de 8 en rapprochant les tables de 4.

Les tables rondes peuvent être utilisées mais elles occupent plus de place que les tables rectangulaires.

Le choix des chaises tiendra compte de la manipulation qui doit se faire sans peine et sans bruit lorsque le client tire sa chaise.

Niveau sonore

L'acoustique d'une salle qui va recevoir 250 personnes en même temps est à soigner particulièrement. Il faut réduire au maximum l'élévation du niveau sonore due aux bruits de pas sur le sol, bruits de la chaîne de distribution, mobilier heurté, vaisselle, conversations etc.

On peut faire poser des plafonds, parois, murs isolants, revêtements absorbant le bruit, parois de séparation coupe-sons devant les locaux techniques etc.

La lutte contre les décibels s'accompagne également d'une prévention contre le mouvement. Une salle de restaurant doit être calme, reposante. Il est recommandé de séparer la chaîne de distribution qui, elle, est animée et bruyante par vocation, par un claustra, une paroi opaque ou une cloison en bois.

Une sonorisation peut donner des résultats complètement opposés :

- ou diffuser une musique d'ambiance, agréable à l'ouie, ou se superposer au niveau sonore et devenir un élément perturbateur supplémentaire.

C'est donc à partir d'une salle parfaitement insonorisée, cloisonnée en mini-salles et dans laquelle il n'y a pas trop de monde, que l'on peut installer une sonorisation.

Matériel de service

Les plateaux conçus pour l'usage des clients doivent être légers, peu encombrants et agréables à l'œil. Devant résister aux chocs, aux brûlures de cigarettes et aux produits lessiviels, ils sont choisis particulièrement robustes, en vue d'une utilisation intensive.

Des assiettes plates de dimensions réduites sont destinées les unes aux mets froids, les autres aux mets chauds, ces dernières étant étudiées de façon à limiter les déperditions de chaleur.

Des petits raviers, des verres-gobelets et des couverts en métal inoxydable complètent ce matériel.

Exemple de surfaces (en m²) des différents locaux existant en restauration collective en fonction de la capacité d'accueil

NOMBRE DE REPAS	250	500	1 000	1 500	2 000
Aire de réception	10	15	20	25	30
Stocks neutres (1) (y compris déboîtage et tubercules)	30/40	40/60	50/90	60/100	80/140
Stocks réfrigérés	12	18	25	40	55
Local technique (2) (sauf immble de bureau) transfo, eau chaude clim., plomberie	30/60	40/80	60/120	80/160	100/180
Locaux sociaux vestiaires sanitaires hommes et femmes	24	30	37	58	65
Locaux administratifs, économat, gérant, secrétariat	0	10	12	15	20
Boucherie (3) (découpe)	-	-	8	12	20
Légumerie (4)	8/14	12/18	18/25	25/40	30/50
Pâtisserie	-	-	30	35	38
Préparations froides	15	20	30	40	50
Cuissons (5)	25	35/40	60/80	75/90	100/150
Plonge batterie	10	12	15	18	25
Chambre de jour (6)	2	4	6	10	12
Bureaux du chef	6	8	8	8	10
cmptution linéaire	30	35	-	-	-
Distribution scramble	-	-	140	180	250
Laverie (7)	20	30	45/60	65/90	100/120
Poubelles et emballages vides (8)	8	10	13	18	25
Salle à manger (9)	135	265	520	780	1 040
Cafétéria (10)	30	50	80	120	160
Salle invités 1,5 à 2 m² par couvert + office + sanitaires	-	-	-	-	-
Sanitaires d'accueil	25	38	52	85	120

1. A définir selon la périodicité d'approvisionnement et du traitement des tubercules.
2. En fonction du parti technique retenu ou des contraintes de raccordements (C.P.C.U.).
3. Selon normes standards en matière d'achats de viande (piécée).
4. En fonction du traitement des pommes de terre, travaillées sur place ou pré-élaborées (frites, surgelés, etc.)
5. Selon performances et qualités du matériel retenu.
6. N'est valable que lorsque le restaurant à deux niveaux.
7. En fonction du système de débarrassage de la vaisselle et du mode de fonctionnement de la laverie.
8. Local traditionnel de stockage surface à sous-dimensionner en C de compactage.
9. Nombre de rotations à prendre en compte 2,5.
10. Cafétéria traditionnelle avec service au bar, mange-debout, sans places assises.

La chaîne de distribution

Le comptoir est l'élément essentiel. Ses dimensions conditionnent le débit. Son importance est nécessairement en accord avec l'ampleur de la salle de restaurant : si le débit du comptoir est trop faible, la capacité de celle-ci ne peut pas être utilisée entièrement ; inversement, s'il est trop grand, une surcharge apparaît dans la salle. D'une longueur de 9 à 15 m, selon les établissements, le comptoir présente, à la vue des clients et, le plus souvent, dans l'ordre suivant :

- plateaux, verres et couverts, hors-d'œuvre et salades, mets froids, plats chauds présentés sur dispositif chauffant, fromages, fruits et desserts, boissons en bouteilles placées dans des bacs réfrigérés, pain et biscottes, serviettes en cellulose.

Nous distinguerons le comptoir linéaire simple, puis en lignes dissociées, et le carrousel tournant.

• Le libre service linéaire

Principe et structure

Le client déplace son plateau sur une glissière et en passant devant les présentoirs, le garnit des accessoires indispensables, puis des mets qu'il choisit et règle en fin de chaîne.

Avantages et inconvénients de la formule

Avantages

Il rompt avec le traditionnel service à table et permet de servir un choix important de prestations à un grand nombre de clients.

Il y a réduction importante du personnel par rapport à un service classique.
Le débit moyen est de 7 clients à la minute.

> Ce système est le plus couramment employé à cause de son investissement peu élevé et la possibilité de son adaptation lors de rénovation d'anciens locaux.

Inconvénients

Des blocages peuvent se produire dans la chaîne en raison de l'hésitation des clients.

Sur le plan psychologique, ce système ne permet pas un épanouissement des goûts de la clientèle. Le consommateur craint les réactions des personnes qui le suivent et ne prend pas le temps de réfléchir sur son choix. Le client est tenu de passer devant tous les postes et donc de subir l'attente même s'il ne désire qu'un plat.

La diversification des plats garnis est limitée, car de trop grandes possibilités de choix augmenteraient les risques d'attente dus à l'indécision du consommateur.

Comptoirs dissociés
Répartition
des divers éléments de distribution

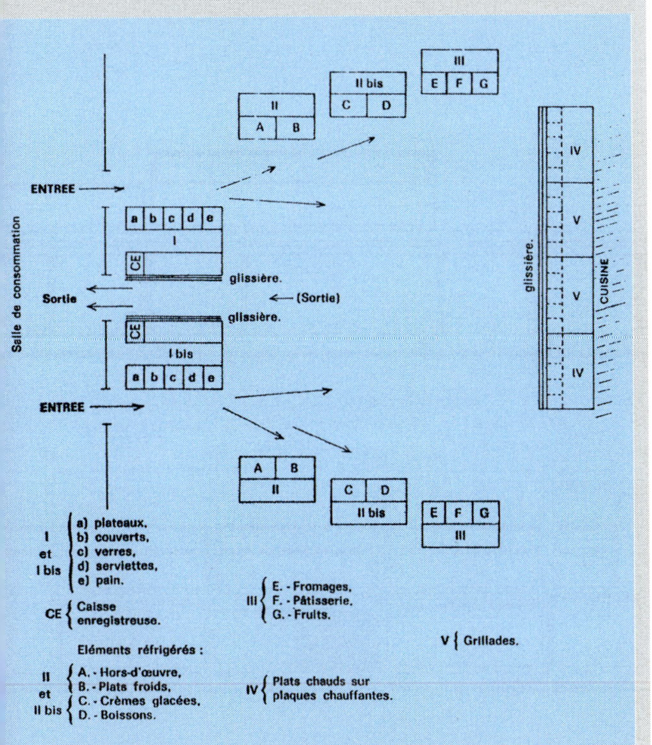

• Comptoir en lignes dissociées (scramble ou free flow)

Principe et structure

La chaîne se présente sous forme de lignes brisées ou de meubles de distribution nettement séparés et spécialisés (hors-d'œuvre, plats garnis, boissons, etc.).

Ainsi, le client se porte aux points de distribution les moins encombrés momentanément et peut effectuer son choix en toute liberté dans l'ordre qui lui convient, sans que son allure se trouve ralentie par les autres.

Les divers comptoirs prennent parfois l'apparence de petites boutiques nettement différenciées par la couleur et même par des enseignes lumineuses qui indiquent le groupe de mets présentés : plats froids, plats chauds, pâtisseries, etc.

Le scramble occupe une surface beaucoup plus grande que le « linéaire » et exige des investissements plus lourds, mais il permet d'accueillir un nombre de consommateurs nettement plus important en leur évitant les files d'attente toujours mal supportées.

La formule de comptoirs en lignes dissociées préserve le contact humain client-personnel. Si le personnel a reçu une bonne formation, l'étagère ou le cuisinier sont de véritables vendeurs.

Le gérant du restaurant peut circuler dans l'aire de distribution et recevoir sa clientèle.

Avantages et inconvénients de la formule

Avantages

Le principal avantage de cette formule est d'ordre psychologique. Le free flow répond à un souci essentiel : laisser une liberté totale de circulation au client.

Ce système permet de proposer une plus large variété de préparations sachant que le blocage ne limitera pas le choix de la clientèle.

Le système permet une présentation des plats et ne pose aucun problème de file d'attente tout en accueillant un nombre de consommateurs nettement plus important que dans le système précédent.

Inconvénients

Le fonctionnement nécessite un personnel plus important que dans les autres systèmes.

La distribution en lignes dissociées occupe une place beaucoup plus grande que le « linéaire » et exige des investissements plus conséquents.

• Le self rotatif carrousel

Principe et structure

Ici le client ne se déplace pas le long d'une chaîne. Ce sont les galeries de présentation des plats qui défilent en tournant devant les clients.

Le client se présente devant l'un des 6 guichets de distribution. Il trouve son plateau dans le bas du meuble.

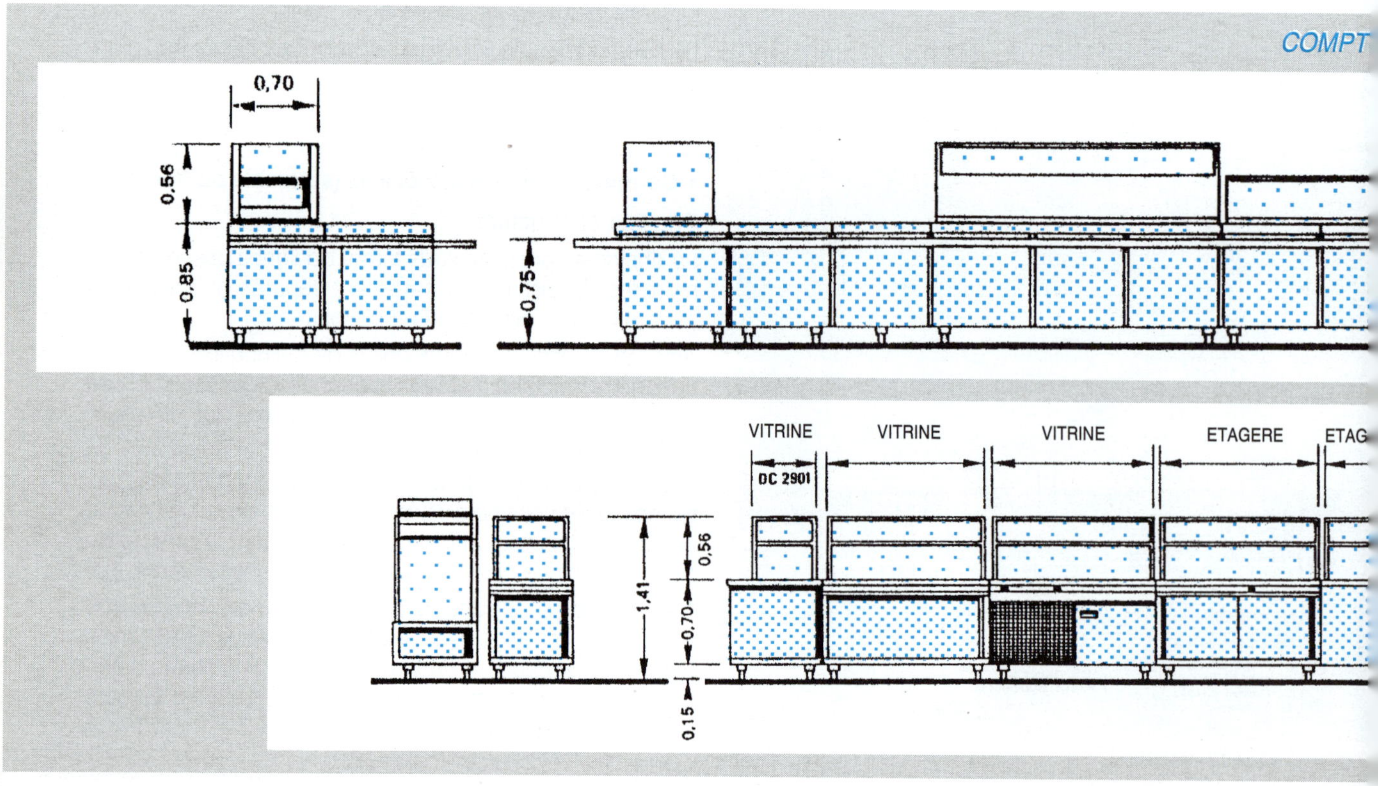

Détail d'un poste de distribution
Self carroussel

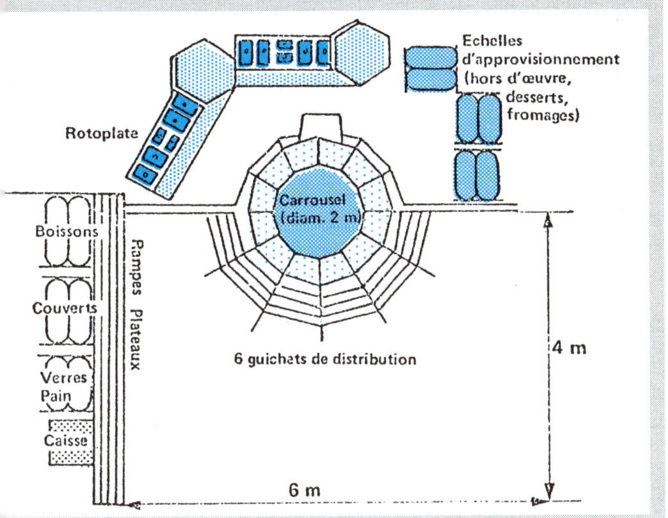

L'approvisionnement s'établit entièrement côté cuisine sur une surface très réduite avec un effectif de trois personnes pour assurer un service normal.

Avantages et inconvénients de la formule

Avantages

Le gros intérêt de la formule est le gain de place d'environ 35 à 50 % par rapport au self-service linéaire. Un self-service rotatif de 2 mètres de diamètre équivaut au développé d'une ligne de self de 6,28 m sur 4 niveaux.

Le client n'a plus à avancer pour garnir son plateau, ce sont les mets qui se présentent à lui.

L'hésitation d'un client ne stoppe pas le débit.

Inconvénients

Le système nécessite une éducation de la clientèle et surtout une grande discipline... La surface de présentation permettant la visualisation de l'ensemble des préparations n'est pas très satisfaisante à cause du phénomène de rotation.

> Par son gain de place et son débit accéléré (16 clients minute), ce système peut apporter une solution aux grosses entreprises.

La formule peut avoir un côté inhumain qui ne permet pas :

- d'observer le mécontentement ou la satisfaction de la clientèle,
- de contrôler ce que prend le client (risques de coulages).

AIRE

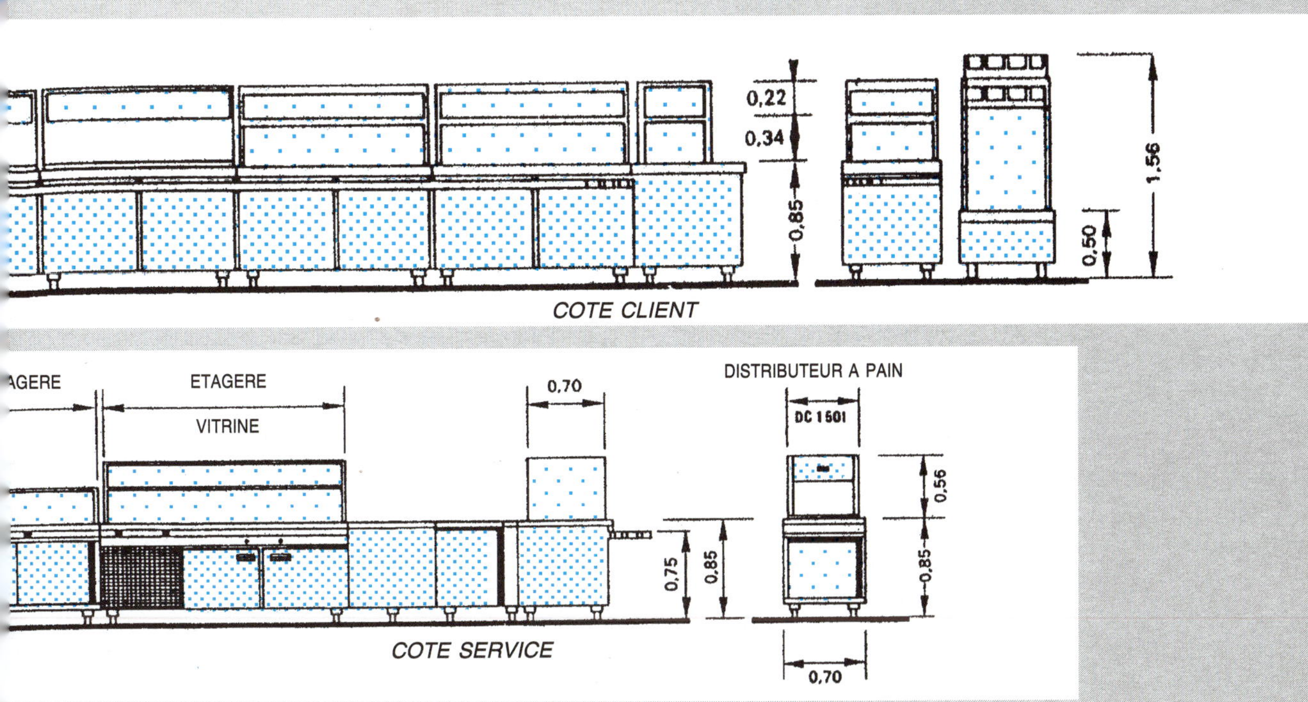

La caisse

Quel que soit le mode de distribution, le client doit toujours passer devant une caisse enregistreuse où l'on calcule le prix à payer pour son plateau garni. La note chiffrée lui est remise ; il en règle le montant sur place ou à la sortie, à l'aide de tickets ou d'espèces. Le débit de la caisse doit évidemment être identique à celui de la chaîne de distribution.

L'espace détente

De plus en plus les grandes sociétés créent un espace tampon entre les locaux de restauration et les locaux détente, ce qui permet d'éviter les files d'attente et de disposer de lieux de loisirs distincts.

On peut donc avoir une coupure permettant de dissocier ces deux espaces, tout en ayant une continuité au niveau de la prise en charge du consommateur, soin du décor, etc. N'oublions pas que c'est à ce niveau que doit s'effectuer le débarrassage du plateau du client.

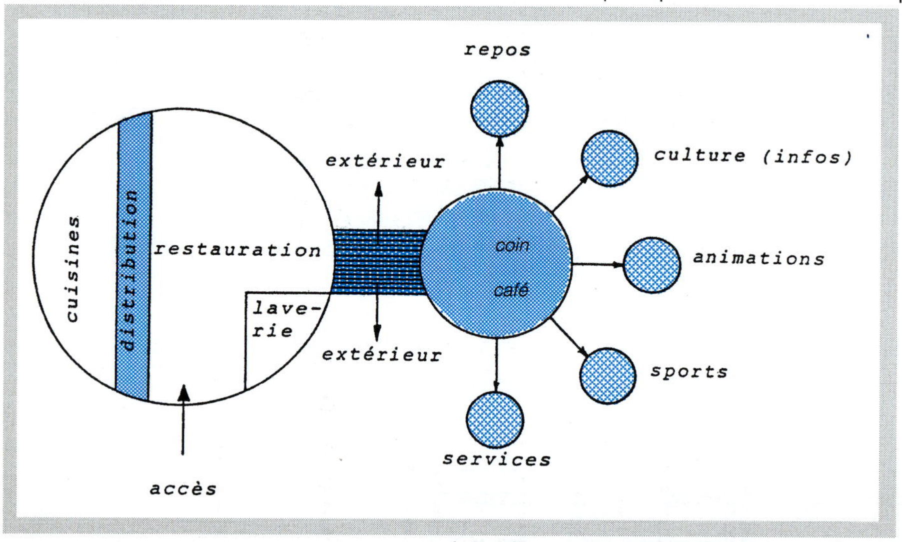

On évite alors :

- d'avoir un long parcours à faire avec le plateau sale ;
- que l'accès à cette laverie soit malaisé, (pas de poteaux, de marches, etc.).

Il ne faut pas contraindre les usagers à passer obligatoirement par le coin café. Ils ont donc la possibilité de sortir vers l'extérieur dès la fin de leur repas.

L'espace tampon ne doit pas pour autant être trop marqué (trop grand ou changement brutal de décor) ce qui inévitablement entraînerait une rupture dans le fonctionnement d'un tel établissement (ségrégation de la clientèle, disproportion de la production).

Le coin café

C'est avec l'ensemble des services périphériques s'y rattachant l'instant de détente à part entière.

Le coin café comprend le plus souvent un petit bar permettant de consommer debout ou assis, mais il peut être prévu en self-service sous forme d'un comptoir en circuit court qui présente tasses à café et soucoupes, petites cuillères et sucre, machine à café automatique.

Les vestiaires et les sanitaires

Ils doivent se trouver en nombre suffisant vers l'entrée ou la sortie de la salle à manger et être toujours en parfait état de propreté.

1.3. Organisation du travail

Différents modes de distribution

Ils s'appliquent aux mets froids et aux mets chauds :

• Cas d'un libre-service classique

Distribution des mets froids

On procède aux opérations suivantes :

- conditionnement (en chambres froides à 8°C) des portions préalablement préparées et des boissons ;
- stockage des plateaux et accessoires divers aux postes prévus ;
- disposition sur les présentoirs des assiettes ou raviers contenant les mets, des boissons en bouteilles ou en boîtes.

Ces opérations se trouvent grandement facilitées par l'utilisation de présentoirs roulants, ou chariots, sur lesquels on a déposé un grand nombre de portions. En provenance des chambres froides, ces chariots se trouvent le long de la rampe de distribution au moment du service. Lorsqu'ils sont dégarnis d'un côté, il suffit de les changer de face afin que les clients puissent continuer à s'approvisionner commodément, puis de les remplacer lorsqu'ils sont presque vides par d'autres chariots préalablement garnis.

Distribution des mets chauds

Le problème très délicat consiste à servir, dans des assiettes préchauffées, des aliments chauds qui seront maintenus à une température convenable jusqu'au moment de leur consommation.

Garnies en cuisine, elles sont mises à la disposition des clients sur le comptoir chauffant. Parfois, pour éviter le refroidissement, on les sert sur table. Si l'installation est pourvue d'appareils électrothermiques, le remplissage des assiettes s'effectue à partir de containers placés près du comptoir de distribution.

• Cas d'un comptoir en lignes dissociées

Tout se passe comme avec le « linéaire », cependant le consommateur doit porter son plateau d'un comptoir à glissière au suivant.

Le débarrassage et la plonge

Ils constituent un travail considérable qui doit être effectué à la cadence de la sortie des convives. Aussi, le poste de réception de la vaisselle sale doit-il être efficacement organisé afin d'éviter embouteillage et casse.

Le débarrassage des plateaux est effectué soit par le personnel de l'établissement, soit par le consommateur qui se charge de transporter lui-même son plateau après le repas et de le déposer le plus souvent sur un tapis roulant. Tous les plateaux se trouvent, grâce au convoyeur, acheminés vers les postes de triage, puis la vaisselle sale est traitée dans une machine à laver de grande capacité, équipée d'un doseur de détergent et d'un distributeur de produit dans l'eau de rinçage. Cette machine effectue non seulement le lavage, mais aussi le rinçage et le séchage.

La vaisselle propre est empilée dans des chariots adaptés à chaque forme de pièce : assiettes, raviers, plateaux, etc.

Le débit

Comptoir en ligne :
7 clients minute en moyenne.

Carrousel :
8 à 10 clients minute.

Scramble :
14 à 16 clients minute.

1.4. Le personnel

Le coût de la main-d'œuvre est beaucoup moins élevé que dans la restauration traditionnelle, car le personnel nécessaire à la distribution est, à la fois, moins important en nombre et peu qualifié. Il s'ensuit qu'il est souvent polyvalent ; sa formation, de ce fait, est très rapide.

Un classement est difficile à établir ; on peut cependant dégager trois niveaux correspondant à des responsabilités et à des fonctions différentes : gérant, personnel qualifié, exécutants spécialisés.

Fonctions

Le gérant

Il est responsable :

- des approvisionnements ; achats aux meilleurs prix pour une qualité donnée, contrôles qualitatifs des livraisons, stockage des produits ;
- de la stricte surveillance des prix de revient ;
- du personnel : engagement, contrôle et formation.

Le personnel qualifié

Il est constitué du chef et sous-chef de cuisine, ainsi que des chefs de partie.

Chacun d'eux a fait préalablement un apprentissage complet et présente les aptitudes requises pour le poste de travail qu'il doit occuper.

Les exécutants spécialisés

Ils comportent tous ceux qui ne possèdent pas de qualification professionnelle et doivent recevoir une formation bien définie dans une branche donnée. Leur tâche est précise :

- **les caissières** établissent les factures à l'aide d'une caisse enregistreuse et en perçoivent le montant ;
- **les « étagères »**, à l'heure du service, garnissent et réaprovisionnent les présentoirs, après avoir participé à des travaux de cuisine (préparation des mets froids) ;
- **les débarrasseuses**, selon l'organisation du self, enlèvent les plateaux et nettoient les tables. Ce sont elles également qui disposent les ménages et renouvellent l'eau. Des travaux d'entretien leur sont confiés ;
- **les plongeurs** ont leur tâche allégée par suite de l'utilisation d'un matériel de grande capacité souvent très perfectionné qui assure lavage et séchage automatiques.

Conditions de travail

Le matériel a considérablement évolué, mais le cadre lui, reste assez rude. Il devient donc nécessaire d'organiser les postes de production, non seulement du point de vue de la rentabilité mais aussi sur le plan humain.

Ceci se traduit de la façon suivante :

- accueil personnalisé ;
- vestiaires confortables : l'armoire traditionnelle métallique sera à éviter au profit de rangements décoratifs et personnalisés ;

- sanitaires suffisants : douches, wc, lavabos, lave-mains de couleur, soins, etc ;
- organisation du travail rationnelle :
  - définition précise des tâches,
  - respect des procédures ;
- espace de réflexion :
  - bureau du gérant vitré ouvert à tous ;
  - salles de réunion, de stages, etc ;
- convivialité permanente :
  - la salle de restauration des usagers sera aussi celle des employés (es) ;
  - distribution et circulation aisées dans la cuisine...

Les problèmes d'hygiène

De nombreux textes réglementent l'exploitation des entreprises de restauration collective.

Le responsable doit posséder ces textes et les faire appliquer en ce qui concerne en particulier l'hygiène des denrées, des locaux et du personnel. Il doit pouvoir présenter ces documents à toute demande du Directeur Départemental des services vétérinaires.

Les services vétérinaires, lors de leurs inspections, s'efforcent de sensibiliser le personnel à l'importance des problèmes d'hygiène et de donner des informations pratiques.

2 - LA DISTRIBUTION AUTOMATIQUE

Cette formule d'auto-service est actuellement très répandue. Des appareils distributeurs permettent d'obtenir en de nombreux points, friandises, boissons froides ou chaudes mais également des mets froids ou chauds susceptibles de composer un repas.

2.1. Principe

L'organisation de « cellules distributrices automatiques » de repas complets convient dans les cas suivants :

- entreprises à faibles effectifs qui ne veulent pas s'alourdir d'un service de restauration ;
- lieux de travail isolés ou éloignés d'une entreprise de restauration, ce qui crée des allées et venues causant une perte de temps incompatible avec les horaires stricts de travail et le principe de la journée continue ;
- personnel dont l'horaire décalé échappe aux heures de fonctionnement du restaurant (équipes de nuit en particulier).

2.2. Composition de la chaîne automatique

- On trouve un comptoir sur lequel sont stockés les plateaux, couverts, verrerie, condiments, pain, serviettes en papier, etc.

- Les clients ont à leur disposition une batterie de distributeurs automatiques pour les différents mets ou boissons proposés :
  - hors-d'œuvre, plat garni, fromage, dessert, boissons froides, boissons chaudes.
- Des fours à micro-ondes pour la remise en condition des plats à consommer chaud.

Conditionnement des plats

Les plats surgelés sont livrés dans une barquette qui permet leur transport en froid négatif jusqu'au lieu de consommation. Le consommateur est assuré que la chaîne du froid est scrupuleusement respectée, depuis la fabrication jusqu'à la consommation puisqu'il réchauffe lui-même son plat au four à micro-ondes.

Le paiement

Le fonctionnement des distributeurs est déclenché par l'insertion de jetons ou de pièces de monnaie française courante, dont le total représente la somme indiquée pour la ration choisie.

Un changeur de monnaie est à la disposition des usagers.

2.3. Avantages et inconvénients de la formule

Avantages

- Le client élabore lui-même son menu en fonction de ses goûts et de ses besoins physiologiques.
- Possibilité de collations en dehors des heures de repas habituels.
- Suppression de la cuisine sur place.
- Le faible encombrement du matériel réduit la surface de distribution.
- Effectif du personnel particulièrement réduit.

Inconvénients

- Limitation du choix de plats chauds.
- Impossibilité de réchauffer les frites au four à micro-ondes, (ce plat est toujours présenté en restauration collective).

AIRE DE DISTRIBUTION RESTAUTANT AUTOMATIQUE (250 places)

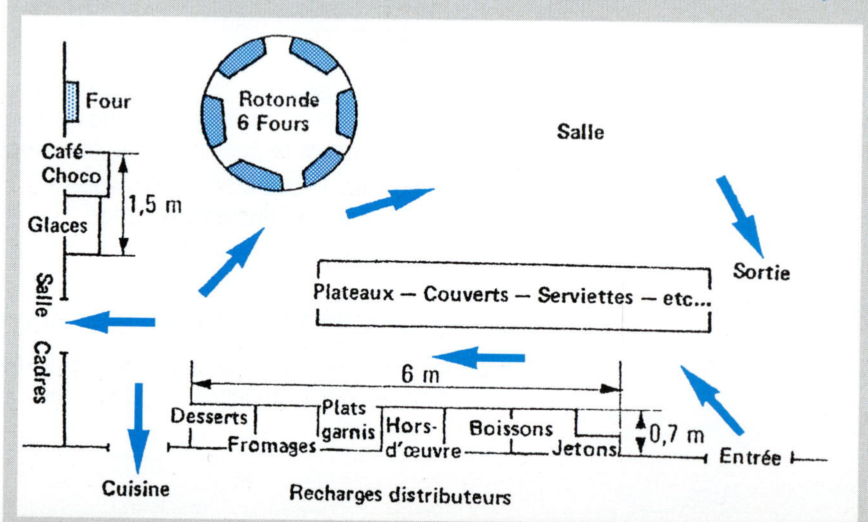

3 - SERVICE AU PLATEAU DANS LES ETABLISSEMENTS HOSPITALIERS

C'est le seul qui s'adapte aux malades des établissements de soins : hôpitaux, cliniques, maisons de convalescence ou de repos.

3.1. Fonctionnement

Les règles générales sont les suivantes :

servir un repas très chaud à une heure déterminée (sensiblement la même pour tous les malades de l'établissement) quelle que soit la distance qui sépare les chambres du lieu de fabrication ;
surveiller le conditionnement des portions en soignant leur présentation, ce qui est le rôle du chef ;
veiller à ce que les régimes soient strictement respectés, ce qui est la tâche de la diététicienne.

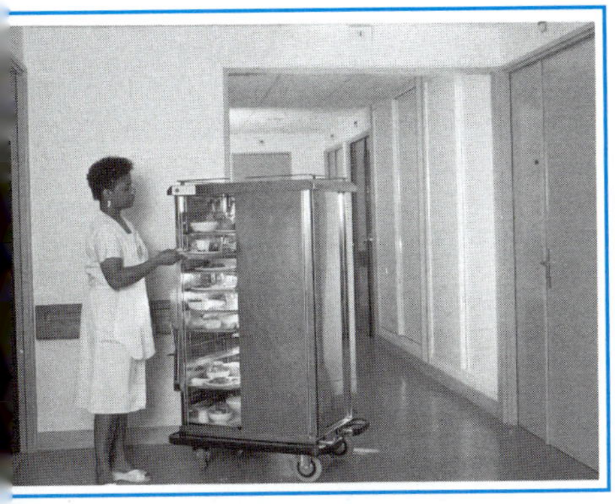

oc. Générale de restauration)

L'application des règles précédemment énoncées nécessiterait :

- l'installation d'une cuisine par corps de bâtiment ou pavillon,
- un nombreux personnel,
- un matériel important,
- une surveillance décentralisée,

alors que les études de gestion conduisent à la nécessité d'une production concentrée en un même lieu. Pour des raisons de stricte économie, on opte donc le plus souvent pour une cuisine centrale et une distribution par l'intermédiaire d'une cuisine.

3.2. Organisation de la distribution

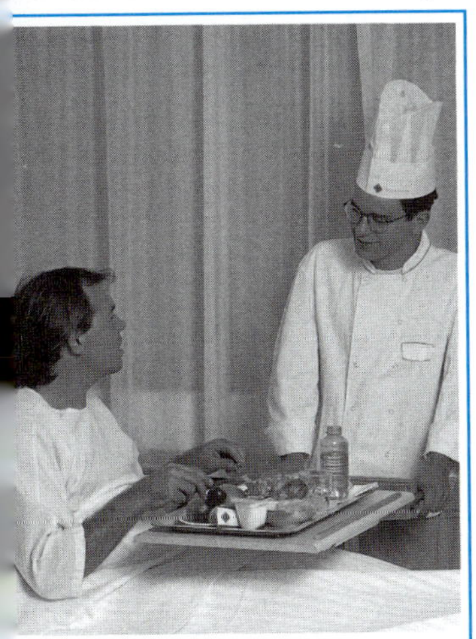

oc. Générale de restauration)

Tout malade entrant à l'hôpital se voit attribuer deux fiches personnelles, l'une pour le déjeuner, l'autre pour le dîner. Chacune porte le nom du patient, celui du service, les numéros de sa chambre et du lit, ainsi que les différentes options de plats. Des couleurs différentes indiquent le régime adopté : normal, hépatique, diabétique, sans sel, etc.

Chaque jour, l'infirmière responsable du service relève, d'après les fiches, les menus désirés pour les repas du lendemain, puis elle collationne ces choix sur une feuille récapitulative envoyée à la cuisine en même temps que les fiches individuelles.

Le chef reporte, en un bordereau général, les feuilles récapitulatives qui lui sont parvenues des différents services. De cette façon, il connaît avec précision, chaque soir, les approvisionnements nécessaires pour le lendemain.

Préparation des mets

Ils sont conditionnés en portions individuelles à la cuisine centrale en liaison froide positive et stockés en chambre froide.

Préparation des plateaux

Chaque plateau accompagné de la fiche du malade reçoit la préparation correspondant au régime puis il est placé dans un chariot isotherme avec sur le côté le numéro des lits. Les chariots sont ensuite acheminés vers les unités de soins.

Remise en température

Chaque service est équipé du matériel de remise en température des aliments : Régéthermie, système Ergoseve de Socamel...

Cette opération est assurée par le service d'étage.

Distribution des plateaux

Pendant cette opération, le personnel d'étage prépare verres et couverts qui serviront à garnir le plateau avant même que le plat chaud y soit déposé. Il ne reste plus qu'à servir les malades, ce qui est très rapide. Le débarrassage et le lavage de la vaisselle sont assurés par le personnel de service qui dirige ensuite les chariots propres vers la cuisine.

SCHEMA DE PRINCIPE DE PREPARATION DE REPAS EN MILIEU HOSPITALIER

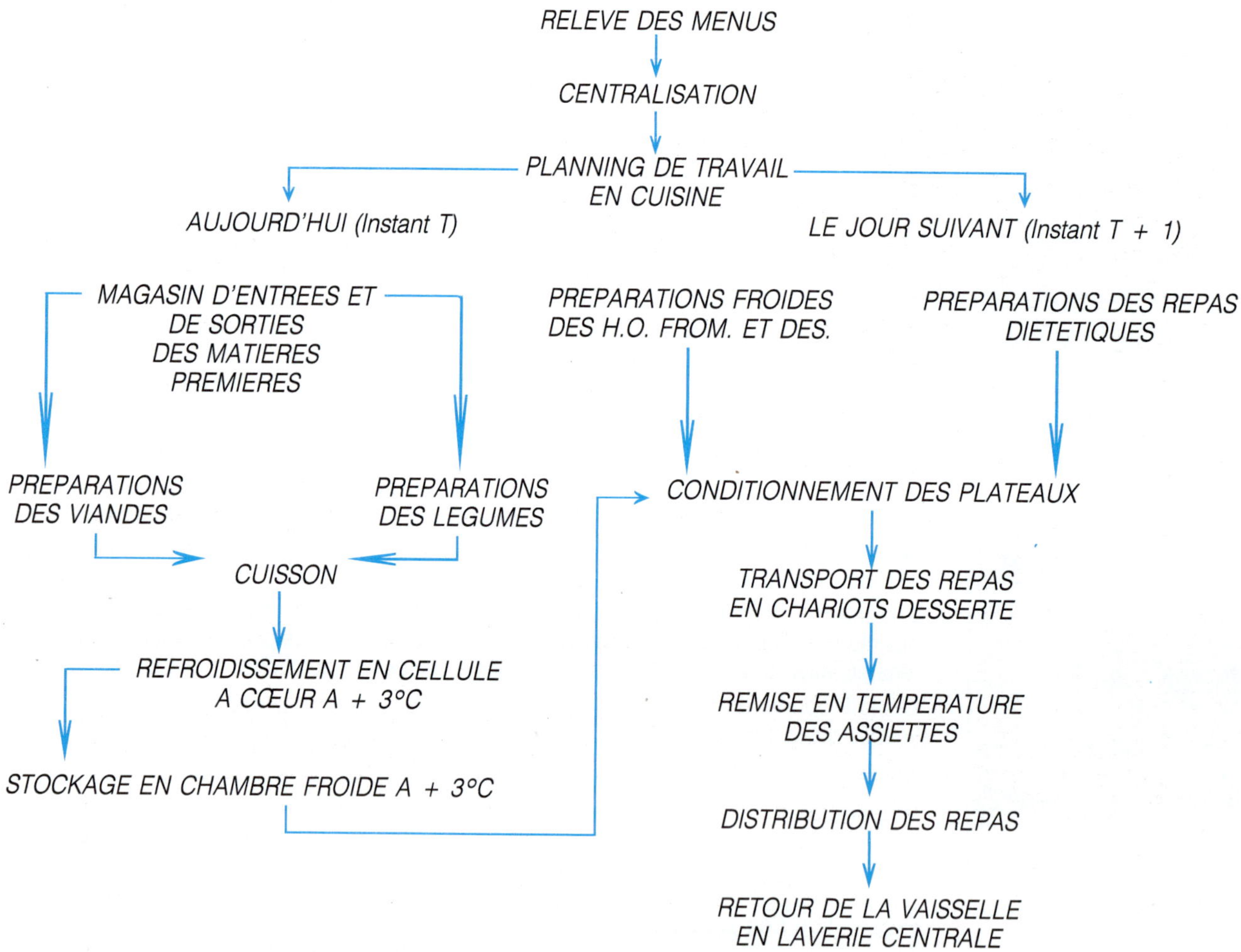

Le libre-Service en restauration commerciale

Restaurant libre service du Bon Marché (Photo M. Marizy)

On trouve en restauration commerciale de nombreux établissements qui présentent des points communs avec la restauration collective :

- cuisine saine mais simple, sans préparations élaborées,
- choix des plats limité,
- service réduit,
- prix sans surprise et relativement peu élevés,
- liberté totale laissée au client qui peut, sans qu'aucune contrainte, même légère, ne s'exerce sur lui :
  - établir lui-même son menu en choisissant des mets présentés à sa vue,
  - limiter son repas à un seul plat,
  - se contenter d'eau fraîche pour toute boisson.

Ces points communs étant notés, l'accent doit être mis sur la diversité des établissements. Sans doute, correspond-elle aux goûts variés des clients français ou étrangers, jeunes le plus souvent, attirés par la nouveauté et à la recherche d'une certaine ambiance.

Etant donné leur forme changeante et le mélange des genres, il paraît bien difficile de définir les divers types d'établissements qui s'offrent à nous. Ils se distinguent, en général, par la carte, présentée presque toujours avec imagination, l'assortiment, le mode de distribution, le prix et surtout par l'atmosphère spécifique.

Nous avons sélectionné deux types de restauration parmi les plus importants : la cafétéria et le fast-food.

1 - LA CAFETERIA-RESTAURANT

Située en périphérie près des centres commerciaux ou des hypermarchés, sur autoroute, à proximité des aérogares ou au centre des villes, elle possède le plus souvent une chaîne de distribution comme les libre-service précédemment décrits. Cependant, de construction plus récente et devant supporter la concurrence des autres restaurants, elle a dû améliorer rapidement sa conception et la qualité de ses prestations.

Le style est toujours moderne, fonctionnel, et le décor est de plus en plus soigné pour créer une harmonie reposante.

L'implantation de la salle est caractérisée par :

- le choix d'une politique, d'assortiments de produits,
- le type de la clientèle visée,
- une amplitude d'ouverture suffisante, l'activité devant s'étendre, des heures de pointe du déjeuner et du dîner, à une vente de type salon de thé,
- la présence d'un bar.

Quelques paramètres à retenir :

Couloirs de circulation

- Axe de grande circulation : 2 m de large.
- Allées transversales : 1,50 m de large.

Surface de la salle

On retrouve les ratios indiqués pour les « libre-service » de la restauration collective.

- Le ratio de surface par personne doit être de 1,60 m^2 au minimum.
- Le ratio bon confort étant de 2,30 m^2.

Mobilier

Il faut éviter les tables rectangulaires de quatre personnes qui recréent l'esprit cantine.

Utiliser des tables de 2 personnes et des tables rondes de quatre, cinq et six places, toutes à pied central.

La conception de boxe pour 4 ou 6 personnes est judicieuse sans toutefois dépasser 1/5e de la capacité de la salle.

Pour les sièges, répartir à égalité fauteuils et chaises. Il est bon de prévoir des banquettes mais sans dépasser 1/3 de la capacité des sièges. Prévoir un revêtement d'un entretien facile.

Les portemanteaux seront 50 % muraux et 50 % sur pied pour être à proximité du client.

Autres éléments de confort

Le sol du circuit de distribution et du circuit d'acheminement vers les places assises sera traité en dur (carrelage anti-dérapant).

Dans la salle, le choix d'une moquette grand trafic est recommandé. Les murs seront lisses ou recouverts de matériau permettant un entretien facile.

L'air conditionné est un élément primordial pour le bien-être du client.

Des extracteurs d'air puissants seront placés sur tous les éléments de cuisson.

L'utilisation des différents types d'éclairage (direct ou indirect) permet de créer une ambiance feutrée dans la salle ou bien un maximum de luminosité pour l'entrée et la zone de distribution.

Les plantes vertes (vraies ou fausses) disposées en jardinière contribuent au cloisonnement de la salle.

2 - LE FAST-FOOD

Cette formule de restauration rapide a pour vocation de **vendre exclusivement au comptoir** des aliments et des boissons présentés dans des conditionnements jetables que l'on peut consommer sur place ou emporter.

Le succès de la **vente à emporter** (entre 15 et 25 % du C.A.) assure en grande partie la bonne rentabilité de cette formule et permet de réduire les surfaces de consommation. Les types d'exploitations sont multiples : fast-food hamburger, sandwicherie, viénnoiserie, pizzéria, comptoir asiatique...

La **livraison à domicile** qui est un moyen de vente principalement utilisé par les chaînes de pizza est appelée à se développer dans les prochaines années ; elle est le prélude de la restauration à domicile qui n'en est qu'à ses débuts.

2.1. La clientèle

Dans ce type de restaurant qui était à l'origine fréquenté par les jeunes de 15 à 25 ans, on constate une forte augmentation de la tranche d'âge comprise entre 25 et 35 ans.

Certaines chaînes pratiquent une politique active de promotion destinée aux jeunes enfants et à la famille.

Pour assurer sa rentabilité, le fast-food doit pouvoir toucher un vaste public constamment renouvelé ; de ce fait, les sites de grande fréquentation sont particulièrement recherchés.

2.2. Prestations

Les quatre critères qui contribuent au succès de cette formule sont : la qualité des produits, le juste prix, la rapidité du service et la propreté (voir paragraphe hygiène).

Qualité-prix

Les produits finis sont préparés à partir de matières premières soigneusement sélectionnées qui font l'objet de contrôles rigoureux, chez le fournisseur, lors de la réception et à tous les stades de la fabrication.

Ce type de restaurant propose un plat unique souvent accompagné d'une boisson et de frites pour un prix modique ce qui est devenu un argument publicitaire souvent utilisé.

Rapidité du service

Le fast-food, comme son nom l'indique doit être rapide. Tout plat commandé doit être « livré » dans un temps d'attente ne dépassant pas une minute en moyenne, 50 secondes en période de pointe.

La durée moyenne du repas consommé sur place est de 20 minutes, soit pour chaque table une rotation horaire de 3.

Autoroute de Valence
(Doc. Mc Donald's)

Pour la vente à emporter le séjour moyen d'un client dans la salle de restautant, porte à porte, est de 3 minutes.

2.3. Implantation des locaux

Elle est conforme au schéma classique (voir tome 1 chapitre 2).

Occupation des surfaces

Les indications suivantes doivent être retenues avec discernement car l'utilisation des surfaces est parfois très différente, notamment lorsqu'il s'agit de locaux anciens transformés ou de constructions neuves.

Selon la formule elle se répartit comme suit :

- *Fast-food classique*

Salle de consommation	cuisine	services annexes
50 %	20 %	30 %

- *Fast-Food service au volant*

Salle de consommation	cuisine	services annexes
30 %	40 %	30 %

Dans cette formule la vente à emporter représente 35 à 40 %, il subsiste néanmoins une consommation sur place importante.

Burger King « Olivet »

2.4. Les équipements et les aménagements

La cuisine

Pour assurer l'approvisionnement d'un très grand nombre de clients avec, en période de pointe, des cadences de production très élevées (800 à 1000 portions de frites, 500 à 600 hamburgers...) le choix d'un équipement de qualité et fiable s'impose.

On utilise un matériel en acier inoxydable, mobile, entièrement démontable pour faciliter les procédures quotidiennes de nettoyage, de désinfection et pour assurer un remplacement rapide en cas de panne.

Des appareils de cuisine électroniques permettent de garantir le strict respect des temps de cuisson et de température des produits. Le meilleur exemple est celui de la machine à réguler le temps de cuisson des frites et d'assurer ainsi une qualité constante. Le matériel est très différent de celui que l'on trouve dans la restauration classique et il est approprié à chaque formule : restaurant, hamburger, pizzéria, viennoiserie, comptoir asiatique...

Nous pouvons citer à titre d'exemple les friteuses, les grills à hamburger, les fours à pizza, les toasters, les distributeurs de boissons chaudes, etc.

PLAN - CENTRE COMMERCIAL ORGEVAL

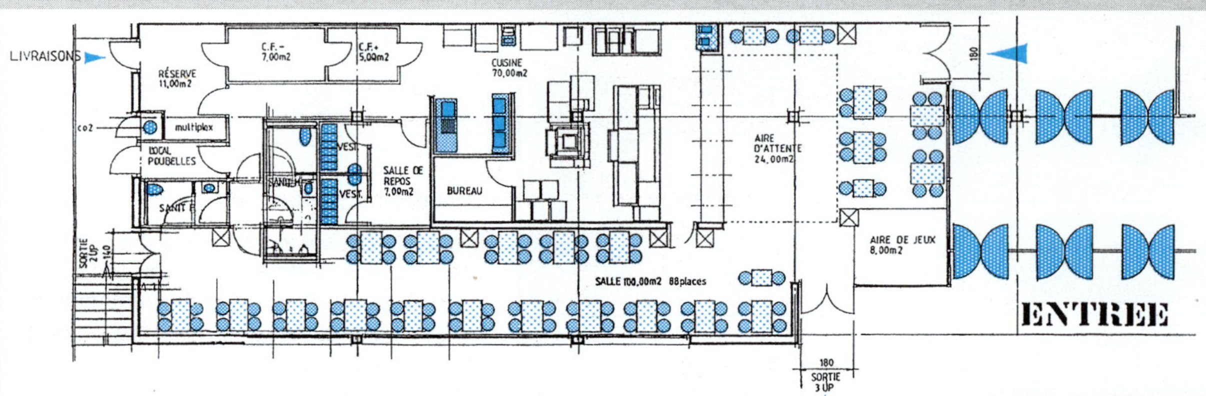

Surface du lot = 300,00 m
Effectif clients = 82 places assises

(Doc. Burger King)

Fast-food « Pomme de pain »

Le comptoir

Toute la relation client/personnel se déroule au comptoir : prise de commande, distribution des plateaux garnis, paiement.

- **La prise de commande** est assurée par le caissier qui l'enregistre et la transmet à la cuisine à l'aide d'un système informatique incorporé à la caisse, ce qui détermine la cadence de fabrication.
- **La distribution des plateaux** incombe également au caissier qui s'approvisionne aux postes de distributions situés à l'arrière du comptoir (voir croquis ci-dessous).
- **Le paiement** s'effectue contre remise du plateau par le caissier.

Dans la zone comptoir on trouve des éléments de base auxquels s'ajouteront les accessoires spécifiques à chaque type de restaurant :

- distributeur de plateaux, distributeur de serviettes, distributeur de napperons, distributeur de gobelets, distributeur de chalumeaux, distributeur de jus de fruits, distributeurs de boissons gazeuses, distributeurs de sauce, armoire chauffante, appareils de maintien en température des mets

La salle de consommation

La qualité dépasse le simple cadre des produits proposés, elle porte également sur le décor intérieur et l'ambiance.

- **Le décor** est toujours jeune, gai, chaud, facile d'entretien.

Burger King « Olivet »

Certaines chaînes adaptent la décoration et le thème de leur restaurant à l'environnement (ex : scènes de pêche en bord de mer).

- **Un fond musical** discret est un complément indispensable qui crée une ambiance jeune.
- **L'éclairage :** l'halogène tend à remplacer les néons agressifs de la première génération et donne une impression de calme et d'équilibre.
- **Le mobilier** est étroitement lié à la place disponible.
  - Dans un espace réduit, on utilise des « mange debout » métalliques, sorte de tables d'une hauteur de 1 m 20 fixées sur un pied central et des tablettes murales de même hauteur.
  - Lorsque la surface le permet, on s'oriente vers de petites tables (0,50 x 0,70), installées dans des espaces compartimentés.
- **Des poubelles solides** et de belle apparence complètent l'équipement, elles sont destinées à recevoir les restes liquides et les déchets solides. Elles sont surmontées d'étagères pour déposer les plateaux vides.
- **La vaisselle à usage unique,** ce type de matériel est particulièrement adapté aux aliments le plus souvent consommés avec les doigts (coquilles à hamburger, raviers, gobelets).

Ces emballages sont très souvent jetés à terre par la clientèle, ce qui implique un ramassage permanent par les équipiers, aussi bien à l'intérieur de l'établissement qu'à l'extérieur sur la voie publique dans un rayon de 100 mètres, conformément aux arrêtés préfectoraux et communaux.

Locaux de stockage

Le prix du m² dans les zones d'implantation des fast-foods est très élevé. Pour limiter les coûts d'investissement, les surfaces de stockage sont volontairement réduites et la rotation des stocks est très rapide.

A l'exception de quelques produits de longue conservation (lait en poudre, frites surgelées...) et des boissons, l'approvisionnement en denrées alimentaires de base s'effectue tous les jours.

2.5. La carte

La carte est extrémement simple et réduite, elle est présentée à l'aide de panneaux affichés au dessus du comptoir et dans la salle.

Sous l'influence de la clientèle féminine qui souhaite manger des produits sains et de faible teneur en calories et des hommes d'affaires soucieux de leur forme sans pour autant négliger une pointe de gastronomie, les restaurateurs ont modifié leur carte qui présente désormais un choix important de salades variées.

EXEMPLE DE CARTE SANDWICHERIE

La carte pomme de pain

Les sandwichs

LE LYONNAIS ROSETTE DE LYON 450 CALORIES	**LE COMTE** COMTE DU JURA 430 CALORIES	**LE PARISIEN** JAMBON AU TORCHON 333 CALORIES

LE SAVOYARD JAMBON CRU 347 CALORIES	**LE SPECIAL** JAMBON/CRUDITES 400 CALORIES	**LE PROVENÇAL** OEUFS/CRUDITES 400 CALORIES

LE CORDON BLEU JAMBON AU TORCHON / COMTE 530 CALORIES	**LE VILLAGEOIS** VOLAILLE/CRUDITES 360 CALORIES	**LE NICOIS** THON/CRUDITES 420 CALORIES

- bière de luxe pression
- bordeaux A.O.C.
- cidre normand
- boisson à l'orange
- coca-cola
- chocolat - café - thé

- eau minérale
- la salade fraîcheur
- la salade pomme de pain
- la quiche lorraine
- le feuilleté volaille

- le croissant
- le pain au chocolat
- le chausson aux pommes
- la tarte aux pommes
- les glaces et sorbets

2.6. Hygiène

Le respect des règles d'hygiène est une des priorités du gestionnaire, elle concerne en tout premier lieu :

- les produits alimentaires, les équipements, les locaux, le personnel.

Produits alimentaires

L'utilisation de peu de matières premières différentes et un nombre de manipulations réduit permettent un contrôle sanitaire efficace.

- **La durée de conservation** des préparations avant leur consommation est très rigoureusement contrôlée, les aliments qui ne sont pas vendus dans un laps de temps déterminé ne sont pas servis aux clients, ils sont jetés.

La durée de conservation varie avec les denrées :

- hamburger = 10 minutes,
- frites = 7 minutes,
- pizza et viennoiserie = 1 à 2 heures,
- sandwiches comportant des ingrédients mouillés comme le thon ou la tomate = 1 heure,
- sandwiches plus secs = 2 heures,
- salades = 6 heures...

- **Des analyses bactériologiques** sont régulièrement pratiquées par un laboratoire extérieur, tant sur les matières premières que sur les produits finis.

Les équipements

Les équipements de cuisine en particulier sont entièrement démontés à la fermeture quotidienne du restaurant pour être nettoyés.

Les locaux

Tout lieu de restauration doit être d'une propreté irréprochable, la cuisine et les lieux de stockage sont entièrement nettoyés toutes les nuits. La salle de restaurant, les toilettes et les points de passage de la clientèle, ainsi que les extérieurs du restaurant le sont en permanence.

Le personnel

Pour éviter la contamination des aliments par le personnel il faut veiller à l'application de quelques règles simples :

- hygiène corporelle parfaite,
- lavage des mains fréquent,
- utilisation de gants jetables pour la manipulation des aliments,
- cheveux courts et utilisation du calot,
- uniformes en parfait état de propreté adaptés à la fonction,
- équipement sanitaire du personnel nettoyé fréquemment,
- sensibilisation et formation du personnel aux règles d'hygiène.

2.7. Les emplois en restauration fast-food

Le personnel est souvent jeune, moins de 25 ans. Pour les tâches d'exécution il est fait le plus souvent appel à des employés à temps partiel qui n'ont, dans la plupart des cas, aucune expérience professionnelle, leur formation s'effectue dans l'entreprise sous la responsabilité des cadres.

Le gestionnaire ou directeur

Véritable chef d'entreprise, il assure le contrôle et la bonne marche de l'établissement, le recrutement du personnel, les relations avec les fournisseurs et les autorités locales.

Il est responsable du développement de l'activité du restaurant ainsi que de l'application de la réglementation et de la sécurité.

L'adjoint du gestionnaire

En raison de l'amplitude des horaires d'ouverture (11 h à 24 h) le responsable est secondé par un ou plusieurs adjoints qui l'assistent dans la gestion du restaurant, le recrutement et la formation du personnel.

L'adjoint veille en particulier à l'application des procédures de fabrication et de vente et contrôle la bonne utilisation du matériel et de son entretien.

Les équipiers

Le personnel d'exécution a la qualification d'équipier, il est polyvalent et assure une rotation dans tous les postes. Nous étudierons successivement sa fonction en cuisine, au comptoir et en salle.

- **En cuisine** cet employé procède à la finition ou à l'assemblage des produits en respectant les procédures de cuisson et d'hygiène définies par la direction. Il veille en particulier au respect des durées de conservation.
- **Au comptoir,** il procède à la prise de commandes, la préparation des plateaux et procède aux encaissements.
- **En salle,** il assure uniquement une fonction d'entretien et de nettoyage qui consiste à :
  - mettre en place les ingrédients sur les tables, débarrasser les tables, nettoyer les sols et les sanitaires, vérifier les poubelles.

En un mot, il est responsable de la propreté générale de la salle.

La restauration a évolué en même temps que la conception de l'entreprise et l'aménagement des heures de travail.

Sur le plan familial, elle permet l'allègement des charges féminines et favorise les distractions communes.

Le restaurant, rendu accessible aux personnes de condition modeste, dans les centres sportifs, comme dans les lieux de tourisme, s'adapte à l'ère des loisirs pour tous.

Personne n'oublie les habitudes traditionnelles et bien françaises de la table et du confort, mais il faut comprendre les besoins nouveaux et tenter de les satisfaire dans les meilleures conditions.

CHAPITRE 6

L'informatisation d'une unité de restauration

INTRODUCTION

(Doc. IBM)

En moins de 30 ans, on est passé du gros meuble ordinateur au portable. Les utilisateurs n'ont plus à connaître tel ou tel langage de programmation. Aujourd'hui, matériels et logiciels s'adaptent à tous les budgets et tous les modes de gestion : du bistrot au restaurant gastronomique en passant par les brasseries et les restaurants de collectivités, l'ordinateur facilite le travail quotidien.

L'informatique est le traitement rapide des informations qui permet le mieux d'analyser les données, d'assurer la facturation, la gestion et le contrôle des achats et des ventes. Elle aide à mieux " piloter " son entreprise.

L'Environnement informatique

Pour choisir un système informatique et utiliser l'ordinateur, il n'est point besoin d'être informaticien, cependant il est nécessaire de posséder quelques notions concernant le matériel et les logiciels (= programme) afin de pouvoir :

- interpréter les catalogues de vente de matériel,
- dialoguer avec les fournisseurs,
- opter pour une solution en toute connaissance de cause.

1 - LE MATERIEL

1.1. Les unités de mesure : bit et octet

L'ordinateur travaille en code binaire. Une information élémentaire est appelée un BIT (de l'anglais **BI**nary digi**T**) pouvant prendre deux valeurs 0 et 1. Conventionnellement dans les circuits de l'ordinateur :

- le courant passe : la valeur du bit = 1
- le courant ne passe pas : la valeur du bit = 0

L'ensemble des caractères et signes dont nous nous servons : chiffres, lettres minuscules, majuscules, signes de ponctuation etc.. sont codés en mode binaire.

Il faut 8 BITS pour dessiner un caractère ou un signe, on l'appelle alors un OCTET.

1 caractère = 1 octet = 8 bits

Les multiples de l'OCTET donnent des unités de mesure utilisées pour rendre compte de la capacité des mémoires utilisées par l'ordinateur : (voir paragraphe suivant)

- le Kilo-Octet (noté Ko) : 1 000 octets (exactement 2^{10} = 1024 octets)
- le Méga-Octet (noté Mo) : 1 million d'octets (exactement 2^{20} = 1 048 576 octets)

1.2. Unité centrale

L'unité centrale réalise le traitement et le stockage des informations codées sous forme de bits en effectuant une suite d'instructions données par un programme.

SCHEMA DE L'UNITE CENTRALE

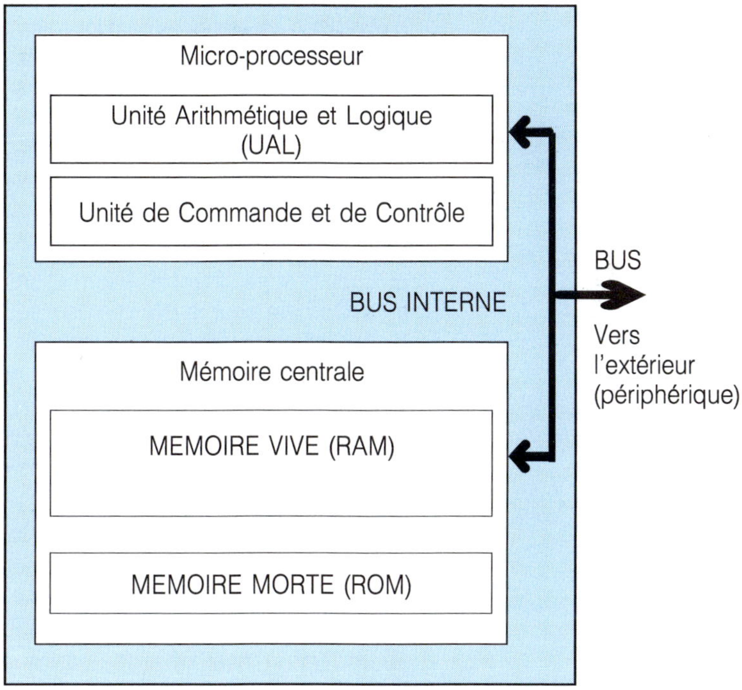

Elle est constituée principalement de trois éléments : le micro-processeur, la mémoire centrale, les " bus " internes.

Le micro-processeur

Appelé aussi " puce ", il exécute de façon automatique les instructions qui lui sont données. Les performances du micro-processeur dépendent de sa vitesse de travail et de la quantité des informations qu'il traite.

- La vitesse de travail est donnée par la fréquence de l'horloge interne qui synchronise les tâches du micro-processeur, elle est exprimée en Mégahertz (noté Mhz). Plus le chiffre est élevé meilleure sera la performance du micro-ordinateur. Pour le traitement informatique de la gestion hôtelière, les fréquences actuellement proposées sur le marché comprises entre 16 Mhz et 50 Mhz, sont suffisantes.

- Un micro-processeur peut traiter en une seule fois des informations de 8, 16 ou 32 bits selon les modèles. Le fabricant de micro-processeur INTEL a imposé sur le marché des standards qui caractérisent les ordinateurs. Globalement on a :
  - micro-processeur 8088 = 8 bits
  - micro-processeur 80286 = 16 bits
  - micro-processeur 80386 et 80486 = 32 bits

La mémoire centrale

C'est un dispositif qui stocke les programmes à exécuter et les informations à traiter afin de les rendre disponibles immédiatement par le micro-processeur.

La mémoire vive ou RAM (Random Access Mémory) est une mémoire volatile, c'est-à-dire qui disparaît avec la mise hors tension de l'appareil. Une capacité, importante exprimée en Kilo-octets, permet de stocker simultanément les programmes en cours d'exécution, les données à traiter et les résultats des traitements. Les capacités requises pour le traitement informatique de la gestion hôtelière sont en moyenne de 2 Mo. Il est souhaitable de vérifier si l'appareil peut recevoir, le cas échéant, des extensions de mémoire.

La capacité intervient sur la rapidité d'exécution des programmes (en évitant des allées et retours entre la mémoire vive et les disques).

Les " bus " internes

ou circuits acheminent les informations entre le micro-processeur et la mémoire centrale. Comme pour le micro-processeur les " bus " sont caractérisés par la quantité d'informations qu'ils transportent : 8, 16, 32 bits. Pour optimiser les performances, il faut veiller à la bonne adéquation entre les caractéristiques du micro-processeur et celles du bus.

La communication de l'unité centrale vers les périphériques s'effectue également par l'intermédiaire de " bus ". Les transferts d'information se font selon deux modes distincts :

- en série : les bits sont transmis les uns après les autres.
- en parallèle : les bits constituant des octets sont transmis simultanément (par 2 ou 4) sur des fils parallèles.

Pour brancher certains périphériques à l'unité centrale, par exemple imprimantes, souris, les ordinateurs sont équipés de sorties parallèle et de sorties série.

1.3. Périphériques

Les périphériques de stockage

Appelés aussi mémoire de masse, ils conservent les programmes et les informations sur un support magnétique à l'extérieur de l'unité centrale. Les deux supports privilégiés en micro-informatique sont les disques souples et les disques durs.

Les disques souples ou disquettes

Elle se différencient par leur format exprimé en pouces (pouce = 2,54 cm) et leur capacité mesurée en Ko (Kilo-octets). Les plus courantes sont :

- 3 pouces 1/2 soit 9 cm de côté. 720 Ko et 1,44 Mo et 2,88 Mo.
- 5 pouces 1/4 soit 13,5 cm de côté 360 Ko et 1,2 Mo

1,2 Mo = 1 200 000 caractères = environ 650 pages dactylographiées !

Les disquettes amovibles et lues par des lecteurs ou 'drive' adéquats permettent d'échanger facilement des informations entre deux ordinateurs à condition que ceux-ci soient équipés de lecteurs du même format.

Les disques durs

Ils sont fixes et se caractérisent par des capacités de stockage beaucoup plus importantes. Les plus répandus sur le marché actuellement vont de 40 Mo à 650 Mo.

L'informatisation de la gestion d'un restaurant nécessite obligatoirement la présence d'un disque dur.

La taille du disque dur dépend des volumes d'informations à traiter. Pour un restaurant à thème qui utiliserait l'informatique pour traiter uniquement la facturation et la gestion des stocks, un disque dur de 40 Mo est nécessaire. Certains matériels sont évolutifs et permettent de changer le disque dur ou d'en rajouter un second.

L'écran

Monochrome ou couleur, l'écran doit avoir une bonne définition pour éviter la fatigue de l'opérateur.

Le clavier

Le clavier informatique normalisé comporte 102 touches incluant les touches de machine à écrire, les touches d'un pavé numérique, les touches de fonctions et les touches de direction permettant de déplacer le curseur à l'écran. Le clavier à la norme française est appelé " AZERTY ".

L'imprimante

Elle se caractérise essentiellement par sa vitesse d'impression et son mode d'impression.

Les deux types principaux d'imprimante sont :
- les imprimantes à aiguilles qui permettent d'utiliser les liasses carbonées, mais restent très bruyantes.
- les imprimantes sans impact par exemple à jet d'encre ou à laser. La qualité d'impression est excellente, donc à privilégier pour la rédaction de documents commerciaux. Par contre ces imprimantes ne permettent pas l'impression de liasses carbonées.

Une imprimante pour un système de gestion hôtelière doit posséder les caractéristiques principales suivantes :
- permettre d'obtenir simultanément une qualité d'impression courrier et listing avec une vitesse d'exécution de l'ordre de 80 à 100 cps (caractères par seconde) pour la qualité courrier et de 250 à 300 cps en qualité listing ;
- si une largeur de 80 colonnes (caractères) est suffisante pour éditer les factures, il est souhaitable de disposer d'une largeur de 132 colonnes pour éditer les différents états de gestion.

Selon l'utilisation prévue, il est possible d'avoir plusieurs imprimantes afin de répondre aux besoins spécifiques. Par exemple : une imprimante laser pour éditer le courrier, les menus ; une imprimante à aiguilles pour l'édition des factures en double exemplaire et les états de gestion.

Autres périphériques

Le modem

est un périphérique de communication (généralement une carte d'extension) qui permet de transmettre et de recevoir des informations entre un ordinateur et un autre situé à distance, par l'intermédiaire d'une ligne téléphonique. Le modem fonctionne grâce à un logiciel de communication. Le mot " MODEM " est l'abréviation de MODulateur-DEModulateur. En effet pour être transmises les données numériques doivent être transformées en signaux analogiques pour la ligne téléphonique, et vice versa.

La souris
est un petit boîtier relié à l'ordinateur qui permet de déplacer le curseur sur l'écran. Ce périphérique est de plus en plus utilisé dans les logiciels, y compris dans la restauration.

Le crayon lecteur optique
permet la lecture d'informations codées notamment celles des codes à barre, etc.

1.4. Solutions informatiques pour les restaurants

Selon les applications que l'on aura retenues (voir paragraphe APPLICATIONS A INFORMATISER) et selon les contraintes d'exploitation et d'organisation, on optera pour un système monoposte ou bien un système multiposte.

Installation d'un ou plusieurs ordinateurs en monoposte

1er CAS :

Pour une petite unité de restauration un seul micro-ordinateur peut assurer les fonctions de facturation et de gestion (achats, stocks, résultats et statistiques).

ORDINATEUR FAISANT A LA FOIS LA FACTURATION ET LA GESTION

Exemple pour un petit restaurant
d'un micro-ordinateur avec un seul poste de travail
assurant alternativement la caisse ou la gestion

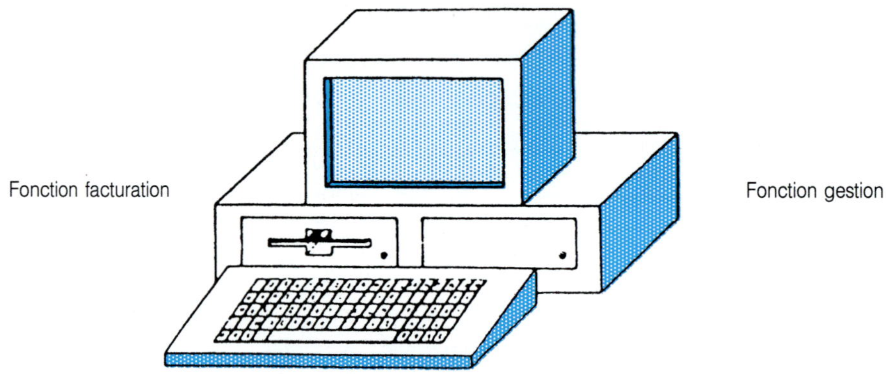

2e CAS :

Il est possible d'avoir un micro-ordinateur par fonction ou groupe de fonctions. Par exemple un pour la facturation, un pour la gestion (achats, stocks, résultats et statistiques), un pour la comptabilité/paie. Il est possible d'échanger les informations entre les différents micro-ordinateurs par transfert de disquettes, ou par câble.

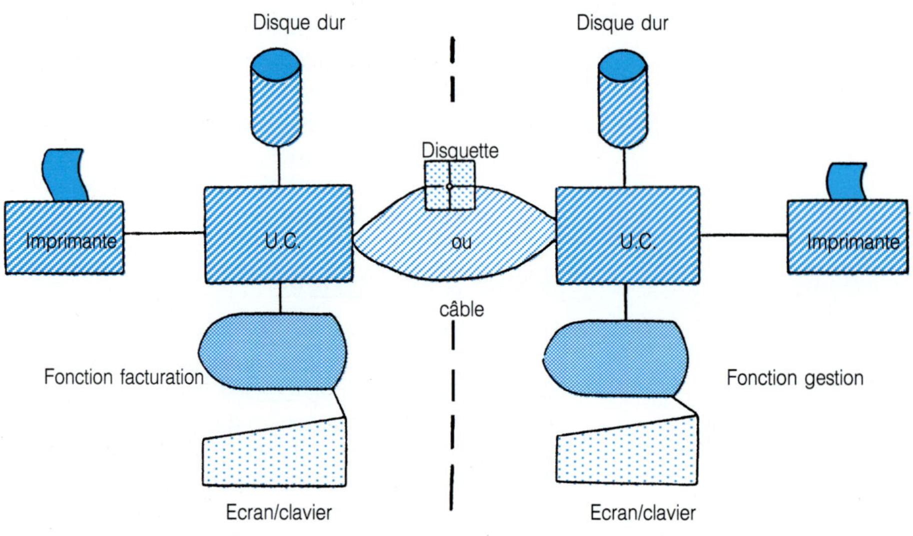

Installation d'un réseau de micro-ordinateurs

Un réseau est un ensemble composé de plusieurs ordinateurs branchés entre eux et qui comprend au minimum un ordinateur serveur et un ordinateur poste de travail. L'intérêt du réseau est de pouvoir :

- gérer des données en commun c'est-à dire travailler à partir de plusieurs postes sur les mêmes fichiers ;
- partager l'utilisation de périphériques coûteux comme par exemple, une imprimante laser ;
- faire circuler l'information au sein de l'entreprise par l'expédition de messages dans une " boîte aux lettres électronique ".

RESEAU DE MICRO-ORDINATEURS

Exemple de 2 points de facturation distincts
reliés localement à un micro-ordinateur assurant la gestion

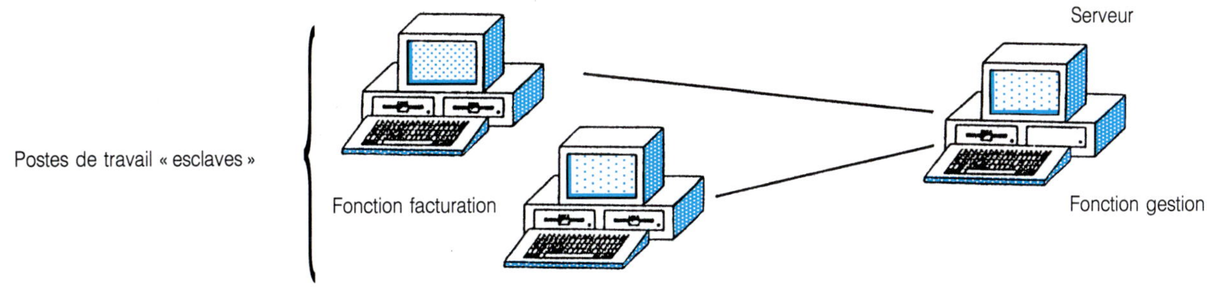

Caisses enregistreuses connectées à un ordinateur

Cette solution présente les avantages suivants :

- elle permet l'utilisation de caisses enregistreuses ; si l'établissement en possède déjà, l'investissement est alors moins important,
- la caisse enregistreuse est un matériel bien adapté à l'encaissement et le personnel sait l'utiliser rapidement,
- il est possible de mettre plusieurs caisses en parallèle,
- chaque caisse peut fonctionner de manière autonome,
- l'ordinateur ne fait que la gestion, avec des programmes relativement standards.

CAISSES ENREGISTREUSES CONNECTEES
A UN ORDINATEUR DE GESTION

exemple de système pour un restaurant de moyenne importance

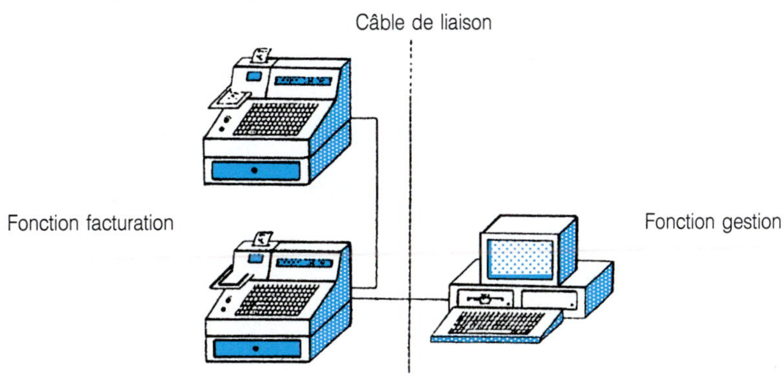

L'ordinateur avec plusieurs terminaux points de vente

Cette solution est adaptée à l'informatisation d'une unité de restauration qui gère de nombreux points de ventes. L'utilisation des terminaux est aussi simple que celle des caisses enregistreuses.

1.5. Terminaux d'enregistrement des commandes au restaurant

Le terminal portable de prise des commandes

Le Terminal portable de prise des commandes est un petit appareil électronique qui remplace les traditionnels carnets de commandes et stylos à bille. Il permet de prendre les commandes à distance par infra-rouge. Il est en liaison avec l'unité centrale par l'intermédiaire d'une " bulle ", récepteur infra-rouge installé en hauteur et relié par câble à un ordinateur.

L'ordinateur est la plaque tournante du système, il reçoit les messages émis par les chefs de rang et les transmet vers les services concernés (cuisine, cave, bar, etc.). Avant le service, il réalise le chargement des Terminaux de prise des commandes, fait la mise à jour des codes articles, des serveurs, des prix, des rangs.

En salle, chaque serveur dispose d'un Terminal-portable-émetteur, sur lequel, d'une seule main, il note la commande d'une table, la visualise pour contrôle et la confirme. Dans l'instant, la cuisine reçoit en clair sur imprimante ou sur écran vidéo, les plats commandés avec les précisions nécessaires pour le degré de cuisson d'une viande, les légumes d'accompagnement, l'option sauce etc. De même le barman, le caviste, l'écailler reçoivent sur leur imprimante un ticket de commande édité automatiquement, ils peuvent ainsi commencer leurs préparations.

Toujours sur le terminal de prise de commandes, le chef de rang, peut quelques instants plus tard, réclamer les plats notés " en suite " et demander l'édition de la facture.

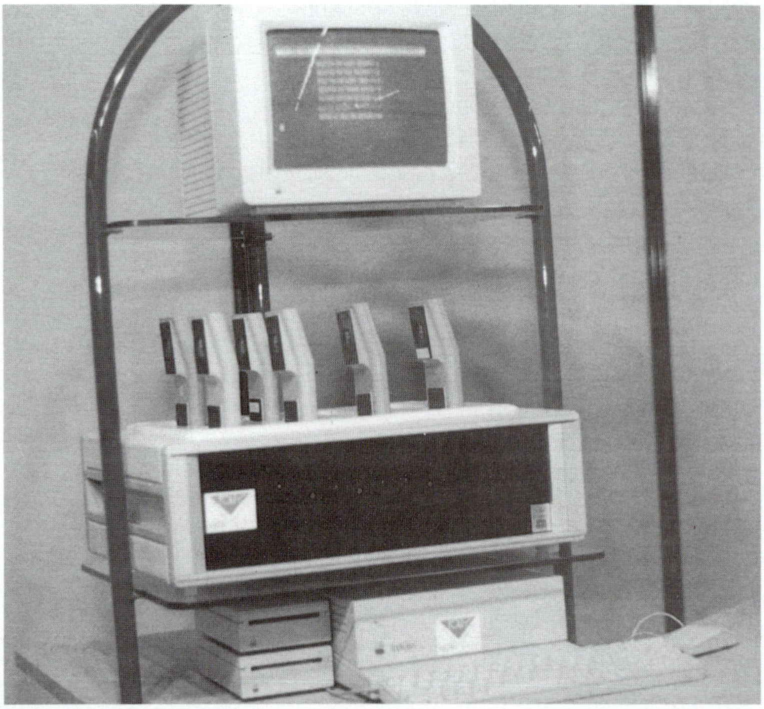

Bloc de commandes Pokky (Doc. Tecnometis)

Le clavier terminal point de vente

Clavier à touches relégendables et lecteur ISO 2 pour carte magnétique (SP 300/SP 310) (Doc. Périphériques Systems)

Le clavier terminal point de vente se présente de la même façon qu'un clavier de caisse enregistreuse. Selon sa taille, il possède en moyenne 100 touches relégendables (1) plus un pavé de touches numériques.

Les touches relégendables permettent d'affecter une touche à chaque prestation (plats, appellations de vin etc..) avec son prix de vente, ou encore les différentes fonctions de la caisse (modes de règlement, réductions, remises, retour, etc.).

Ce clavier terminal point de vente se connecte directement sur le micro-ordinateur à la place du clavier standard 102 touches. Ce qui permet d'utiliser l'ordinateur tantôt comme caisse enregistreuse, tantôt comme terminal de gestion pour traiter les données.

L'avantage du clavier terminal point de vente est essentiellement ergonomique car il se prête beaucoup mieux que le clavier standard à la saisie des commandes : facturation des prestations en appuyant simplement sur une touche préprogrammée, ou en composant un code correspondant à l'article que l'on veut facturer (fonction Appel de Prix).

Ces claviers peuvent être équipés de lecteur ISO 2 pour l'utilisation de cartes magnétiques

1.6. Les sauvegardes

Afin de prévenir tous risques de perte de données dus à des incidents matériels toujours possible, (disque dur défectueux, vol, incendie, etc.) il est absolument obligatoire de recopier les informations sauvegardées sur le disque dur sur un autre support.

Ces sauvegardes peuvent se faire sur disquettes ou dans le cas d'un gros volume d'informations sur des cartouches magnétiques qui fonctionnent sur un enregistreur appelé **streamer**.

1.7. Conseils d'utilisation

Un micro-ordinateur est un appareil robuste et fiable qui ne tombe que rarement en panne. Son utilisation ne présente pas de contraintes particulières de température et d'humidité.

En revanche, l'unité centrale est sensible à la qualité du courant électrique. Une micro-coupure pratiquement invisible à l'oeil nu peut entraîner la perte des informations qui se trouvent en mémoire vive. Pour stabiliser le courant et éviter les micro-coupures, il est nécessaire d'installer un **onduleur** entre la prise de courant et l'alimentation du micro-ordinateur.

---

(1) Touches pouvant être programmées pour la facturation d'un article à prix libre, prix fixe, ou à prix libre et fixe.

L'onduleur fournit le courant nécessaire pour éviter les micro-coupures mais également en cas de pannes plus longues de « fermer » les travaux en cours, c'est-à-dire de ne rien perdre jusqu'à ce que le courant soit rétabli.

2 - LES LOGICIELS

La partie matérielle des micro-ordinateurs ne peut pas fonctionner seule, elle exécute une suite d'instructions qui lui sont données par le logiciel ou programme.

On peut classer les logiciels en deux catégories :

- les logiciels de base, dont le plus important est le système d'exploitation.
- les logiciels d'application, qui traitent une fonction de l'entreprise. Par exemple : la facturation au restaurant, la gestion des commandes de marchandises, la gestion des fournisseurs etc.

2.1. Système d'exploitation

Le système d'exploitation (en anglais : OS = Opérating System ou DOS : Disk Opérating System) * est un ensemble de programmes dont le rôle est de gérer la configuration matérielle. Il permet d'organiser la communication entre les divers éléments composant l'unité centrale ainsi qu'entre l'unité centrale et les périphériques. En un mot c'est le système d'exploitation qui fait " vivre " la machine.

Il existe deux grands types de systèmes d'exploitation pour micro-ordinateurs :

- les monopostes, monotâches qui gèrent un seul poste de travail (clavier/écran) et qui permettent de n'effectuer qu'une seule tâche à la fois. Cela signifie, par exemple, que l'on ne peut pas en même temps préparer une facture de client et saisir un inventaire.

Le système d'exploitation monoposte le plus connu est MS/DOS adopté par la firme IBM et les constructeurs d'ordinateurs compatibles.

- les multipostes, multitâches permettent à contrario, d'effectuer plusieurs tâches simultanément, et de brancher sur une même unité centrale plusieurs postes de travail (écrans/claviers). Les systèmes les plus connus sont UNIX, OS/2 et NOVELL.

2.2. Les logiciels d'application

On peut classer les logiciels en deux grandes catégories, les logiciels d'aide à la décision et les logiciels d'application proprement dits.

Les principaux **logiciels d'aide à la décision** sont :

- les gestionnaires de bases de données (exemples : Dbase V, Paradox, Oracle, etc.
- les traitements de texte (exemples : Word, etc.)
- les tableaux de calculs électroniques, dits tableurs (exemples : Excel, Lotus Quattro Pro, Multiplan, etc.).

Ces logiciels sont pour la plupart conçus afin de fonctionner sous une interface * graphique (exemple WINDOWS) qui rend plus conviviale leur utilisation.

Les logiciels d'application peuvent être standards ou spécifiques.

Les logiciels d'application standard ont pour vocation de couvrir :

- une gamme étendue de traitements concernant une profession, par exemple l'hôtellerie, la restauration

* Microsoft/Directing Operating System

* Interface : logiciel ou carte, c'est ce qui rend compatible un périphérique avec l'unité centrale.

- une fonction commune à plusieurs professions par exemple : le traitement de la paie, la comptabilité.

Les logiciels d'application standard sont généralement paramétrables afin de s'adapter aux particularités de l'entreprise.

Les logiciels spécifiques sont écrits spécialement pour le client et constituent donc une solution beaucoup plus coûteuse, mais parfois nécessaire.

Méthodologie pour informatiser un restaurant

La démarche pour informatiser une entreprise de restauration passe par plusieurs étapes de réflexion et d'analyse, telles que nous le montre le schéma ci-dessous. Les six premières étapes de cette réflexion sont consignées dans un document appelé " Cahier des Charges "

1° PRESENTATION DE L'ENTREPRISE

2° OBJECTIFS DE L'INFORMATISATION

3° APPLICATIONS A INFORMATISER

4° DEFINITION DES VOLUMES D'INFORMATIONS

5° SYSTEME INFORMATIQUE A METTRE EN ŒUVRE

6° DESCRIPTION DES APPLICATIONS

7° CONSULTATION DES FOURNISSEURS

8° CHOIX DU SYSTEME

9° MISE EN PLACE DANS L'ENTREPRISE

1 - QU'EST-CE QU'UN CAHIER DES CHARGES ?

Le cahier des charges est le document écrit, plus ou moins volumineux selon la taille de l'entreprise, qui sert à exposer aux fournisseurs que l'on consulte, les exigences de traitements informatiques de façon que ceux-ci :

- puissent faire une proposition financière chiffrée,
- puissent indiquer parmi les fonctions demandées, celles que le programme proposé réalise, et celles qu'il ne réalise pas.

Le cahier des charges représente une base contractuelle qui protège les deux parties en présence :

- le futur utilisateur, par l'engagement du fournisseur sur une base de référence,
- le fournisseur, par un exposé limitatif de ce que doit être la prestation.

La rédaction d'un cahier des charges conduit à analyser de très près le fonctionnement de son établissement, et éventuellement à procéder aux réorganisations qui s'avèreraient nécessaires.

2 - QUI REDIGE LE CAHIER DES CHARGES ?

Le cahier des charges peut être rédigé par :

- le directeur, le gérant, le propriétaire de l'établissement aidé par l'ensemble de ses collaborateurs ;
- un conseil extérieur.

Celui-ci doit :

- être indépendant des vendeurs de matériels et de programmes,
- avoir de bonnes connaissances en informatique,
- avoir de bonnes connaissances en gestion de restauration.

L'appel à un conseil extérieur permettra au chef d'entreprise d'économiser du temps, et éventuellement de le sécuriser, ceci est compensé par un coût correspondant aux honoraires du conseil.

3 - PRESENTATION DE L'ENTREPRISE DE RESTAURATION

L'objet de cette partie du cahier des charges est de présenter les caractéristiques de l'établissement. Il doit contenir la description générale de l'entreprise, son organisation et ses activités principales.

3.1. Description générale de l'entreprise

C'est la fiche signalétique de l'établissement mentionnant :

- les coordonnées de l'établissement
- le nom du propriétaire ou du directeur
- les dates importantes dans la vie de l'entreprise : création, rénovation, changement d'activités, etc...
- la catégorie du restaurant
- le concept de restauration
- les périodes d'ouverture

3.2. L'organisation des services

Cette partie doit permettre de bien appréhender la structure de l'entreprise et les relations existant entre les services :

- schéma fonctionnel des services (organigramme)
- liste du personnel par service
- description des postes

- les liens entre les différentes activités, exemple : les transferts entre le bar, le restaurant et l'hôtel.
- les contraintes de fonctionnement dues aux locaux, à la spécificité du produit restaurant, à son implantation.
- les contraintes techniques : installations électriques, sécurité, etc.

La description de l'organisation sera d'autant plus complète que la structure de l'établissement est importante.

3.3. Les activités exercées

Restauration

- Chiffre d'affaires et % du chiffre d'affaires global,
- nombre de tables et de places assises,
- nombre de couverts par jour,
- nombre de services par semaine,
- nombre de plats, de gammmes, de références d'appellation de vins et autres boissons.

Bar

- Chiffre d'affaires et % du chiffre d'affaires global,
- nombre de notes par jour,
- nombre de références de boissons et autres articles à la vente.

Banquets, séminaires, autres activités

- Chiffre d'affaires et % du chiffre d'affaires global,
- nombre de salles,
- mode de réservation,
- les différents forfaits banquets et séminaires.

4 - OBJECTIFS DE L'INFORMATISATION

Le but de cette étape est double :

- réfléchir sur les apports possibles de l'informatique dans l'entreprise. L'informatique n'est pas un mal nécessaire mais un outil de gestion qui doit en tant que tel trouver son utilité et sa rentabilité ;
- évaluer globalement la dépense qu'il conviendra d'envisager.

Tout investissement en informatique doit correspondre à des motivations précises par exemple :

- disposer rapidement de la ventilation du chiffre d'affaires par famille, par gamme, par article,
- disposer de statistiques de ventes,
- améliorer la fiabilité des tranferts de commandes clients,
- obtenir une comparaison entre les coûts marchandises théoriques et réels,
- éviter les reports manuels des achats et des ventes en comptabilité,
- avoir un meilleur suivi commercial de la clientèle,
- gérer efficacement les stocks de marchandises,
- etc.

Cette étape est donc une réflexion globale qui doit permettre de savoir si l'investissement informatique est justifié.

5 - APPLICATIONS A INFORMATISER

Si l'étape précédente est positive, il faut alors faire le choix des fonctions ou applications possibles à automatiser.

SCHEMA DES PRINCIPALES FONCTIONS EN RESTAURATION

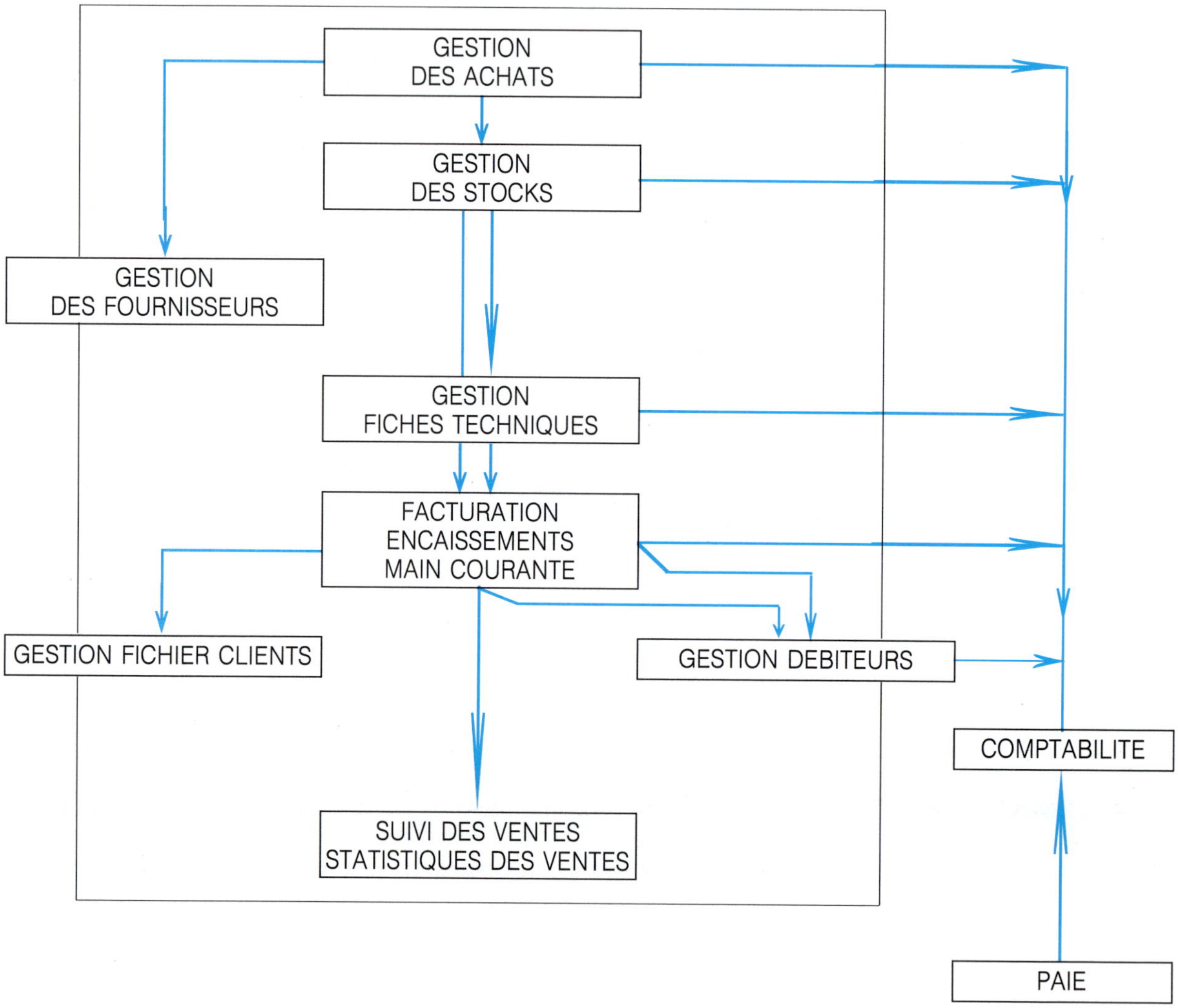

Le cadre en traits fins sépare les fonctions qui sont spécifiques à la restauration de celles qui ne le sont pas. La comptabilité et la paie ne sont pas fondamentalement différentes de celles de n'importe quelle autre profession.

Les fonctions « gestion du fichier clients », « gestion des fournisseurs » et « gestion des débiteurs » chevauchent le cadre en traits fins pour tenir compte du fait qu'elles peuvent être traitées, soit intégrées dans le système de restauration, soit en dehors.

Le choix des fonctions à informatiser dépend des motivations et des moyens de chaque restaurateur. Les cas de figures les plus courants correspondent aux « modules » proposés par les fournisseurs de logiciels avec des variantes concernant les fonctions non spécifiques à la restauration.

1er cas

La facturation, les encaissements et la main-courante :
- sans la gestion des achats, des stocks, des fiches techniques et des banquets,
- avec ou sans la gestion du fichier des clients, et des débiteurs divers.

2e cas

La gestion des achats, des stocks, des fiches techniques, des banquets :
- sans la facturation, les encaissements et la main-courante.

3e cas

La facturation, les encaissements, la main-courante, la gestion des achats, des stocks, des fournisseurs, des fiches techniques, des banquets :
- avec ou sans la comptabilité, la paie.

Le suivi et analyse des ventes, les statistiques sont des sous-produits de la facturation et de la main-courante et sont par définition couplés avec cette application.

Les applications retenues peuvent être mises en place de façon progressive dans le temps, mais le problème doit être étudié dans son ensemble dès le départ de façon à s'assurer :
- que le matériel proposé pourra évoluer au fur et à mesure de l'informatisation progressive des différentes fonctions,
- que le fournisseur retenu possède bien l'ensemble des modules nécessaires et que ceux-ci sont en bonne adéquation avec les besoins exprimés.

6 - DEFINITION DES VOLUMES D'INFORMATIONS

Une fois les applications retenues, s'il s'agit de quantifier pour chacune d'elle les volumes d'informations à manipuler, afin que le fournisseur puisse évaluer la taille de la mémoire de masse nécessaire et la performance du micro-processeur. Par exemple :

Achat

- Nombre de commandes et livraisons par an.
- Nombre de factures traitées par an.
- Nombre de fournisseurs référencés.
- etc.

Stocks/fiches techniques/banquets

- Nombre de fiches articles pour les marchandises nourriture et boissons.
- Nombre de fiches techniques pour les plats et les cocktails.
- Nombre de banquets dans l'année.
- etc.

Facturation/encaissements/main-courante

- Nombre de factures par an.
- Nombre moyen de lignes par facture.
- Nombre de modes de règlement.
- Nombre de ventilations du chiffre d'affaires.
- Périodicité des reports en comptabilité.
- etc.

SCHEMA DE FONCTIONNEMENT GENERAL DES APPLICATIONS INFORMATIQUES

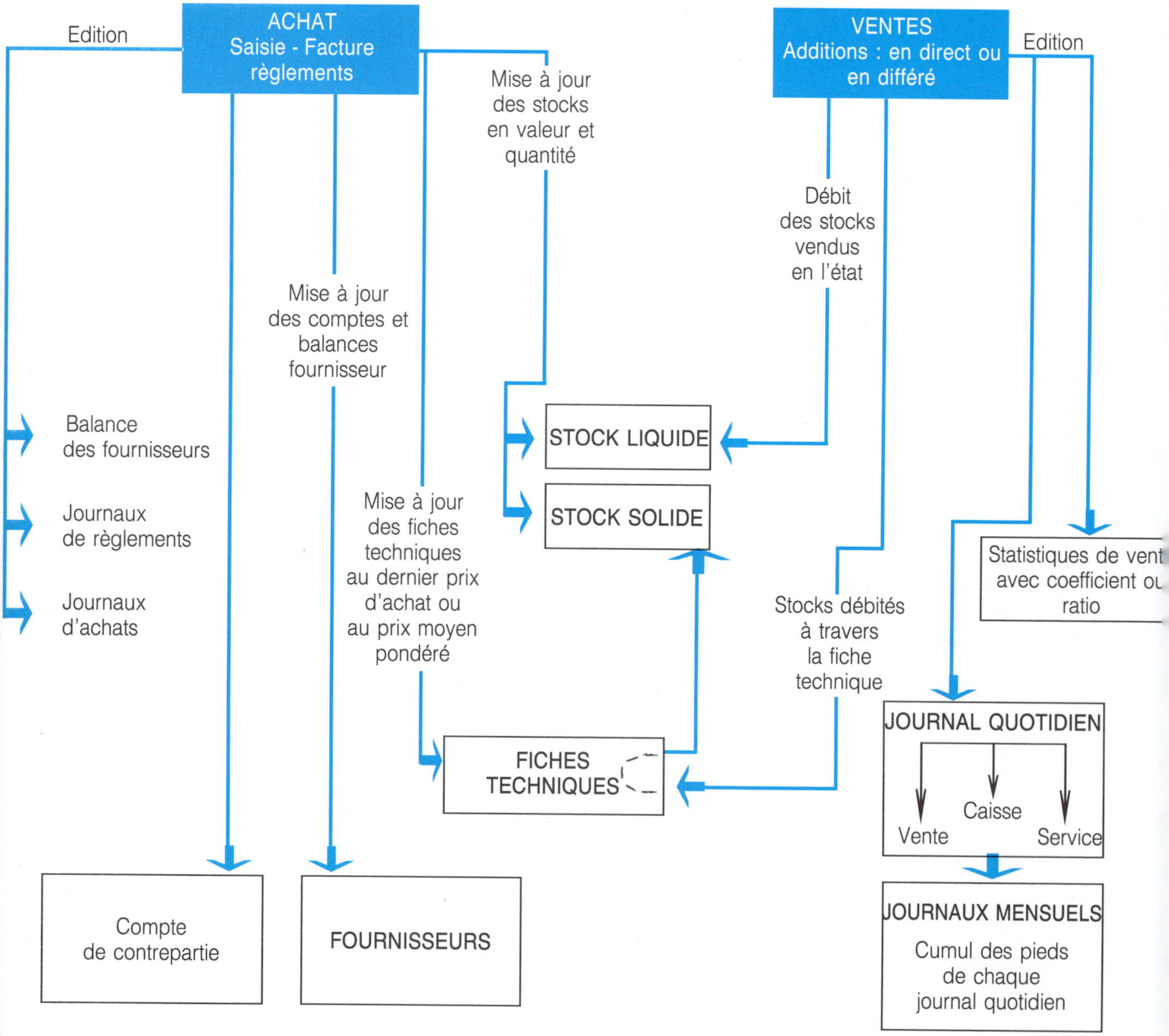

7 - SYSTEME INFORMATIQUE A METTRE EN ŒUVRE

Cette cinquième partie du cahier des charges comprend la définition du programme et de la configuration matérielle.

7.1. Programmes ou logiciels

Il faut définir s'il s'agit d'un programme standard paramétrable ou d'un logiciel spécifique.

On demande aux fournisseurs potentiels de répondre sur la capacité des programmes proposés à remplir chacune des fonctions qui sont exposées dans la partie suivante : description des applications.

Dans le cas où certaines des fonctions seraient absentes des programmes, et où il est possible d'effectuer des développements spécifiques, de chiffrer le coût de ces développements fonction par fonction.
Cela permettra, au vu des différents devis proposés, de faire des choix fonctionnels selon les contraintes financières.

7.2. Configuration matérielle *

On indique ici :

- le nombre de postes de travail ;
- le nombre d'imprimantes nécessaires et l'affectation de chacune, ce qui permettra aux fournisseurs de déterminer les vitesses, les modes, les largeurs d'impression nécessaires ;
- les autres périphériques éventuellement demandés : lecteur de code barres, lecteur de carte magnétique, crayon optique, boîtier de commande à distance ;
- les autres matériels éventuellement recherchés : caisses enregistreuses, claviers terminaux points de vente. Il faut indiquer les contraintes que l'on souhaite mettre en place pour ces matériels quant aux relations avec le système informatique de gestion restauration ;
- quels sont les besoins de sauvegarde, et les modalités souhaitées.

8 - DESCRIPTION DES APPLICATIONS

Cette sixième et dernière partie du cahier des charges comprend la description des fonctions à informatiser permettant de définir avec exactitude les besoins de l'entreprise et servira de « check-list » pour évaluer les propositions faites par les fournisseurs.

L'exemple de document descriptif ci-après n'est pas complet, cependant il comprend les éléments principaux auxquels on pourra rajouter les points rendant compte de la spécificité de chacun des établissements.

---

* Voir paragraphe 'différentes solutions informatiques pour les restaurants

8.1. Gestion des achats et fournisseurs

Principales fonctions demandées

- Le suivi des commandes.
- L'enregistrement des achats.
- Le contrôle des factures fournisseurs.
- Echéancier des factures fournisseurs.
- Transfert des achats sur le brouillard comptable.

Saisie des bons de commande et/ou de livraisons

• *Procédure :*

- possibilité de rechercher les articles par code ou par les premières lettres du libellé ;
- affichage à l'écran des fournisseurs référencés qui sont susceptibles de livrer l'article à commander ;
- comparatif des prix entre divers fournisseurs ;
- affichage à l'écran des articles référencés chez chaque fournisseur de l'établissement ;
- possibilité de compléter ou annuler la commande lors de la livraison ;
- possibilité de modifier la référence, le prix unitaire, la quantité de l'article au moment de la livraison ;
- Mise à jour automatique des stocks après chaque livraison en quantité et valeur.

• *Informations à saisir :*

- le code ou les premières lettres du libellé d'un article,
- la quantité à commander.

Saisie du fichier fournisseurs

• *Procédure :*

- affichage à l'écran d'un masque de saisie,
- simultanément, apparition d'une fenêtre pour affectation du code comptable.

• *Informations à saisir :*

- le code comptable,
- le nom, l'adresse, les numéros de téléphone, fax, télex, boîte aux lettres électronique, etc.,
- le nom du représentant, son numéro de téléphone,
- délai de livraison, délai de règlement des factures.

Editions

- Edition de la liste des marchandises à commander en fonction des prévisions d'activité et des stocks disponibles.
- Edition des bons de commande.
- Suivi des commandes en cours.
- Analyse comparative des prix unitaires par article.

- Edition d'une mercuriale * des articles par fournisseur.
- Edition des éléments du fichier des fournisseurs.
- Edition des relevés mensuels et des volumes des achats par fournisseur.
- Liste des factures à échéance.
- Edition automatique de lettres chèques de règlement.

8.2. Gestion des stocks et des fiches techniques

Principales fonctions demandées

- Tenue de l'inventaire permanent.
- Cessions internes des marchandises entre les services.
- Gestion des réapprovisionnements : stock d'alerte.
- Coefficients et marges théoriques, réels.
- Calcul des prix moyens pondérés.
- Analyse des écarts sur stock, produit par produit, en quantité et en valeur.
- Elaboration de fiches techniques et de sous-fiches pour les préparations de base.
- Aide à la décision pour calculer les prix de vente des prestations vendues.

Saisie du fichier articles

• *procédure :*

- affichage à l'écran d'un masque de saisie vierge pour chaque article, avec apparition simultanée d'une fenêtre pour chaque rubrique à renseigner facilitant le choix des informations à saisir ;
- possibilité de créer un article composé ou complexe (exemple « Haricots verts très fins » peut être un article complexe ou composé de « haricots verts très fins » provenant de plusieurs types de conditionnement 4/4, 5/1, la gestion des stocks se faisant à partir de l'article composé avec une unité d'exploitation commune à tous les conditionnements) ;
- possibilité de saisir l'inventaire de démarrage du système en quantité et en prix unitaire ;
- possibilité de saisir l'inventaire de fin de période par service ou par article ;
- possibilité de blocage/déblocage de la fonction mise à jour automatique des stocks selon les ventes.

• *informations à saisir :*

- identification de l'article,
- lieu de stockage,
- unité de stockage (exemple : kilo, litre, fût, etc.),
- unité d'exploitation ou d'utilisation (exemple : gramme, centilitre, dose, etc.),
- coefficient de correspondance entre les deux unités permettant la gestion des stocks à partir des fiches techniques,
- stock minimum, stock maximum,
- prix d'achat de l'article.

---

* liste des articles utilisés dans l'entreprise avec leur unité de conditionnement et leur prix unitaire d'achat.

Si l'article est revendu en l'état sans transformation, c'est le cas par exemple des bouteilles de vin, il faut compléter la fiche avec :

- le cœfficient multiplicateur théorique appliqué qui donnera le prix de vente théorique,
- le prix de vente réel (celui qui figurera sur la carte),
- l'inventaire des articles par service et par famille.

Saisie du fichier des fiches techniques

• *Procédure :*

- affichage à l'écran d'un masque de saisie des articles entrant dans la composition de la préparation,
- possibilité d'appeler les articles par code ou par les premières lettres du libellé,
- possibilité de faire la fiche pour une ou plusieurs portions,
- possibilité d'intégrer une fiche technique de recette de base (exemple pâte feuilletée), dans une autre fiche technique de fabrication (exemple tarte aux fraises, Talmouse en tricorne, etc.).

• *Informations à saisir :*

- le libellé de la préparation,
- le nombre de portions mises en fabrication,
- les composants de la préparation,
- le coefficient théorique,
- le prix de vente à afficher.

Editions

- Visualiser à l'écran les articles du fichier des stocks.
- Edition d'une mercuriale par famille d'articles.
- Edition des prix d'achat actuels, des prix d'achat moyen pondérés.
- Edition des variations de prix d'achat par rapport à un % donné.
- Edition des articles en stock minimum ou stock maximum avec rotation des stocks.
- Edition d'un état préparatoire pour faire l'inventaire, par service et par famille de produits.
- Edition de la valorisation de l'inventaire.
- Edition des mouvements de stock, article par article, en quantité et en valeur.
- Edition des statistiques de consommation des articles sur un mois, une année.
- Edition des ratios coûts réel et théorique des marchandises revendues.

8.3. Facturation, encaissement, main-courante

Principales fonctions demandées

- Paramétrer les masques de saisie de facturation.
- Enregistrer les commandes des clients par point de vente.
- Enregistrer les consommations du personnel.

- Editer les notes des clients.
- Facturer des prestations ne supportant pas la T.V.A.
- Paramétrer les différents modes de règlement.
- Enregistrer les règlements des factures des clients.
- Lire les EN-COURS (table non facturée, facture non réglée).
- Totaliser les ventes et les règlements.

Saisie des notes des clients

- Possibilité d'enregistrer les bons de commande au fur et à mesure des consommations.
- Possibilité de faire des modifications dans la commande.
- Possibilité d'annulation d'une facture.
- Possibilité d'extourner une facture avec correction et réédition.

Saisie des règlements

- Enregistrement de différents modes de règlement pour une même note.
- Rendu sur chèque, débité automatiquement sur le mode de règlement ESPECES.
- Enregistrement des offerts soit sur la facture entière soit sur un ou plusieurs articles de la facture.
- Possibilité d'imprimer les chèques.
- Possibilité d'enregistrer les cartes de crédit.
- Gestion automatique des devises.
- Transfert de la facture en débiteur divers avec contrôle de l'existence du compte et création immédiate du compte si besoin est.
- Modification du règlement d'une facture.
- Possibilité d'enregistrer les dépenses de caisse (débours).

Editions

• *Edition des commandes sur une imprimante en cuisine*

• *Factures :*

- personnalisation de l'en-tête par le système,
- mention des offerts,
- double exemplaire,
- triple exemplaire,
- sortie en impression unique,
- sortie en impression en deux temps (permettant de remettre la facture au client pour vérification, et, en cas de modification d'en éditer une autre portant le même numéro mais corrigée).

• *Bordereaux de remise de chèques*

- etc.

• *Editions des statistiques :*
- Nombre de couverts journaliers et cumulés sur le mois.
- Prix moyen du couvert.
- Dépense moyenne par client pour les boissons.
- Pourcentage de vente de chaque article dans sa gamme.
- Pourcentage de vente de chaque gamme dans la famille.
- Pourcentage de vente des articles, gammes, famille par rapport au chiffre d'affaires total.
- Edition du chiffre d'affaires selon ventilation.
- Edition générale des résultats.
- Edition par mode de règlement.
- Edition des ventes par article, par gamme, par famille, et par point de vente.
- Edition des ventes du jour, du mois.
- Edition d'un récapitulatif des factures.
- Edition des résultats par serveur (chiffre d'affaires et nombre de couverts).
- Edition des statistiques de ventes journalières et mensuelles.

• *Période des éditions :*
- mensuelle,
- annuelle,
- définie par l'utilisateur.

9 - COMMENT SE SERVIR DU CAHIER DES CHARGES ?

Le cahier des charges permet :
- de communiquer aux fournisseurs les données du problème afin qu'ils puissent répondre aux besoins de l'entreprise ;
- de pouvoir contacter un grand nombre de fournisseurs. Ils auront les mêmes données et pourront faire des offres comparables ;
- de vérifier que rien de fondamental ne manque à court et moyen terme ;
- d'avoir une garantie pour l'adéquation entre la solution recherchée et l'offre proposée. Si la demande est floue et imprécise, il est difficile de se retourner contre le vendeur et prouver que le système est inadapté ;
- de servir de base contractuelle au marché passé avec le fournisseur.

La décision d'achat

1 - CONSULTATION DES FOURNISSEURS

Le cahier des charges sera transmis à un nombre limité de fournisseurs (maximum cinq) choisis parmi la liste dressée lors de l'étape N° 2 « OPPORTUNITE DE L'INFORMATISATION ». Le choix est fait en fonction :

- des applications traitées par le programme proposé, qui doivent correspondre avec celles décrites dans le cahier des charges ;
- de l'enveloppe budgétaire dont on dispose.

2 - CHOIX DU SYSTEME INFORMATIQUE

Une première sélection de deux ou trois fournisseurs doit se faire sur la base d'une étude comparative des propositions reçues.

Les principaux critères de comparaison sont les suivants :

- l'adéquation du logiciel proposé aux fonctions demandées dans le cahier des charges,
- le coût des solutions proposées par rapport au budget fixé,
- le coût et la durée de l'assistance pour la mise en place,
- le coût de la formation,
- l'évolution de la configuration matérielle proposée concernant le nombre de postes de travail, le nombre de périphériques, la capacité de la mémoire de masse etc.,
- les délais de livraison,
- la durée de garantie du matériel, du logiciel,
- les conditions et les délais de paiement (la formule de location du logiciel et du matériel tend à se développer),
- le coût de la maintenance. Le contrat de maintenance du matériel n'est généralement pas négociable et fait l'objet d'un contrat type. Le contrat de maintenance du logiciel recouvre :
  - la mise en conformité permanente du logiciel avec la législation,
  - une assitance téléphonique permettant de régler les problèmes rencontrés lors de l'utilisation du logiciel,
  - certains fournisseurs offrent la possibilité de réactualiser le logiciel avec les versions ultérieures.

Certaines sociétés proposent la télémaintenance grâce à l'installation d'un modem permettant au technicien de « prendre en main » votre système 24 heures sur 24 et 7 jours sur 7.

Le choix définitif du fournisseur se fera après avoir :

- assisté à des démonstrations faites par les fournisseurs sur site afin de voir le système informatique dans le cadre de son propre établissement ;
- visité des restaurateurs déjà informatisés sans la présence des fournisseurs afin de recueillir l'avis de ceux-ci sur ;
- le degré de satisfaction ;
- la façon dont s'est passée l'installation ;
- les rapports avec le fournisseur ;
- la qualité du service après-vente.

Mise en place dans l'entreprise

La réussite de la mise en place du système informatique ne sera effective que si la totalité du personnel admet la nécessité de respecter des procédures de travail, et les avantages que peut procurer l'outil informatique. C'est pourquoi il est bon d'adopter dès le départ une démarche participative pour l'informatisation de l'entreprise.

Le programme se déroulera en plusieurs étapes :

1re étape Avec l'ensemble des personnels concernés faire l'inventaire des problèmes d'organisation et des améliorations possibles apportées par l'outil informatique.

2e étape Les responsables de secteurs prépareront la liste des opérations nécessaires au fonctionnement de leur domaine ainsi que les procédures de travail.

3e étape Les procédures seront mises en service au fur et à mesure de leur élaboration, afin que les méthodes soient bien comprises et adoptées par les personnes concernées.

4e étape Par roulement, l'ensemble du personnel ira observer pendant une journée au moins, l'utilisation de l'informatique dans un établissement similaire. Des idées intéressantes pour l'entreprise peuvent être recueillies.

5e étape Réunion d'information sur le système informatique prévu pour l'entreprise, le déroulement de la formation, les améliorations attendues. L'accent sera mis sur la simplification des tâches fastidieuses et répétitives. Les attentes et les craintes de chacun seront écoutées et prises en compte.

6e étape C'est à ce stade seulement, lorsque le travail par procédure sera rentré dans les habitudes, que l'informatique pourra faire son entrée dans l'entreprise.

La formation du personnel se fera en deux temps :

- formation générale par groupe, en dehors de l'entreprise, sur les fonctions de base de l'ordinateur et du logiciel,
- formation individualisée, par secteur d'activité et sur site.

Un certain nombre de procédures manuelles peuvent être conservées provisoirement en parallèle pour faciliter l'intégration progressive du système.

7e étape Lorsque le système informatique est pleinement opérationnel, réunir le personnel afin de faire le point de la situation : les principaux résultats obtenus grâce à l'informatique, les avantages et les inconvénients, les besoins de formation complémentaire.

Une opération d'informatisation bien menée permet au personnel de l'entreprise de trouver une motivation importante dans l'accomplissement de son travail et de former un esprit d'équipe.

Au terme de cette « course d'obstacles », l'entreprise aura mis dans son jeu tous les atouts pour réussir son informatisation, et avoir un système réellement adapté à ses besoins.

CHAPITRE 7

Les approvisionnements en restauration

Définition de l'approvisionnement

La politique de l'approvisionnement

La fonction achats

La fonction réception des marchandises

La fonction stockage

La fonction distribution

L'économat

Définition de l'approvisionnement

S'approvisionner, c'est se munir de provisions, c'est donc se pourvoir de marchandises, matériels, produits, dont l'entreprise a besoin pour fonctionner normalement.

Approvisionner, c'est aussi l'action de faire coïncider dans le temps et dans l'espace les besoins en matières et prestations des différents secteurs de l'entreprise, avec les ressources qu'offre le marché ou l'entreprise elle-même, cela aux meilleures conditions possibles.

Dans un premier temps, il s'agit de définir une politique en matière d'approvisionnements.

Politique de l'approvisionnement

Les stocks en hôtellerie et en restauration, sont souvent importants. Il n'est pas rare, selon la taille de l'entreprise, de constater une nomenclature de 500 à 1000 articles ou parfois plus !

Cela exige des méthodes de gestion rigoureuses ; la composition d'un stock peut augmenter d'une période à une autre dans des proportions anormales sans que personne ne s'en aperçoive, du fait de contrôles insuffisants.

L'approvisionnement représente l'ensemble des coûts suivants :

- coût d'achat des stocks
- coût de l'argent immobilisé,
- coût du loyer réel ou théorique des magasins, réserves, de l'entretien des locaux de stockage,
- coût des dépenses d'énergie (chauffage, réfrigération, climatisation, éclairage),
- coût des petits matériels de manutention,
- coût des assurances.

En additionnant l'ensemble de ces coûts, il n'est pas rare de constater que la charge annuelle de possession d'un stock représente environ 15 % de sa valeur marchande. Soit pour un stock de 100 000 F par exemple, 15 000 F par an, 1 250 F par mois, plus de 40 F par jour !

C'est dire combien les erreurs en matière de stocks coûtent cher ; nous retrouvons d'ailleurs ici un principe financier habituel, à savoir que ce qui est en stock n'est pas en trésorerie, et comme le financement des investissements constitue une préoccupation constante de tout chef d'entreprise, le capital immobilisé inutilement dans des stocks pléthoriques ou mal organisés peut trouver ailleurs une utilisation plus rentable.

Le problème se pose alors d'une saine politique de gestion des stocks, d'autant qu'elle se définit de façon quotidienne comme la recherche d'un équilibre entre des préoccupations qui ne s'harmonisent pas nécessairement, et se contredisent parfois :

- préoccupation d'ordre financier : limitation des stocks en raison même de leur coût et parce que les sommes investies peuvent trouver leur utilisation ailleurs.
- préoccupation d'achat : par le biais de ristournes ou remises justifiant des commandes de produits en quantités plus importantes.
- préoccupation d'ordre commercial : disposition d'un stock confortable, d'une marge de sécurité afin de ne jamais manquer de rien.

Au travers de cet équilibre précaire, on constate que la politique de gestion des stocks est, en fait, le reflet de la politique d'ensemble de l'entreprise. En analysant les erreurs de gestion les plus fréquemment enregistrées, on s'aperçoit néanmoins que des améliorations sensibles peuvent être apportées sur des points précis sans pour autant recourir à une panoplie de techniques impressionnantes.

L'amélioration la plus sensible est sans aucun doute d'avoir une bonne classification des produits, denrées, fournitures diverses mis en oeuvre dans l'exploitation. Sans organisation méthodique, l'énergie se disperse, faute de points de repère.

Une classification judicieuse permet une meilleure adaptation aux besoins, elle conduit en premier à éliminer des stocks les produits superflus. Les stocks clandestins sont plus fréquents qu'on ne le croit.

A ce niveau, on peut affiner sa gestion des stocks sur les bases suivantes : statistiquement, il a été noté qu'environ 20 % des produits stockés représentent environ 80 % de la valeur de l'inventaire et qu'a contrario les 80 % restant des produits stockés représentent environ 20 % de la valeur de l'inventaire.

En prenant l'exemple d'un stock de 500 produits d'une valeur de 100 000 F, nous constatons que
- 100 produits représentent un investissement de 80 000 F
- et que les 400 autres produits représentent une valeur de 20 000 F.

Il est donc facile de concevoir que l'effort de rationalisation doit porter en priorité sur les 100 produits les plus chers.

Une fois cette sélection effectuée au sein des produits stockés, il reste à déterminer les critères de leur gestion.

Le problème se posera donc au gestionnaire de la façon suivante : quand et combien commander ? Selon que l'on privilégiera l'un ou l'autre des deux critères, la réponse sera à date constante et à niveau minimal.

- La commande à date constante allège sans aucun doute la gestion. En revanche, les risques de rupture de stocks ou de sur-stocks persisteront. Par conséquent, cette technique n'est appliquée qu'aux produits à faible valeur marchande ou lorsqu'il n'est pas possible de se livrer à des prévisions exactes en ce qui concerne la demande.
- La commande à niveau minimal, quant à elle, présente les avantages et les inconvénients opposés. Elle est donc réservée essentiellement aux produits à forte valeur.

N'oublions pas, non plus, des données plus concrètes afférentes à la nature des stocks à constituer, telles que :
- sensibilité à la chaleur ou à l'humidité,
- danger éventuel présenté par certaines denrées ou certains produits,
- emballages particuliers,
- vieillissement accéléré,
- attrait exercé sur les rongeurs.

Chaque situation constituant un cas particulier, il convient d'admettre cependant que la simplicité apparente de ces principes ne doit pas faire illusion, d'autant que la réalité quotidienne est rarement aisée à saisir.

De multiples facteurs entrent en jeu et le bon sens ne suffit pas toujours pour analyser leurs interférences.

Pour étudier l'activité du département des approvisionnements en restauration, nous distinguerons 4 fonctions essentielles qui regroupent l'ensemble des tâches à accomplir pour atteindre les objectifs : la fonction achat, la fonction réception, la fonction stockage et la fonction distribution.

La fonction achats

1 - LE RESPONSABLE DES ACHATS

Dans les petites entreprises, c'est le patron qui s'occupe des achats, tandis que dans les établissements importants cette mission est confiée à des responsables à part entière. Dans ce cas, il s'agit d'un service fonctionnel qui peut :
- soit être rattaché au département restauration,
- soit être rattaché à un grand service fonctionnel (ex. : service financier),
- soit constituer à lui seul un service fonctionnel.

EXEMPLES D'ORGANIGRAMME DU SERVICE DES ACHATS

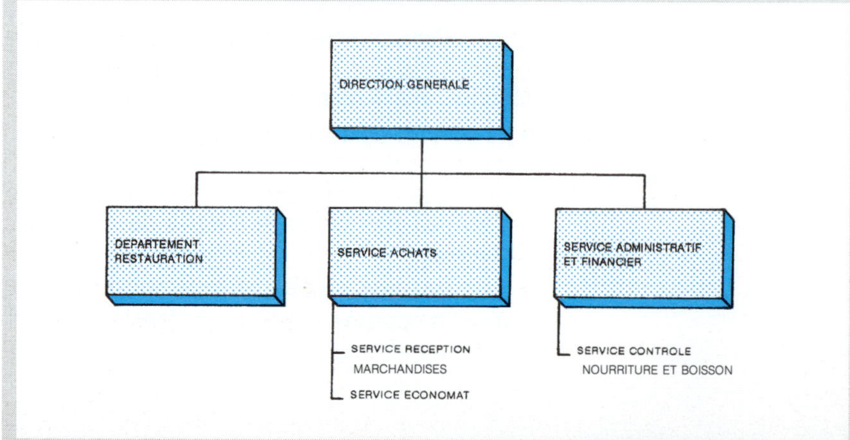

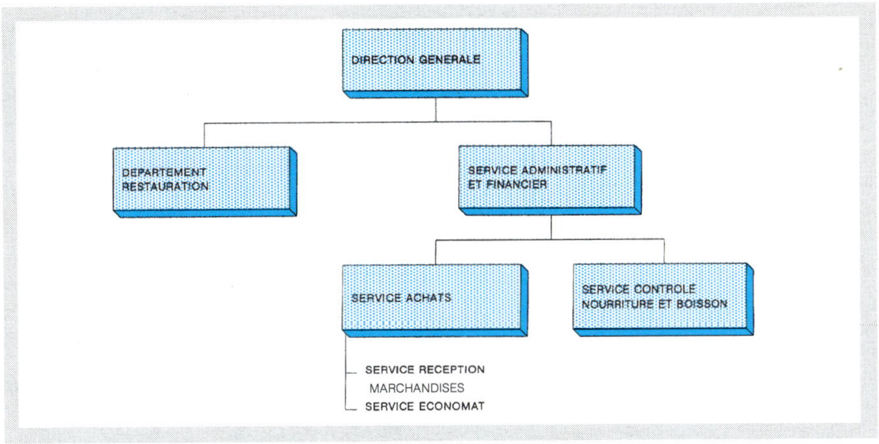

Ce poste requiert une formation étendue :

- connaissance des structures de production,
- connaissance des produits et des marchés,
- compétences économiques et juridiques pour la rédaction des contrats et le règlement des litiges.

L'intégrité du responsable doit être totale, éliminant toute fraude, tout achat spéculatif et tout favoritisme envers un fournisseur particulier. Enfin, il faut que le responsable des achats soit un homme de terrain, dans l'établissement comme sur les marchés.

2 - LES OBJECTIFS DU SERVICE DES ACHATS

Les objectifs de la fonction achat sont les suivants :

- acquérir des matières premières au prix le plus faible, compatibles avec la qualité souhaitée,
- obtenir des fournisseurs des conditions favorables de règlement, le paiement comptant des marchandises étant rarement envisageable, il incombe au service des achats d'obtenir des délais de paiement suffisants pour une bonne trésorerie,
- assurer la continuité des approvisionnements de manière à alimenter la production et les biens des différents services de restauration en conservant un minimum de stock,
- minimiser les coûts de lancement des commandes et les coûts de possession des stocks.

3 - PROCESSUS DE LA FONCTION ACHAT

- Etablir les standards d'achats.
- Déterminer les besoins.
- Répertorier les produits.
- Choisir les fournisseurs.
- Lancer et surveiller les commandes.
- Contrôler les livraisons de marchandises.

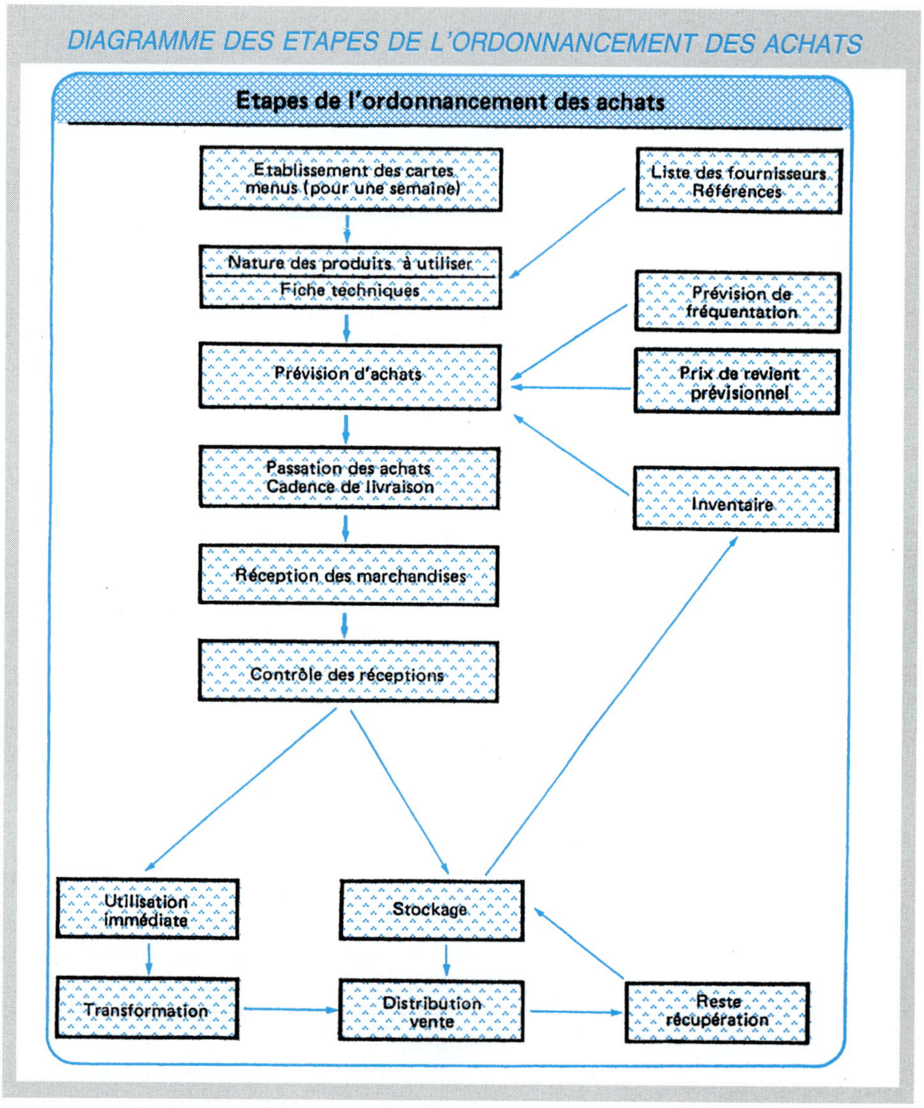

3.1. Etablir les standards d'achats

Les standards d'achats concernent tous les articles utilisés pour la préparation de plats et l'élaboration des menus.

Répertoriés dans un **« livre de spécifications »** les standards d'achats décrivent de façon précise et complète la qualité, la taille, la conformité, et les particularités éventuelles des articles utilisés.

Leur détermination dépend de nombreux critères :

- les besoins de la carte,
- la nature des préparations,
- les prix de vente,
- les possibilités et les coûts de stockage,
- les durées de conservation etc.

Pour permettre à l'établissement d'obtenir une qualité constante des marchandises un recueil complet de ces standards d'achats sera distribué dans les services concernés par les commandes, la réception des marchandises et la production. Enfin les fournisseurs seront informés des exigences de l'établissement concernant les articles à livrer.

Le livre des spécifications permet :
- de contrôler si la demande est conforme aux normes,
- d'éviter les abus ou les confusions d'articles au niveau des livraisons,
- de simplifier le travail du fournisseur qui connaît avec exactitude les besoins de l'hôtel.

EXEMPLES : EXTRAIT D'UN LIVRE DES SPECIFICATIONS

VIANDE FRAICHE : VEAU	QUARTIER : NOIX PATISSIERE
Caractéristiques techniques : - débarrassée de la nourrice et de l'aiguillette - parée - de couleur rosé clair **Parage :** - taux de graisse visuel inférieur à 1 à 2 % **Poids unitaire :** - 1,2 à 1,6 kg **Conditionnement :** - individuel sous-vide.	

FRUITS ET LEGUMES FRAIS : ANANAS
Caractéristiques techniques : - aspect très vert des feuilles - peau marron clair tirant sur la couleur or - corps souple mais ferme - chair très jaune et juteuse **Provenance :** - Côte d'Ivoire **Code et calibrage :** - A : pièce de 1,7 kg - B : pièce de 1,2 kg - C : pièce de 0,8 kg **Conditionnement :** - carton compartimenté de 6, 12, 18 fruits selon calibre

3.2. Déterminer les besoins

A tout moment, le responsable des achats doit pouvoir approvisionner les services demandeurs en produits périssables ou non périssables.

- Les denrées périssables englobent viandes, volailles, poissons, légumes frais, etc., ils constituent les achats directs, qui ne transitent pas par l'économat. Les quantités sont fixées pour un ou plusieurs jours par le chef de cuisine ; elles dépendent :
  - des stocks restants,
  - des effectifs (nombre de personnes à nourrir : clients et personnel),
  - de la composition des menus et des cartes,
  - de la limite de conservation dans chaque cas.

- Les marchandises non périssables comprennent les boissons, conserves, semi-conserves, produits surgelés, vaisselle, verrerie, matériel divers, articles d'entretien, papeterie qui sont stockés à l'économat.

Pour déterminer exactement les besoins et faire des propositions d'achats, les informations suivantes sont indispensables :

- les demandes d'achats des différents services, l'évaluation permanente des stocks, la capacité de stockage, le stock minimal et maximal pour chaque produit, la vitesse de rotation des stocks, la limite de conservation dans chaque cas.

Evaluation permanente des stocks

Connaître les stocks, c'est savoir à tout moment quelles sont les quantités disponibles à l'économat, les quantités en commande. C'est également savoir si le stock actuel est suffisant pour approvisionner les services, pendant une période déterminée ou, au contraire, si ce stock est tel qu'il faille déclencher le processus de commande.

La capacité de stockage

Elle correspond aux espaces spécialement aménagés pour recevoir les différentes catégories de marchandises.

Le stock minimum

Il correspond à la quantité de marchandises que l'entreprise doit détenir pour subvenir à ses besoins, pendant la période qui va du déclenchement de la commande jusqu'à la livraison. Il doit permettre d'éviter les ruptures de stock.

Le stock maximum

Il représente, pour une marchandise donnée, le plafond à ne pas dépasser. Le surplus pourrait entraîner des pertes ou des coûts de stockage trop élevés du fait de l'occupation des surfaces et de l'immobilisation de l'argent.

La rotation des stocks

Elle est représentée par le nombre de fois où le stock a été entièrement renouvelé au cours d'une période donnée : mois ou année.

La limite de conservation

Elle est propre à chacune des denrées. Certaines peuvent être consommées après plusieurs années, comme les conserves, tandis que d'autres ne doivent être stockées que durant quelques mois, par exemple les semi-conserves.

Pour les produits frais la date limite de conservation (D.L.C.) est obligatoirement inscrite en clair sur les emballages des produits.

Les demandes d'achats

Pour tous les achats de marchandises autres que les denrées périssables, les services de production et de vente de l'établissement peuvent faire état d'une demande d'achat pour un produit spécifique, une quantité exceptionnelle de marchandises, ou bien pour du matériel d'exploitation. Il s'agit là d'une procédure interne visant à recenser les besoins particuliers de l'établissement.

La demande est faite par le service concerné sur un formulaire ad hoc généralement en trois exemplaires :

- l'original pour le service des achats
- le double pour le service financier
- le triple pour le service demandeur

Ces demandes d'achats devront être approuvées par la Direction et/ou le service financier avant d'être mises en commandes.

EXEMPLE DE DEMANDE D'ACHAT

DEMANDE D'ACHAT
PURCHASE REQUEST

Demandé par le Département

N°
Date

Code
N°

Quantité	Unité	Désignation	Offre de prix 1	Offre de prix 2	Offre de prix 3	En stock	Consommation mensuelle	Ordre d'achat n°	Observations

Recommandations au service Achats
- ☐ Urgent
- ☐ Dans les 8 jours
- ☐ Suivant disponibilité
- ☐ Autre

Demandé par :
Chef de Département ....

Délai de livraison : ....
Mode de livraison : ....
Conditions de paiement : ....
Offre(s) retenue(s) : ....

Fournisseurs disponibles
(à remplir par le service des Achats)
1 ....
2 ....
3 ....
4 ....

3.3. Répertorier les produits

Les standards d'achats ont permis de fixer les caractéristiques des produits qui sont utilisés pour la fabrication et la vente en restauration.

Il est nécessaire d'établir **un fichier avec tous les articles** qui transiteront dans l'établissement.

Ce fichier généralement informatisé est le coeur du système de gestion des marchandises, c'est pourquoi il faut prêter beaucoup d'attention à sa mise en oeuvre. Le logiciel informatique doit pouvoir fournir l'ensemble des traitements et des données étudiées dans ce chapitre et le suivant (contrôle des coûts nourriture et boissons). Ces différents paramètres sont donc à prendre en compte lors de l'élaboration du cahier des charges (voir le chapitre Informatisation d'un restaurant).

Ces articles sont classés selon leur nature en famille de produits : nourriture, boissons, produits d'entretien, produits d'accueil, fournitures de bureau etc.

Chaque famille est décomposée en gamme d'articles pour faciliter les recherches mais aussi les analyses statistiques concernant leur consommation.

Exemple :

- la famille NOURRITURE se subdivisera en gammes : boucherie, charcuterie, crèmerie, volailles, épicerie,...

- la famille BOISSONS se subdivisera en gammes : anisés, vermouths,... vins de bordeaux, vin de bourgogne,...

EXEMPLE DE FICHE ARTICLE

01-NUMERO CODE : 124801 02-NOM COMPLET : THON HUILE BTE 4/4 03-NOM REDUIT : THON HU 4/4 04-SERVICE STOC : ECONOMAT/CAVE	DATE M.A.J : 31/12/ GROUPE : NOURRITURE SOUS-GROUPE : CONSERVES POISSON
05-STOCKAGE : KILO 06-EXPLOITATION : G.NET 07-COEF. CORRESPOND. : 620	
08-STOCK MINIMUM : 12.00 STOCK THEORI. : 48.00 09-STOCK MAXIMUM : 48.00 10-STOCK REEL : 48.00	VENTE MO : 0.00 VENTE AN : 0.00
11-PRIX D'ACHAT HT : 37.00 F PRIX D'ACHAT-1 : 38.00 F PRIX MOYEN : 37.50 F PRIX MOYEN-1 : 38.00 F	
12-ARTICLE OU PRESTATION : A(rticle) ou P	

Code 05 : - l'unité de stockage est celle utilisée par le fournisseur pour la facturation

Code 06 : - l'unité d'exploitation est utilisée pour les fiches techniques

Code 07 : - le coefficient de correspondance permet de convertir en poids brut la quantité nette utilisée dans une préparation, lorsque celle-ci est différente. Dans l'exemple ci-dessus, il y a 620 grammes de thon net égoutté dans une boîte d'un kilo (4/4).

3.4. Sélectionner les fournisseurs

Il est important de bien se renseigner sur les garanties de sérieux des fournisseurs avec lesquels on décide de travailler. Il n'est pas inutile de visiter leurs locaux et les équipements afin de juger du dynamisme et des performances de ces entreprises.

D'une manière générale, il est souhaitable d'avoir deux fournisseurs pour une même gamme de produit afin :

- de prévenir toute rupture de stocks,
- de faire jouer une saine émulation entre les fournisseurs,
- d'éviter une situation de monopole pouvant entraîner des abus.

Fichier des fournisseurs

Ce fichier doit comporter pour chacun des fournisseurs de l'entreprise les informations suivantes :

- le code du fournisseur si possible le numéro du compte en comptabilité,
- le nom ou la raison sociale,
- l'adresse, le code postal et la ville du fournisseur,
- les numéros de téléphone, de télécopie et de télex de l'entreprise,
- sa domiciliation bancaire (code établissement, code guichet et numéro de compte) pour effectuer les règlements par virement,
- le nom de la personne à contacter (représentant ou agent commercial) avec son numéro de téléphone et de fax,
- le chiffre d'affaires effectué avec chaque fournisseur.

EXEMPLE D'EDITION DU FICHIER FOURNISSEURS

CODE ANNUEL	NOM FOURNISSEUR	ADRESSE	CP + VILLE	TELEPHONE	FAX	TELEX	C.A.
40000653 CONTACT	PEYROS FAVRAL représentant	83 av. Trespoey	64000 PAU	59 87 38 26 59 67 34 21	59 36 27 89	345-286	27 265,97
40000655 CONTACT	POLE SUD POLE SUD	7 av. des Pyrénées idem	31600 MURET	61 51 11 19	61 51 11 20	234-987	16 345,67
40000700 CONTACT	QUERRE Michel QUERRE Michel	Cave de la Madelaine idem	33330 ST EMILION	57 24 65 15	57 24 36 56	935-341	23 812,45

La **prospection des marchés nouveaux** fait également partie des investigations que doit mener le responsable des achats. Il s'agit d'améliorer sans cesse les rapports qualité/prix en trouvant de nouveaux fournisseurs. Ainsi il est possible de les mettre en concurrence pour obtenir de meilleures conditions de prix et de service.

3.5. Lancer et surveiller les commandes

Il existe plusieurs manières d'acheter :

- en application de **l'offre et de la demande** sur le marché de gros pour les denrées périssables telles que les fruits, les légumes, les poissons... Le choix s'opère en tenant compte des arrivages et permet souvent de bénéficier de prix avantageux.
- A la suite d'une **adjudication**. Ce procédé s'applique pour une durée déterminée à des denrées dont le prix ne subit pas de fluctuations importantes au cours d'une saison : viande, beurre, oeufs, fromages. Le principe est de faire des appels d'offres, pour mettre en concurrence un certain nombre de fournisseurs qui feront des propositions. On choisit alors celui qui consent les meilleures conditions.
- par l'intermédiaire :
  - de **centrales d'achats** pour les approvisionnements périodiques tels que l'épicerie, la verrerie, le linge, les matériels divers,
  - des **fournisseurs sélectionnés** tels que propriétaires ou négociants en vins, entreprises locales pour les jus de fruits, bière, eaux minérales, etc...

Les besoins en approvisionnements évalués d'après les règles énoncées précédemment sont transcrites sur des imprimés.

La liste de marché :

Etablie par l'économe, le chef de cuisine, puis transmise au chef des achats, la liste de marché est utilisée quotidiennement pour les 'achats directs' de denrées périssables : viande, charcuterie, poisson, légumes, crèmerie etc... qui sont théoriquement consommables dans la journée.

1er temps :

l'économe indique sur la liste de marché la quantité des produits en stock.

2e temps :

le chef de cuisine reçoit la liste de marché et fait la commande en fonction des stocks restant en cuisine.

3e temps :

la liste de marché arrive au service des achats. Le chef de ce service qui a téléphoné dans la matinée au poissonnier et au marchand de légumes pour avoir les prix du jour (pour les autres articles, les prix sont fixes) indique sur la feuille tous les prix et passe les commandes par téléphone.

4e temps :

la liste de marché est affichée à la réception des marchandises.

EXEMPLE EXTRAIT D'UNE LISTE DE MARCHE

LISTE DE MARCHÉ

	UNITÉ	EN STOCK	À COMMANDER	PRIX UNITAIRE	OBSERVATIONS
VOLAILLES					
- Canard	kg				
- Coquelet	pièce				
- Dinde	kg				
GIBIER					
- Cailles	pièce				
- Chevreuil gigue	kg				
- Faisan	kg				
TRIPERIE					
- Foie d'agneau	kg				
- Foie de veau	kg				
- Foie personnel	kg				
POISSON					
- Anguille	kg				
- Bar	kg				
- Barbue	kg				

Le bon de commande

Il est établi en plusieurs exemplaires et signé par le chef des achats et le service financier pour savoir si l'on peut se permettre la dépense et pour éviter tout problème de règlement.

Exemple de circuit des documents :

- l'original est adressé au fournisseur
- un exemplaire va au service financier
- un exemplaire va à la réception des marchandises
- un exemplaire va au service des achats

Pour faciliter la rédaction des commandes, des outils d'aide à la décision sont nécessaires et peuvent être facilement obtenus par des documents tenus manuellement ou par des éditions informatiques provenant des fichiers articles et fournisseurs :

La mercuriale est la liste des articles avec leur prix d'achat consenti par les fournisseurs.

EXEMPLE DE BON DE COMMANDE

Nom de l'entreprise :
Adresse de l'entreprise :

Tél. :
Fax :

BON DE COMMANDE Date :

	Nom et adresse du fournisseur

Veuilez fournir les marchandises aux conditions spécifiées ci-dessous :

Quantité	Unité	Désignation	P.U. H.T.	TOTAL

Date de Livraison	Mode d'expédition :	Conditions de paiement :
Visa chef des achats	Visa service financier	Visa direction

EXEMPLE DE MERCURIALE OU EDITION DES PRIX D'ACHAT

EDITIONS DES PRIX D'ACHAT ET DES PRIX MOYENS

GROUPE : NOURRITURE	SOUS-GROUPE : VOLAILLES/GIBIER				
CODE	NOM COMPLET	MOYEN -1	ACHAT -1	MOYEN	ACHAT
108000	ABATS POULETS	15,00	15,00	14,68	14,50
108100	CUISSE LIEVRE	18,00	18,00	19,87	20,50
108101	CUISSE POULET	0,00	0,00	11,80	11,80
108200	POULET ESC. PANNEE SU	44,00	44,00	42,23	41,20
108450	LAPIN	31,50	31,50	31,03	30,80
108650	POULET PAC	0,00	0,00	11,80	11,80
108651	POULET FERME	20,00	20,00	20,28	20,50
108730	RABLE DE LIEVRE	40,50	40,50	41,25	42,50

Le livre des prix permet :

1°/ de suivre la **hausse ou la baisse** des prix d'achat et de prendre les mesures correctives nécessaires : soit changement des prestations soit augmentation ou diminution du prix de vente des prestations.

EXEMPLE D'EDITION DE VARIATION DES PRIX D'ACHAT

EDITION DES VARIATIONS DE + OU - 3.00 %

GROUPE : NOURRITURE	SOUS-GROUPE : PRODUITS LAITIERS			
CODE	NOM COMPLET	Prix D'ACHAT	Prix ACHAT-1	% ECART REEL
117500	MICRO BEURRE 10 Gr	38.00	40.30	- 5.71
117600	ŒUFS 55/60	0.58	0.60	- 3.33
117650	PLATEAU FROMAGE	4.17	5.23	- 20.27

2°/ de faire **une comparaison des prix** des articles livrés par différents fournisseurs

EXEMPLE DE RECHERCHE PAR ARTICLE

N° CODE : 217400
NOM COMPLET : CHATEAU LA LAGUNE 81
STOCKAGE : BTLLE

CODE FO.	NOM DU FOURNISSEUR	PERSONNE A CONTACTER	Px ACH.
40000101	CAVE DU MIDI	CAVE DU MIDI	65,00
40000104	CORDIER	MR HEIM	68,00
40000700	QUERRE MICHEL	QUERRE MICHEL	67,00
....	....	....	....
....	....	....	....

3°/ **de visualiser tous les articles qu'un fournisseur** est susceptible de fournir

EXEMPLE DE RECHERCHE PAR FOURNISSEUR

RECHERCHE PAR FOURNISSEUR

CODE FOURNISSEUR : 40110000
NOM FOURNISSEUR : METRO
NOM DU CONTACT : MR DUPRAT

CODE	NOM COMPLET	STOCK	Px ACH	STOCK THE
109231	FOIE GRAS PAC	KILO	220.00	1.90
121000	STEACK HACH. SUR. 100 G	KILO	28.75	12.00
117500	MICRO BEURRE 10 Gr	KILO	38.00	2.00
117600	ŒUFS 55/60	UNITE	0.58	360.00
112762	SAUMON 3/4 KG	KILO	52.00	5.00
112451	LOTTE 1/2 KG	KILO	84.00	5.25
112764	SOLES FILETS	KILO	95.00	4.00
112733	ROUGETS PETITS	KILO	105.00	3.80
105001	ROGNON VEAU	PIECE	18.00	5.00
112806	DORADE ROYALE	KILO	112.00	5.00

Le diagramme ci-dessous permet d'appréhender le système d'informations du service des achats.

DIAGRAMME DES DONNEES POUR LA FONCTION ACHAT

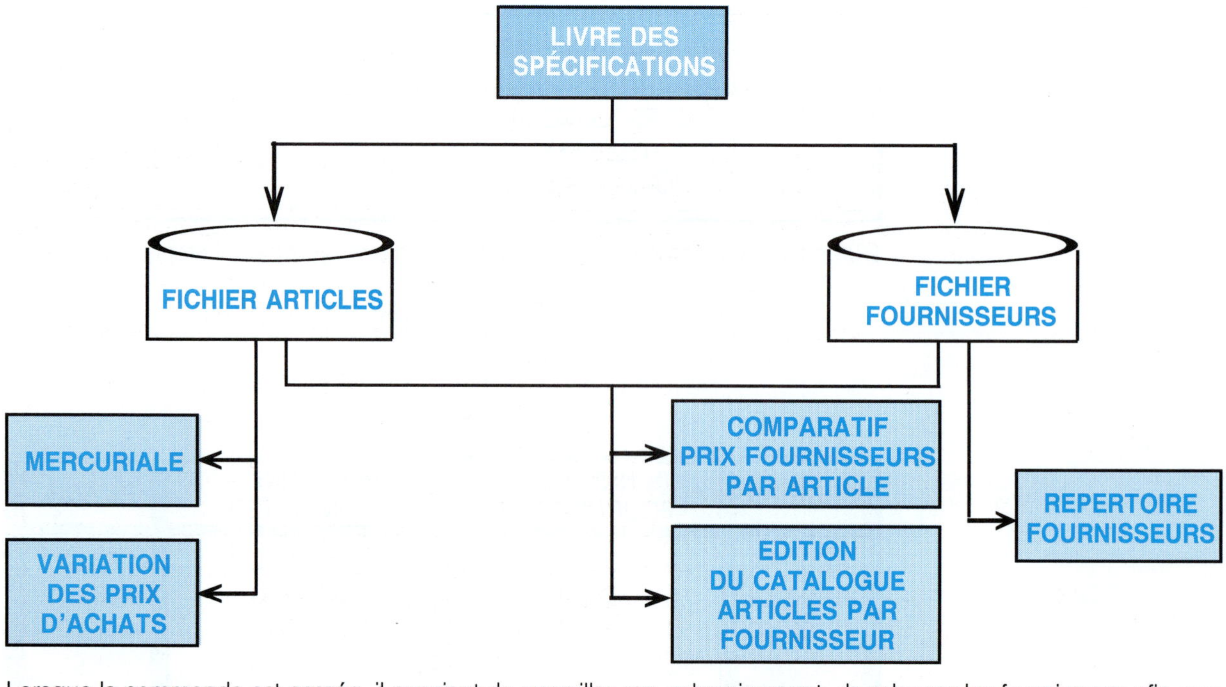

Lorsque la commande est passée, il convient de surveiller son acheminement, de relancer les fournisseurs afin que les délais de livraison soient respectés.

La fonction réception des marchandises

1 - LE RECEPTIONNAIRE DES MARCHANDISES *

Selon la taille de l'entreprise, ce travail est effectué soit par le chef d'entreprise, soit par le responsable des achats, le chef de cuisine pour les denrées périssables, ou le réceptionnaire des marchandises dans une grosse unité.

La personne chargée de réceptionner les livraisons doit posséder de bonnes connaissances sur les produits, être à la fois ferme et courtoise afin de préserver les intérêts de l'entreprise tout en gardant de bonnes relations avec les fournisseurs.

2 - LES OBJECTIFS DE LA FONCTION RECEPTION DES MARCHANDISES

- Planifier et organiser les livraisons.
- Contrôler si la livraison est conforme à la commande.
- Enregistrer les marchandises reçues.

3 - PROCESSUS DE LA FONCTION RECEPTION DES MARCHANDISES

3.1. Planifier et organiser les livraisons

Les horaires de réception des marchandises doivent être planifiés dans le temps et être respectés par les fournisseurs. Cette organisation permet :

- de réguler l'arrivée des marchandises afin d'éviter les " coups de feu ",
- de permettre un contrôle complet des marchandises,
- de respecter les normes d'hygiène et de conservation des produits ; par exemple pour éviter la rupture de la chaîne du froid,
- de prévoir les zones de stockage selon les quantités de marchandises à recevoir ; par exemple les casiers à la cave,
- de respecter les impératifs de production ; par exemple, la livraison des légumes en début de matinée,
- de planifier les horaires des employés,
- de tenir compte des contraintes de la règlementation des heures de livraison dans certaines zones urbaines.

3.2. Contrôler les livraisons

Le contrôle est quantitatif et qualitatif.

Quantitatif : la vérification s'effectue par comptage, mesurage ou pesage. La tare correspondant à l'emballage se détermine le plus souvent par l'expérience ou par sondage (poids d'une caisse ou d'un cageot pris au hasard).

---

* Réceptionnaire : personne chargée de recevoir des marchandises
Réceptionniste : employée chargée de la réception des clients dans un hôtel.

Les quantités de marchandises reçues sont comparées :

- d'une part avec celles qui ont été commandées (bon de commande ou feuille de marché),
- d'autre part avec les mentions qui figurent sur le bon de livraison du fournisseur.

Qualitatif : cette vérification porte nécessairement sur la qualité du produit mais aussi sur le calibrage et l'emballage qui renseignent sur la façon dont la marchandise a été conservée et transportée.

Contrôle des denrées alimentaires

Quelques critères de base

La viande

Toute viande de boucherie, ainsi que toute volaille est soumise à un estampillage de la part des services vétérinaires qui garantit la qualité sanitaire lors de l'abattage.

La viande de qualité possède les caractéristiques suivantes :

- couleur rouge vif pour la chair du cheval, mouton, boeuf,
- couleur rosée pour le porc et le veau,
- la graisse de la viande boeuf est de couleur crème clair,
- la graisse de mouton, veau, porc est de couleur blanche,
- au toucher, la viande doit être ferme,
- l'odeur doit être agréable.

Les volailles

Un bon poulet a de grosses pattes, un cou charnu, le bréchet flexible, la peau blanche et fine au toucher.

Classées en trois catégories, seules les volailles des classes A et B sont reconnues propres à la commercialisation.

Les poissons

L'appréciation de l'état du poisson est exprimée en termes de fraîcheur ou d'altération qui donnent deux catégories :

- A = fraîcheur sans reproche
- B = aspect et fraîcheur honnêtes.

Les caractéristiques du poisson frais sont :

- chair bien ferme,
- écailles recouvertes de " mucus " et solidement accrochées à la peau,
- œil vif et bombé,
- branchies rouges,
- anus bien fermé,
- odeur agréable.

Les œufs

Seuls les œufs de la classe A sont reconnus propres à la consommation. On distingue deux catégories :

- les ŒUFS EXTRA FRAIS qui ont moins de 7 jours de ponte,
- les ŒUFS FRAIS de 7 jours à 3 semaines.

Le calibrage des œufs est établi selon leur poids : + de 70 g, de 65 à 70 g, etc.

La coloration de la coquille n'influe pas sur la qualité : elle peut être indifféremment blanche, rousse ou mouchetée. Par contre la coquille doit être propre, car celle-ci est poreuse et l'œuf peut être contaminé par les souillures externes.

La fraîcheur de l'œuf se reconnaît :
- par la limpidité du blanc,
- l'absence de flétrissure du jaune,
- la taille minime de la poche d'air à l'intérieur.

Les fruits et légumes

Les fruits et légumes doivent être frais pour garder toute leur saveur. L'aspect extérieur est déterminant, la couleur ne doit pas être terne, les feuilles bien fermes non fanées, la peau bien lisse.

Attention au " fardage ", pratique qui consiste à mettre le beau fruit dessus et le mauvais au fond.

Les qualités des fruits et légumes sont identifiables de la façon suivante :
- EXTRA : étiquette rouge,
- CATEGORIE I : étiquette verte,
- CATEGORIE II : étiquette jaune.

Les conserves

Lors de la réception, deux vérifications sont à faire :
- l'extérieur du boitage doit être en bon état, les boîtes bombées sont le signe d'une fermentation du produit et donc à écarter.
- la date d'emballage est gravée en chiffres sur la boîte.

Les deux premiers chiffres donnent l'année, les trois suivants le jour de l'année. Exemple : 92036 signifie 5 février 1992 (36e jour de l'année).

Les surgelés

Il faut éviter tout produit surgelé ayant subi un début de décongélation. On peut les déceler de la manière suivante :
- les légumes s'agglutinent entre eux au lieu de se détacher,
- les sachets de viande présentent des traces de sang,
- les emballages humides ou détériorés ne sont jamais de bonne augure.

3.3. Enregistrer les marchandises reçues

Chaque livraison doit obligatoirement être accompagnée d'un bon de livraison ou de la facture correspondant à la marchandise. Si le bon de livraison n'est pas entièrement chiffré, c'est souvent le cas des fruits et légumes ou du poisson, il devra néanmoins mentionner le prix unitaire de tous les articles livrés.

Si une marchandise n'est pas conforme ou manquante, il faut faire corriger le bon de livraison ou la facture par le livreur et lui demander d'apposer sa signature à côté de la modification. Ces retours de marchandises font l'objet de l'envoi d'une facture d'avoir de la part du fournisseur.

A l'aide des bons de livraisons et/ou des factures, le réceptionnaire peut procéder à la « saisie » informatique des marchandises reçues.
La saisie sur informatique permet d'automatiser le traitement des données :

1°/ du fichier articles :

- mise à jour des stocks (inventaire permanent)
- mise à jour du dernier prix d'achat
- mise à jour du prix moyen pondéré (voir calcul au paragraphe « Gestion des stocks »)
- mise à jour des fiches techniques avec les nouveaux prix moyens pondérés.

2°/ du fichier fournisseurs :

- cumul des marchandises achetées par fournisseur permettant la vérification de la facture ou du relevé de factures en fin de mois
- mise à jour des prix des produits qui figurent au catalogue de chaque fournisseur.

Pour des raisons de coût de main d'oeuvre et de temps de réalisation, ce travail de traitement sur les fichiers est impensable à faire manuellement de nos jours.

La saisie des données sur informatique génére des états permettant de suivre les flux des marchandises en temps réel.

Lorsque le contrôle est terminé, les marchandises sont acheminées vers les services :
- cuisine pour les denrées périssables
- économat pour les denrées non périssables
- cave pour les boissons
- économat pour les produits d'entretien et la papeterie.

Certaines denrées à coût élevé font l'objet d'un contrôle particulier, c'est le cas des viandes et produits de luxe ; dans ce cas les colis reçoivent un étiquetage spécial (voir le paragraphe « Contrôle des denrées à prix élevés »).

Récapitulatif du bon de livraison

N° Fournisseur : 40000101
Fournisseur : CAVE DU MIDI
Date du BL : 23/06/92
Numéro du BL : 000562
Montant HT : 2194.350
T.V.A. : 408.149
Montant TTC : 2602.499

EXEMPLE DE SAISIE DE BON DE LIVRAISON

NUM	CODE	NOM COMPLET	A/P	SERVICE STOCKAGE	UNITE	QUANTIT	Px UNIT	Mt NET	T.V.A.
1	200000	AMBASSADEUR	P	ECONOMAT/CAVE	BTLLE	3	44.25	132.75	24.691
2	200103	CINZANO ROUGE	P	ECONOMAT/CAVE	BTLLE	3	36.45	109.35	20.339
3	200150	DUBONNET	P	ECONOMAT/CAVE	BTLLE	6	42.65	255.9	47.597
4	200501	MARTINI BLANC	P	ECONOMAT/CAVE	BTLLE	3	39.15	117.45	21.845
5	200502	MARTINI ROUGE	P	ECONOMAT/CAVE	BTLLE	6	41.55	249.3	46.369
6	200505	NOILLY PRAT DRY	P	ECONOMAT/CAVE	BTLLE	3	44.85	134.55	25.026
7	201600	PASTIS 51	P	ECONOMAT/CAVE	BTLLE	6	68.75	412.5	76.725
8	202050	BALLANTINES	P	ECONOMAT/CAVE	BTLLE	6	72.45	434.7	80.854
9	202100	CHIVAS	P	ECONOMAT/CAVE	BTLLE	3	115.95	347.85	64.700

GESTHOTEL : 31/12/.. FOURNISSEUR : 40000101 / CAVE DU MIDI PAGE : 1

EXEMPLE DE RAPPORT JOURNALIER DE RECEPTION DES MARCHANDISES

QUANTITE	UNITE DE MESURE	ARTICLES	PRIX UNITAIRE	MONTANT TOTAL	REPARTITION			
					DIRECT	ECONOMAT	CAVE	AUTRES
		101 DISCOL						
12	Kg	Mousse chocolat	96	1 152				
6	5/1	Cocktail de fruits sirop	28	168				
3	carton	Coupelles confirure (30 g)	36	108				
10	Kg	Sucre enveloppé	7,50	75				
20	Kg	Farine	3,50	70				
		Total Discol		1 573		1 573		
		102 LAVIT Joseph						
36	3/4	Estabel rosé	6,47	232,92 F				
24	1/2	Estabel rosé	4,48	107,52				
		... etc		...				
		Total Lavit		1 155,42			1 155,42	
		103 LA MER						
10	Kg	Barbues	50	500				
5	Kg	Soles portion	60	300				
		Total Lamer		800	800			
		Total		3 528,42	800	1 573	1 155,42	

Pour des achats exceptionnels correspondant à un besoin urgent, on est obligé parfois d'acheter au marché, ou dans des magasins de détail, des marchandises sans facture. Pour remplacer celle-ci, le réceptionnaire ou l'économe établit une pièce justificative à laquelle on joint le ticket de caisse

EXEMPLE DE NOTE D'ACHAT EN REMPLACEMENT DE LA FACTURE

FOURNISSEUR : Achat au marché

Articles	Quantité	Unité	Prix unitaire	Total
Pommes	9	Kg	9,20	82,80

Achat efffectué par M. LEONARD   Contrôle de réception assuré par M. SIMON   Le 28.3.19..

DIAGRAMME DES DONNEES DE LA FONCTION RECEPTION DES MARCHANDISES

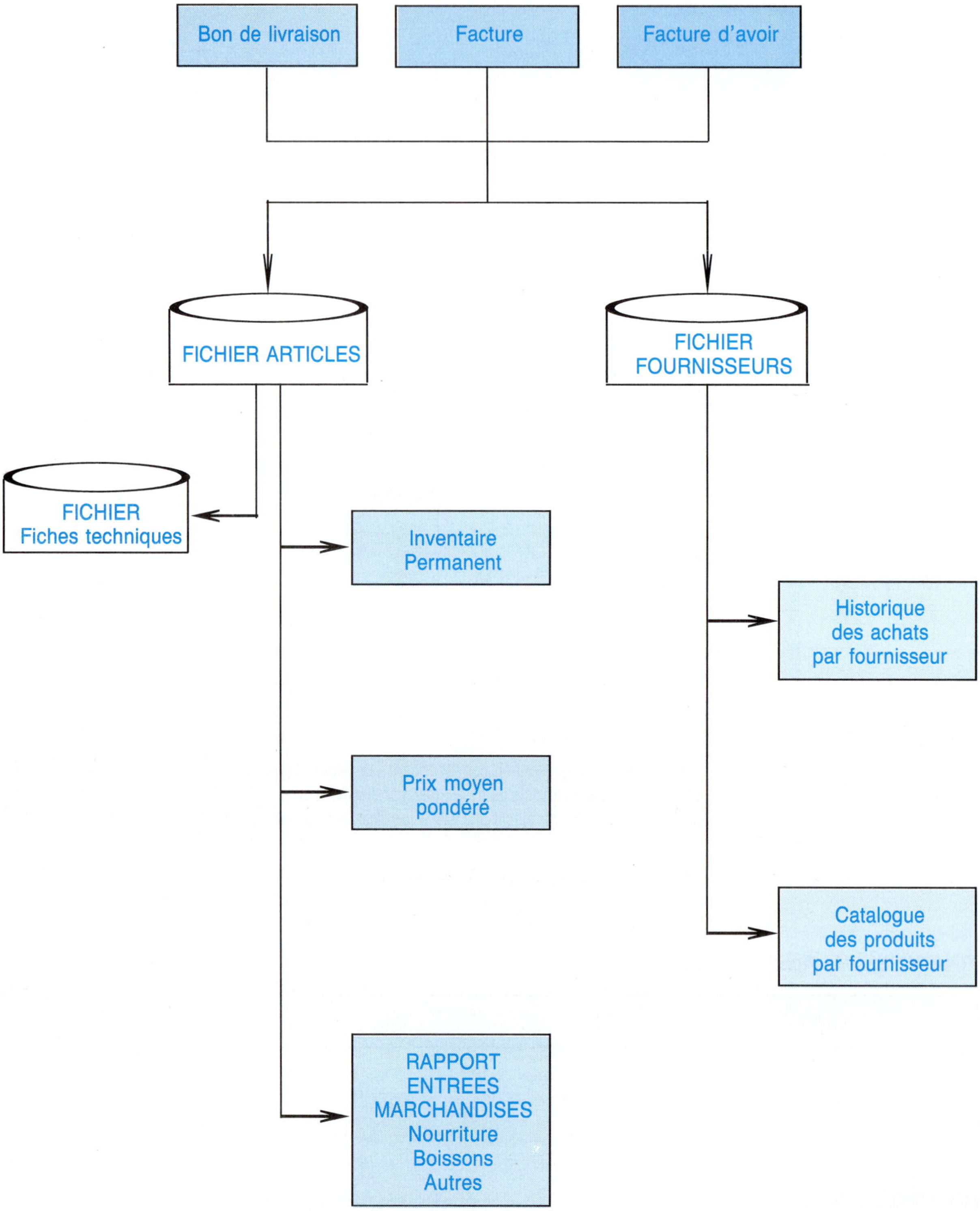

La fonction stockage

1 - L'ECONOME OU LE MAGASINIER

Dans une petite entreprise, il n'y a pas de personnel affecté à temps plein sur ce poste, c'est le patron qui s'occupe des stocks de marchandises.

Dans une structure importante de restauration, selon le volume d'activité, le travail est effectué par le responsable des approvisionnements, l'économe ou un magasinier.

2 - LES OBJECTIFS DE LA FONCTION STOCKAGE

- Organiser le rangement des marchandises reçues, pour éviter les pertes dues au gaspillage, détérioration accidentelle des marchandises ;
- Gérer les quantités de marchandises en stock afin de connaître à tout moment les disponibilités et de suivre les flux de marchandises.

3 - PROCESSUS DE LA FONCTION STOCKAGE

3.1. Organiser le rangement

La meilleure méthode semble être le classement par zone, selon catégorie d'emplois des marchandises : cuisine, pâtisserie, caféterie, etc.

Pour chaque zone on groupe les produits selon leur nature :

- conserves de poisson,
- conserves de légumes,
- conserves de fruits,
- etc.

Le classement doit permettre de trouver le plus vite possible le produit demandé afin d'éviter des déplacements ou des recherches superflues.

Dans chaque rayon, il est impératif que les derniers produits rentrés ne se retrouvent pas les premiers sortis. Pour cela il faut les placer au fond du rayon ; pour éviter beaucoup de manipulations il est intéressant d'aménager des rayonnages sans fond avec double accès.

Le principe du F.I.F.O. (first in, first out) (premier rentré, premier sorti) pour le prix doit s'appliquer pour le rangement des produits.

Une technique simple et peu coûteuse permet de bien gérer la rotation des produits dans les rayonnages. Il suffit lors de la réception des marchandises d'inscrire en gros sur chaque paquet ou boîte, la date d'arrivée à l'aide d'un stylo feutre.

Une bonne signalisation à l'intérieur des locaux doit indiquer l'emplacement où sont stockés les groupes de produits. Sur chaque rayon est apposé une étiquette avec le libellé complet du produit.

3.2. Gérer les stocks

La tenue de l'inventaire permanent est primordiale pour une bonne gestion des stocks. Cet inventaire permanent est toujours complété par le calcul du prix moyen pondéré.

Le prix moyen pondéré

Les produits entrent à l'économat au coût d'achat (prix d'achat augmenté des frais d'achat tels que commissions, transports). Or, les prix d'achat étant variables d'une livraison à une autre, il est nécessaire de calculer le prix unitaire des articles qui doit être appliqué lors de la valorisation des sorties de marchandises.

Le prix moyen pondéré est le plus utilisé, surtout depuis l'informatisation de la gestion des stocks.

Il est calculé de la façon suivante : $\dfrac{\text{Valeur du stock de l'article}}{\text{Nombre d'articles en stock}}$

Exemple :

ARTICLE : Pot de confiture individuel

	Quantité	prix unitaire	Valeur stock
En stock : Entrées :	120 pots 1 000 pots	2,50 F 2,55 F	300 F 2 550 F
TOTAL	1 120 pots		2 850 F
PRIX MOYEN PONDERE = 2 850 F : 1 120 = 2,544 F			

Contrôle des stocks par inventaire

A périodes régulières, il est nécessaire de faire l'inventaire physique des stocks, c'est-à-dire de compter les produits existant en magasin et d'en établir la liste afin de valoriser le stock.

L'inventaire sert :

- à établir le coût réel des marchandises utilisées dans l'établissement (voir chapitre « les coûts nourriture et boissons »)
- à contrôler les flux d'entrées et de sorties de marchandises et la rotation des stocks.

La procédure pour faire l'inventaire physique est la suivante :

- Editer un état préparatoire d'inventaire. Sur cette liste figure le stock théorique calculé de façon comptable à l'aide des documents justifiant les entrées et les sorties des marchandises.
- Compter les produits qui se trouvent dans les rayons et compléter l'état d'inventaire.
- Saisir sur l'ordinateur l'inventaire physique (inventaire réel).
- Comparer l'inventaire réel et l'inventaire théorique.
- Relever les écarts entre le stock théorique et le stock réel afin d'en déterminer la cause : enregistrements erronés, coulages, casse, vol etc.

EXEMPLE DE VALORISATION DE L'INVENTAIRE ET D'ANALYSE DES ECARTS

POUR LE SERVICE : ECONOMAT/CAVE

CODE	DESIGNATION COMPLETE	STOCK	Px MOYEN	Sk THEO	Sk REEL	ECt STOCK	Mt THEOR	Mt REEL	ECt MONT.
123050	BRISURES TRUFFE 1/16	B1/16	66.94	3.00	3.00	0.00	200.82	200.82	0.00
123100	CHAMPIGNONS 5/1	B.5/1	21.76	9.00	9.00	0.00	195.84	195.84	0.00
123101	CHOUCROUTE 5/1	B.5/1	27.34	8.00	7.00	1.00	218.72	191.38	27.34
123102	CONCENTRE TOMATE	B.4/4	8.88	13.00	12.00	1.00	115.44	106.56	8.88
123230	FONDS ARTICHAUD 4/4	B.4/4	14.23	22.00	22.00	0.00	313.06	313.06	0.00
120500	MAIS DOUX 4/4	B.4/4	9.29	15.00	15.00	0.00	139.35	139.35	0.00
123650	PETIT POIS 5/1	B.5/1	20.31	7.00	7.00	0.00	142.17	142.17	0.00
123800	TOMATES CONCASS. 5/1	B.5/1	22.98	15.00	16.00	-1.00	344.70	367.68	-22.98
124000	ANCHOIS FILET 4/4	B.4/4	39.50	6.00	6.00	0.00	237.00	237.00	0.00
124800	THON 4/4	b.4/4	25.95	10.00	10.00	0.00	259.50	259.50	0.00
TOTAL	INVENTAIRE						2 166.60	2 153.36	13.24

GESTHOTEL 01/06/19..

RECAPITULATIF PAR SOUS GROUPE
POUR LE SERVICE ⟶ ECONOMAT/CAVE

N°	DESIGNATION	MT REEL
23	CONSERVES LEGUMES	1 656.86
24	CONSERVES POISSONS	496.50
TOTAL	⟶	2 153.36

La rotation des stocks

La formule traditionnelle pour calculer la rotation des stocks sur une période donnée est la suivante :

$$\frac{\text{Valeur des marchandises consommées}}{\text{Stock moyen}}$$

Valeur des marchandises consommées = Stock Initial + Achats de marchandises - stock final

$$\text{Stock moyen} = \frac{\text{Stock initial} + \text{stock final}}{2}$$

Exemple de calcul de la rotation des stocks

Les données sont les suivantes :

- stock en début de mois = 55 000 F
- stock en fin de mois = 45 000 F
- Marchandises consommées dans le mois = 125 000 F.

$$\text{Stock moyen} = \frac{55\,000 \text{ F} + 45\,000 \text{ F}}{2} = 50\,000 \text{ F.}$$

EXEMPLE D'ETIQUETTE

Partie accrochée à la pièce de viande ou au colis jusqu'au moment de la distribution. Elle sera jointe au bon de cession.

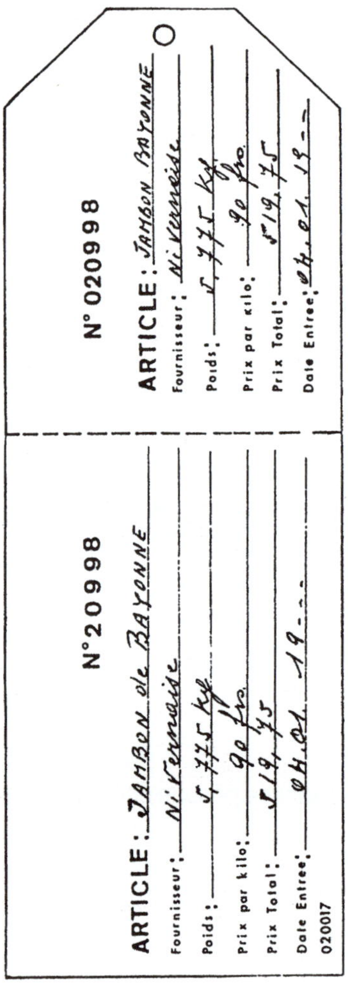

Partie jointe au rapport de réception des marchandises

Les mouvements de ces marchandises sont contrôlés par l'intermédiaire de ces deux coupons et font l'objet d'une récapitulation particulière.

$$\text{Rotation des stocks} = \frac{125\,000}{50\,000} = 2{,}5.$$

Le chiffre obtenu permet de connaître le nombre de fois où le stock a été renouvelé pour la période prise en compte. Dans notre exemple, le stock aura tourné deux fois et demi dans le mois.

Le même calcul peut être fait par catégorie de produits afin de mieux cerner le renouvellement des produits. Les produits frais doivent avoir un taux de rotation élevé entre 15 et 20 pour un mois.

La gestion des denrées à coût élevé

Les viandes de boucherie et certains produits de luxe (saumon fumé, caviar, jambon) représentent une part importante des achats, il est donc nécessaire d'adopter une procédure appropriée.

Ces marchandises sont étiquetées et gérées avec beaucoup d'attention. Elles font l'objet d'un contrôle spécifique (voir ci-contre).

DIAGRAMME DES DONNEES DE LA FONCTION GESTION DES STOCKS

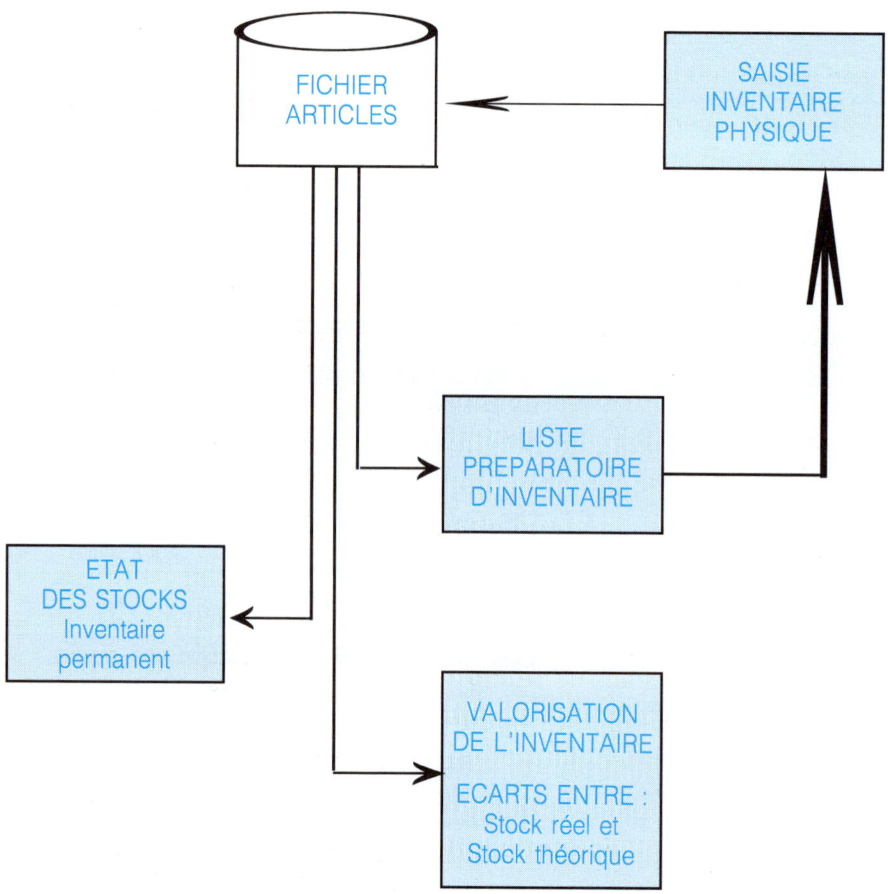

La fonction distribution

1 - LES OBJECTIFS DE LA FONCTION DISTRIBUTION

Préparer et distribuer dans les différents services de l'entreprise les marchandises nécessaires à leur fonctionnement.

Contrôler et valoriser par service les marchandises distribuées.

2 - PROCESSUS DE LA FONCTION DISTRIBUTION

2.1. Distribuer les marchandises

L'organisation de la distribution est planifiée afin de satisfaire tous les services demandeurs dans de bonnes conditions :
- les denrées alimentaires sont distribuées tous les jours, suivant les besoins des services intéressés,
- les produits d'entretien, la papeterie ne sont délivrés qu'aux jours et heures fixés pour chaque service. Ces horaires sont affichés à l'économat,
- prévoir des heures différentes de celles des livraisons par les fournisseurs,
- envisager des distributions pour les commandes exceptionnelles.

2.2. Contrôler les sorties de marchandises

Les marchandises ne sont délivrées à l'économat que sur présentation rigoureuse de bons de cession établis par chaque chef de service. Ceux-ci sont rédigés sur des carnets numérotés (manifolds) ou des imprimés qu'il suffit de compléter en indiquant les quantités.

Pour faciliter le travail de préparation de marchandises et éviter les erreurs d'imputation des sorties, il est préférable de rédiger un bon par catégorie de produits :
- denrées alimentaires, produits d'entretien, articles de papeterie.

EXEMPLE DE BON DE CESSION

DATE : **N° 01840**

NOURRITURE

Département Date

Quantité commandée	Article	Unité	Quantité distribuée	Prix unitaire H.T.	Total H.T.

Commandé par	Distribué par	Marchandise contrôlée et reçue	Contrôle

Lorsque des mouvements de marchandises se font entre deux services internes de l'établissement, il est indispensable d'établir un **« bon de transfert »** afin de pouvoir établir le coût des marchandises consommées par chaque service.

Exemple : transfert de plats cuisinées du service cuisine principale vers le service cafétéria du personnel.

La forme et la présentation du bon de transfert sont similaires à celles du bon de cession.

2.3. Valoriser les sorties de marchandises

Pour suivre la gestion des consommations des différents services ou points de vente, il est nécessaire de valoriser et de comptabiliser les bons de cession.

Que le procédé soit manuel ou informatique, il s'agit de constater les mouvements de marchandises effectués.

EXEMPLE DE SORTIES DE MARCHANDISES VALORISEES

POUR LE : 01/06/19.. TOTAL : 844.05 F

CODE ART	LIBELLE ARTICLE	STOCK /	QTE DIS	QTE TRANS	PRIX MOYEN	TOTAL
200000	AMBASSADEUR	BTLLE	2.00	1.00	40.11	40.11
201100	CASANIS	BTLLE	2.00	1.00	65.81	65.81
202260	GLENFIDDICH	BTLLE	9.00	2.00	110.00	220.00
202100	CHIVAS	BTLLE	4.00	1.00	110.79	110.79
213100	COCA COLA 1/4	QUART	126.00	12.00	2.82	33.84
213760	SCHWEPPES	QUART	120.00	15.00	2.94	44.10
215651	PERRIER 1/4	QUART	144.00	15.00	2.85	42.75
215865	VITTEL 1/4	QUART	82.00	6.00	2.15	12.90
....	....	....		....	....	....
....	....	....		....	....	....
....	....	....		....	....	....

DIAGRAMME DES DONNEES DE LA FONCTION DISTRIBUTION

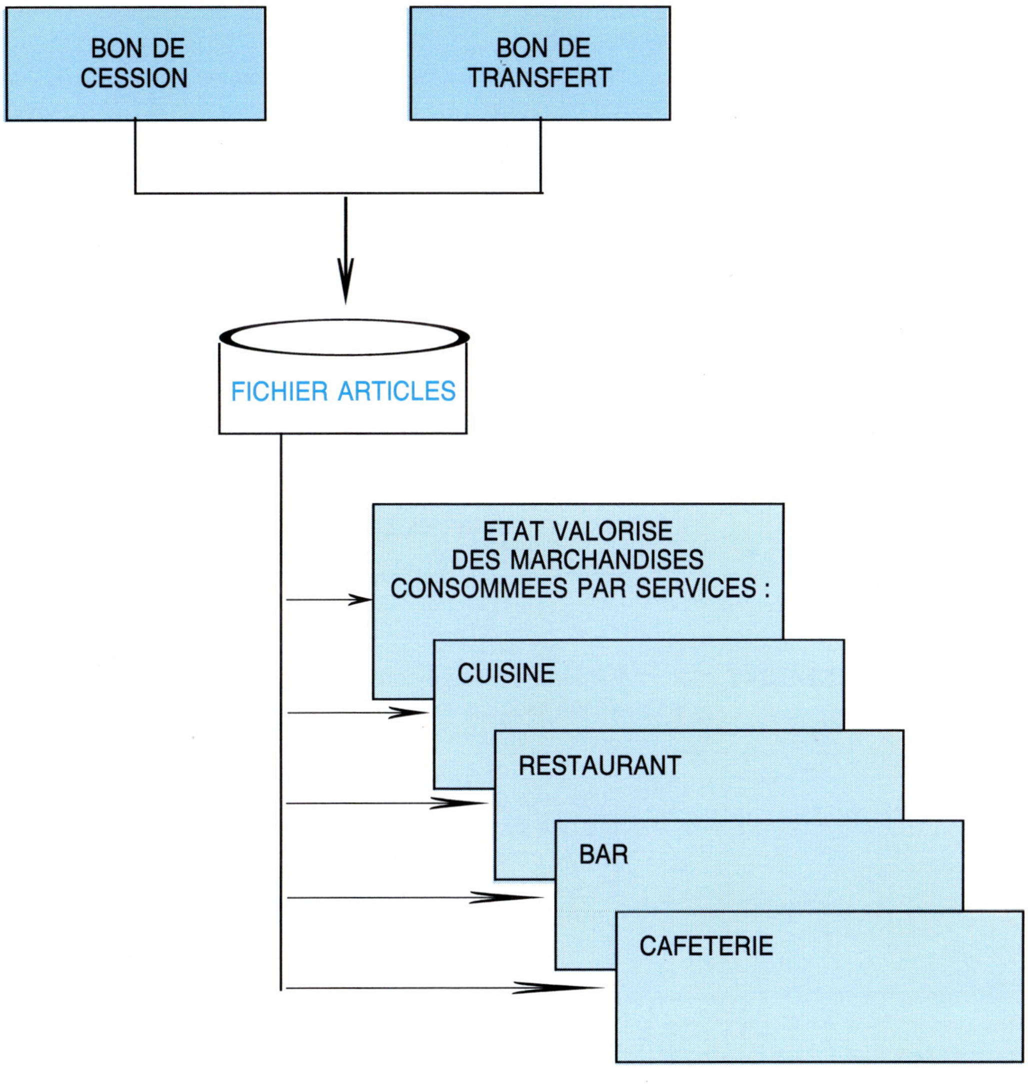

L'économat

1 - SITUATION

L'implantation des locaux de stockage des denrées alimentaires doit respecter le schéma du principe de la 'marche en avant' ci-dessous. Le principe sous-entend qu'aucun circuit contaminant (circuit entrées marchandises à l'état brute, circuit déchets, circuit vaisselle sale) ne croise un circuit de denrées propres à être consommées.

Les locaux de réserve sont en général groupés à proximité de l'entrée des marchandises, de plain-pied avec l'extérieur. Un quai de déchargement pour les camions et des portes suffisamment larges facilitent les livraisons.

EXEMPLES DE NORMES POUR LA SURFACE DE STOCKAGE

Nbre couverts / JOUR	Surface / client	Surface locaux de stockage
50 à 300	0,25 m	12,5 à 75 m
450 à 600	0,20 m	90 à 120 m
900	0,15 m	135 m
1200	0,14 m	168 m
2000	0,125 m	250 m
5000	0,07 m	350 m

Il faut adapter ces normes à la formule de restauration choisie et à la politique de stockage de l'entreprise

2 - AGENCEMENT

Pour assurer le stockage dans de bonnes conditions, les locaux destinés à recevoir les marchandises doivent être :

- aérés et ventilés, en vue d'éviter l'accumulation de la vapeur, des odeurs et des gaz dus aux produits volatils ;
- aussi secs que possible : l'humidité nuit à la conservation de certains produits tels que sucre, chocolat, biscuits, fruits secs, etc. et favorise la rouille des boîtes de conserve ;
- frais, de température constante à l'abri des rayons solaires ; la température optimale est de 15°C ;
- protégés contre les insectes et les rongeurs (les matériaux de construction tels que pierre, brique, carrelage, etc... sont spécialement recommandés) ;
- munis de dispositifs antivols, barreaux, grillage fin, serrure de sûreté, alarme.

La répartition des surfaces de stockage et leur aménagement se font selon la nature des produits à stocker que l'on peut classer en quatre catégories :

- denrées alimentaires, produits d'entretien, papeterie, petit matériel d'exploitation cuisine et restaurant

Les denrées alimentaires

Selon l'organisation mise en place il est parfois nécessaire d'implanter à l'économat des équipements de froid, en plus de ceux existant en cuisine, pour conserver les produits périssables. C'est le cas par exemple pour les viandes, poissons et autres produits à coûts élevés. (saumon fumés, caviar etc.).

L'épicerie conditionnée et les conserves seront stockées sur des étagères larges et compartimentées.

L'épicerie en vrac (farines pâtes, riz etc.) sera stockée dans des meubles à grands tiroirs ou des meubles à distribution automatique de produits en vrac, installés sur des caillebotis à même le sol.

Les produits d'entretien

En raison de leur caractère éventuellement toxique :

- il convient de ne jamais emmagasiner de produits d'entretien dans des locaux à usage alimentaire (cuisines, restaurants et leurs annexes), ceci afin d'éviter des pollutions par contact
- il est expressément recommandé d'employer les récipients d'origine munis de l'étiquette réglementaire spécifique, afin d'éviter des empoisonnements graves (en transvasant dans une bouteille sans étiquette, par exemple), ou éventuellement, de pouvoir indiquer au corps médical l'origine de l'intoxication.

La papeterie

Elle regroupe tous les articles destinés aux bureaux (papier à lettres, enveloppes, etc.) au restaurant (carnet de bons, menus, nappes en papier) à la cuisine (papier dentelle, gaufré, sulfurisé). Ces articles seront enfermés dans des placards à l'abri de la poussière.

Petit matériel d'exploitation

Petit matériel utilisé pour le remplacement ou le renouvellement des ustensiles usagés ou perdus, il est stocké dans des réserves spécifiques. Il s'agit :

- pour le restaurant : des verres, assiettes, couverts, et autres ustensiles nécessaires,
- pour la cuisine : des faitouts, des fouets, des plaques de cuisson etc..

Equipement complémentaire

Pour les tâches administratives : bureau, appareil téléphonique, appareil de télécopie, ordinateur, armoires de rangement pour les dossiers, etc.

Pour le contrôle : bascule, force 10 à 100 Kg ou plus, balance, force maximum 10 Kg, balance, force 500 g, mesures de capacité, de longueur, thermomètre, sondes destinées aux prélèvements à l'intérieur des fromages, sondes pour légumes secs dans de gros emballages, etc.

Pour les transports : monte-charge, chariots à roues caoutchoutées, etc.

Pour le bricolage : marteau, pince coupante, pince universelle, arrache-clous, burin, couteau à couper le carton, ouvre-boîte, décapsuleur.

3 - ENTRETIEN ET HYGIENE

La bonne conservation des denrées dépend en grande partie de la propreté et de l'hygiène qui règnent à l'économat, à la fois dans les locaux et à l'intérieur des chambres froides.

Locaux

Les sols carrelés, seront nettoyés chaque jour, et maintenus secs, sans taches de graisse susceptibles de provoquer des accidents.

Les murs et plafonds seront lessivés au moins une fois par an.

Les étagères seront maintenues parfaitement propres.

Les chambres froides nécessitent un entretien :

JOURNALIER :
- élimination de débris et salissures (feuilles de salade, œufs cassés, etc...),
- contrôle systématique de la température à l'aide d'un thermomètre placé en permanence dans chacune des chambres froides. Toute anomalie doit être signalée au service d'entretien.

HEBDOMADAIRE : nettoyage intérieur complet :
- brossage des surfaces, rayonnages, clayettes, avec solution d'un détergent autorisé,
- rinçage à l'eau claire,
- aération pour séchage.

MENSUEL : désodorisation et désinfection des chambres, sols, pavés, accessoires, avec une solution bactéricide inodore.

ANNUEL : vérification, par un spécialiste, de tout le système de réfrigération.

CARACTERISTIQUES DES ETAGERES ET DES RAYONNAGES

Matériaux de base ayant la qualité « alimentaire »	Acier inoxydable	Alliage d'aluminium anodisé (type duralinox anodisé)
Utilisations recommandées ou obligatoires	Chambres froides, contact direct avec les aliments, cuisines, laboratoires (possibilité d'utiliser dans certains cas l'acier chromé recouvert de film résine ou verni epoxy). Se conformer à la législation dans tous les cas.	Réserves, économats. Uniquement là où il n'y a pas contact direct avec les aliments.
Avantages	Inoxydable en un lieu humide, chargé de vapeurs et froid. Indispensable en chambre froide.	Léger et moins onéreux que l'acier inoxydable.
Entretien	Facile avec éponge ou au jet, possibilité de passer les clayettes au lave-vaisselle.	Simple avec un coup d'éponge humide.
Hygiène et montage	Clayettes. Ne retiennent pas les condensats, coulures, etc. pas d'angles aigus.	Mêmes caractéristiques que l'acier inoxydable en ce qui concerne la tehnique du montage.

CHAPITRE 8

Contrôle Nourriture et Boissons

Introduction

La mise en place de standards

L'élaboration du coût réel

L'élaboration du coût théorique des marchandises revendues

L'analyse des coûts

Les contrôles opérationnels

Contrôle spécifique des boissons

Introduction

La mise en place d'une procédure de contrôle Nourriture et Boissons a pour objectif de vérifier l'état des différents flux de marchandises qui transitent dans l'entreprise et de calculer les coûts des denrées utilisées pour une période donnée, afin de les comparer :

- aux normes professionnelles du secteur de la restauration
- aux standards établis dans l'entreprise
- aux coûts relatifs à des périodes correspondantes de l'exercice précédent.

Le rapprochement des coûts avec ceux du secteur de la restauration se fera par catégorie d'établissement. Selon le type d'établissement, le coût matières (Nourriture et Boissons) représente une part du chiffre d'affaires hors taxes pouvant aller de 28 % pour la restauration à thème à 40 % pour la restauration gastronomique.

La bonne appréciation des coûts Nourriture et Boissons permet de fixer les prix de vente nécessaires pour couvrir les charges de l'exploitation et dégager un bénéfice convenable.

Pour être efficace une procédure de contrôle des coûts Nourriture et Boissons doit répondre à un objectif précis qui soit adapté à la nature et à la taille de l'entreprise et aux moyens dont elle dispose.

L'objectif du contrôle dans une entreprise familiale, où l'ensemble des opérations d'achats, de production, de vente est accompli par un couple de propriétaires, ne demande pas la mise en place d'une procédure sophistiquée. Celle-ci entraînerait une surcharge de travail intolérable pour les exploitants sans apporter des avantages conséquents pour l'entreprise. Cependant dans tous les cas il faut réaliser un contrôle complet, c'est-à-dire contrôler toutes les entrées et les sorties de marchandises.

Les bases d'un contrôle approfondi résident dans la confrontation entre les prévisions établies en matière de coûts et les résultats effectifs obtenus. L'analyse des écarts constatés permet l'application de mesures correctives.

Le contrôle de gestion s'attache, en définitive, à rechercher pourquoi les prévisions établies ne sont pas réalisées. Les conclusions que l'on pourra en tirer serviront à leur tour, à des prévisions ultérieures.

Une procédure complète de contrôle des coûts Nourriture et Boissons comprend plusieurs étapes que nous allons étudier :

- la mise en place de standards spécifiques à l'entreprise,
- l'élaboration du coût réel,
- l'élaboration du coût théorique,
- l'analyse des coûts,
- les contrôles opérationnels.

La Mise en place de standards

1 - DEFINITION

La définition du produit de restauration étant faite, en adéquation avec les besoins du marché, les politiques d'achats, de production et de ventes sont traduites en exigences par rapport à ce produit : ce sont les standards.

Un standard est un ensemble de caractéristiques servant à déterminer les exigences de tous ordres auxquelles doit satisfaire un produit, que ce soit au niveau de l'achat, de la production ou de la vente.

Ils sont mis en place par une équipe de personnel qui comprend le directeur de la restauration, le responsable des achats, le chef contrôleur, le chef de cuisine et les responsables des unités de restauration (grill, banquets, bar etc.).

En restauration, il existe au moins deux catégories de standards indispensables pour une organisation rationnelle :

- les standards d'achats,
- les standards de production.

Les standards de production permettent de déterminer le coût théorique des marchandises utilisées, ce qui représente une base de prévision.

Le coût réel est la constatation de la consommation effective des marchandises. Celui-ci devra être le plus proche possible du coût théorique, sinon égal. Toute différence fera l'objet d'une étude permettant de justifier l'écart, qu'il résulte de perte, de gaspillage, ou de coulage.

Les standards représentent donc un moyen de contrôle efficace pour l'entreprise, et une base de travail nécessaire pour le personnel.

2 - LES STANDARDS D'ACHATS

Les standards d'achats concernent tous les articles utilisés pour la préparation de plats et l'élaboration des menus.

Répertoriés dans un " livre de spécifications " les standards d'achats décrivent de façon précise et complète la qualité, la taille, la conformité, et les particularités éventuelles des articles utilisés.

(Cf. le paragraphe " Les standards d'achats " dans le chapitre 7).

3 - LES STANDARDS DE PRODUCTION

3.1. La composition des portions

Définition

La composition des portions est la détermination en quantité et en qualité des mets à servir pour les articles mis en vente.

Un établissement hôtelier exploitant plusieurs formules de restauration en établira, pour chaque point de vente, la composition en fonction des politiques de produits qui ont été décidées.

Utilité

La composition des portions est une notion très importante pour les raisons suivantes :
- le client doit pouvoir retrouver la même quantité et la même qualité pour un plat consommé à des dates différentes ;
- le même plat doit être servi de la même manière à tous les clients ;
- si les portions ne sont pas respectées le client ou l'entreprise sont lésés ;
- le non respect des quantités peut entraîner une augmentation du coût de nourriture.

EXEMPLE : POIDS DES ARTICLES DE BASE

LISTE DES PLATS	RESTAURANT GRILL	RESTAURANT GASTRONOMIQUE
ENTRECOTE	180 g	220 g
FILET DE BOEUF	120 g	180 g
COTE DE VEAU	130 g	180 g
POULET	1,3 g / 4pers	

Il est nécessaire de s'assurer de l'adhésion du personnel aux normes fixées. Pour cela, il faudra désigner les personnes responsables du piéçage des denrées.

Le personnel le plus apte à remplir cette fonction est le boucher ou garde-manger en cuisine, le trancheur ou les chefs de rang en salle. Ces responsables devront posséder la liste de référence concernant les poids déterminés pour chaque portion, et le matériel nécessaire pour accomplir leur tâche (balance, couteaux de tranche, etc.).

3.2. La fiche technique de fabrication

Définition

La fiche technique de fabrication est en quelque sorte la carte d'identé d'une prestation.

Il est nécessaire d'établir une fiche technique de fabrication pour toutes les prestations composées de plusieurs articles.

Exemples : plats à la carte, cocktails de boissons.

Ces fiches techniques de fabrication doivent comporter les renseignements suivants :
- le nom de la prestation et l'unité de restauration dans laquelle elle est servie,
- la date de réalisation de la fiche,
- le nombre de portions,
- les quantités et prix d'achat des différents articles qui composent la prestation,
- le coût de la prestation par personne ou par portion,
- le prix de vente de la prestation,
- le ratio coût matières des marchandises utilisées exprimé en pourcentage,
- les principales techniques utilisées pour la fabrication,
- la catégorie de matériel à utiliser pour servir. Par exemple le type de verre, la taille du légumier etc.,
- la présentation de la prestation : dressage sur plat ou à l'assiette et décoration (une photo du plat ou du verre à servir peut être apposée sur la fiche technique cf. " Restaurant Théorie et Pratique " tome 1 P.87. " La Cuisine " Neirinck, Planche, Sylvestre Éd. J. Lanore).

Ces fiches seront classées par point de vente et distribuées aux responsables :
- Directeur de la Restauration.
- Contrôleur Nourriture et Boissons.
- Chef de cuisine et chefs de partie.
- Chef des bars et barmen, etc.

Les formes de présentation des fiches techniques sont très nombreuses, l'important est que le contenu réponde aux attentes des utilisateurs. L'exemple ci-dessous est la fiche d'un plat de la carte, un exemple de fiche de fabrication pour cocktail est donné au chapitre traitant le bar.

Utilité

Les fiches techniques permettent :
- de déterminer le coût matière théorique de chaque prestation et par conséquent servent de document de base pour le calcul du coût théorique total sur une période ;
- de suivre l'évolution des coûts par prestation et de prendre des décisions au niveau de sa rentabilité (augmentation du prix de vente ou suppression ou promotion) ;
- d'assurer une certaine uniformité dans la qualité de préparation des plats, quelque soit l'origine de la qualification professionnelle du personnel.

Contrôle

Les fiches techniques doivent être mises à jour par le contrôleur le plus souvent possible, sinon elles perdent beaucoup de leur crédibilité lors du calcul du coût théorique. Les mises à jour se font au niveau des prix, mais parfois au niveau des quantités si un réajustement est nécessaire. L'utilisation d'un système de gestion informatisé permet la mise à jour des fiches techniques de fabrication après chaque livraison de marchandises. La valorisation des articles se fait généralement sur la base des coûts moyens pondérés.

3.3. Test de rendement des denrées

Définition

Le test de rendement des denrées permet de calculer le poids ou le volume net d'un article au moment où il est prêt à cuire ou à être consommé.

La différence de ce poids net avec le poids brut peut constituer soit une perte soit une récupération.

Les tests de rendement sont essentiellement destinés aux articles de boucherie, cependant, ils peuvent être appliqués pour d'autres articles subissant des pertes lors de leur préparation préliminaire. (Poisson frais entier, saumon fumé entier, jambon cru à l'os entier etc.).

Utilité

Le test de rendement permet de calculer le prix net des articles qui constituent la base d'une préparation, ce qui facilite et améliore la procédure d'élaboration du coût matières.

Il est également un bon critère de comparaison. A prix égal et à qualité égale, on achètera la pièce qui a le poids net le plus élevé, c'est-à-dire qui présente le moins de perte.

EXEMPLE DE TEST DE RENDEMENT

Denrée :	**BŒUF**	Date :	**17 MAI 19..**
Pièce :	**LONGE**	Fournisseur :	**RAMUNTCHO**
Nombre de pièces : **1**		Prix au kilo H.T. : **42 F.**	
Poids total : **15 kilos**		Prix total H.T. : **630 F.**	

		Poids		Coût	
Ligne		**Kilo**	**%**	**F./Kilo**	**Total**
1	**Poids initial**	15,000	100,00 %	42,00	630,00
2	**Déchets (os, parures)**	4,500	30,00 %		
3	**Poids net vendable**	10,500	70,00 %	63,00	630,00
4					
5					
6	**Répartition**				
7	- Entrecôte	5,400	36,00 %	64,50	348,30
8	- Minute Steak	2,700	18,00 %	64,50	174,15
9	- Steak haché	2,400	16,00 %	44,80	107,55
10					
11	TOTAL REPARTITION	10,500	70,00 %	63,00	630,00

Ligne	**PIECE ENTIERE CUITE**	**Kilo**	**%**	**F./Kilo**	**Total**
13					
14					
15					
16					
17					

COUT DE LA PORTION CRUE OU CUITE ET FACTEUR DE COUT

	Nom du plat	Poids portion	Nombre portions	Coût portion	Coût total	Facteur de coût
18	Entrecôte	180 g	30	11,61	348,30	0,2764
19	Minute steak	150 g	18	9,67	174,15	0,2303
20	Steak haché	100 g	24	4,48	107,55	0,1067
21						
22						

CALCUL DES TESTS DE RENDEMENT

Ligne 1 - poids initial de la pièce crue avec prix unitaire et prix total. La pièce de viande est alors préparée normalement et découpée en morceaux.

Ligne 2 - poids des déchets non vendables (os, graisse, nerfs...).

Ligne 3 - poids net de la viande vendable.

Lignes 6,7,8,9 : la répartition est faite en fonction de l'utilisation future des morceaux de viande.

Pour chiffrer cette marchandise, on affectera, autant que possible, un prix au kilo pour les morceaux de second choix comme si on devait l'acheter sur le marché (dans notre exemple le steack haché). Le coût des morceaux de second choix est déduit du coût total de la viande utilisable. Le coût restant est affecté aux autres morceaux.

Si la pièce de bœuf est cuite entière pour être servie et découpée en salle à la voiture de tranche, la deuxième partie du formulaire est utilisée pour calculer le poids net servi au client après déduction de la perte de poids due à la cuisson ainsi que des parures non servies.

Si les morceaux de viande sont servis piécés, il sont alors coupés en portions aux dimensions standards.

Les différentes catégories de viande qui représentent chacune un plat sur la carte du restaurant, ainsi que leur poids standard, sont inscrits sur les lignes 18, 19, 20 du formulaire.

Le coût de l'entrecôte, du minute steak et du steak haché est obtenu en disant le coût total du morceau dans lequel il a été coupé par le nombre de portions obtenues.

Le « facteur de coût » est un élément important qui facilite et accélère les procédures de calcul des coûts. Il permet d'obtenir un réajustement permanent du coût de la portion en cas de variation du prix unitaire au kilo de la pièce de viande brute.

On obtient le « facteur de coût » d'une portion standard de la manière suivante :

Méthode :

$$\text{FACTEUR DE COUT} = \frac{\text{COUT DE LA PORTION STANDARD}}{\text{PRIX D'ACHAT AU KILO DE LA PIECE ENTIERE}}$$

Exemple chiffré : l'entrecôte $\dfrac{11{,}61}{42} = 0{,}2764$

Si, dans notre exemple, le prix unitaire au kilo passe de 42,00 francs à 45,00 francs, les coûts des portions seront aisément calculés de la manière suivante :

Entrecôte 0,2764 × 45,00 F. = 12,43 F.
Minute steak 0,2303 × 45,00 F. = 10,36 F.
Steak haché 0,1067 × 45,00 F. = 4,80 F.

Une fois les standards d'achats et de production mis en place, il faut contrôler périodiquement les dépenses réelles de marchandises : c'est l'élaboration du coût réel, à comparer ensuite avec le coût théorique.

L'élaboration du coût réel

1 - DEFINITION DES OBJECTIFS

Les objectifs de la procédure de contrôle des coûts nourriture et boissons doivent répondre aux questions suivantes :

- Dans quel type d'organisation et de structure s'exerce le contrôle ?
- Quels sont les coûts intéressants pour l'analyse d'exploitation ?
- Quelle sera la périodicité des contrôles ?

1.1. Structure de l'entreprise

Pour notre étude, nous distinguerons deux types d'organisation :

- les établissements de petite et moyenne structure qui recouvrent la majorité des unités de restauration. Ceux-ci disposent d'une cuisine de production qui fournit une ou deux salles de restaurant. Il n'est pas nécessaire de mettre en place un contrôle permanent des stocks dans les magasins, économat, cave centrale etc. ;
- les établissements hôteliers de grande capacité gèrent plusieurs unités de restauration et points de vente de boissons. La production dépend d'une cuisine centrale aidée parfois par des cuisines-relais sur chaque unité de vente. Dans ce cas, il est nécessaire de calculer le coût nourriture et boissons pour chaque point de vente et de suivre l'inventaire permanent des stocks des magasins.

1.2. Nature des coûts

Suivant le degré d'analyse que l'on souhaite obtenir on peut effectuer les calculs des coûts de façon globale ou éclatée sur plusieurs niveaux.

Exemple

Coût global	Coûts éclatés	
	par famille	par gamme
Nourriture et boissons confondues	nourriture	boucherie
		poissons
		produits laitiers
		fruits et légumes
		etc.
	boissons	vins fins en bouteilles
		champagnes
		eaux de vie et alcools
		bières
		boissons sans alcools
		etc.

L'élaboration du coût nourriture est le plus complexe, c'est pourquoi le principe et la méthode développés dans ce chapitre portent essentiellement sur cette famille de produits. Le coût boissons est plus facile à contrôler, car la majorité des articles sont revendus en l'état, sans transformation. Son calcul suit la même procédure que le calcul du coût nourriture.

Pour le contrôle des boissons servies au bar, voir le chapitre « le bar et les débits de boissons ».

1.3. La périodicité des contrôles

Quelle que soit l'entreprise et la nature du coût qui fait l'objet d'un contrôle, le calcul ne peut se pratiquer qu'entre deux dates.

Les périodes généralement appliquées en hôtellerie sont :

- le jour,
- la semaine,
- la décade (10 jours),
- la quinzaine,
- le mois.

La pratique consistant à attendre la fin de l'année pour connaître le verdict du comptable relève de l'inconscience.

Pour une entreprise de structure moyenne, il est bon d'utiliser une procédure permettant le calcul du coût journalier et du coût mensuel. Pour une structure plus complexe, le calcul sera plus fréquent : la décade, voire la semaine.

Les différentes méthodes d'élaboration des coûts ont pour but la détermination du montant réel des marchandises vendues, calculé chaque jour et cumulé au fur et à mesure.

L'intérêt du travail réside dans la comparaison de ces coûts avec les ventes réelles correspondantes, c'est-à-dire dans le calcul du coût nourriture, aussi bien journalier que cumulé.

Selon la structure, de l'entreprise et les objectifs du contrôle, l'analyse sera plus ou moins poussée. Nous allons étudier le principe et la procédure selon deux types de structures.

2 - PROCEDURE DE BASE DANS UNE ENTREPRISE DE PETITE ET MOYENNE STRUCTURE

Comme cela a été dit plus haut le contrôle sera journalier et mensuel.

Les deux familles de produits nourriture et boissons seront analysées séparément.

Dans cette structure il n'est généralement pas possible de tenir un inventaire permanent ou de faire un inventaire quotidien. C'est pourquoi on considère la valeur des inventaires marchandises comme constante. Ceci est possible en restauration car la variation des stocks moyens est très faible et la rotation des stocks assez rapide. En effet, le délai est d'une à deux journées pour les produits frais qui constituent 80 % des matières utilisées et 2 à 3 semaines pour les produits d'épicerie.

Ces données s'appliquent aux établissements dont les responsables assument l'exploitation avec une certaine rigueur.

Cette procédure s'accommode mal des stocks importants, il faudra donc veiller à minimiser ceux-ci. Pour les établissements qui possèdent des grandes caves à vins qui constituent un investissement pour le moyen terme, il sera nécessaire de gérer les sorties journalières des stocks.

Les informations nécessaires pour déterminer le coût nourriture sont les suivantes :

- montant des achats journaliers et cumulés depuis l'inventaire du début du mois,
- montant du chiffre d'affaires journalier et cumulé depuis l'inventaire du début du mois.

Tous ces chiffres sont comptabilisés hors taxes. Le nombre de colonnes dépend du nombre de fournisseurs référencés.

EXEMPLE DE FEUILLE DE SAISIE JOURNALIERE POUR LE CALCUL DU COUT NOURRITURE OU BOISSONS

	Fournisseurs					Achats du jour hors taxes	Achats cumulés hors taxes	Chiffre d'affaires du jour H.T.	Chiffre d'affaires cumulé H.T.	Ratio cumulé en % (*)
Date	Métro	Charal	Marée	Bonpain	etc					
1	2 345,98	5 167,75	3 587,95	457,90		11 559,58	11 559,58	30 419,95	30 419,95	38,00 %
2	1 456,34	3 425,67		365,50		5 247,51	16 807,09	22 102,20	52 522,15	32,00 %
3	2 436,60		2 345,65	345,75		5 128,00	21 935,09	16 456,12	68 978,27	31,80 %
4	1 234,55	4 876,65	1 472,45	487,20		8 070,85	30 005,94	24 907,64	93 885,91	31,96 %
28										
29										
30										
31										
TOTAL										

(*) Le ratio cumulé du coût nourriture ou du coût boissons exprimé en pourcentage est calculé selon la formule suivante :

Méthode

$$\frac{\text{Montant des achats cumulés x 100}}{\text{Chiffre d'affaires hors taxes cumulé}} = \text{ratio coût matières}$$

Cette procédure de contrôle quotidien du coût matières présente de nombreux avantages :

- le restaurateur doit relever le montant des achats quotidiens en utilisant des bons de livraison valorisés ou bien la facture. Celui-ci devra être vigilant et exiger de ses fournisseurs que toutes marchandises livrées soient accompagnées soit d'une facture soit d'un bon de livraison indiquant la quantité, le prix unitaire et le montant pour chaque article.
- L'obligation de tenir à jour ce document incite à un contrôle plus rigoureux des livraisons aussi bien qualitativement que quantitativement.

- Quelques vérifications sont toujours bénéfiques :

  Quantités commandées = quantités livrées = quantités facturées.
  Prix communiqués à la commande = prix pratiqués à la livraison.

  - L'addition verticale des colonnes où sont reportés les montants des bons de livraison par fournisseur permettra de contrôler leurs factures en fin de mois.
  - Si les variations de stocks sont faibles, au bout de 5 à 6 jours, durée moyenne de la rotation des stocks, le ratio cumulé est déjà très significatif.
  - Le fait d'être informé tous les jours du montant des achats et du ratio coût matières entraîne un comportement plus économe au niveau des achats et permet la mise en place de façon empirique d'un **niveau de stock idéal.**

Cette procédure de contrôle journalier ne dispense pas du contrôle mensuel qui nécessite un inventaire physique des marchandises. Seul le calcul du ratio coût matières à partir de l'inventaire physique nous permet de connaître le montant réel des marchandises utilisées dans l'entreprise. Si la variation des stocks n'est pas très importante, l'écart entre le calcul journalier du coût cumulé et le résultat obtenu après inventaire devrait être minime.

Le principe de base du calcul des coûts réels Nourriture et Boissons en fin de mois est le suivant :

Méthode	Exemple chiffre
Stock début de période + achats de marchandises pour la période - stock fin de période	10 000 55 000 8 000
= marchandises consommées	57 000
Chiffre d'affaires H.T. de la période	170 000
% Ratio marchandises consommées $\frac{57\ 000}{170\ 000}$	33,53 %

A partir du coût des marchandises consommées, il convient de calculer le coût des marchandises revendues. Dans une entreprise de petite et moyenne structure, la distinction entre ces deux coûts n'est pas toujours faite.

En effet, pour affiner un peu ce résultat il faut retrancher du total des marchandises consommées, les marchandises qui n'ont pas généré de chiffre d'affaires, principalement : les repas ou les boissons offerts aux clients, les consommations du personnel et de la direction.

On a alors :

Méthode	Exemple chiffre
Marchandises consommées - marchandises offertes aux clients - consommations personnel et direction	57 000 2 500 3 500
= marchandises revendues	51 000
Chiffre d'affaires H.T. de la période	170 000
% ratio marchandises $\frac{51\ 000}{170\ 000}$	30 %

L'analyse précise de ces marchandises, qui ne sont pas payées par la clientèle, fait l'objet d'une étude plus détaillée dans la procédure suivante.

3 - PROCEDURE DE BASE DANS UNE ENTREPRISE DE STRUCTURE IMPORTANTE

Dans ce type d'entreprise, le calcul du coût réel des marchandises se fait obligatoirement à deux niveaux :

- le coût des marchandises consommées,
- le coût des marchandises revendues.

3.1. Elaboration du coût réel des marchandises consommées

Définition

C'est l'ensemble des matières consommées par les différentes personnes fréquentant l'établissement, qu'il y ait eu recette ou non, à savoir les repas consommés dans les divers restaurants, ceux du personnel, les marchandises offertes au bar, ou les boissons entrant dans la composition d'un plat...

Le problème consiste à centraliser le montant de toutes ces matières. Pour y parvenir plus facilement, on peut les ventiler dans les catégories suivantes :

Achats directs

Les achats directs sont des produits périssables envoyés en cuisine principale et qui peuvent être des légumes, des fruits, du poisson, des produits laitiers ou du pain. Ces achats ont été commandés par téléphone en utilisant la feuille de marché.

Le montant journalier des achats directs est calculé par le réceptionnaire des marchandises quand il fait son rapport d'achats. Voir exemple dans le chapitre précédent.

Cependant le montant des achats directs ne correspond pas tout à fait à la consommation du jour. Pour remédier à cet inconvénient, il est possible d'ajuster le coût en fonction de deux éléments :

- la variation de l'inventaire quotidien des armoires frigorifiques situées en cuisine afin de déterminer la consommation réelle du jour ;
- la valeur des marchandises qui, bien qu'utilisées le jour même, ne seront vendues que le lendemain. C'est le cas par exemple lors de la préparation de banquets.

Cependant dans la majorité des cas, il est plus rentable de considérer pour les marchandises stockées en cuisine que le stock final est égal au stock initial. Le ratio cumulé donnera toujours la tendance très exacte.

Articles d'économat et articles avec tickets

Les articles d'économat concernent principalement l'épicerie sèche et les produits en conserve. Ceux-ci sont répertoriés dans un fichier qui permet de tenir un inventaire permanent. On peut également gérer de la même manière les stocks de produits surgelés destinés à être transformés.

Les articles avec tickets qui nécessitent la rédaction d'un ticket de contrôle pour chaque pièce, concernent la viande en gros ou demi-gros et les produits de luxe comme le saumon, le foie gras et le caviar.

Les sorties des marchandises de l'économat se font d'après des formulaires appelés « bon de sortie » ou « réquisition » qui sont rédigés et signés par les chefs de service. Ces formulaires sont valorisés tous les jours à partir des prix unitaires extraits du fichier articles.

La distinction entre les sorties articles d'économat et les articles avec tickets est faite afin de connaître la valeur des marchandises sorties dans chaque catégorie.

Boissons pour la cuisine

Les boissons qui entrent dans la composition de certains plats sont classées dans une rubrique : boissons pour la cuisine.

La méthode la plus simple pour connaître la consommation journalière de boissons pour la cuisine, est d'utiliser la consommation journalière moyenne du mois précédent. Elle a l'avantage de répartir la consommation de tous les alcools utilisés en cuisine sur toute la période considérée.

En fin de période, il faut procéder à un ajustement, qui est la différence entre la consommation réelle du mois, calculée à partir des bons de sorties de cave, et le total de la colonne boissons pour la cuisine.

PRINCIPE DU CALCUL DU COUT REEL JOURNALIER DES MARCHANDISES CONSOMMEES

ACHATS DIRECTS	ARTICLES VIANDES	ARTICLES ECONOMAT	BOISSONS CUISINE
RAPPORT RECEPTION MARCHANDISES	BONS DE REQUISITION SPECIFIQUES	BONS DE REQUISITION ECONOMAT	BONS DE REQUISITION CAVE OU FORFAIT JOURNALIER
+	+	+	+
= MARCHANDISES CONSOMMEES			

Il est bon de préciser que cette méthode de calcul n'est pas limitative et qu'il est possible de faire une analyse plus poussée de la consommation par gammes de produits à savoir : boucherie, poissonnerie, fruits et légumes, produits laitiers, etc.

3.2. Elaboration du coût réel des marchandises revendues

Il s'agit là de marchandises qui ont généré des recettes. Il faut pour cela soustraire du montant des marchandises consommées toutes celles qui n'ont pas apporté de recette. On peut les classer de la manière suivante :

Nourriture pour le bar et gratuités du bar

Les denrées qui engendrent des recettes au bar comme les citrons ou les oranges représentent la nourriture pour le bar.

Les denrées qui sont offertes dans un bar comme les cacahuètes, les amuse-gueule, etc., font partie des gratuités du bar. On peut contrôler ainsi, en fin de mois, les consommations des gratuités du bar et les comparer avec les recettes, le pourcentage obtenu doit rester stable de mois en mois.

Les offerts

Tous les hôtels sont amenés à offrir des prestations gratuites, dans un but commercial, que ce soient des repas ou des cocktails. Chacune de ces prestations fera l'objet d'une facturation au prix de vente.

Pour obtenir le coût nourriture et boissons correspondant aux consommations offertes, on utilisera le ratio coût nourriture et boissons cumulé du mois précédent.

Exemple

Montant total des prestations nourriture offertes pour le mois de février 13 500 F hors taxes.

Ratio coût nourriture en janvier : 31 % du chiffre d'affaires hors taxes.

Coût Nourriture des OFFERTS en février : 13 500 F x 31 % = 4 185 F.

Consommations de la direction

Cette rubrique regroupe l'ensemble des consommations nourriture dont peut bénéficier la direction de l'établissement. Le procédé de calcul du coût est identique à celui utilisé pour les offerts.

Rétrocessions

Les rétrocessions sont des ventes de marchandises effectuées au coût d'achat auprès du personnel de l'établissement.

Repas cadres

Les « repas cadres » représentent la consommation nourriture des chefs de service qui sont autorisés à prendre leur repas dans un des restaurants de l'établissement. Ces personnels devront porter sur la facture chiffrée au prix de vente, leur nom et leur signature. Le détail de leurs consommations est ventilé en nourriture et boissons.

Le calcul du coût se fera en utilisant le ratio coût nourriture du mois précédent.

Repas du personnel

Selon l'organisation et le nombre de personnes à nourrir, il existe deux situations :

1re situation

L'établissement hôtelier possède une cafétéria autonome destinée à l'ensemble du personnel. La détermination du coût nourriture personnel est dès lors très simplifiée puisqu'il suffira d'additionner le montant des bons de requisition du jour au montant des bons de transfert destinés à la cafétéria ce même jour.

Les bons de transfert permettent de chiffrer le transit des marchandises entre deux cuisines. Les transferts sont applicables aux achats directs, aux articles avec ticket et même aux plats préparés. La valorisation des plats préparés se fait en utilisant le coût de la portion mentionné sur les fiches techniques de fabrication.

EXEMPLE DE BON DE TRANSFERT

Service fournisseur : **cuisine principale** DATE : **18 janvier 19..**
Service receveur : **restaurant brasserie**

Articles	Unité	Qte demandée	Qte reçue	Prix unitaire	Montant
Darnes de saumon crues	pièce	20	20	7,80	156,00
Escalopes de veau crues	pièce	25	25	8,20	205,00
Etc.					
Plats cuisinés :					
Paupiettes de soles	portion	12	10	25,70	257,00
Navarin d'agneau	portion	24	26	16,80	436,80
Etc.					
Service fournisseur Signature	Service receveur Signature			Total →	.....

2e situation

Il n'existe pas de cuisine autonome pour la préparation des repas du personnel. Dans ce cas, il est possible de prendre comme coût de l'unité repas, la valeur de l'indemnité repas en vigueur pour établir le bulletin de paye des salariés. Mais on se prive alors du contrôle de ce poste.

PRINCIPE DU CALCUL DU COUT REEL JOURNALIER DES MARCHANDISES REVENDUES

Méthode		Exemple chiffre
Coût réel des marchandises consommées		445 780,00
- nourriture pour bar		3 678,00
- gratuités pour bar		456,00
- les offerts		1 085,00
- consommations direction		2 180,00
- les rétrocessions		1 430,00
Sous-total	8 829,00	
- repas des cadres		4 356,00
- repas du personnel		44 917,00
Sous-total	49 273,00	
= coût réel des marchandises revendues		387 678,00
chiffre d'affaires hors taxes		1 107 652,00
ratio coût réel des marchandises revendues		35,00 %

Les sous-totaux qui apparaissent dans ce tableau permettent de suivre le coût nourriture du personnel de l'établissement, et donc d'apporter les mesures correctives si nécessaires (coût moyen du repas trop élevé).

La détermination du coût réel des marchandises vendues par point de vente peut considérablement améliorer l'étude et l'analyse des coûts. Une augmentation des coûts globaux ne peut émaner en fait que d'un seul point de vente. Cette étude par point de vente est donc primordiale puisqu'elle localise le point faible et permet l'évaluation des responsabilités.

3.3. Calcul du coût net par point de vente

Prenons le cas d'un établissement dont les points de vente sont :

- un restaurant gastronomique,
- un restaurant brasserie,
- un département banquets.

La cuisine centrale fabrique les mets pour ces trois points de vente et est complétée par des cuisines-relais pour la brasserie et le département banquets.

Pour déterminer le coût réel des marchandises revendues dans chacun de ces points de vente, la méthode est la même que celle exposée pour les repas personnel.

Pour la brasserie, et le département banquets, il suffit d'additionner les bons de requisition et les bons de transfert propres à chacun de ces services, et de retrancher la valeur des repas sur place pris par les cadres.

Quant à la cuisine principale, son coût sera fait par différence, c'est-à-dire que l'on soustrait du coût réel des marchandises revendues, le coût des marchandises banquets et le coût marchandises brasserie.

3.4. Détermination du montant total des recettes

Dans les grands établissements, le calcul des recettes est fait par le contrôleur des recettes appelé « income ». Chaque jour il détermine, par service au niveau de la restauration, le chiffre d'affaires nourriture ainsi que celui des boissons, d'après les états fournis par le système d'enregistrement des recettes.

3.5. Calcul du ratio coût nourriture

Le ratio coût nourriture est obtenu par le rapport suivant :

$$\frac{\text{COUT MARCHANDISES REVENDUES}}{\text{RECETTES NOURRITURE HORS TAXES}}$$

Le coût réel journalier et coût réel cumulé doivent être comparés avec le coût théorique.

EXEMPLE DE FEUILLE DE SAISIE POUR CALCUL DU COUT REEL PAR POINT DE VENTE

	ACHATS DIRECTS		SORTIES ARTICLES AVEC TICKETS						SORTIES D'ÉCONOMAT							BOISSONS POUR CUISINE		MONTANT RÉEL marchandises consommées	
Date	Total du Jour	Cumul	Brasserie	Cuisine principale	Banquet	Cafétéria personnel	Total du Jour	Cumul	Brasserie	Cuisine principale	Banquet	Cafétéria personnel	Bar	Total du Jour	Cumul	Jour	Cumul	Jour	Cumul
1	2	3	4	5	6	7	8	9	10	11	12	13	14	15	16	17	18	19	20
Formule							Colonnes 4 + 5 + 6 + 7							Colonnes 10 + 11 + 12 + 13				Colonnes 2 + 8 + 15	

CRÉDITS Marchandises non payées par les clients							COÛT INTERMÉDIAIRE		REPAS PERSONNEL					MONTANT RÉEL DES MARCHANDISES REVENDUES		RECETTES HT		RATIO COÛT NOURRITURE	
Food to bar	Gratis to bar	Rétro-cessions	Offerts	Consom. direction	Total du Jour	Cumul	Total du Jour	Cumul	Réquisi-tions cafétéria	Transferts cafétéria	Repas cadres	Total du Jour	Cumul	Total du Jour	Cumul	Total du Jour	Cumul	Total du Jour	Cumul
21	22	23	24	25	26	27	28	29	30	31	32	33	34	35	36	37	38	39	40
Formule					Colonnes 21 + 22 + 23 + 24 + 25		Colonnes 19 — 26					Colonnes 30 + 31 + 32		Colonnes 28 — 33				Colonnes $\frac{35 \times 100}{37}$	

RESTAURANT BRASSERIE							DÉPARTEMENT BANQUETS						CUISINE PRINCIPALE RESTAURANT GASTRONOMIQUE			
			COÛT NOURRITURE						COÛT NOURRITURE				COÛT NOURRITURE			
Réquisitions	Transferts	Repas cadres	du Jour	Cumulé	Recettes HT du jour	Recettes HT cumulées	Réquisit.	Transferts	du Jour	Cumulé	Recettes HT du jour	Recettes HT cumulées	du Jour	Cumulé	Recettes HT du jour	Recettes HT cumulées
41	42	43	44	45	46	47	50	51	52	53	54	55	58	59	60	61
					Ratio coût nourriture du jour 48	Ratio coût nourriture cumul 49					Ratio coût nourriture du jour 56	Ratio coût nourriture cumul 57			Ratio coût nourriture du jour 62	Ratio coût nourriture cumul 63
Formule			Colonnes 41 + 42 + 43		$\frac{44 \times 100}{46}$				Colonnes 50 + 51		$\frac{52 \times 100}{54}$		Colonnes 35 — (48 + 56)		$\frac{58 \times 100}{60}$	

L'élaboration du coût théorique des marchandises revendues

1 - DEFINITION

Le coût théorique des marchandises revendues représente la valeur des marchandises nécessaires à la réalisation des plats qui ont été vendus en tenant compte uniquement des standards d'exploitation de l'entreprise. En fait, il néglige le facteur humain et ne tolère aucune perte dans les opérations de restauration.

L'intérêt de calculer le coût théorique réside dans sa comparaison avec le coût réel, ce qui permet de vérifier si les résultats sont conformes aux coûts pré-établis lors des prévisions.

2 - METHODE DE CALCUL

Pour chaque point de vente, il faut établir la liste des plats vendus à partir des statistiques de ventes obtenues par le système de facturation. En prenant le coût unitaire des plats sur les fiches techniques de fabrication, on calcule le coût théorique des marchandises revendues.

On établit le ratio coût nourriture théorique avec le rapport suivant :

$$\frac{\text{COUT THEORIQUE DES MARCHANDISES REVENDUES}}{\text{CHIFFRE D'AFFAIRES REEL HORS TAXES}}$$

L'analyse des coûts

Le calcul des coûts nourriture, réels ou théoriques, journaliers ou cumulés, n'est pas une fin en soi. Ce sont leur analyse, leur comparaison, leur interprétation qui demeurent primordiales. Elles seront à la source des prises de décision et d'actions correctives.

1 - LE COUT NOURRITURE JOURNALIER

Pour suivre l'évolution du coût nourriture réel journalier, le contrôleur pourra s'aider d'une représentation graphique où il reportera en abscisse les jours et en ordonnée la valeur des coûts nourriture. En traçant deux droites parallèles à l'axe des abscisses correspondant aux valeurs minimales et maximales du coût nourriture projeté, tout écart sera immédiatement décelé et entraînera des mesures correctives.

Quant au coût nourriture théorique journalier il n'est pas d'une grande utilité, puisqu'il ne tient pas du tout compte de la mise en place des variations de stock. C'est pour cela, qu'on ne calcule jamais les écarts entre les résultats journaliers réels et théoriques.

Le calcul est fait sur une période décadaire ou mensuelle.

GRAPHIQUE DES RATIOS JOURNALIERS

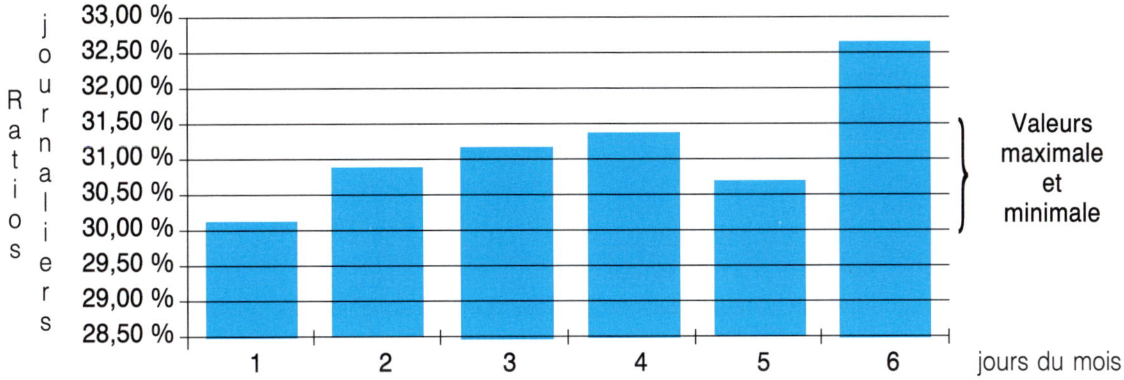

3 - RECAPITULATIF DES COUTS NOURRITURE ET BOISSONS

Après avoir rempli le document d'élaboration des coûts réels et des coûts théoriques, le contrôleur procédera au report des renseignements importants sur le récapitulatif des coûts nourriture.

Il calculera en plus, les recettes, les coûts nourriture et boissons cumulés pour l'année. Ces derniers feront l'objet d'une étude comparative avec les prévisions annuelles de l'entreprise. Ce document sera diffusé dans tous les services concernés de l'hôtel (Direction Générale, service financier, cuisine, restaurant...) afin que les responsables soient bien informés de la situation et de l'évolution de leur service.

EXEMPLE RAPPORT DE CONTROLE DE RESTAURATION HOTEL LUTETIA PARIS

Hôtel Lutetia — Ratios mensuels — FBC/235
Mois de janvier 199.

Libellés	Nourriture FBC/20 *	Boissons FBC/21	Global FBC/22
Inventaires initiaux			
produits stokés	142.479,70		142.479,70
produits frais	105.555,51		105.555,51
cave		1.693.195,25	1.693.195,25
services		195.714,15	195.714,15
Total	248.035,21	1.888.909,40	2.136.944,61
Achats			
factures	1.197.145,69	263.327,95	1.460.473,64
provisions	3.480,00	0,00	3.480,00
reprises/prov	0,00	0,00	0,00
Total	1.200.625,69	263.327,95	1.463.953,64
Inventaires finaux			
produits stockés	128.733,14		128.733,14
produits frais	89.659,68		89.659,68
cave		1.612.279,69	1.612.279,69
services		214.807,60	214.807,60
Total	218.392,82	1.827.087,29	2.045.480,11
Coût brut	1.230.268,08	325.150,06	1.555.418,14
Recettes brutes	3.989.980,50	1.617.580,21	5.607.560,71
Ratio brut du mois	30,83 %	20,10 %	27,74 %
Ratio brut budgété	32,00 %	19,00 %	30,15 %
Ratio brut an - 1	34,77 %	22,78 %	30,89 %

* FBC = Food and Beverage Cost = coût nourriture et boissons

4 - LES RAISONS D'UN COUT MATIERES ELEVE

4.1. Préparation de la carte

La carte comporte trop d'articles.
Absence d'équilibre entre le nombre d'articles à coût élevé et ceux à coût faible.
Pas de promotion des articles à prix de revient faible.
Absence de considération des marchandises sur le marché selon les saisons.
Mauvaise tarification des plats.
Main-d'oeuvre insuffisante pour la réalisation des plats les plus vendus.
Manque de considération des besoins en équipement et matériel pour la réalisation des plats les plus vendus.

4.2. Achats

Achats trop importants.
Achats à prix trop élevés.
Manque de spécifications des standards d'achat (poids, quantité, type, etc.).
Pratique insuffisante des appels d'offre et de la mise en concurrence des fournisseurs.
Absence de coordination, de contrôle et de centralisation des achats.
Absence de contrôle des factures et des règlements.
Usage de commandes « pré-établies » et permanentes avec des fournisseurs à la place de commandes variables selon les besoins.

4.3. Réception des marchandises

Vols commis à la réception des marchandises.
Pas de contrôles des prix, de la qualité et des quantitées livrées.
Pas de procédures rigoureuses concernant les « avoirs » pour des marchandises retournées ou non reçues.
Manque d'équipements tels que la balance.
Manque de place et facilités de rangement dans l'aire de réception.
Matières périssables attendant trop longtemps avant d'être stockées à la température optimale.

4.4. Stockage

Stockage à une mauvaise température ou degré d'humidité élevé.
Mauvaise hygiène et nettoyage insuffisant des lieux de stockage secs et réfrigérés.
Vols dans l'économat, chambres froides, cave et autres lieux de stockage.
Absence de contrôle périodique des articles périmés ou avariés et pas de statistiques des taux de rotation des stocks.
Pas d'inventaires physiques.
Sorties « incontrôlées » et « injustifiées ».
Pas de contrôle des achats directs et de l'utilisation des matières premières. Pas d'utilisation des « restes » et des « dessertes » pour la confection de plats à coût modéré.

4.5. Production

Production trop importante par rapport à la demande.
Utilisation de mauvaises méthodes de cuisson.

Non utilisation des fiches techniques de plats.
Equipement mal adapté et matériel mal entretenu.

4.6. Service

Pas de portions standardisées.
Absence de matériel de service standard (plats, assiettes...).
Pas de contrôle, ni de statistiques des plats servis.
Gaspillages, pertes, etc.
Vols de la part du personnel de service.
Vols des caissiers.
Manque d'attention et de contrôle des clients quittant la salle.
Pas d'analyse des ventes pour déterminer les tendances.

4.7. Contrôles

Absence de contrôle des ventes journalières.
Absence de prévision des ventes et des coûts.
Absence de statistiques des tendances des prix.
Contrôles et responsabilités insuffisants du personnel.
Absence ou insuffisance de " comptabilisation " des repas du personnel.

Les Contrôles opérationnels

1 - PRODUCTION DE LA PATISSERIE

Le laboratoire de production de la pâtisserie doit faire l'objet de vérification afin de s'assurer de la bonne marche de ce service.

Ce contrôle consiste à calculer le coût moyen d'une portion de pâtisserie vendue sur un mois, de la manière suivante :

	Stock initial de début de mois
+	Total des BONS DE REQUISITION du mois
-	Stock final de la fin du mois
=	CONSOMMATION MENSUELLE DE LA PATISSERIE
:	NOMBRE DE PORTIONS VENDUES DANS LE MOIS
=	COUT MOYEN DE LA PATISSERIE VENDUE

Ce coût moyen de la pâtisserie vendue pourra être comparé mensuellement en tenant compte d'un pourcentage d'augmentation des prix d'achat.

Il est possible de comparer ce coût réel avec le coût théorique obtenu grâce aux fiches techniques de fabrication.

2 - SERVICE DU RESTAURANT

2.1. Produits du buffet

Les produits qui composent le buffet sont transférés des services de cuisine, pâtisserie, économat... avant que les bons de commande des clients ne soient établis. Ils sont soumis, pour la plupart d'entre eux, à une tranche ou à un découpage. S'agissant de denrées onéreuses, il est souhaitable d'apporter une attention particulière à l'utilisation de ces mets.

Le saumon fumé et le jambon à l'os

Pour le saumon et le jambon il est nécessaire d'établir une fiche de test de rendement comme cela a été étudié pour les pièces de boucherie dans le paragraphe sur les standards de production.

Cette fiche de test permet de déterminer des pourcentages de perte et de calculer le nombre de portions dans chaque saumon.

EXEMPLE DE TEST DE RENDEMENT

Denrée : **SAUMON FUME** — Date : **27 JUIN 19..**

Pièce : **BANDE** — Fournisseur : **LABEYRIE**

Nombre de pièces : **1** — Prix au kilo H.T. : **170,00 F.**

Poids total : **2,100 kilos** — Prix total H.T. : **357,00 F.**

			Poids		Coût	
Ligne			Kilo	%	F./Kilo	Total
1	Poids initial	2,100	100,00 %	170,00	357,00	
2	Parures et Déchets	0,525	25,00 %			
3	Poids net vendable	1,575	75,00 %	226,67	357,00	
4						
5						
COUT DE LA PORTION CRUE OU CUITE ET FACTEUR DE COUT						
	Nom du plat	Poids portion	Nombre portions	Coût portion	Coût total	Facteur de coût
	Assiette de saumon	110 g.	14	25,50	357,00	0,15

Le contrôle se fera :

- globalement c'est-à-dire en comparant le nombre de portions vendues pour chaque pièce de saumon ou jambon avec le nombre de portions prévisibles selon la fiche de test de rendement ;
- ponctuellement à chaque service, en comparant la différence de poids de la pièce avant et après le service avec le nombre de portions vendues pendant ce même service.

Les pièces de boucherie à la voiture de tranche

Avec une organisation appropriée de la salle, il est possible de tirer un profit important de l'utilisation de la voiture de tranche.

Le client apprécie beaucoup de voir la pièce de viande dans son entier avant de la consommer, il est sécurisé. Il peut choisir directement le morceau qu'il désire ainsi que sa garniture. Cela permet de composer une assiette à la demande sans constater trop de perte et de retour comme c'est souvent le cas avec un dressage classique au plat ou à l'assiette.

Les fromages

Ce sont des produits chers et de forte consommation. Le contrôle s'effectuera en pesant les fromages au début du service et à la fin du service, afin de déterminer le poids moyen de fromages consommés par client et de le comparer avec le standard de consommation. Le poids moyen standard est obtenu après constatation de la consommation sur plusieurs semaines. Les morceaux qui ne sont plus présentables à la clientèle seront regroupés et transférés à la salle à manger du personnel afin d'éviter toute perte.

Les pâtisseries

Avant d'envoyer les pâtisseries, le pâtissier relève sur un document les pièces proposées et le nombre de parts théoriques. En fin de service, au retour des pâtisseries, il comptera et enregistrera les parts restantes. La consommation sera alors comparée aux ventes enregistrées. Les écarts sont dus à des portions trop généreuses ou à la gourmandise d'un personnel indélicat.

2.2. Produits d'accompagnement

Il s'agit des produits détenus par le restaurant et fournis au client sans procurer de recettes directes

Les alcools de flambage

Le contrôle consiste à comparer la consommation théorique des alcools avec la consommation effective.

La consommation théorique est obtenue en multipliant le nombre de plats vendus faisant l'objet d'un flambage, comme les crèpes, les filets de bœuf, les rognons, les fruits, etc. avec le volume d'alcool théoriquement utilisé.

La consommation réelle est calculée à partir des bons de réquisition et des inventaires de début et de fin de période de contrôle.

Les assaisonnements et produits d'accompagnement

Certains articles sont onéreux comme le beurre portion, la crème à café, les petits pains et nécessitent une surveillance continue. Le contrôle consiste à comparer mensuellement la consommation moyenne du produit pour 100 couverts. Par exemple :

$$\frac{\text{CONSOMMATION MENSUELLE DE PETITS PAINS X 100}}{\text{LE NOMBRE DE COUVERTS SERVIS DANS LE MOIS}}$$

Contrôle Spécifique des boissons

Le suivi périodique du coût boissons peut s'avérer insuffisant, il est nécessaire de pratiquer le **« contrôle à l'article »**.

La majorité des articles de cave sont achetés et revendus en l'état sans transformation, c'est-à-dire à l'unité. Le contrôle portera sur les flux de ces unités.

Selon le type d'organisation et la structure du restaurant, deux cas peuvent être envisagés :

1° CAS : Le restaurant dispose d'une cave unique qui remplit simultanément les fonctions de stockage et de distribution.

Le contrôle à l'article s'effectue de la manière suivante :

- L'original du bon de commande, rédigé par le sommelier ou le maître d'hôtel sert de justificatif pour sortir les bouteilles de la cave.
- Le double du bon de commande est utilisé pour la facturation au client.
- En fin de service, ou de journée, les originaux des bons permettent d'établir un récapitulatif des sorties de la cave.
- Ce récapitulatif des bouteilles sorties sera comparé avec l'édition de l'historique des ventes obtenue par la main-courante restaurant. Une caisse enregistreuse ou un système informatique donne cette liste instantanément.
- Tout écart fera l'objet de recherche afin d'en déterminer les causes. Les bouteilles cassées accidentellement ou refusées par le client (bouchonnées, piquées etc.) seront conservées pour justifier de la sortie.

2° CAS : Le restaurant stocke ses boissons dans une **cave centrale** qui permet d'approvisionner un ou plusieurs points de vente où se trouve une **cave-relais ou cave du jour.**

Le contrôle à l'article s'effectue de la manière suivante :

- Définir et approvisionner la cave du jour avec un stock de base fixe. Ce stock permettra de répondre aux besoins quotidiens des ventes.
- Comme précédemment l'original du bon de commande permettra de justifier des sorties de la cave du jour, le double sera utilisé pour facturer les bouteilles vendues.
- En fin de service ou de journée, l'édition de l'historique des ventes, par la main-courante restaurant, servira de bon d'approvisionnement auprès de la cave centrale.
- Après chaque approvisionnement, il suffit de contrôler physiquement le stock de la cave du jour. Celui-ci doit alors être identique au stock de base fixe défini au départ.

Comme dans le premier cas les écarts doivent faire l'objet de recherche afin d'en déceler les causes et y rémédier.

CHAPITRE 9

Organisation du travail

L'entreprise et son fonctionnement

Métier de contact par excellence, l'hôtellerie et la restauration font appel aux qualités humaines, à la pleine disponibilité des personnes employées, et de plus en plus à la polyvalence dans le travail.

1 - LA POLITIQUE DE L'ENTREPRISE

La politique générale de l'entreprise forme un ensemble de principes directeurs dont l'objet n'est pas de régler minutieusement l'activité quotidienne de chacun mais de rappeler les orientations choisies par l'entreprise chaque fois qu'il faut prendre une décision.

Les politiques sont hiérarchisées. La politique générale d'entreprise recouvre les politiques principales qui, elles, s'adressent plus particulièrement à certaines fonctions.

La politique du personnel est l'une de ces politiques principales, et peut se définir comme étant l'ensemble des moyens utilisés dans le but d'obtenir les meilleurs résultats économiques tout en respectant les intérêts légitimes des salariés. La politique du personnel doit être l'oeuvre de l'ensemble du personnel : cadres et employés.

Si la décision quant à l'application d'une politique est l'oeuvre du chef d'entreprise, l'élaboration d'une politique principale ou particulière est l'oeuvre de différents groupes à leur échelon respectif.

Exemple : un maître d'hôtel ne peut pas rester étranger à l'étude d'une politique d'embauche et de promotion, pour la brigade de restaurant.

2 - L'ORGANISATION DE L'ENTREPRISE

Organiser une entreprise consiste à définir les politiques et à mettre en oeuvre les moyens pour les réaliser.

Ces moyens comprennent :

- le choix d'une structure : c'est-à-dire le fonctionnement des services les uns par rapport aux autres.
- la définition des fonctions : c'est-à-dire l'ensemble des tâches qui doivent être effectuées.

3 - LA STRUCTURE DE L'ENTREPRISE

Mise en place par le chef d'entreprise, la structure est le cadre stable dans lequel se déploient les multiples actions du processus d'exploitation.

Une bonne gestion du personnel nécessite une connaissance approfondie de l'entreprise et de sa structure. De celle-ci va dépendre l'organisation du travail au sein de l'établissement.

L'organigramme est la représentation graphique de la structure interne de l'entreprise avec la dénomination et la position de chacun des emplois. Il permet de visualiser les liaisons hiérarchiques et fonctionnelles de chaque membre de l'entreprise.

Les liaisons hiérarchiques sont les liaisons entre le chef et ses subordonnés. Les liaisons fonctionnelles sont les liaisons établies entre les départements pour des raisons techniques ou opérationnelles ; elles permettent la circulation de directives et de conseils.

Dans l'hôtellerie et la restauration, la structure d'organisation est départementalisée, c'est-à-dire divisée en services, par exemple : l'hébergement la restauration, le banqueting...

Le département RESTAURATION peut se subdiviser en départements ou services :

- la production (cuisines et ses annexes),
- le service des restaurants (salles à manger et leurs annexes),
- le service des approvisionnements (achats, réception, stockage, distribution),
- le stewarding (entretien, nettoyage, gestion du matériel de restauration),
- etc.

La structure du département de restauration est directement liée à la nature, au nombre et à l'importance de ses fonctions. Voir exemples d'organigramme dans le Tome 1.

4 - LES FONCTIONS

Une fonction constitue un ensemble d'activités interdépendantes, représentées par des tâches à accomplir. La fonction est indépendante de celui qui la remplit. C'est à chaque entreprise de définir ses fonctions.

Quelle que soit la capacité et la catégorie du restaurant, on retrouve des fonctions identiques, par exemple pour le service de restaurant :

- fonction accueil, réservation,
- fonction caisse,
- fonction service à table,
- fonction laverie vaisselle,
- fonction entretien,
- fonction nettoyages,
- etc.

La quantité et la nature des tâches à accomplir au sein de chaque fonction dépendent de la catégorie et du volume d'activité du restaurant. Par exemple la fonction service à table peut, dans un restaurant gastronomique de 100 places assises se subdiviser en deux fonctions distinctes :

- la fonction service des mets à table,
- la fonction service des boissons à table.

Afin de bâtir une organisation efficace, il faut concevoir la structure à partir des fonctions et non pas à partir des individus.

La règle d'or à observer réside dans le fait qu'**un individu peut remplir plusieurs fonctions mais qu'une fonction ne saurait être confiée qu'à un seul responsable** qui se fera aider, éventuellement par des collaborateurs placés sous son autorité directe.

Pour illustrer ce qui vient d'être dit, voici un tableau schématique et récapitulatif :

TACHES	1,2,3...10	11...15.	16...20	21...25	26...
FONCTIONS	A	B	C	D	
POSTES	1 Responsable 2 subordonnés	1 Responsable		1 Responsable 1 subordonné	

On remarque que plusieurs tâches peuvent être regroupées en fonctions distinctes, elles-mêmes attribuées seule ou en polyvalence à un poste selon l'importance du volume d'activité.

5 - ETUDE DU POSTE DE TRAVAIL

Chaque fonction doit être définie afin de préciser les rapports de travail entre les individus dans un souci d'efficacité.

Deux catégories de renseignements doivent être recherchées :

- les caractéristiques du poste, elles comprennent des renseignements techniques et administratifs qui servent de base pour l'élaboration de la définition de postes-types.

Ce sont les sept premiers points du paragraphe suivant.

- Les exigences du poste qui concernent les renseignements d'ordre humain en partant des caractéristiques précédentes et qui servent au recrutement du titulaire du poste.

Ce sont les quatres derniers points du paragraphe suivant.

Les principaux points de l'étude du poste sont :

Identification du poste,

- dénomination et statut,
- mission principale (description synthétique du poste).

Rattachement hiérarchique et relations fonctionnelles

- direction, département ou service auquel appartient le poste
- le supérieur, les subordonnées,
- les relations fonctionnelles avec les autres services.

Place du poste dans l'organigramme

- liaisons hiérarchiques d'autorité et de dépendance.

Responsabilités du titulaire du poste (1)

- par rapport aux personnes,
- par rapport aux équipements et au petit matériel,
- par rapport aux moyens économiques et à la gestion,
- en hygiène et en sécurité.

Activités et tâches du poste

On peut établir un tableau selon leur importance et leur périodicité.

DENOMINATION	ORIGINE	DESCRIPTION	ISSUE ET CONSEQUENCE SUR LES AUTRES POSTES	REMARQUES

(1) Ces responsabilités peuvent être complétées par des objectifs chiffrés qui serviront d'évaluation de l'efficacité.

Relations professionnelles

- groupes, comités de travail dont fait partie le titulaire du poste,
- réunions auxquelles il participe régulièrement, tant à l'intérieur qu'à l'extérieur de l'entreprise,
- fréquence de ces réunions.

Conditions de travail

- horaires,
- autres obligations liées à la présence (permanences, vacances, etc.),
- caractéristiques spécifiques du travail,
- univers technique (machines, entretien),
- facteurs physiologiques et psychologiques influant sur les conditions de travail.

Les exigences du poste

- formation souhaitée (avec niveau et diplômes requis),
- expérience professionnelle (nature et durée de l'expérience souhaitée),
- langues étrangères,
- âge et sexe souhaités,
- aptitudes physiques,
- qualités personnelles.

Evolution de carrière

- évolution dans la hiérarchie au sein de l'entreprise,
- évolution des tâches du poste.

Salaire de base

- rémunération afférente au poste,
- politique des salaires de l'entreprise.

D'autres études sont envisageables :

- historique du poste (date de création, historique sur les précédents occupants du poste),
- contrôle exercé sur le travail du titulaire du poste (responsable du contrôle du travail, mode de contrôle, périodicité, sanction de contrôle),
- commandement exercé par le titulaire du poste (postes sur lesquels le commandement est exercé, statut professionnel de ces postes, type de commandement exercé),
- remplacements (en cas d'absence du titulaire, en cas d'absence du titulaire d'un autre poste),
- documents (documents utilisés, tâche exécutée ; signature, transit, informations, classement, etc., services de documentation et d'information à la disposition du titulaire),
- renseignements divers sur l'étude du poste (date, responsable, applications).

L'étude de poste est spécifique à un établissement. Résultat de la politique interne mise en œuvre, il est élaboré par les responsables hiérachiques du poste et l'intéressé lui-même.

EXEMPLE D'ETUDE DE POSTE
LE DIRECTEUR DE LA RESTAURATION

IDENTIFICATION DU POSTE

- ***Dénomination :*** Directeur de la restauration.
- ***Statut :*** Cadre.
- ***Mission principale :*** Gestion et organisation du service de la restauration.

RATTACHEMENT HIERARCHIQUE ET RELATIONS FONCTIONNELLES

Relations hiérarchiques

- supérieurs : Directeur de l'hôtel.

Directeur de la restauration du groupe

- subordonnés : chef de cuisine, personnel de cuisine.

Premier Maître d'Hôtel, personnel de restaurant.

Relations fonctionnelles

Responsable des achats | Contrôleur nourriture et boissons | Chef économe | Directeur du personnel | Assistant commercial

DIRECTEUR DE LA RESTAURATION

Dir. relations humaines | Gouvernante générale | Dir. hébergement | Dir. technique | Responsable de la formation

PLACE DANS L'ORGANIGRAMME

Analyste de gestion — Directeur général — Directeur des achats

Attachés de direction — Directeur (résident manager) — Responsable de la sécurité

Dir. hébergement | Dir. restauration | Dir. commercial | Dir. technique | Dir. du personnel | Dir. Financier

HISTORIQUE DU POSTE

- ***Date de création :*** à l'ouverture de l'hôtel.
- ***Précédent occupant :*** Promu Dir restauration du groupe.

RESPONSABILITES DU TITULAIRE

- Responsable de l'embauche et de la promotion de son personnel.
- Responsable de la présentation et du comportement du personnel de son département.
- Responsable du budget restauration.
- Responsable de l'optimisation des ventes.
- Responsable de la mise en œuvre des procédures restauration.

ACTIVITES ET TACHES DU POSTE

Fonctions administratives et financières

- détermine l'organisation de son service,
- analyse et contrôle les comptes d'exploitation restauration,
- analyse le rapport mensuel nourriture et boissons, a pour objectif de minimiser les coûts.

Fonctions commerciales

- élabore une politique de promotion des ventes,
- entretien des contacts personnels avec les clients importants,
- améliore l'accueil dans les services de la restauration.

Recrutement, gestion et formation du personnel,

- détermine les effectifs,
- propose des candidatures ou donne son avis sur celles qui lui sont soumises par la direction du personnel,
- définit les fonctions et contrôle l'activité du personnel placé sous ses ordres,
- établit les fiches d'évaluation,
- dirige les réunions des chefs de service et de leurs assistants,

Coordination avec les services

Les contacts sont permanents avec tous les secteurs de l'hôtel mais plus particulièrement avec :

- le service du personnel, le service commercial, le service entretien, le service des achats, le service formation, la comptabilité.

CONTROLE EXERCE SUR LE TITULAIRE DU POSTE

Responsable du contrôle : le directeur général.

Modes de contrôle :
- satisfaction de la clientèle,
- taux de fréquentation du restaurant,
- chiffre d'affaires conforme au budget,
- recette moyenne par client.

Périodicité
- contrôles permanents,
- plus particulièrement en fin de périodes données.

COMMANDEMENT EXERCE PAR LE TITULAIRE

Commandement exercé sur l'ensemble du personnel de la restauration dans ses tâches d'accueil, de prestations fournies à la clientèle, de l'ambiance créée dans le service et du contact avec la clientèle.

RELATIONS PROFESSIONNELLES

Participe aux réunions de responsables de département.

REMPLACEMENT

- En cas d'absence du titulaire : par l'assistant.
- En cas d'absence de l'assistant : par les chefs de service.

CONDITIONS DE TRAVAIL

- Jour de repos : samedi-dimanche (peu d'activité).
- Période de vacances : périodes creuses pour la restauration.
- Lieux de travail : bureau, services de la restauration.

DOCUMENTS OU MATERIEL

- Etats statistiques permettant le contrôle du département : nombre couverts/jour et par période, chiffre d'affaires/jour et par période, ratios nourriture et boissons correspondant.
- Etat statistique permettant le contrôle du personnel : effectif présent, absent, repos, vacances.
- Projets : menus, promotion des ventes, travaux...
- Etudes et rapports sur les différents services de la restauration.
- Documentation fournisseurs concernant les équipements et le matériel.
- Livre des procédures à appliquer en restauration.
- Texte législatifs et réglement intérieur.
- Programmes de formation destinés au personnel du restaurant.

EXIGENCES DU POSTE

- Formation : B.T.H., B.T.S. Maîtrise hôtelière.
- Connaissance de 2 langues étrangères dont l'anglais.
- Temps d'adaptation : 2 mois.
- Expérience indispensable :
  - expérience dans les services de la restauration,
  - maître d'hôtel,
  - assistant Directeur de la restauration,
  - séjour à l'étranger.
- Expérience recommandée : Directeur de la restauration dans un autre établissement.
- Bon équilibre nerveux.

EVOLUTION DE CARRIERE

- Directeur dans un établissement plus important.
- Directeur régional (dans le cas d'une chaîne hôtelière).
- Directeur d'hôtel.

Renseignements : Date : 11/12/19..
Responsable : M. Directeur général.
Application : à partir du 15/12/19..

Détermination des besoins en personnel

En restauration on a coutume de dire :

- « le personnel coûte très cher » ; il est vrai que c'est un poste de charges important dans le compte d'exploitation d'un restaurant,
- « les horaires de travail sont lourds et contraignants » ; il est vrai que l'amplitude d'une journée de travail en restauration dépasse bien souvent, celle pratiquée dans d'autres secteurs d'activité.

Comment concilier ces deux contradictions ?

Probablement par une meilleure organisation du potentiel humain de l'entreprise, qui fera en sorte de faire coïncider dans le temps les flux de clientèle avec un nombre d'employés suffisants pour répondre à la demande.

La méthodologie peut s'adapter dans tous les cas de restauration, les procédures étant plus ou moins approfondies selon le niveau et la nature de l'activité de l'entreprise.

Pour faciliter la compréhension du déroulement de la méthodologie, prenons comme exemple le cas d'un restaurant d'autoroute dont les caractéristiques principales sont :

Fiche signalétique

- Restaurant en libre-service.
- Amplitude d'ouverture : de 7 heures à 22 heures 30.
- Capacité d'accueil : 250 places assises réparties dans la salle de restaurant et les terrasses.
- Les prestations servies permettent de consommer un repas complet ou une collation à toute heure de la journée.
- L'établissement est fréquenté par une clientèle d'affaires, des chauffeurs des transports routiers, des vacanciers.

Les fonctions de cet établissement

Le tableau ci-dessous énumère les fonctions recensées dans l'établissement :

	FONCTIONS	PRINCIPALES TACHES A REALISER
A	SALLE A MANGER TERRASSE DISTRIBUTION AUTOMATIQUE	Assurer le débarrassage des tables, Surveiller la mise en place des consoles (regarnir), Vider régulièrment les décapsuleurs et poubelles, etc.
B	CAISSE	Assurer la mise en place du poste, Enregistrer et encaisser les ventes, Maintenir le poste en état de propreté, etc.
C	DISTRIBUTION DES PLATS CHAUDS	Mettre en place le poste de distribution plats chauds, Enregistrer les commandes, les préparer et dresser les plats, Entretenir le poste (local, matériels, etc.), etc.
D	COMPTOIR LINEAIRE	Servir les boissons chaudes, Garnir, recharger les présentoirs en préparations froides, Entretenir le comptoir et les matériels, etc.
E	LAVERIE	Mettre en place le poste : - mise en service de la machine à laver, - contrôler les niveaux, approvisionner en produits lessiviels, - etc. Laver en machine (vaisselle, couverts, petits ustensils, etc.). Trier et ranger la vaisselle propre. Entretenir le poste (vidanger, nettoyer la machine, etc.). etc.
F	PREPARATIONS CHAUDES ET FROIDES	Préparer les composants (poulets, steaks, etc.). Mettre en service les matériels. Cuire les préparations ; confectionner les sauces, etc. Préparer les composants : - trancher à la machine, - laver et éplucher les légumes, - égoutter les conserves, etc. Dresser toutes les préparations froides. - sandwiches, hors d'œuvre, fromages, desserts, etc. Ranger les produits dans les armoires réfrigérées. etc.
G	NETTOYAGES	Balayer, laver les sols des locaux clients. Maintenir la propreté des panneaux d'affichage. Entretenir les plantes vertes. etc.
H	ENTRETIEN	Entretenir les abords du restaurant. Entretenir les accès de service. etc.

La détermination des besoins en personnel implique la mise en place de certaines données statistiques :

- les prévisions de l'activité,
- la pondération-type des ventes,
- la répartion de l'activité par tranches horaires,
- la prévision des besoins en heures de travail.

1 - LES PREVISIONS D'ACTIVITE

L'activité se mesure à l'aide de deux paramètres :

- le nombre de clients,
- le chiffre d'affaires.

Prévisions du nombre de clients

Elles sont établies selon les éléments suivants :

- **l'historique** de la fréquentation des années précédentes,
- **le trafic autoroutier,** l'accroissement du trafic journalier correspond à l'accroissement de la fréquentation journalière du restaurant,
- **les évènements,** dont les dates varient d'une année à l'autre, par exemple : les vacances scolaires, les fêtes nationales, les manifestations sportives, politiques, etc.

Prévisions du chiffre d'affaires

Elles sont établies selon les éléments suivants :

- **l'historique,** comme pour la fréquentation constitue un élément de référence intéressant. Il est réajusté selon les effets de l'inflation, et les budgets prévisionnels,
- **le prix moyen du plateau** qui permet de déceler les tendances comportementales du consommateur.

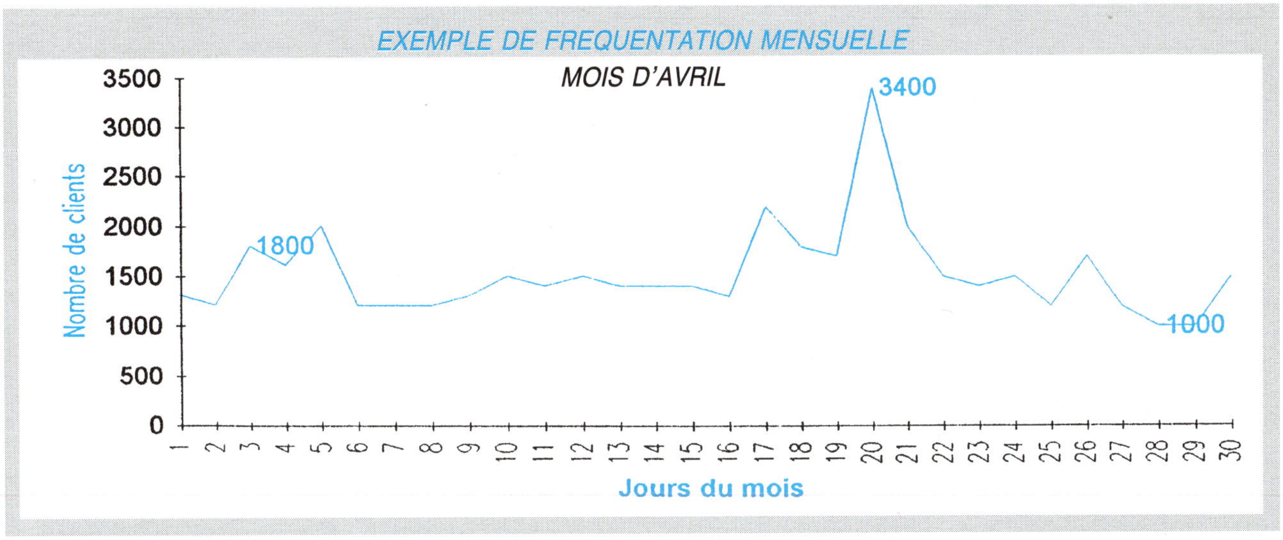

Le pic du 20 avril correspond a la date des vacances de printemps

2 - LA PONDERATION-TYPE DES VENTES

La pondération-type des ventes est la quantité de prestations ou de plats vendus par rapport à la fréquentation du restaurant. Les statistiques montrent que la consommation d'une prestation reste proportionnelle au nombre de clients.

Exemple : si dans une journée, le nombre de « salade mexicaine » vendu est de 50, pour une fréquentation de 1 000 personnes nous aurons :

$$\frac{50 \times 100}{1\,000} = 5\ \%\ \text{de salades mexicaines}$$

3 - LA REPARTITION DE LA FREQUENTATION PAR TRANCHE HORAIRE

L'analyse de la fréquentation, démontre que la présence des clients répartie à l'intérieur de tranches horaires, reste stable d'une journée à l'autre. Il est possible d'établir le tableau suivant :

EXEMPLE DE FREQUENTATION PAR TRANCHE HORAIRE

TRANCHE HORAIRE	FREQUENTATION	%
7 H - 11 H	270 clients	27 %
11 H - 15 H	320 clients	32 %
15 H - 19 H	170 clients	17 %
19 H - 22 H 30	240 clients	24 %

La pondération-type des ventes et la répartition de la fréquentation sont utilisées pour calculer les volumes horaires de travail.

4 - LA PREVISION DES BESOINS EN HEURES DE TRAVAIL

4.1. Valorisation des tâches : la chrono-analyse

Il s'agit de chronométrer le temps nécessaire pour réaliser chacune des tâches élémentaires dans le fonctionnement du restaurant.

Par exemple : il faut 0,09 minute pour couper une tranche de jambon cru ; 0,11 minute pour préparer une feuille de salade etc.

Ces données permettent d'établir les temps de travail nécessaires pour la réalisation des tâches de chaque fonction.

EXEMPLE DE VALORISATION DES TACHES POUR LA FONCTION :
PREPARATIONS FROIDES ET CHAUDES (EXTRAIT)

Fonction : préparations chaudes et froides	Temps de base - A -	Hypothèse de fréquentation en nombre de clients			
Tâches élémentaires par fonction		1 000		2 000	
		Q1	A x Q1	Q2	A x Q2
1° Mise en place des hors-d'œuvre					
Vérifier l'équipement du poste	2	1	2	1	2
trancher le jambon blanc	0,07	59	4,13	118	8,26
Trancher le jambon cru	0,09	228	20,52	456	41,04
Trancher le saucisson	0,23	59	13,57	118	27,14
Couper le jambon blanc en dés	0,06	14	0,84	28	1,68
Préparer : - Céleri	0,18	85	15,30	170	30,60
- Carottes	0,05	85	4,25	170	8,50
- Tomates	0,29	9	2,61	18	5,22
Etc.					
2° Préparation des plats chauds					
Préparer : - Poulets	0,60	161	96,60	322	193,20
- Steaks s/vide	0,08	143	11,44	286	22,88
- Jambon braisé	0,55	72	39,60	144	79,20
Etc.					

- A - : temps en minutes pour effectuer une tâche
- Q1 - : quantités vendues en rapport avec la pondération des ventes.

4.2. Valorisation pour l'ensemble des fonctions

Le calcul réalisé pour chaque fonction est reporté dans un tableau récapitulatif.

Ce tableau renseigne sur le temps de main-d'oeuvre total nécessaire pour le fonctionnement du restaurant et cela pour plusieurs hypothèses de fréquentation de la clientèle.

A ce temps de travail il faut rajouter :

- une marge de 15 % concernant les aléas du planning,
- les heures de travail fournies par l'équipe de l'encadrement. Celles-ci étant fixes sont d'autant mieux amorties que la fréquentation est élevée.

La dernière ligne donne le temps de travail nécessaire pour servir 1 client.

EXEMPLE DE VALORISATION DES TACHES POUR L'ENSEMBLE DES FONCTIONS

FONCTIONS	TEMPS DE MAIN D'ŒUVRE SELON FREQUENTATION/CLIENTS			
	1 000	2 000	3 000	4 000
A - salle terrasse distribution automatique	913'	1 695'	2 535'	3 317'
B - caisse	351'	679'	1 005'	1 322'
C - distribution plats chauds	258'	510'	763'	1 010'
D - comptoir linéaire	438'	847'	1 261'	1 670'
E - laverie	420'	810'	1 208'	1 598'
F - préparations froides et chaudes	807'	1 590'	2 368'	3 161'
G - nettoyages	960'	1 012'	1 185'	1 225'
H - entretien	354'	389'	489'	524'
Total minutes........................	4 501'	7 532'	10 814	13 827'
Total heures........................	75 H	126 H	180 H	231 H
Base pour 1 client....................	4,5'	3,77'	3,61'	3,48'
+ 15 % aléas planning	5,18'	4,33'	4,15'	3,98'
+ Encadrement	1,44'	0,72'	0,48'	0,36'
Total pour 1 client....................	6,62'	5,05'	4,63'	4,34'

5 - MISE EN PLACE DU PLANNING DE TRAVAIL

5.1. Récapitulatif mensuel des besoins en personnel

A l'aide des statistiques de fréquentation et la valorisation du travail, il est possible d'établir les besoins journaliers sur une période d'un mois et plus.

Pour la durée de travail journalière de chaque employé, nous considérons deux cas :

- le personnel travaille à temps partiel soit 4 heures 30 par jour, (avant- dernière colonne),
- le personnel travaille à temps complet soit 8 heures par jour (dernière colonne).

D'autre part une certaine polyvalence est demandée au personnel dans l'accomplissement des tâches. Selon son degré de formation, un employé peut tenir un poste dans la fonction A, B, et/ou C, etc.

TABLEAU RECAPITULATIF DES BESOINS EN PERSONNEL

JOUR	NOMBRE DE CLIENTS (C)	TEMPS DE BASE HORS ENCADREMENT (T)	BESOIN TOTAL C x T = nbre heures (H)	NOMBRE D'EMPLOYES TEMPS PARTIEL H : 4,5	NOMBRE D'EMPLOYES TEMPS COMPLET H : 8
1	1 300	5,18	112,15	26	14
2	1 200	5,18	103,35	24	13
3	1 800	5,18	155,25	36	19,5
20	3 400	4,15	235,10	55	29,5
21	2 000	4,33	144,20	33,5	18
22	1 500	5,18	129,30	30	16
28	1 000	5,18	86,20	20	11
29	1 000	5,18	86,20	20	11
30	1 500	5,18	129,30	30	16

Le temps unitaire (T) choisi inclut les 15 % du planning mais ne tient pas compte du temps de travail des cadres.

Exemple de calcul pour la journée du 3 avril :

Le nombre d'heures de travail nécessaire pour cette journée est de 155 heures et 24 minutes.

Le nombre d'employés est obtenu en divisant le volume horaire, soit par 4,5 pour les emplois à temps partiel, soit par 8 pour les emplois à temps complet.

Exemple : 155 heures 24' : 4 heures 30 = 36,10
c'est-à-dire 36 employés plus 27 minutes à répartir
(10 % de 4 heures 30 = 27 minutes)

5.2. Structure journalière des besoins en personnel

En utilisant la répartion de la fréquentation journalière par tranche horaire (voir pagraphe 3), il est possible de calculer le nombre d'heures de travail nécessaire par fonction et par tranche horaire.

Pour cela il faut :

1°) Définir le nombre de minutes par fonction hors aléas en pondérant selon l'activité prévue.

Par exemple si la fonction « A » requiert 2 535 minutes pour 3 000 clients, pour la journée du 20 avril il faudra

$$\frac{2\,535 \text{ X } 3\,400}{3\,000} = 2\,873 \text{ minutes}$$

2°) Répartir ce temps (2873 minutes) sur les différentes tranches horaires de la journée selon le tableau du paragraphe 3 :
- 27 % entre 7 heures et 11 heures soit 775,71 ou 12 heures 55 minutes,
- 32 % entre 11 heures et 15 heures soit 919,36 ou 15 heures et 20 minutes,
- 17 % entre 15 heures et 19 heures soit 488,41 ou 8 heures 10 minutes,
- 24 % entre 19 heures et 22 heures 30 soit 689,52 ou 11 heures 30.

3°) Totaliser le nombre d'heures de travail à effectuer pour chaque tranche horaire.

4°) Calculer le nombre d'employés, dans le tableau ci-dessous, le calcul est fait à partir d'emplois à temps partiel sur la base de 4 heures 30 minutes.

Exemple : pour la tranche horaire de 7 heures à 11 heures il faudra prévoir 16,5 employés.

5°) Répartir un certain nombre d'employés supplémentaires sur les différentes tranches horaires pour faire face aux aléas du planning.

Cette répartition n'est pas forcément proportionnelle, elle est faite en fonction de l'évolution de la fréquentation des clients par tranche horaire. Par exemple, si l'activité est plus forte le midi que le soir, il faudra placer les personnes en renfort sur cette période.

EXEMPLE DE STRUCTURE JOURNALIERE DES BESOINS EN PERSONNEL

FONCTIONS	TOTAL MINUTES	TOTAL HEURES	TRANCHES HORAIRES			
			7 H à 11 H	11 H à 15 H	15 H à19 H	19 H à 23 H
A : Salle, terrasse, dist ; aut ;	2 873	47 H 55	12 H 55	15 H 20	8 H 10	11 H 30
B : Caisse	1 139	19 H 00	5 H 10	6 H 05	3 H 15	4 H 30
C : Distribution plats chauds	865	14 H 25	-	7 H 40	-	6 H 45
D : Comptoir linéaire	1 429	23 H 50	6 H 25	7 H 35	4 H 00	5 H 45
E : Laverie	1 369	22 H 50	6 H 10	7 H 20	3 H 55	5 H 30
F : Préparations chaudes et froides	2 684	44 H 45	29 H 05	-	15 H 40	-
G : Nettoyages	1 343	22 H 25	6 H 00	7 H 10	3 H 50	5 H 20
H : Entretien	554	9 H 15	4 H 30	4 H 45	-	-
Total des heures		203 H 40	70 H 15	55 H 55	38 H 10	39 H 20
Nombre de salariés temps partiel		47,5	16,5	13	9	9
Salariés aléas planning		7,5	0,5	2	2	3
TOTAL SALARIES		55	17	15	11	12

COMMENTAIRES

Quelques précisions concernant la répartition du travail pour les fonctions C, F et H.
- Pour la fonction **« C : distribution des plats chauds »** aucun plat n'est servi avant 11 heures et quelques uns rarement entre 15 heures et 19 heures. Les statistiques montrent que 53 % des plats chauds sont servis le midi, contre 47 % le soir.

- Pour la fonction « **F : préparations chaudes et froides** » la majeure partie du travail est effectuée le matin (65 %), contre 35 % l'après-midi car c'est le matin que sont faites toutes les cuissons de légumes et la préparation des hors-d'oeuvre. Il n'y a pas de préparations pendant le service.
- Pour la fonction « **H : entretien** » tous les travaux d'entretien se font le matin, les livraisons sont également réceptionnées dans la matinée, c'est pourquoi le temps de travail est réparti sur les deux premières tranches horaires.

5.3. Récapitulatif journalier par tranche horaire

Pour un responsable d'unité, il est intéressant d'établir un tableau récapitulatif prévisionnel des besoins en personnel par tranche horaire et par niveau d'activité.

EXEMPLE DE RECAPITULATIF DES BESOINS EN PERSONNEL A TEMPS PARTIEL

CLIENTS / TRANCHE HORAIRE	1 000	1 200	1 300	1 400	1 500	1 600	1 700	1 800	2 000	2 200	3 400
7-11	7	8	8,5	9	10	10	11	11,5	10,5	12	17
11-15	6	7	7,5	8	8,5	9	9,5	10	9,5	10	15
15-19	3	4	4,5	5	5,5	6	6	6,5	6,5	7	11
19-23	4	5	5,5	6	6	7	7,5	8	7	8	12
TOTAL	20	24	26	28	30	32	34	36	33,5	37	55

5.4. Elaboration du planning journalier

La méthode permet d'aboutir à la mise en place des plannings journaliers et hebdomadaires de répartition du travail.

Le choix d'embaucher des employés à temps partiel ou à temps complet, a une incidence importante, comme nous allons le voir sur l'organisation du travail et le problème de rentabilité.

Si nous prenons dans le tableau récapitulatif des besoins en personnel (p. 286) l'exemple de la journée du 28 avril, (1000 clients) les besoins en personnel sont de 20 personnes à temps partiel (4 heures 30) ou de 11 personnes à temps complet (8 heures). En établissant le planning horaire on a besoin de :

- 7 personnes le matin de 7 heures à 11 heures,
- 6 personnes à midi de 11 heures à 15 heures,
- 3 personnes l'après-midi de 15 heures à 19 heures,
- 4 personnes le soir de 19 heures à 23 heures.

Selon le cas, le planning s'établit de la façon suivante :

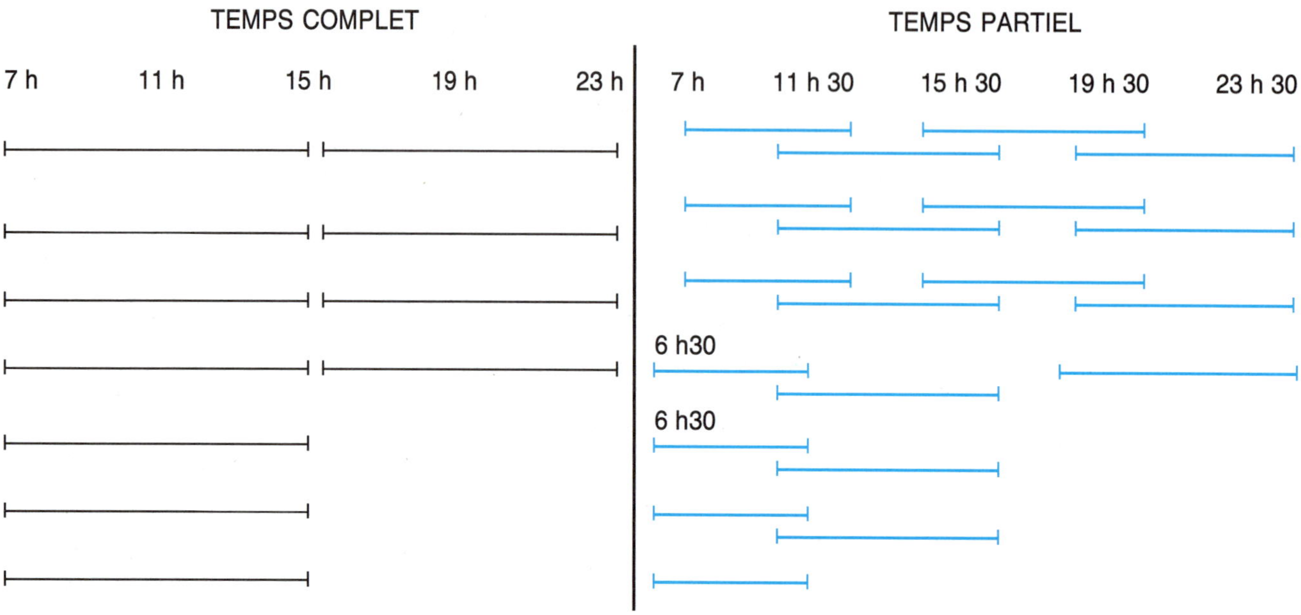

En superposant les deux plannnings on s'aperçoit que l'embauche d'employés à temps partiel est plus avantageuse du point de vue économique mais aussi du point de vue organisationnel.

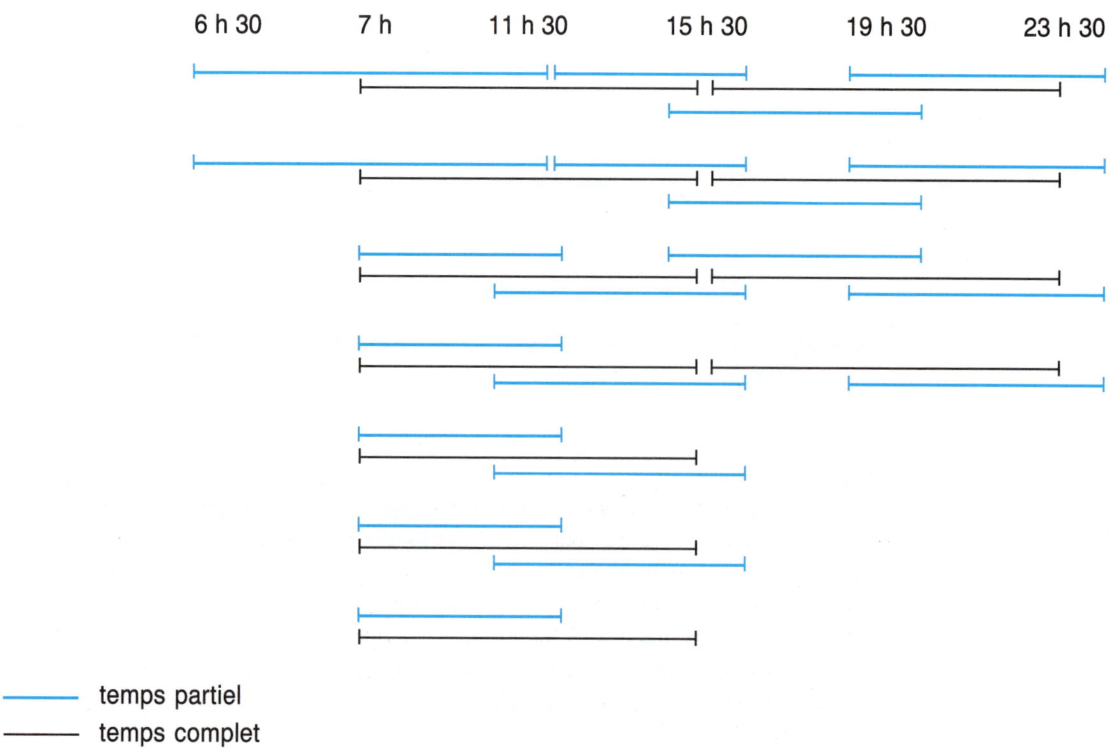

La comparaison entre les deux plannings fait ressortir certains inconvénients concernant l'embauche exclusive d'employés à temps plein :

- Ce jour-là, on dispose de 2 employés en surnombre entre 11 heures et 19 heures.
- Chacune des fonctions, sauf G et H, ont besoin d'un temps réservé au nettoyage du poste (environ 1/2 heure), or ce travail ne peut se faire qu'à condition qu'un autre employé prenne la relève pour assumer le service. Ceci entraîne des dépassements horaires donnant lieu à une rémunération complémentaire.
- Pour les employés à temps complet, il faut aménager un temps de repas pendant lequel il faut trouver une solution pour assurer le service, alors que les employés à temps partiel prennent leur repas avant ou après leur travail sans perturber le service.
- A partir de 7 heures du matin le restaurant doit être en mesure de proposer à ses clients quelques sandwiches, assiettes de charcuterie etc. Deux personnes assumant la fonction **« F : préparations chaudes et froides »** devront commencer à 6 heures 30. Ce n'est pas gênant dans le cas d'employés à temps partiel car ils finissent leur service à 11 heures. Pour les employés à temps plein, ils doivent terminer leur service à 14 heures 30. A cette heure-ci le service n'est pas terminé et les nettoyages ne peuvent plus être assurés, sans compter que le remplaçant n'est prévu qu'à 15 heures.

L'activité irrégulière de certains restaurants demande une grande souplesse dans les possibilités d'élaboration du planning de travail. Hormis les contraintes économiques que nous avons soulignées, il est important de satisfaire les exigences commerciales qui imposent de disposer d'un personnel en nombre suffisant aux heures de pointe pour répondre à la demande.

La souplesse des horaires explique les avantages des emplois à temps partiel.

Outils de la gestion du personnel

L'entreprise de restauration est un secteur à forte valeur ajoutée définie principalement par les coûts de personnel. Les charges de personnel dans un restaurant sont bien souvent supérieures aux coûts de marchandises utilisées.

Il est donc important de mettre en place un système de contrôle des frais de personnel au même titre que pour les coûts nourriture et boissons afin d'avoir des indications fiables et précises sur la " santé " de ce poste de charges.

L'ensemble des outils de gestion du personnel, que nous allons étudier, seront regroupés dans un tableau de bord du personnel, adapté aux dimensions de l'entreprise et à ses objectifs.

1 - LA MASSE SALARIALE OU FRAIS DE PERSONNEL

La masse salariale représente l'ensemble des coûts de personnel pour l'entreprise à une période donnée :

- les salaires bruts,
- les charges patronales,
- les congés payés.

Pour l'exploitant, il n'est pas toujours facile de connaître rapidement le montant exact des charges patronales. Pour accélérer le processus du calcul journalier ou mensuel de la masse salariale, il est possible d'appliquer à l'ensemble des salaires bruts un coefficient multiplicateur correspondant aux charges et congés payés.

Ce coefficient, obtenu en divisant la masse salariale par le montant des salaires bruts, ne varie guère au cours d'une année. Selon le niveau des salaires et le statut des employés il se situe aux environs de 1,60.

2 - LA PRODUCTIVITE HORAIRE

C'est un indicateur très important pour la gestion du personnel, il est obtenu avec le rapport suivant :

$$\text{PRODUCTIVITE HORAIRE} = \frac{\text{CHIFFRE D'AFFAIRES HORS TAXES}}{\text{NOMBRE D'HEURES TRAVAILLEES}}$$

Par exemple : $\frac{\text{462 000 F. H.T.}}{\text{2200 heures}} = 210 \text{ F.}$

Dans cet exemple, la productivité horaire est calculée sur une base mensuelle, mais elle peut être calculée sur une base journalière, hebdomadaire, etc.

Le chiffre d'affaires est donné par la main courante, le nombre d'heures travaillées est collecté à partir des plannings et registres de présence des chefs de service.

Il traduit le chiffre d'affaires généré par une heure de travail du personnel de l'établissement. Plus cette productivité est élevée meilleure elle est. Cependant il est bon de respecter un juste équilibre, en effet :

- une productivité trop basse risque de mettre en péril l'économie de l'entreprise,
- une productivité trop haute peut mettre en danger la qualité des prestations servies, donc la viabilité commerciale de l'entreprise.

Il faut éviter les coups d'accordéon qui sont néfastes, sachant qu'une période à productivité trop basse ne se rattrape pas sans dommages.

Le suivi quotidien de la productivité horaire est facile à réaliser. Variant parfois de façon considérable, il devient le révélateur de la nécessité de réorganiser les emplois du temps (jours de congés, présence aux heures d'affluence, etc.) afin de mieux faire correspondre, les moyens humains dont on dispose, aux besoins de la clientèle.

Cet indicateur est précieux pour faire des prévisions.

Par exemple, pour obtenir le budget d'heures dont on peut disposer pour le mois à venir, il suffit de diviser le chiffre d'affaires H.T. budgété, par la productivité horaire obtenue le mois précédent.

Les avantages de cet indicateur sont d'être :

- simple, il peut s'appliquer à toutes les formules de restauration,
- fiable, il est facilement contrôlable à l'aide des plannings de travail,
- précis et synthétique, il agit comme un baromètre pour l'entreprise.

Le concept de la productivité entraîne des incidences directes sur l'organisation du travail dans l'entreprise :

- la flexibilité des horaires,
- la polyvalence des employés dans l'exécution des tâches.

3 - LE COUT MOYEN HORAIRE DU PERSONNEL

Le coût moyen horaire représente la dépense faite par l'entreprise pour une heure de travail toutes catégories du personnel confondues. Il est obtenu de la façon suivante :

$$\text{COÛT MOYEN HORAIRE} = \frac{\text{FRAIS DE PERSONNEL (salaires + charges + congés payés)}}{\text{NOMBRE D'HEURES TRAVAILLEES}}$$

Cet indicateur évolue très peu d'un mois sur l'autre, il permet donc d'établir facilement le budget prévisionnel des frais de personnel en le multipliant par le nombre d'heures de travail prévu :

Coût moyen horaire x Nombre d'heures travaillées = Frais de personnel.

4 - LE RATIO FRAIS DE PERSONNEL

Le ratio des frais de personnel est le rapport :

$$\frac{\text{MASSE SALARIALE x 100}}{\text{CHIFFRE D'AFFAIRES HORS TAXES}} = \%$$

Le même ratio est obtenu en utilisant les deux indicateurs précédents :

$$\frac{\text{COÛT MOYEN HORAIRE DU PERSONNEL x 100}}{\text{PRODUCTIVITE HORAIRE}} = \%$$

Le ratio frais de personnel restauration est généralement compris entre 28 % et 32 %. Additionné au ratio coût matières (nourriture et boissons) il donne le **« prim cost »** : indicateur déterminant en restauration, puisqu'il représente parfois les 2/3 du chiffre d'affaires hors taxes.

Pour la bonne rentabilité d'une entreprise de restauration le prim cost (% coût matières + % coût personnel) doit se situer autour de 60 % du chiffre d'affaires hors taxes.

5 - LA PRODUCTIVITE COMMERCIALE

Ce ratio de productivité commerciale est indépendant du chiffre d'affaires, et donc ne subit pas les effets de l'inflation. Il permet d'établir des comparaisons au sein de l'entreprise sur plusieurs années de la productivité du personnel en tenant compte du nombre de clients servis pour une heure travaillée.

Le ratio se calcule ainsi :

$$\frac{\text{NOMBRE DE COUVERTS SERVIS}}{\text{NOMBRE D'HEURES TRAVAILLEES}}$$

Exemple pour un restaurant gastronomique :

- 1988 0,61
- 1989 0,65
- 1990 0,68
- 1991 0,73
- 1992 0,72
- 1993 0,74

Dans ce restaurant on constate une progression de la productivité moyenne par employé entre 1988 et 1991 puis une stagnation les deux dernières années.

6 - L'EFFECTIF MOYEN

Il s'agit d'obtenir l'effectif réellement inscrit pour lequel il a été établi une fiche de salaire. Le calcul prend en compte l'effectif inscrit au premier jour du mois auquel s'ajoutent ou se retranchent les jours de présence des employés rentrant ou sortant.

Par exemple :

- 40 employés au premier juillet	40,00
- 5 employés rentrés le 4 juillet = $5 \times \frac{31 - 4}{31}$ =	+ 4,35
- 8 employés rentrés le 10 juillet = $8 \times \frac{31 - 10}{31}$ =	+ 5,41
- 3 employés partis le 16 juillet = $3 \times \frac{31 - 16}{31}$ =	- 1,45
Effectif moyen au 31 juillet	**48,31**

7 - LE TAUX D'ABSENTEISME

L'absentéisme est composé :

- des absences contrôlées : congés payés, jours chômés, repos compensatoires, congé formation etc.,
- des absences incontrôlées : absences non motivées, sorties autorisées, maladie, maternité, accidents du travail, etc.

Le décompte se fait généralement en journée et portion de journée.

Par exemple : 2 heures = 1/4 de journée.

Le taux d'absentéisme se calcule par période de la façon suivante :

$$\frac{\text{NOMBRE DE JOURNEES D'ABSENCE} \times 100 \\ \text{(contrôlées et incontrôlées)}}{\text{NOMBRE DE JOURNEES TRAVAILLEES}} = \%$$

8 - LE TURN OVER

Le turn-over permet de mesurer la rotation et la variation de l'effectif des employés dans l'entreprise.

Taux de rotation de l'effectif

$$\frac{\text{SOMME DES ENTREES + SOMME DES SORTIES x 100}}{\text{EFFECTIF MOYEN INSCRIT}} = \%$$

Taux de variation de l'effectif

$$\frac{\text{SOMME DES ENTREES - SOMME DES SORTIES x 100}}{\text{EFFECTIF MOYEN INSCRIT}} = \%$$

Si on reprend notre exemple du mois de juillet :

$$\text{T° de rotation} = \frac{(13 + 3) \times 100}{48,31} = 33,12\ \%$$

$$\text{T° de variation} = \frac{(13 - 3) \times 100}{48,31} = 20,70\ \%$$

Ces chiffres ne sont donnés qu'à titre d'exemple, les pourcentages élévés pour ce mois de juillet pourraient s'expliquer dans le cas d'une entreprise saisonnière. Le cumul sur plusieurs mois est plus significatif.

L'analyse du turn-over permet :

- soit d'estimer les insuffisances d'organisation, de commandement, de politique du personnel mise en pratique par les chefs de service,
- soit de déceler des faits nouveaux dans les contraintes du marché du travail (meilleures conditions de travail offertes dans d'autres secteurs de la restauration, meilleure rémunération chez la concurrence, peu de promotion possible, etc.).

9 - LE TABLEAU DE BORD

Le tableau de bord comprend tout ou partie de ces indicateurs. La liste n'est pas limitative, il est possible de pousser les investigations plus loin notamment lors d'un bilan annuel en relevant d'autres informations, par exemple :

- pyramide des âges par service et général,
- âge moyen des hommes et des femmes,
- pyramide des anciennetés,
- nombre d'employés par tranche de 1 à 5 ans d'ancienneté,
- somme des dépenses consacrées à la formation,
- budget consacré à l'amélioration du travail,
- etc.

Conclusion

Deux démarches essentielles se complètent pour déterminer les besoins en personnel.

L'objectif étant de trouver le juste équilibre entre

- les exigences commerciales ou techniques qui tendent à favoriser le nombre d'heures travaillées,
- et les exigences financières ou économiques qui tendent à diminuer le nombre d'heures pour le même travail.

Lorsque l'on arrive à la fin de l'une ou l'autre démarche, il faut voir si le résultat obtenu est compatible avec le point de départ de l'autre démarche, et cela jusqu'à l'obtention du meilleur compromis.

DIAGRAMME DU PROCESSUS DES DEUX DEMARCHES

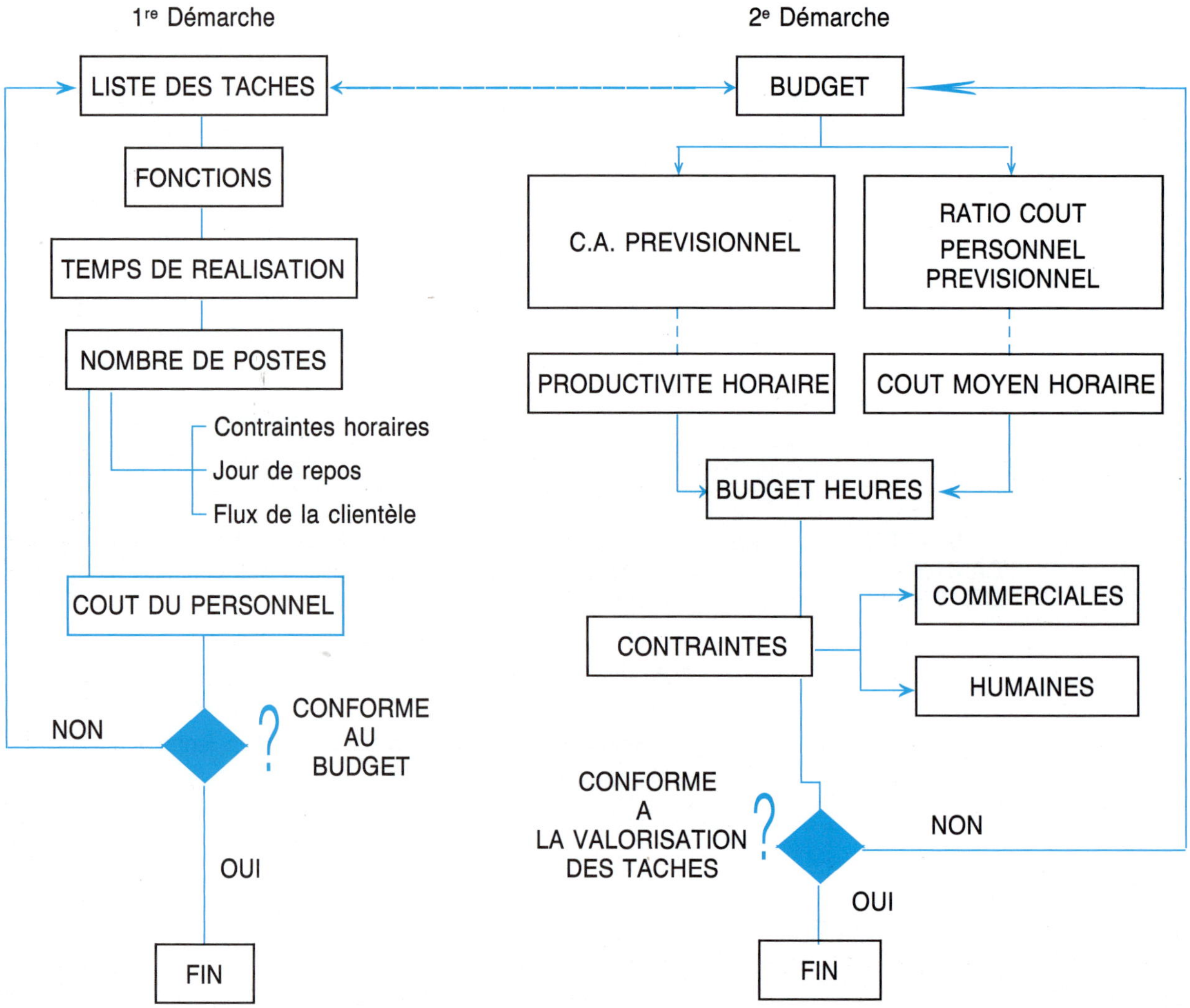

CHAPITRE 10

La décoration florale

Organisation générale

Approvisionnement

Réalisation de la décoration

Quelques aspects de la décoration

Art d'utiliser fleurs, plantes, feuillages et fruits, la décoration florale n'est pas une nouveauté dans la restauration. Habituellement utilisée lors des réceptions et des banquets, elle est actuellement un élément important du décor quotidien. Une jardinière ou un bouquet harmonieusement composés contribuent toujours à créer une atmosphère de détente agréable dans les lieux où l'on a plaisir à se rencontrer. Dans les établissements traditionnels et dans les restaurants d'entreprises les fleurs apportent cette note de confort et d'intimité qui rappelle celle du foyer.

(Doc. Potel et Chabot)

1 - ORGANISATION GENERALE

1.1. Local et aménagement

Il est souhaitable de pouvoir disposer d'un petit local frais, bien aéré, éclairé par la lumière du jour, destiné à entreposer, préparer et conserver les fleurs, ainsi qu'à ranger le matériel indispensable.

Cette pièce doit comprendre un poste d'arrivée d'eau avec évier, des plans de travail, des étagères ainsi que plusieurs placards.

1.2. Matériel et équipement

Ce matériel comprend : un outillage indispensable, des supports, des vases et des contenants divers.

Outillage de base

- une cisaille n° 15 pour la taille des branches printanières ;
- des pinces diverses pour couper fleurs, tiges, fils de fer et grillage ;
- un épineur pour les roses ;
- des fils de fer de grosseur et de longueur variables pour soutenir et diriger les tiges florales trop souples ;
- du ruban collant marron, ou vert appelé Floratrap, pour cacher les montages de fleurs séchées ;
- un vaporisateur pour réhydrater les fleurs et prolonger la durée des compositions florales ;
- du matériel divers : seaux de tailles échelonnées, ciseaux, mètre, goupillon, papier d'aluminium.

Outillage de base
(1) Epineur pour les roses
(2) et (3) Pinces
(4) Ciseaux de fleuriste
(5) Vaporisateur
(6) Cannetille
(7) Floratrap

Les supports

Ils peuvent être naturels ou artificiels

Supports naturels

- **La mousse** vendue en bottes est utilisée pour les centres de table et les pyramides. On peut l'humecter facilement et la réemployer, mais il faut la trier avant de s'en servir.

Les plaquettes de mousse ramassées en forêt servent à dissimuler la terre ou tout autre support, ce qui permet de terminer harmonieusement les compositions.

- **La glaise** sert pour les montages de fleurs sèches.

Les supports artificiels

D'un emploi facile, ils font gagner du temps.

La mousse synthétique

rend de grands services :

- sous forme compacte (brique ou cylindre), on lui donne la forme souhaitée pour les centres de table et les bougeoirs fleuris. Trempée pendant deux heures au moins, puis égouttée avant l'emploi, elle permet d'obtenir des résultats rapides même si l'on est peu expérimenté ;
- présentée en flocons de couleur blanche vendus en sacs, cette mousse est malaxée avec de l'eau. La pâte obtenue doit être suffisamment compacte pour que les tiges se tiennent d'elles-mêmes. Les fleurs peuvent se conserver parfois une semaine sans qu'il soit nécessaire de rajouter beaucoup d'eau.

La pâte à modeler

est utilisée dans les mêmes conditions que la glaise.

Les pique-fleurs

de tailles et de formes variées sont en plomb et présentent des tiges acérées. Lorsqu'ils sont placés dans une coupe, on vérifie souvent le niveau de l'eau pour qu'il dépasse de 2 cm au moins les pointes métalliques. On a soin de dissimuler ces pique-fleurs avec cailloux, écorces, mousse, coquillages, etc.

Le grillage galvanisé

ou plastifié (de préférence n° 6, maille 4 cm) se modèle facilement en boule pour s'adapter à chaque diamètre de vase. D'un emploi commode, il permet également la confection de pyramides remplies de mousse et recouvertes de fruits, de légumes ou de fleurs. Pour attacher ce grillage on utilise de " la cannetille ", fil métallique recouvert de coton de couleur verte.

Les cornets

sont utilisés occasionnellement pour réaliser divers montages.

Vases et contenants divers

Vases

Distinguons deux types principaux :

- classiques : ils sont en cristal, porcelaine, faïence, métal argenté ou argent et présentent des formes diverses.

Toutes les formes permettent des compositions pyramidales et d'une manière plus générale des bouquets de style.

- Modernes : en verre, métal, céramique ou matière plastique. Leur forme est généralement géométrique, assez stricte.

Les contenants divers

revêtent les formes les plus inattendues :

- récipients rustiques en cuivre, étain, terre cuite, bois, vannerie, cuir, etc.
- objets variés, en fonction du lieu ou du style : par exemple dans un restaurant de campagne, baratte, tonnelet, hotte de vigneron, moulin à huile ou encore poêlon de terre, vieux fer à repasser en fonte, soupière ancienne en étain. On peut aussi bien utiliser des paniers, un paneton de boulanger, une corne d'abondance. Ces vanneries doivent être garnies de zinc ou tapissées de feuilles de plastique épais avant de recevoir mousse humide et fleurs.
- Bougeoirs et candélabres peuvent être utilisés pour certains types raffinés de décors floraux.

(Doc. l'Ecuyer)

1.3. Personnel

La décoration florale d'un établissement est parfois confiée à un fleuriste qui effectue les montages demandés et assure leur entretien (contrat de location).

S'il s'agit d'un restaurant d'hôtel la gouvernante peut être chargée de ce travail. Mais le plus souvent c'est au personnel de restaurant qu'on fait appel. Seul, un volontaire ayant beaucoup de goût, un sens artistique sûr, et, si possible, une formation antérieure, est susceptible de remplir cette tâche convenablement.

Maître d'hôtel ou chef de rang, ce responsable forme généralement un de ses collègues destiné à le remplacer au moins temporairement.

Lorsqu'on ne s'adresse pas à des spécialistes extérieurs, l'économie est importante car il est possible de modifier chaque jour, selon les besoins, les compositions florales de la veille. Ex :

- Exécution d'un grand motif avec des éléments de diverses provenances ;
- Rajeunissement d'un montage par adjonction d'éléments nouveaux ;
- Utilisation des fleurs d'un bouquet pour composer des motifs de table, etc.

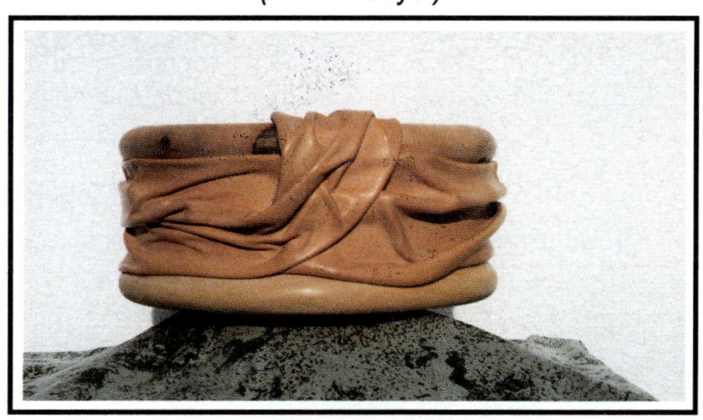

(Doc. Florégraphies / G. Lafon)

Le préposé à la décoration florale assure ou fait assurer l'entretien courant des plantes e pot, fleuries ou non, en appliquant à chaque espèce les conseils donnés par les horticulteurs

Il veille à :

Maintenir l'humidité nécessaire, par arrosage ou immersion selon le cas ;

Conserver le niveau d'eau normal des bacs à réserve d'eau ;

Essuyer régulièrement les feuilles avec une éponge humide ;

Supprimer fleurs et feuilles fanées ;

Remplacer les plantes abîmées.

Les fleurs coupées étant particulièrement fragiles, on leur apporte des soins encore plus attentifs.

Il est recommandé :

d'ajouter chaque jour de l'eau jusqu'a bord des vases ou jusqu'à satu ration de la mousse ;

de rafraîchir l'eau avec les glaçons ou d vaporiser les fleurs si l'atmos phère est exceptionnellemen chaude ;

de veiller à ce que les bouquets ne soien pas placés dans un courar d'air ou à proximité d'un source de chaleur (radiateu baie ensoleillée).

Les précautions indiquées permettent de pr longer la vie des fleurs tout en conservant leu éclat.

2 - APPROVISIONNEMENT

Le choix des éléments de décoration

Il porte sur des fleurs fraîches, des feuillages mais aussi sur des fruits, des légumes, de fleurs séchées. On peut même introduire des éléments artificiels.

Fleurs fraîches et feuillages

On tient compte des floraisons saisonnières, même si les progrès de l'horticulture et des tran ports nous procurent la plupart des fleurs, hiver comme été.

Cela diminuera considérablement le prix de revient. Le domaine de la décoration florale e infini : en dehors des fleurs, penser aux branches fleuries d'arbustes décoratifs (forsythia cognassier du Japon, aubépine, etc.) à celles d'arbres fruitiers (cerisiers, pommiers, etc ou de buissons fleuris (genêts).

On a aussi la ressource des chatons en fin d'hiver et des roseaux en été.

Fruits et légumes

complètent parfois une décoration ou la constituent à eux seuls.

- Parmi les fruits comestibles, on utilise les exotiques (ananas, bananes) aussi bie que ceux de nos climats (prunes, cerises, groseilles, amandes vertes, noix, citron raisins).
- Parmi les légumes, retenons artichauts, aubergines, courgettes, choux-fleurs, citrou les, champignons, radis, oignons.

(Doc. Chantal Jeanson)

Fleurs et plantes naturalisées, séchées et artificielles

Le prix des fleurs fraîches est très élevé en hiver. Mais les récentes compositions nat ralisées, les séchées et les artificielles peuvent aisément les remplacer.

- Les naturalisées sont des plantes fraîches desquelles on extrait la sève, substitué par un produit chimique.
- Parmi les fleurs séchées, on utilise couramment les grosses fleurs de chardon de Alpes, les épis de maïs, les roseaux et graminées diverses.
- Les éléments artificiels imitent les vrais à s'y méprendre ! La conception de pétale et feuillages en polyester, souple et fin comme la soie, détrône le plastique classiqu

Enfin des éléments tels que souches de bois, ceps de vigne, algues, coquillages, étc les de mer apportent surprise et variété.

3 - REALISATION DE LA DECORATION

Achats

• Eviter les fleurs tigées à l'avance et celles qui semblent un peu molles, les feuillages " avachis ", les roses dont les têtes ne sont pas fermes au toucher, les hampes perdant facilement quelques fleurs.

• Observer avant d'acheter. On apprend vite à reconnaître les fleurs fraîches.

• **Choisir** les roses juste écloses, les iris avec seulement le premier bouton fleuri, les fleurs en grappes (glaïeuls, lupins, delphiniums, campanules) ouvertes à la base et encore fermées au sommet.

3.1. Travaux préparatoires

Dès l'arrivage des fleurs, on choisit les récipients qui correspondent à la longueur des tiges et on les remplit d'eau jusqu'au bord. Après avoir débottelé avec pince ou sécateur et chaque fleur étant prise individuellement, on ôte délicatement feuilles ou pétales tachés ou cassés, puis on nettoie le bas des tiges en les dépouillant de ce qui polluerait l'eau des vases.

Pour les roses, il faut supprimer les épines de la partie qui trempe dans l'eau ; on conserve à part les feuilles utilisables en bottes ; elles serviront ultérieurement lors de la confection des bouquets.

Il reste à trier fleurs et feuillages, d'après la longueur, à rebotteler sans oublier de recouper le bas des tiges avant de les faire tremper dans l'eau où elles resteront le plus longtemps possible (de 6 à 48 heures).

Cas particuliers :

- **branches ligneuses** : les fendre en croix ou les écraser au marteau sur 2 ou 3 cm ;
- **fleurs de serre** : ne pas les plonger brutalement dans une eau trop froide ou les transporter dans une pièce trop fraîche ;
- **tiges contenant un liquide laiteux (pavots, soleils, etc.)** : brûler la base avec une allumette ou une bougie avant de les mettre à tremper ;
- **roses et tulipes** : pour éviter un épanouissement trop rapide, envelopper les têtes de fleurs dans un papier journal sur 10 cm de hauteur en le maintenant serré par un adhésif. Afin de ranimer les roses fatiguées, tremper l'extrémité des tiges (2 cm environ) dans de l'eau bouillante pendant 10 minutes ; renouveler l'opération dans de l'eau glacée en recoupant la tige sous l'eau, puis les faire tremper jusqu'au col pendant quelques heures ;
- **dalhias, chrysanthèmes et autres fleurs qui croupissent rapidement dans l'eau** : ajouter dans les vases du charbon de bois, quelques gouttes d'eau de javel, ou bien un conservateur chimique du commerce.

(Doc. Potel et Chabot)

3.2. Règles de composition

On les observe à la fois pour les proportions et les couleurs, qu'il s'agisse de bouquets ou de décors de table.

Proportions

Bouquets

Pour les réussir, il faudra :

- choisir le type de contenant, classique, moderne ou rustique qui s'harmonisera le mieux avec le style du lieu ;
- construire le bouquet, dans la mesure du possible, à l'endroit où il doit être placé, en protégeant s'il y a lieu meubles et tapis par des feuilles de plastique que l'on fera disparaître une fois la composition terminée ;

- remplir le vase d'eau aux trois quarts avant de commencer et compléter une fois l'ensemble achevé ;
- proportionner la longueur des tiges florales, à la hauteur du vase (pas de petites fleurs dans un grand vase) et la taille de celui-ci avec l'emplacement prévu (ne pas mettre un grand bouquet sur un petit bureau ou un petit bouquet au centre d'un buffet) ;
- pour que l'arrangement soit proportionné, respecter cette règle :
- hauteur du bouquet = 1 fois 1/2 à 2 fois celle du contenant h,
- largeur = h x 2,
- profondeur : légèrement inférieur à h.

Proportions

Décors de table

Si l'on veut réussir un centre de table, il faut :
- harmoniser sa forme avec celle de la table : pas de décor rond sur un support ovale ;
- proportionner sa longueur et sa largeur avec les dimensions de la table ; pour cela, s'assurer d'avance en prenant les mesures qu'il n'entravera pas l'usage des verres et des couverts, puis, si l'on a décidé de l'utiliser, couper immédiatement la brique de mousse synthétique d'après ces données.

Bien entendu, les proportions du décor varient avec le nombre de couverts et la longueur de la table. A titre indicatif, nous suggérons la répartition et les dimensions suivantes :
- pour 8 à 10 couverts : un centre de 23 cm de long et 6 cm de haut suffit ;
- pour 10 à 15 couverts : on maintient le décor précédent au milieu et on en ajoute un autre, plus petit, de 9 cm de long et de 6 cm de haut à chaque extrémité ;
- pour une table de banquet de 15 m, il faut prévoir un grand centre de 95 cm à 1 m et deux autres de 60 à 70 cm.

Couleurs

Afin que les compositions florales soient réussies, il ne suffit pas que les fleurs aient été bien préparées et que les règles techniques aient été respectées. Il convient surtout que les couleurs soient en harmonie entre elles et qu'elles soient en accord avec les couleurs des murs ou des rideaux s'il s'agit des bouquets, avec celles des nappes s'il s'agit des centres de tables.

L'art des couleurs est un don. Certaines règles mises en pratique peuvent cependant faciliter les réalisations.

On peut distinguer trois types fondamentaux d'harmonie des couleurs :

- **la monochromie :** ensembles composés de fleurs de même couleur, mises en évidence par le fond sur lequel elles se détachent comme un tableau.
  Ex. : roses rouges sur fond gris pâle, tons orangés sur fond vert olive ;
- **le camaïeu :** qui est un dégradé de teintes douces s'alliant avec un décor raffiné.
  Ex. : du bleu clair au bleu foncé, du rose pâle au rouge, du jaune clair, à l'orangé ;

- **la polychromie** : (mélange de plusieurs couleurs) est de beaucoup la plus difficile à réussir. Pour éviter le bariolage, on conseille de se limiter à trois couleurs principales (sans compter le blanc et le vert du feuillage), de les harmoniser avec la couleur fondamentale de l'ameublement ou de la nappe. Par contre, si les tons de la pièce sont neutres, on peut se permettre des compléments de couleurs ou des contrastes.

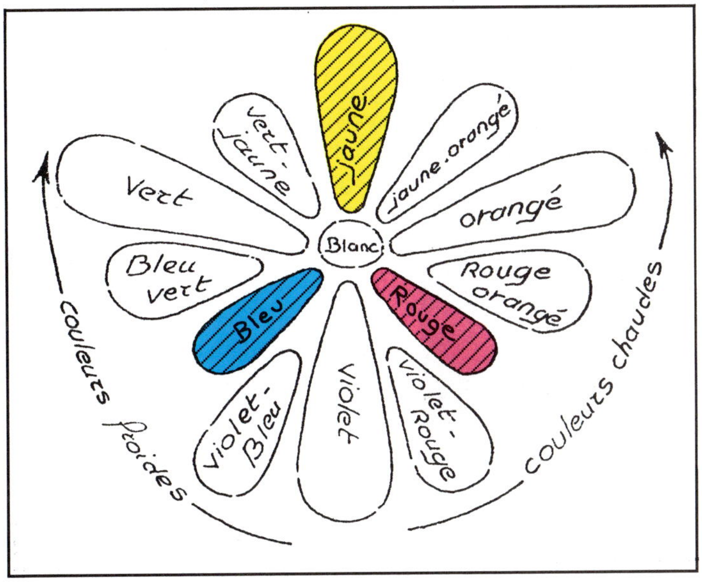

Le schéma ci-contre peut aider à choisir teintes chaudes, teintes froides et teintes opposées. Trois couleurs fondamentales, jaune, bleu et rouge, forment avec le blanc la partie centrale de cette fleur imaginaire. Trois longs pétales rappellent les composés simples : jaune et rouge donnent l'orangé, jaune et bleu le vert, bleu et rouge le violet. Les tons proches forment des camaïeux.

Ex. : bleu et bleu-vert. Les couleurs opposées donnent des harmonies heurtées utilisées dans le style moderne. Ex. : jaune et violet.

On se méfiera de l'éclairage artificiel. Ex. : un bouquet de delphiniums bleus en camaïeu qui est une fête pour l'oeil à la lumière du jour, perd son éclat à la lumière électrique, d'où la nécessité de les mettre en valeur par un réflecteur. l'éclairage aux tubes fluorescents ternit et transforme les rouges et les bleus, ne laisse leur vraie valeur qu'aux jaunes et au verts.

4 - QUELQUES ASPECTS DE LA DECORATION

4.1. Décoration d'ambiance

On attire l'attention des passants sur un restaurant en créant dès l'extérieur un décor de feuillage et de fleurs. Le seuil franchi, l'impression favorable demeure si la salle d'accueil est harmonieuse et fleurie.

A l'intérieur du restaurant, des jardinières sont souvent utilisées pour découper des volumes dans la pièce et ménager des aires d'intimité.

Pour éviter la monotonie, on pourra mélanger plantes vertes et fleuries en jouant avec les différences de tailles, de variétés et les dégradés de vert. Il est également possible d'introduire des fleurs fraîches ou artificielles dans une masse de feuillage, de disposer des plantes grimpantes dans des endroits choisis.

Le style et la matière des jardinières employées doivent s'accorder avec le lieu auquel on les destine : plastique blanc ou de couleur vive dans un décor moderne, fer forgé ou faïence dans un décor ancien ; bois, cuivre ou étain dans un milieu rustique.

(Doc. Potel et Chabot)

4.2. Bouquet d'accueil

Il tranche sur la décoration d'ensemble par son volume, sa composition et sa richesse. Il attire l'attention au bar, une place de choix lui est réservée au restaurant.

Pour réaliser ce genre de bouquet, il faut prévoir un nombre de fleurs important, qui varie avec la grosseur et le feuillage utilisé ; celui-ci sert de support d'accompagnement et de finition. Il peut même constituer l'essentiel dans la composition d'un bouquet printanier. En été, il souligne l'éclat des fleurs ; en automne et en hiver, il peut composer à lui seul un magnifique ensemble aux teintes dégradées.

Quel que soit le style du bouquet, classique, rustique ou moderne, le façonnage du grillage à l'intérieur du vase est recommandé.

- Un bouquet classique s'inscrit le plus souvent dans un triangle dont l'arrière, généralement adossé au mur peut être garni de feuillage. S'il se reflète dans une glace, on y ajoute quelques fleurs pour lui donner de la profondeur. La forme en étoile permet d'obtenir des bouquets d'une très grande richesse.
- Un bouquet rustique utilise souvent des fleurs simples des jardins ou des champs rassemblées dans des contenants en accord avec le lieu et le cadre.
- Pour un bouquet moderne, toutes les variétés peuvent être utilisées, mais les espèces exotiques conviennent tout particulièrement : strelitzia, anthurium, amaryllis, héliconia, de préférence accompagnées de leur feuillage.

4.3. Tables de restaurant

Pour les centres de table, on choisit des fleurs à petite tête dont le diamètre n'excède pas 3 cm. Au gré des saisons, on utilisera des fleurs belles, mais relativement peu coûteuses. Au printemps : jonquilles, narcisses, primevères, marguerites ; l'été : petites roses, zinnias, phlox, capucines, asters, petits dalhias, petits soleils, soucis ; en automne : chrysanthèmes ; au cœur de l'hiver : roses de Noël, mimosas, soucis, anémones, iris.

Le feuillage est indispensable pour cacher les supports et donner du relief aux compositions. Au lieu de se contenter de celui du fleuriste, il est habile de prélever sur des plantes en pots (lierre, capillaires, fougères, springeris, primevères défleuries) les feuilles nécessaires à l'achèvement des centres raffinés.

La composition du décor de table suppose l'observation des règles suivantes :

- **prévoir** de 20 à 30 fleurs pour une décoration simple et davantage si l'on veut obtenir un volume important ;
- **veiller** à ce que la hauteur de l'ensemble ne dépasse pas 20 cm, pour ne pas gêner la conversation des convives (on obtient plus sûrement ce résultat en travaillant assis) ;
- **éviter** les fleurs trop parfumées qui pourraient les incommoder ;

- **se souvenir** qu'un centre de table doit être particulièrement soigné, car il est vu de tous les côtés ;
- **traiter** les fleurs comme des éléments fragiles ; ne pas les tiger systématiquement, mais observer leurs formes pour les adapter à ce que l'on souhaite. Faute de précautions, on risque de les blesser et elles se faneront très rapidement ;
- **ne pas oublier** de couper chaque extrémité de tige avant de la piquer dans la mousse dissimulée avec du papier d'aluminium ou du feuillage ;
- **poser** l'ensemble sur un support imperméable de plastique ou couvercle de boîte, afin de protéger la nappe ;
- **pulvériser** sur la composition florale un peu d'eau fraîche et ne la mettre en place que 15 à 20 minutes avant le début du repas.

(Doc. Potel et Chabot)

4.4. Banquets, dîners de gala, occasions diverses

Les proportions indiquées pour le décor des grandes tables peuvent être adaptées aux circonstances.

Banquet

Si la table est assez allongée, on prolonge le motif central avec des fleurs à longue tige comme les iris. Si elle est étroite, on peut réaliser " un chemin de table ". Il suffit de façonner un support de terre glaise entouré de papier d'aluminium et de choisir les fleurs qui supportent le mieux l'absence d'eau, telles que les chrysanthèmes et les oeillets. Plus simplement des guirlandes de feuilles, de fougères springéri ou d'autres feuillages parsemés de fleurs sont posées à même la table. Pour une bonne conservation des fleurs fragiles comme les roses, les liliums, les orchidées, il est recommandé de se servir de tubes de verre ou de plastique de 6 cm, fermés par un opercule de caoutchouc. Il suffit de dissimuler ce tube avec du papier d'aluminium pour en faire des " boutonnières " qui seront offertes aux convives.

Dîner de gala

Lors d'un dîner par petites tables, il et possible d'obtenir une certaine unité dans la diversité. On réalise un modèle type de décor et on le reproduit en autant d'exemplaires qu'il est nécessaire. Si on le souhaite, on change la couleur principale afin de réaliser une disposition alternée, mais en évitant toutefois une juxtaposition désordonnée de couleurs différentes dont l'ensemble ne serait pas agréable à l'oeil.

Pour le soir, on obtient une lumière très agréable en mêlant aux fleurs des bougies assorties.

Enfin, si l'on désire créer un décor très raffiné, on peut utiliser le bougeoir fleuri placé au centre de la table ou à chaque extrémité. Il faut beaucoup de dextérité et de recherche, mais le résultat est d'un très bel effet.

(Doc. Potel et Chabot)

Occasions diverses

L'adaptation du décor de table au caractère du repas ou de la cérémonie est un signe de raffinement.

Pour un buffet de poissons, on peut composer une pyramide faite de citrons, coquillages colorés, oursins, vernis, moules auxquels on mêle des fleurs blanches.

Un décor pour un repas de chasse rassemble agréablement feuillages mordorés, chrysanthèmes jaunes, orangés, marrons et blancs. En y ajoutant des plumes de faisan et des roseaux, on donne à l'ensemble hauteur et légèreté.

Pour baptêmes, communions, fiançailles et mariages, on recherche un effet de fraîcheur avec des tons pastels : bleu pâle, jaune, rose pâle et blanc, à la fois pour les fleurs et les rubans.

Par opposition, le rouge en monochromie est utilisé pour fêter une remise de légion d'Honneur.

Si une réception est donnée à l'occasion de la fête d'un groupement, d'une ville, d'une province, on s'efforcera de faire correspondre les couleurs du décor à celles de l'écusson.

4.5. Buffet

Pour des réceptions groupant un grand nombre d'invités, il est difficile d'envisager un service par petites tables. Aussi, a-t-on l'habitude de dresser un ou plusieurs buffets le long d'un mur ou dans l'angle d'une pièce.

La longueur peut varier de 5 à 20 m : on envisage donc un décor floral volumineux qui attire le regard dès l'entrée dans la salle. Généralement, on dispose d'une grande profusion de fleurs et de feuillages, qui permettent des présentations très variées : bouquet d'accueil classique dans un vase Médicis, ou, au contraire, composition pleine de fantaisie.

Il convient cependant d'observer quelques règles :

- **proportionner** les motifs décoratifs non seulement aux dimensions de la table, mais à la hauteur sous plafond ;
- **terminer** la partie arrière du bouquet par du feuillage auquel on donnera une forme plate afin de ne pas gêner le passage des serveurs ;
- **calculer** l'avancée à la base de façon à ce qu'on puisse déplacer ou remplacer les plats sur la table.

La décoration florale est un art délicat qui requiert des connaissances et du goût.

CHAPITRE 11

Découpages et flambages

Entrées

Poissons et crustacés

Viandes et volailles

Desserts

Photos de Paul Pastor réalisées
à l'hôtel d'application du lycée Hôtelier de Thonon-les-Bains
avec l'aimable autorisation du proviseur.

Nous remercions pour leur participation Yves Laugier et
Savoie verrerie qui a fourni le matériel.

Jambon cuit à l'os

Le terme jambon s'applique à la cuisse du porc, fumée ou salée, mais on désigne aussi sous ce nom l'épaule du porc qui est moins délicate que la cuisse.

Présentation

On sert au restaurant :

- de petits jambons dont le poids varie entre 6 et 7 kg, et qui permettent un service de 45 personnes ;
- de gros jambons pesant environ 9,5 kg qui conviennent pour 55 personnes. Le York peut atteindre 12 kg.

Les jambons cuits sont présentés froids ou chauds.

1. *Présentation du poste de travail*

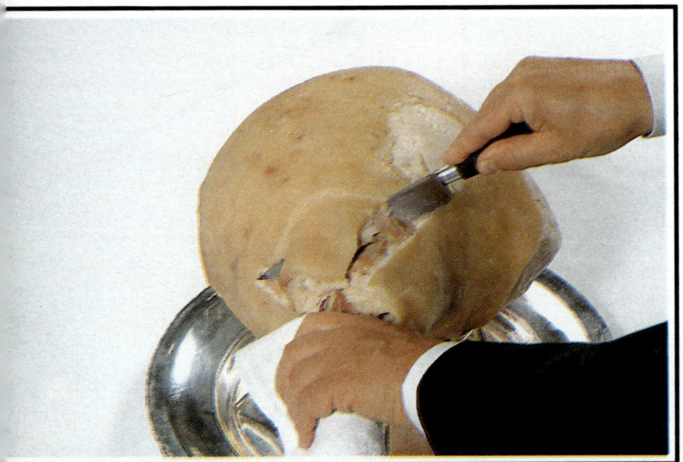

2. *Dégager la souris*

Service à la voiture de tranche

Matériel

De tranche

Griffe ou une planche à découper (jambon froid)

Plat ou voiture de tranche (jambon chaud)

Serviette

Couteau d'office

Tranche-lard

Assiette à déchets

Manche à jambon (si nécessaire)

De service

Assiettes froides ou chaudes selon la préparation

Grands couverts

Techniques de tranche

- Saisir l'os de la « crosse » avec une serviette ou un manche à jambon qui offre plus de prise.
- A l'aide du couteau d'office
  - dégager la souris,
  - découenner,
  - dégraisser.
- Commencer la tranche en donnant au couteau une légère inclinaison.
- Couper en contournant l'os pour obtenir de belles tranches. Après avoir découpé le quart environ, procéder par demi-tranches. Cette méthode facilitera la répartition et la présentation dans l'assiette.
- Déposer les tranches dans le plat ou sur assiette au fur et à mesure de la tranche.
- Retourner le jambon et trancher la partie inférieure parallèlement à l'os.

Service

Jambon froid

- Selon le cas servir à l'anglaise ou à la russe.
- Présenter les cornichons et petits oignons au vinaigre

Jambon chaud sur plat

- Poser un plat long contenant un peu de sauce sur le réchaud allumé.
- Trancher les portions nécessaires au service.
- Les disposer dans ce plat au fur et à mesure du découpage.
- Servir à la russe ou à l'anglaise dans des assiettes très chaudes.
- Passer la sauce et la garniture à l'anglaise.

Remarque : si le jambon est débité en une seule fois, disposer les plus belles tranches autour du plat, les entames et les tranches du dessous au centre.

Jambon chaud à la voiture de tranche

Dresser sur assiette chaude au fur et à mesure du découpage.

3. Découenner

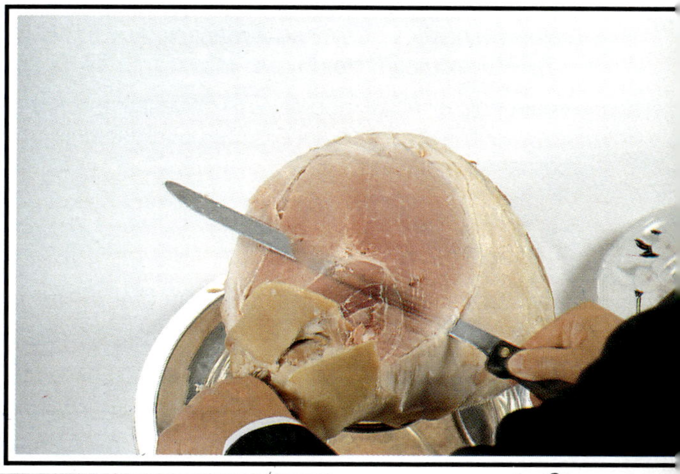

4. Couper en contournant l'os

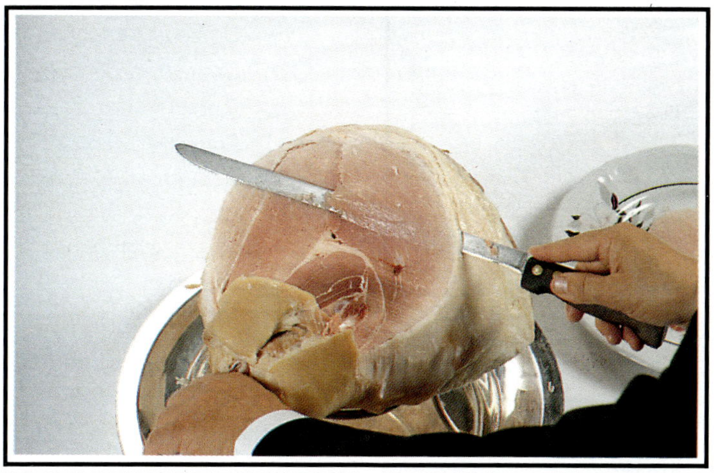

5. Découpage par demi-tranche

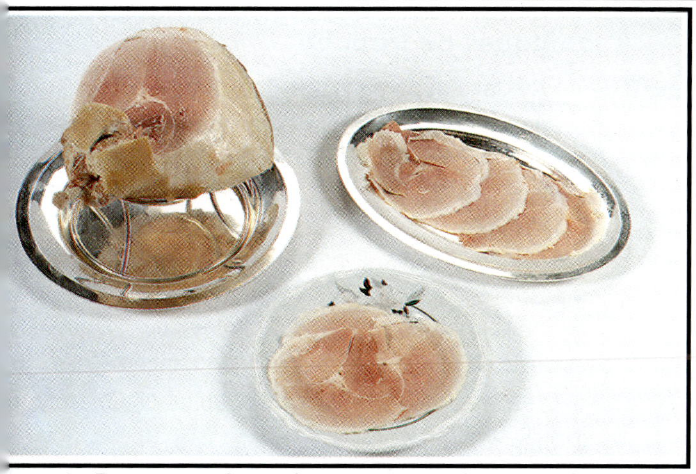

6. Dresser au fur et à mesure sur plat ou assiette

7. Présentation dans l'assiette

Jambon cru

On sert au restaurant, en entrée, des jambons crus de diverses provenances : Bayonne, Ardennes, Auvergne, Bourgogne, Morvan, Lorraine, Parme, etc.

Pour être pleinement appréciés ils doivent être servis en tranches régulières et très minces, ce qui représente un travail délicat au restaurant.

Présentation

Il est présenté sur une pince spéciale, prêt à être tranché.

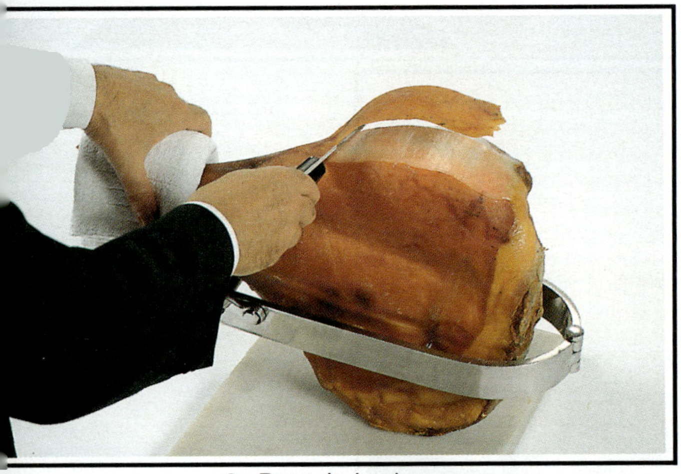

2. *Parer le jambon*

3. *Faire une première coupe*

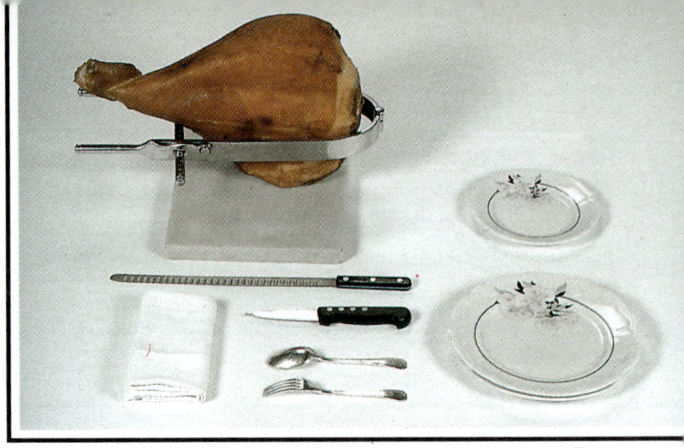

1. *Présentation du poste de travail*

Accompagnement

Cornichons, petits oignons au vinaigre, pickles, moutarde, poivre du moulin.

Matériel

De tranche

Pince à jambon
Couteau tranche lard
Couteau à désosser
Pince
Serviette
Assiette à déchets
Planche à découper (éventuellement)

De service

Grande assiette froide
Grands couverts

Techniques de tranche

- Fixer le jambon dans la pince, la noix en dessus.
- Parer, c'est-à-dire enlever la couenne et dégraisser partiellement à l'aide du couteau à désosser.
- Faire avec le tranche lard une première coupe très horizontale.
- Toujours débuter la tranche par la partie opposée à la crosse.
- Parer au fur et à mesure de la tranche.
- Découper entièrement la noix en tranches fines.
- Dresser sur assiette ou sur plat au fur et à mesure du découpage.
- Retourner le jambon dans la pince et procéder au découpage de la sous-noix.

Service

Service à la russe, déposer sur la table tous les ingrédients d'accompagnement.

Remarque : lorsque l'os du quasi n'a pas été enlevé au préalable par le service de cuisine, il appartient au trancheur de le faire.

4. Débuter par la partie opposée à la cuisse

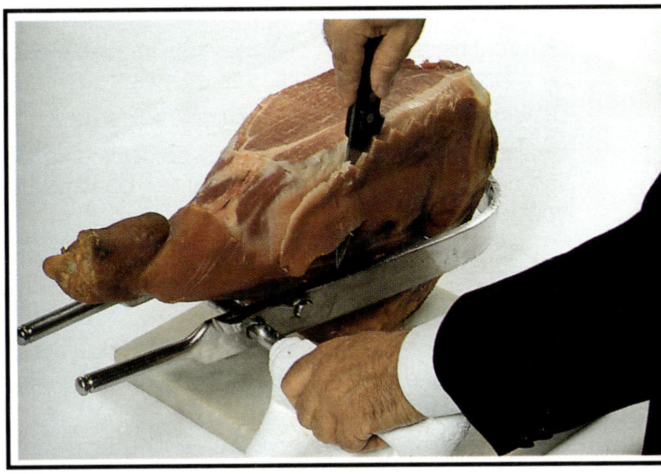

5. Parer au fur et à mesure de la tranche

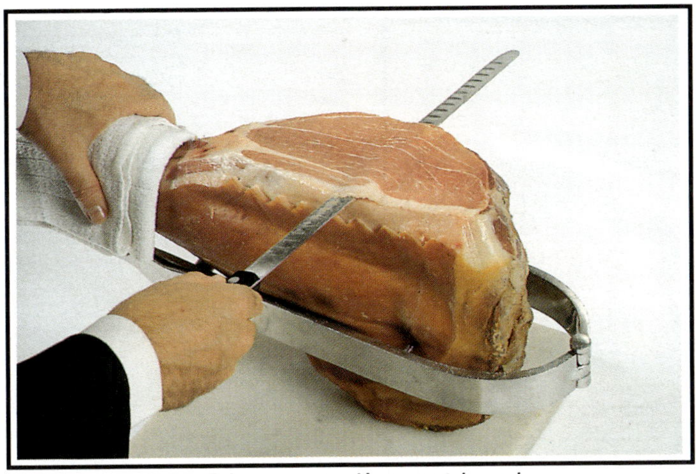

6. Découper entièrement la noix

7. Dresser au fur et à mesure sur assiette

8. Présentation sur l'assiette

turbot

Le turbot est un poisson plat, ovale qui fréquente nos côtes. Sa chair est ferme, blanche, très estimée.

Dimension moyenne de 30 à 70 cm, poids de 2 à 6 kg.

On l'appelle « turbotin » lorsqu'il est de petite taille. Ce poisson de choix est souvent cuit en entier, dans un ustensile appelé « turbotière ».

Présentation dans l'assiette

Présentation

Le turbot est dressé sur papier dentelé lorsqu'il est grillé ou sur une assiette dans un plat long, peau blanche sur le dessus lorsqu'il est poché.

Selon le poids, prévoir un turbot pour 4 ou 5 personnes, un turbotin pour 2 personnes.

Accompagnement

Sauce hollandaise ou mousseline (turbot poché)

Sauce béarnaise (turbot grillé)

Pommes vapeur

Citron

1. Présentation du turbot poché et turbot grillé

2. Dégager le filet supérieur droit

Matériel

De découpage

Plaque chauffante

Pince

Assiette à déchets

De service

Grandes assiettes chaudes

Couverts à poisson

Cuillère à entremets (sauce)

Technique de découpage

Turbot poché

Il s'effectue dans le plat posé sur la plaque chauffante.

- Dégager les deux filets supérieurs :
  - inciser la chair avec la cuillère le long de l'arête centrale ;
  - détacher le filet supérieur droit en glissant la cuillère entre la chair du filet et l'arête, par un mouvement allant de la tête vers la queue ;
  - dégager le filet supérieur gauche de la même façon.
- Enlever l'arête centrale.
- Dégager les arêtes latérales.
- Séparer avec la cuillère les filets du dessous.
- Enlever la peau noire qui adhère à la chair.

Turbot grillé

Procéder de la même façon en prenant soin de ne pas abîmer le quadrillage de la partie supérieure.

Service

Disposer harmonieusement les filets sur assiette chaude, servir à la russe. Passer à l'anglaise pomme vapeur, sauce et citron.

Remarque

Les gros turbots sont détaillés à l'état cru en cuisine sous forme de tronçons, ce qui permet de proposer aux clients des portions individuelles en darnes pochées ou grillées. Au moment du service il suffit d'enlever la peau noire ainsi que l'arête.

La barbue se découpe comme le turbot.

3. Dégager le filet supérieur gauche

4. Enlever l'arête centrale

5. Déposer l'arête dans l'assiette à déchets

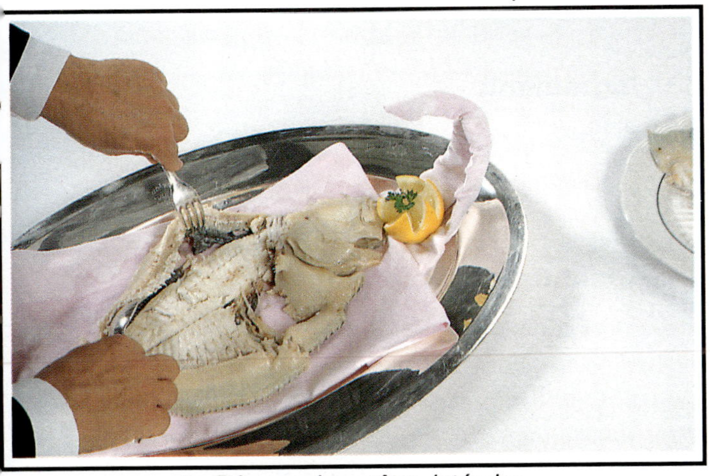

6. Dégager les arêtes latérales

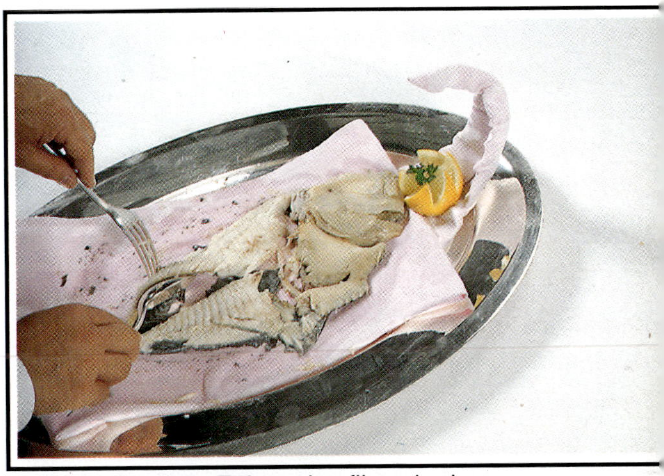

7. Enlever les filets du dessous

bar ou le loup de mer

Ce poisson de mer est désigné sous plusieurs noms : « bar » dans l'atlantique « loup » en méditerranée et parfois « perche de mer ». D'une dimension moyenne de 0,30 à 0,75 m et d'un poids moyen de 1 à 2 kg il peut atteindre parfois 5 à 6 kg. Sa chair est délicate et ses préparations multiples.

Loup entier chaud ou froid

Détailler et servir comme le saumon (voir plus loin).

Loup grillé ou flambé

Présentation

Le loup est posé sur une grille dans un plat long garni de branches sèches de fenouil.

1. Présentation du poste de travail

2. Arroser de cognac et d'anis

Présentation dans l'assiette

Accompagnement

Sauce Hollandaise,
Pommes vapeur
Citron

Matériel

De flambage

Pince
Réchaud
Couteau de table
Assiette à entremets (déchets)

De service

Grandes assiettes chaudes
Couverts à poisson
Cuillère à entremets (sauce)

Ingrédients

Cognac
Anis

Technique de préparation

Flambage

- Poser le plat sur le réchaud allumé.
- Arroser de cognac et d'anis les brindilles de fenouil.
- Laisser chauffer.
- Enflammer le cognac et l'anis, en arroser le loup et le fenouil.

Découpage du loups (pour 2 personnes)

- Faire une incision au milieu sur toute la longueur dorsale.
- Retirer les deux filets supérieurs à l'aide de la cuillère et de la fourchette.
- Les déposer dans deux assiettes chaudes.
- Enlever l'arête centrale.
- La mettre sur une assiette à déchets.
- Retirer les deux autres filets.
- Les alterner avec les 2 filets supérieurs.

Service

Servir à la russe.

Dresser à l'anglaise, pommes vapeur, citron et la sauce.

3. Flamber en arrosant

4. Séparer les 2 filets

5. Retirer les 2 filets supérieurs

6. Enlever l'arête centrale

7. Alterner les filets dans l'assiette

Saumon

1. *Présentation du poste de travail*

Le saumon est un poisson migrateur. Il naît et vit d'abord dans l'eau douce, puis gagne la mer où il se développe rapidement. Il revient ensuite dans une rivière où il pond et se reproduit.

2. *Débuter à partir de la queue*

Matériel

De découpage

Plat
Couteau de table
Pince
Assiette pour les déchets

De service

Grandes assiettes froides
Couverts à poisson
Saucière
Cuillère à entremets (sauce)

3. *Détailler des tranches de 10 cm environ*

Les saumons qui ont atteint leur entier développement mesurent de 1 m 20 à 1 m 40 de longueur et leur poids peut varier de 5 à 7 kg.

La chair de couleur « rouge saumon » ou rose pâle est délicate et recherchée.

On prépare ce poisson de diverses façons, mais le plus souvent il est cuit dans un court-bouillon et accompagné d'une sauce au choix : mayonnaise, verte, mousseline, tartare, etc.

Saumon froid

Présentation

Le saumon est présenté entier sur un plat long et décoré d'œufs durs, de quartiers de tomates, de macédoine et de feuilles de laitue.

Un saumon de 2 kg 500 permet de servir environ 25 clients.

Accompagnement

Sauce mayonnaise, sauce verte, sauce tartare, sauce rémoulade...

4. *Inciser pour délimiter la longueur des tranches*

Technique de découpage

- Poser le plat sur le guéridon après présentation aux convives.
- Découper le poisson en tranches horizontales de 10 cm de long environ et d'égale épaisseur en partant de la queue.
- Progresser vers la tête en détaillant des filets perpendiculairement à l'arête centrale.
- Enlever l'arête centrale.
- Présenter la deuxième moitié sans arêtes et sans déchets.
- Découper en tranches la deuxième moitié.
- Disposer harmonieusement les tranches dans l'assiette au fur et à mesure du découpage.

5. Progresser vers la tête

6. Enlever l'arête centrale

7. Présenter la deuxième moitié

8. Découper la deuxième moitié

9. Présentation dans l'assiette

Service

A la russe : pour le poisson garnir l'assiette de chaque convive avec tomate et œuf dur.

A l'anglaise pour la sauce d'accompagnement.

Saumon fumé

La préparation du saumon fumé est très délicate.

Les saumons frais sont ouverts en deux dans le sens de la longueur et mis au fumoir.

On enlève l'arête centrale lors de cette opération. Ce sont donc les demi-saumons fumés qui sont livrés dans le commerce.

Les arêtes latérales demeurent à l'intérieur des chairs.

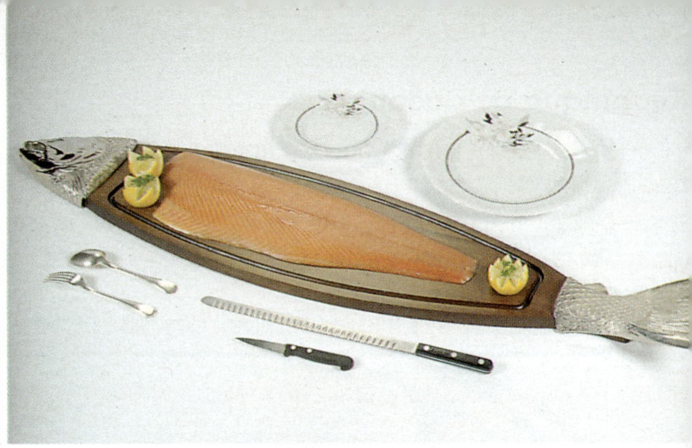

1. Présentation du poste de travail

Présentation

Le saumon est présenté sur la planche sur laquelle il est découpé.

Quantité à prévoir : 100 g par portion

2. Couper les peaux épaisses

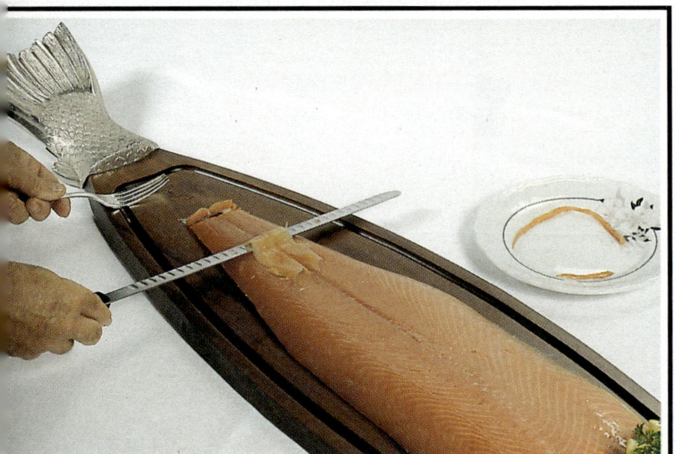

3. Faire une première coupe près de la queue

Accompagnement

Toast	Beurre
Citron	Poivre de Cayenne (pour les Anglo-saxons)

Matériel

De découpage

Planche sur laquelle est dressé le saumon

Couteau tranche-lard à lame très fine

Petit couteau d'office

Pince

Assiette pour les déchets

De service

Grande assiette froide

Couverts à poisson

Technique de découpage

Parer le saumon fumé

- Couper les peaux épaisses de chaque côté du poisson, avec le petit couteau d'office.
- Enlever la peau fine, recouvrant le poisson à l'aide du tranche-lard.
- Enlever les petites arêtes avec le couteau d'office.

Lorsque le saumon n'est pas détaillé en entier, il convient de parer une partie de sa surface seulement pour éviter qu'elle ne se déssèche.

Découper les tranches

- Faire avec le tranche-lard, tenu de biais, une première coupe, près de la queue.
- Découper ensuite obliquement des tranches parallèles très fines.
- Enlever au fur et à mesure la partie graisseuse à l'aide du couteau d'office.
- Dresser les tranches au fur et à mesure du découpage sur une grande assiette froide.

Service

A la russe, prévoir plusieurs tranches de saumon fumé harmonieusement disposées sur l'assiette.

Présenter les toasts chauds aux convives.

Mettre sur table, citron, moulin à poivre, poivre de Cayenne.

Remarque

Après chaque service, le saumon fumé est protégé par un linge humide contre tout déssèchement qui en altérerait la qualité. Parfois aussi, on le recouvre d'une couche d'huile pour aider à sa conservation.

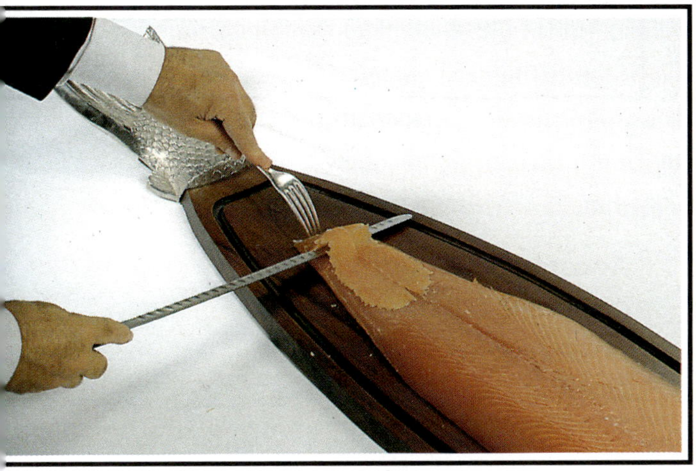

4. Faire une deuxième coupe

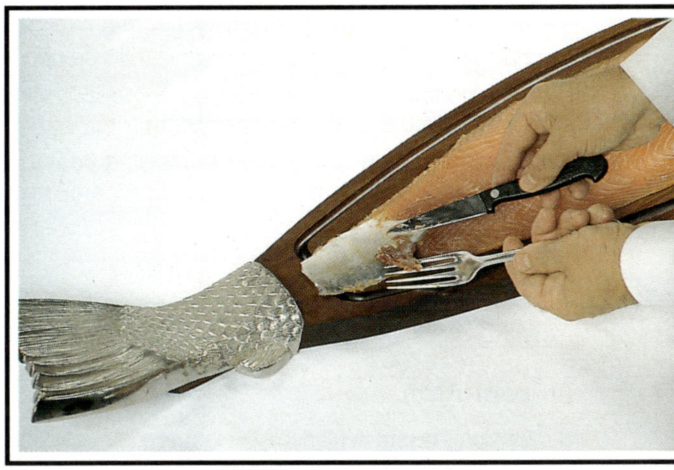

5. Enlever la partie graisseuse

6. Découper des tranches fines et dresser sur assiette

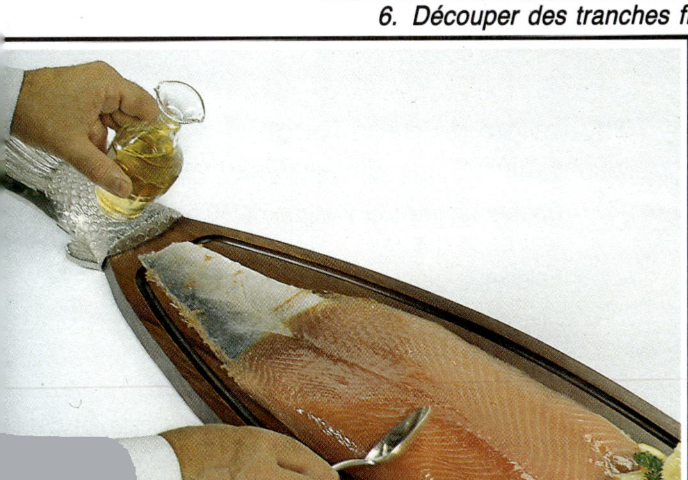

7. Recouvrir d'une couche d'huile

8. Présentation sur assiette

anguille

Poisson d'eau douce, l'anguille d'eau vive est toujours préférable à celle d'étang.

La chair de l'anguille est très nourrissante mais un peu lourde.

D'une dimension moyenne de 25 cm à 1 m 50, son poids peut varier de 0,5 kg à 2 kg.

Les préparations de l'anguille en sauce sont très nombreuses, nous nous bornerons d'étudier ici la préparation en salle et le service de :

Présentation dans l'assiette

L'anguille fumée

Présentation

Sur plat long ou sur la planche sur laquelle elle est découpée.

1. Présentation du poste de travail

2. Couper un premier tronçon

Accompagnement

Citron

Toast

Beurre

Sauce Raifort

Matériel

De découpage

Planche

Couteau filet de sole

Panier

Assiette à déchets

De service

Grandes assiettes froides

Couverts à poisson

Saucière

Cuillère à entremets (sauce)

Technique de découpage

- Poser l'anguille sur la planche à découper.
- Couper un premier tronçon de 10 cm environ en partant de la queue.
- Enlever la peau.

1re Méthode (photo 5)

- Inciser horizontalement le long de l'arête.
- Faire une première tranche verticale.
- Détailler toute la partie supérieure.
- Retourner la partie restante et procéder de la même façon.

2e Méthode (photo 6)

- Découper des tranches horizontales.
- Détailler toute la partie supérieure jusqu'à l'arête.
- Retourner la partie restante et procéder de la même façon.

Service

A la russe en disposant harmonieusement les filets dans l'assiette.

Ne pas oublier les toasts, le citron et le beurre.

3. Enlever la peau

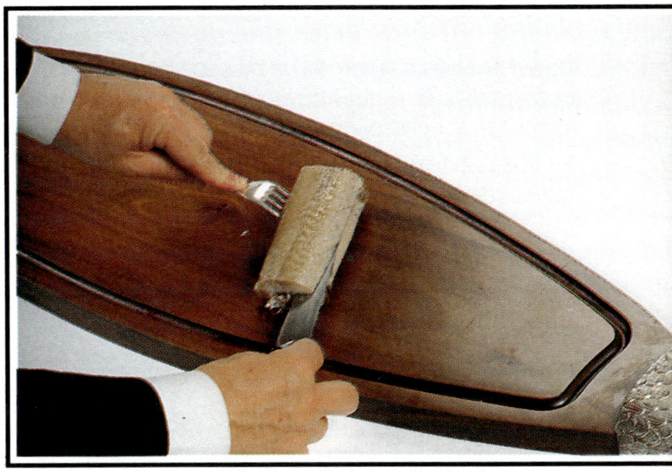

4. Inciser le long de l'arête

5. Découper en tranches verticales

Détailler toute la partie supérieure en tranches horizontales

7. Disposer les filets harmonieusement

truite fumée

Présentation dans l'assiette (truite + anguille fumée)

Le fumage ou fumaison est un procédé de conservation appliqué surtout aux viandes ou aux poissons utilisant l'action desséchante et antiseptique de la fumée de bois.

La truite ainsi traitée, se consomme en hors d'œuvre parfois panachée avec l'anguille fumée.

Présentation

Sur plat long dressée sur papier gaufré

Prévoir une truite par personne.

1. Présentation du poste de travail

2. Inciser la peau près de la tête

Accompagnement

Citron

Toast

Sauce Raifort

Matériel

De découpage

Pince

Couteau filet de sole

Assiette à déchets

Grande assiette froide

De service

Grande assiette

Couverts à poisson

Saucière

Cuillère à entremets (sauce)

Technique de découpage

- Poser la truite sur une grande assiette froide.
- Inciser la peau :
    - près de la tête,
    - au niveau de la queue,
    - le long du dos.
- Dégager la peau le long du ventre.
- Dégager complètement la peau.

Service

3. *Inciser la peau près de la queue*

Service à la russe.

Disposer la truite dépouillée de sa peau dans l'assiette.

Prévoir le citron et la sauce sur table.

Passer la sauce Raifort à l'anglaise.

4. *Inciser la peau le long du dos*

5. *Dégager la peau le long du ventre*

6. *Dégager complètement la peau*

7. *Présentation dans l'assiette*

Langouste

La langouste est un crustacé marin de grande taille qui se distingue du homard :

- par ses longues antennes,
- par les piquants de sa carapace,
- par l'absence de pinces.

Elle vit sur les fonds rocheux de toutes les mers, elle est surtout abondante sur les côtes françaises de l'océan et de la méditerranée mais aussi sur les côtes marocaines, dans la mer des Antilles et sur les côtes de l'Amérique du sud. Sa taille varie entre 30 et 50 cm.

Sa chair est très appréciée surtout celle des langoustes d'eau froide.

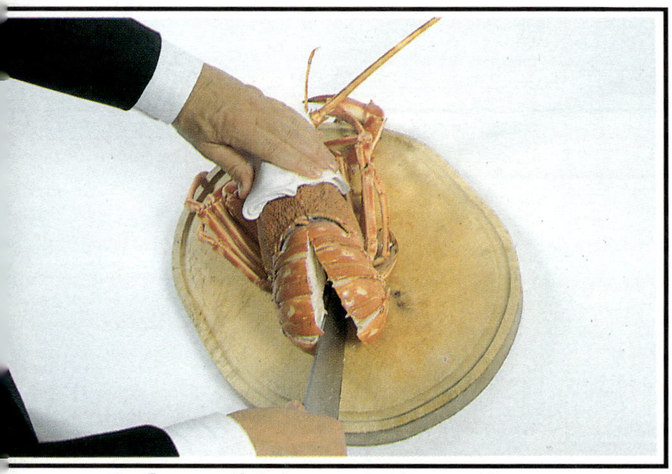

2. Couper l'abdomen en deux parties

La langouste froide mayonnaise

Présentation

La langouste est généralement présentée entière, dressée sur un plat long et décorée d'œufs durs, quartiers de tomates, de macédoine, parfois de citron.

Prévoir une langouste de 800 g à 1 kg pour 2 personnes.

Matériel

De découpage

Plat long
Couteau de cuisine à forte lame (éminceur)
Pince
Couteau d'office
Planche à découper froide
Assiette à déchets
Serviette

De service

Grandes assiettes froides
Couverts à poisson
Curette
Rince-doigts
Soucoupe (citron)

1. Présentation du poste de travail

Technique de découpage

Poser sur le guéridon après présentation aux convices le plat sur lequel la langouste cuite est dressée.

La mettre ensuite sur une planche à trancher froide.

Tranchage en deux parties dans le sens de la longueur à l'aide du couteau de cuisine.

- Couper d'abord l'abdomen en enfonçant le couteau dans la carapace.
- Diviser ensuite la tête en deux.
- Soulever et retirer l'intestin avec la pointe du couteau.

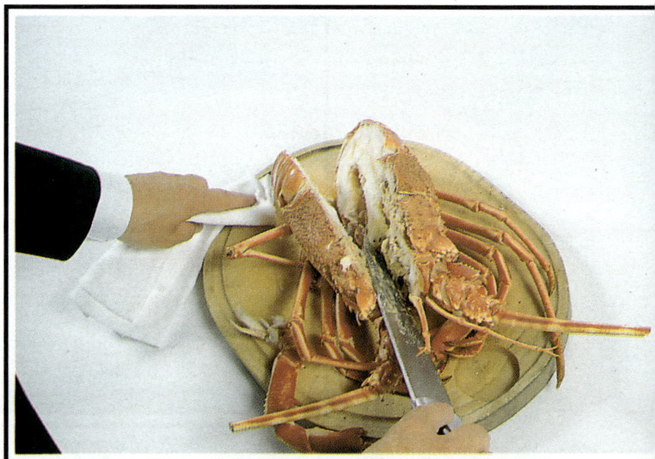

3. Diviser la tête en deux

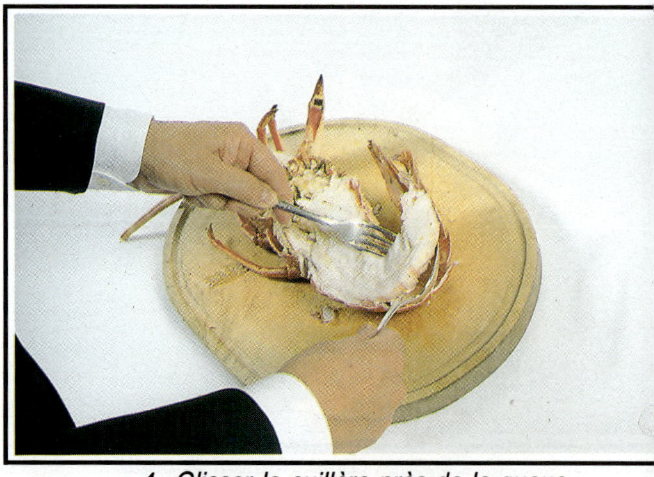

4. Glisser la cuillère près de la queue

Extraction de la chair contenue dans la carapace

- Glisser la cuillère, près de la queue, entre la chair et la carapace.
- Soulever la partie charnue avec la cuillère, s'aider éventuellement de la fourchette.
- Déposer la chair ainsi extraite dans le plat ou directement dans l'assiette de service.
- Procéder de la même manière pour la seconde moitié.

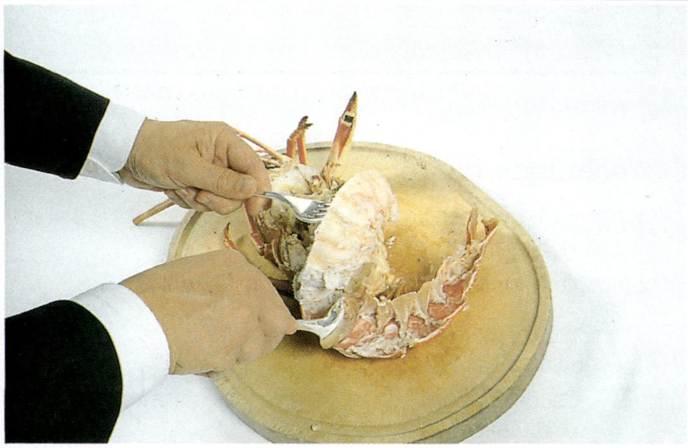

5. Soulever la partie charnue

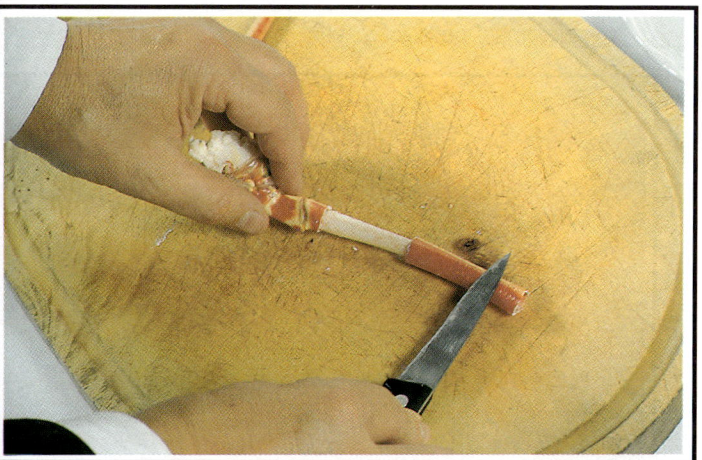

7. Tirer doucement sur la patte pour séparer en 2 morceaux

9. Présentation dans l'assiette

Si la langouste est de belle taille, on peut extraire en une seule fois avec précaution, la chair que l'on détaille ensuite en médaillons.

Découpage des pattes

- Saisir toutes les pattes et les détacher ensemble de la carapace, les séparer ensuite.
- Sectionner chaque patte à la jointure du milieu.
- Inciser la carapace de la patte le plus près possible de sa partie supérieure, sans abîmer l'intérieur.
- Ecarter les deux morceaux de patte pour libérer la chair.
- Dresser les pattes ainsi décortiquées autour du plat.

Découpage de la corne

- Séparer la corne de la tête.
- Casser l'antenne avec les mains.
- Couper la corne en deux, dans le sens de la longueur, à l'aide d'un couteau, en la maintenant fortement.

6. Déposer dans l'assiette

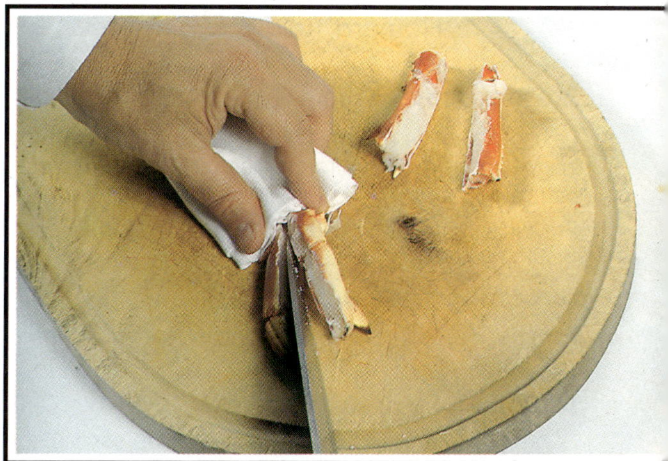

8. Couper les grosses pattes en deux

Service

Service à la russe

Servir les pattes et la corne sur une petite assiette que l'on place à gauche de la grande assiette.

Passer la sauce mayonnaise à l'anglaise.

Prévoir le citron sur la table et passer le rince-doigts à la fin du service.

homard

Le homard est un crustacé marin fréquentant particulièrement les côtes de Bretagne, d'Espagne, de Mauritanie et d'Amérique.

Sa chair est très appréciée, plus parfumée que celle de la langouste mais plus ferme et de digestion plus difficile. les pattes antérieures sont armées de pinces inégales :

- la pince gauche ovale et assez grande ;
- la pince droite oblongue et petite.

Sa taille varie entre 30 et 50 cm, son poids maximum peut atteindre 5 kg.

Tout comme la langouste, il fait l'objet de nombreuses préparations.

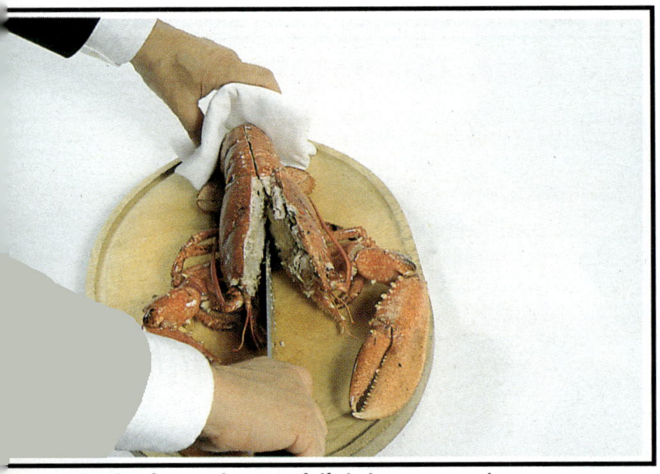

2. Après avoir coupé l'abdomen en deux, diviser la tête en deux

Homard froid mayonnaise

Présentation

Le homard est généralement présenté entier, dressé sur un plat long et décoré d'œufs durs, quartiers de tomates, de macédoine, parfois de citron.

Prévoir un homard de 800 g à 1 kg pour 2 personnes.

Accompagnement

Citron

Sauce mayonnaise

Matériel

De découpage

Plat long
Couteau de cuisine à forte lame (émînceur)
Pince
Couteau d'office
Planche à découper froide
Assiette à déchets
Serviette

De service

Grandes assiettes froides
Couverts à poisson
Curette
Rince-doigts
Soucoupe (citron)

1. Présentation du poste de travail

Technique de découpage

Poser sur le guéridon après présentation aux convives le plat sur lequel le homard est dressé.

Le mettre ensuite sur la planche à trancher froide.

Tranchage en deux parties dans le sens de la longueur à l'aide du couteau de cuisine

- Couper d'abord l'abdomen en enfonçant le couteau dans la carapace.
- Diviser la tête en deux.
- Soulever la partie charnue avec la cuillère, s'aider éventuellement de la fourchette.

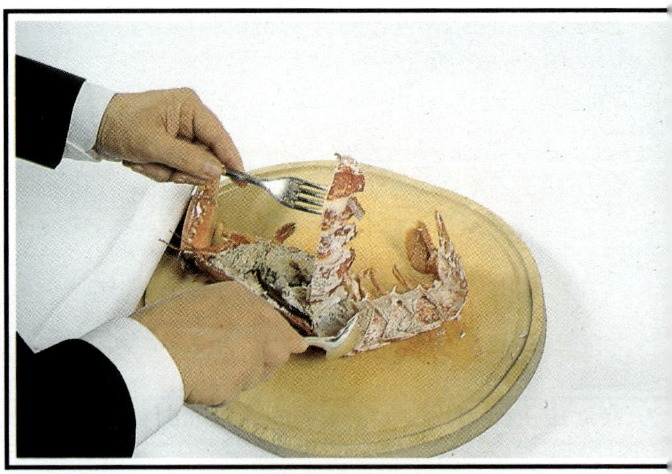

3. Extraire la chair de la carapace

4. Désarticuler la petite mâchoire

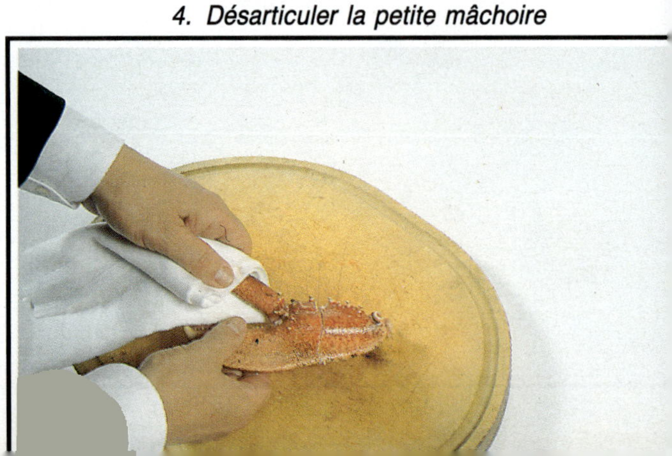

- Déposer la chair ainsi extraite dans le plat ou directement dans l'assiette de service.
- Procéder de la même manière pour la seconde moitié.

Si le homard est de belle taille on peut en extraire en une seule fois avec précaution, la chair que l'on détaille en médaillons.

Découpage des pinces

- Séparer la pince de la demi-carapace.
- La prendre dans la main gauche à l'aide d'une serviette.
- Désarticuler la petite mâchoire en frappant dessus avec le dos de la cuillère.
- Dégager, à l'aide des deux mains, la carapace, des pinces pour en extraire la chair dont la forme doit rester intacte.
- Procéder de la même façon avec l'autre pince.
- Couper la grosse patte en 2.

Remarque

Pour faciliter le travail, on peut briser légèrement, en cuisine, la carapace de la pince. Après séparation de la petite mâchoire, le décorticage de la chair se fait aisément.

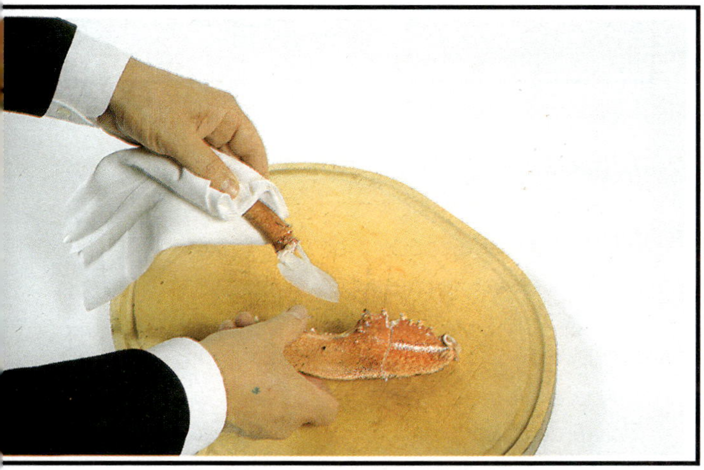

5. Séparer la petite mâchoire

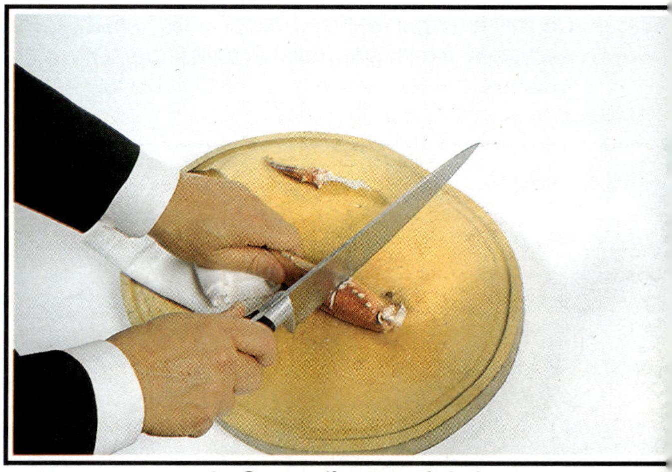

6. Casser l'autre mâchoire

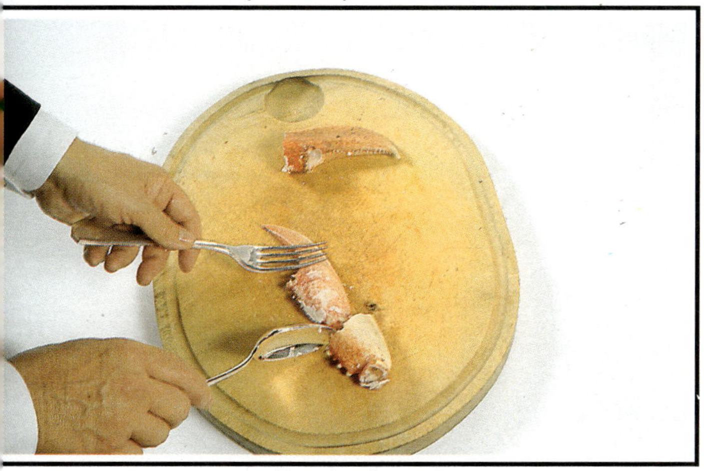

7. Extraire la chair

8. Couper la grosse patte en deux

9. Présentation dans l'assiette

Service

Service à la russe, chaque convive reçoit : une demi-queue de homard, une pince décortiquée.

Passer la sauce mayonnaise à l'anglaise.

Prévoir le citron sur la table.

Passer le rince-doigts.

Queues de Langoustines amoureuses

1. *Présentation du poste de travail*

Ce petit crustacé est très utilisé pour les hors-d'œuvre et les garnitures. Il a la taille d'une écrevisse de couleur orangée avec le bout des pinces et des pattes blanc.

Ingrédients (pour 2 personnes)

40 g de beurre fin
25 cl de fumet de poisson ou de crustacé
15 cl de crème fraîche
4 cl de whisky
1 citron
Sauce anglaise
Poivre de Cayenne
Estragon et ciboulette hachés

2. *Rissoler avec un peu de beurre*

3. *Flamber au whisky*

Présentation

Pour cette préparation les langoustines sont décortiquées en cuisine, à l'exception de celles qui sont destinées à la décoration, et légèrement pochées. Elles sont dressées dans un plat rond.

Prévoir 7 à 8 langoustines par personne.

Matériel

De préparation

Réchaud
Sauteuse bi-métal
Pince
Grandes assiettes chaudes

De service

Grande assiette chaude
Couverts à poisson

4. *Réserver sur assiette chaude*

Technique de préparation

- Placer la sauteuse sur le réchaud allumé.
- Mettre les queues décortiquées dans la sauteuse, les faire rissoler avec un peu de beurre.
- Flamber au whisky.
- Réserver les langoustines sur assiette chaude.

5. Verser le fumet dans la sauteuse

7. Enrober les langoustines

9. Présentation dans l'assiette

- Verser le fumet dans la sauteuse.
- Assaisonner : 2 traits de sauce anglaise, sel, poivre de Cayenne.
- Laisser réduire.
- Incorporer les fines herbes.
- Mettre les queues de langoustines dans la sauteuse, les enrober dans la sauce.
  - Hors du feu : monter la sauce au beurre, ajouter quelques gouttes de citron.
  - Dresser harmonieusement sur assiettes chaudes avec une langoustine entière en décoration.

6. Incorporer les fines herbes

8. Monter la sauce au beurre

Service

Servir à la russe.

bouillabaisse

La bouillabaisse est un mets provençal composé de poissons cuits dans l'eau ou de vin blanc, relevé d'ail, de persil, de poivre, de laurier, etc...

La bouillabaisse marseillaise se prépare avec les poissons suivants : rascasse, chapon, saint-pierre, congre, baudroie, rouget, rouquier, merlan, loup, langouste, crabe et autres crustacés qui sont détaillés en morceaux d'égale grosseur.

Présentation

La bouillabaisse est présente dans une sauteuse bimétal les morceaux de poissons couverts de bouillon.

2. Enlever les arêtes

Accompagnement

Croutons frottés d'ail
Rouille
Fromage rapé

Matériel

De préparation

Réchaud
Pince
Louche
Couteau de table

1. Présentation du poste de travail

Grande assiette chaude
Assiette à déchets

De service

Assiette à potage chaude
Grande assiette froide
Couverts à poisson
Grande cuillère
Cuillére à entremets (sauce)
Petite pince (croutons)

Technique de préparation

Après présentation au client

- Retirer morceau après morceau de la sauteuse et les déposer dans une assiette chaude.
- Enlever les arêtes.
- Enlever les morceaux de peau qui adhèrent au poisson.
- Remettre les morceaux au fur et à mesure dans la sauteuse.
- Servir en disposant tout d'abord les poissons dans l'assiette à potage.
- Verser le bouillon sur les poissons.

Service

Servir à la russe.

Passer à l'anglaise, croutons, rouille, fromage rapé.

Remarque : il est préférable de ne pas trop remplir les assiettes et de reproposer la bouillabaisse une seconde fois.

3. Enlever la peau

4. Disposer les morceaux dans l'assiette à potage

5. Verser le bouillon

6. Présentation dans l'assiette

Pigeonneau rôti

On utilise en cuisine le pigeonneau qui est un jeune pigeon de 6 à 7 mois, vraiment tendre et que l'on prépare d'une infinité de façons.

Son poids varie de 350 à 450 g.

1. Présentation du poste de travail

Présentation

Il est présenté sur un plat long accompagné de sa garniture.

Quantité à prévoir : 1 pigeonneau par personne.

2. Déposer le pigeon sur une assiette chaude

3. Piquer la fourchette dans la carcasse

Matériel

De découpage

Plaque chauffante

Pince

Couteau de table bien affuté

Assiette chaude

Assiette à déchets

De service

Grande assiette chaude

Couteau à entremets

Fourchette à entremets

Technique de découpage

- Déposer le pigeon sur une assiette chaude.
- Piquer la fourchette dans la carcasse à la hauteur de la cuisse, inciser le long du bréchet.
- Couper le pigeon en deux en suivant le bréchet.
- Sectionner le bout des pattes.
- Piquer la fourchette (tenue de la main gauche) dans le pilon et le contre pilon de la cuisse.
- Détacher la cuisse par un mouvement rotatif du poignet.
- Enlever l'os de la colonne vertébrale qui adhère à l'aile.

Service

Service à la russe, chaque convive reçoit tout d'abord un demi-pigeon, l'autre moitié conservé au chaud est servie ensuite.

Le jus d'accompagnement est servi à l'anglaise.

4. Couper le pigeon en deux

5. Sectionner le haut des pattes

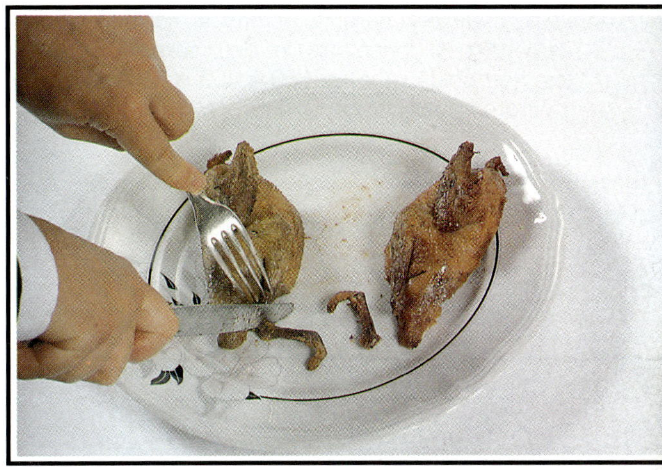

6. Piquer la fourchette dans le pilon et contre pilon

7. Détacher la cuisse

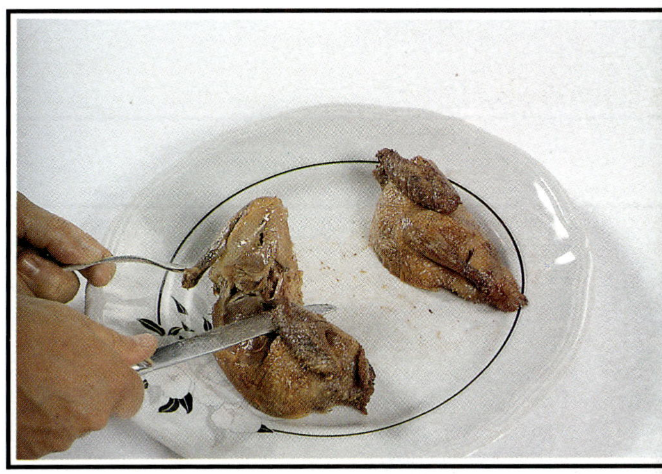

8. Présentation dans l'assiette

Perdreau rôti

Ce n'est que pendant les périodes de chasse, au cours de l'automne et de l'hiver que le gibier peut figurer sur la carte des restaurants.

Le perdreau est une jeune perdrix de moins d'un an. Le nom de perdrix est donné dans les deux sexes aux oiseaux adultes. Son poids varie de 350 à 450 g. Quantité à prévoir : 1 perdreau par personne.

Présentation

Le perdreau rôti est présenté sur un plat long, dressé sur toast, accompagné de sa garniture.

Quantité à prévoir : 1 perdreau par personne.

1. Présentation du poste de travail

2. Déposer le perdreau dans l'assiette chaude

3. Sectionner la colonne vertébrale

Matériel

De découpage

Plaque chauffante

Pince

Couteau de table bien affûté

Grande assiette chaude

Assiette à déchets

De service

Grande assiette chaude

Fourchette à entremets

Couteau à entremets

Technique de découpage

- Déposer le perdreau sur la grande assiette chaude.
  A l'aide de la cuillère :
  - sectionner la colonne vertébrale,
  - dégager les deux cuisses du coffre,
  - séparer les deux cuisses.

  A l'aide du couteau :
  - sectionner chaque cuisse,
  - partager le coffre en deux pour dégager les 2 ailes,
  - couper les ailerons.

Service

A la russe. Dresser les ailes sur les toasts, les cuisses seront tenues au chaud et servies ensuite. Le jus d'accompagnement est servi à l'anglaise.

4. *Dégager les cuisses du coffre*

5. *Séparer les deux cuisses*

6. *Partager le coffre en deux*

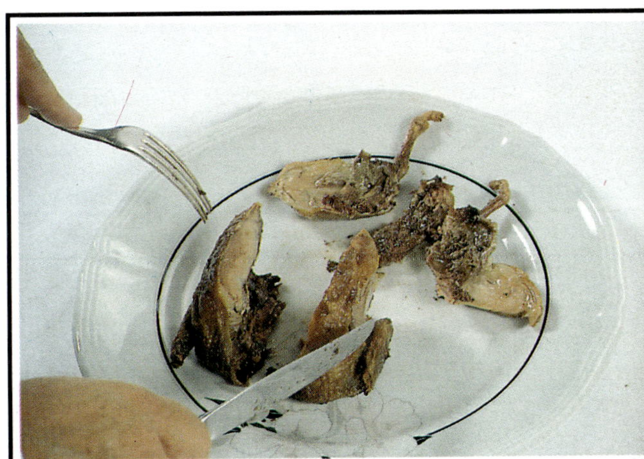

7. *Couper les ailerons*

8. *Présentation sur l'assiette*

Steak tartare

(Préparation froide)

Présentation

Le steak tartare se présente sous la forme d'un steak haché avec, au centre, un puits contenant un jaune d'œuf, l'ensemble entouré de câpres, oignons hachés et persil.

Quantités à prévoir : 150 à 200 g par personne.

Ingrédients (pour une personne)

Viande de bœuf hachée
Oignon haché : 25 g
Persil haché : une bonne pincée
Câpres : une cuillerée à café
Poivre en grains
Tomato ketchup : une cuillerée
Worcestershire-sauce (sauce anglaise)
Huile d'arachide

2. Monter une mayonnaise

3. Ajouter persil, câpres, oignons

1. Présentation du poste de travail

Jaune d'œuf :
1er méthode
Sel
Moutarde : une cuillerée à café
Tabasco
Une saucière de mayonnaise (2e méthode).

Matériel

De préparation

Grande cuillère
2 fourchettes
Assiette à potage

De service

Grande assiette froide
Grands couverts

Techniques de préparation

Les préparations sont nombreuses. Elles varient avec la clientèle et le type d'établissement. Nous présentons deux méthodes choisies parmi les plus classiques.

1re Méthode

- Monter une mayonnaise dans une assiette à potage.
- La détendre avec de la sauce anglaise.
- Ajouter persil, câpres et oignons hachés.
- Ecraser tous ces ingrédients à l'aide de deux fourchettes.
- Saler et poivrer.
- Ajouter du jus de citron.
- Déposer le steak dans l'assiette.
- Bien mélanger tous les aliments.
- Reformer le steak en galette et le déposer sur une assiette plate, propre et froide.
- Parsemer de persil.

2e méthode

- Verser dans une assiette à potage :
  - deux cuillerées de mayonnaise,
  - un peu de tomato-ketchup,

- quelques gouttes de Worcestershire-sauce et de Tabasco,
- les câpres, l'oignon haché et la moitié du persil.
- Incorporer cette préparation à la viande jusqu'à complète absorption.
- Reformer le steak comme précédemment et parsemer dessus le persil restant.

Service

Servir à la russe et déposer sur table un assortiment de sauces pour permettre aux convives de compléter l'assaisonnement à leur goût.

4. Saler, poivrer

5. Bien mélanger

6. Reformer le steak

7. Déposer dans l'assiette de service

8. Présentation dans l'assiette

Steak au Poivre

En cuisine, le steak est d'abord poivré très fortement avec de la mignonnette concassée, puis salé et cuit suivant le goût du client.

Quantité à prévoir par personne : un steak de 200 g environ, prélevé dans le contre-filet ou le rumsteak.

Présentation

Le steak est apporté au restaurant sur un plat ou dans une sauteuse en bi-métal. Une saucière contenant du fond de veau l'accompagne.

1. Présentation du poste de travail

2. Flamber le steak au cognac

3. Déposer sur une assiette chaude

Matériel

De préparation

Réchaud

Saucière contenant le fond de veau

Sauteuse bi-métal

Pince

Grandes assiettes chaudes

De service

Grande assiette chaude

Grand couteau

Grande fourchette

Ingrédients

Cognac	Fond de veau
Vin blanc sec	Sel
Beurre	Crème fraîche

Technique de préparation

Flambage du steak

- Placer le steak en provenance de la cuisine dans la sauteuse en bi-métal que l'on pose sur le réchaud.
- Flamber au cognac.
- Réserver le steak sur une assiette chaude.
- Déglacer au vin blanc (1).

Préparation de la sauce

- Faire réduire dans la sauteuse le cognac de flambage et le vin blanc (1).
- Ajouter de la crème fraîche et laisser réduire.

(1) Pour le déglaçage, on peut également utiliser du madère ou du porto.

- Ajouter le fond de veau et laisser réduire à nouveau.
- Hors du feu, monter la sauce au beurre.
- Vérifier l'assaisonnement.

Une autre méthode consiste à ajouter un peu de moutarde après les réductions.

- Déposer le steak sur une assiette plate et chaude de service et le recouvrir de sauce.

Service

Effectuer le service à la russe et présenter la garniture à l'anglaise.

Remarque

à la demande du client, on peut gratter les grains de poivre pour n'en laisser que le goût lors de la dégustation.

4. Déglacer au porto

5. Ajouter le fond de veau

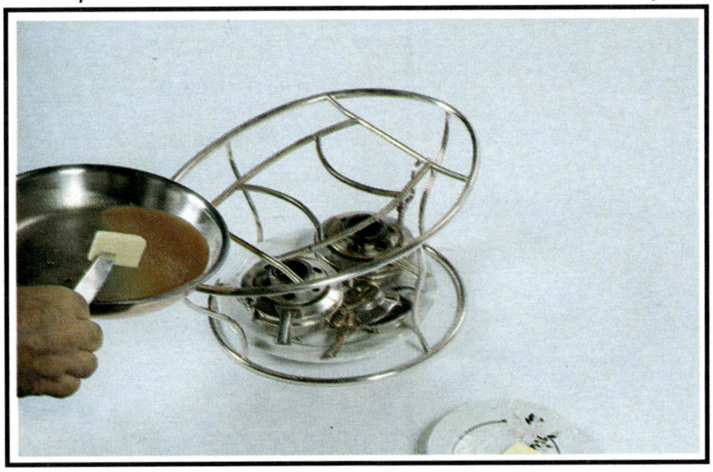

6. Monter la sauce au beurre

7. Recouvrir de sauce

8. Présentation dans l'assiette

Rognons flambés ou rognons à la baugé

Les rognons comptent parmi les abats les plus appréciés. Pour le plat qui nous intéresse, on utilise des rognons de veau. La préparation, très spectaculaire, se fait presque uniquement devant le client.

Quantité à prévoir : 1 rognon par personne.

Présentation

De la cuisine, le rognon est apporté dans un plat ou une sauteuse, après avoir été sommairement dénervé et saisi.

1. Présentation du poste de travail

Matériel

De préparation

Réchaud
Saucière contenant le fond de veau
Sauteuse en bi-métal
Pince
Couteau de table bien affûté
2 assiettes chaudes

De service

Assiettes chaudes
Grands couverts

Ingrédients

Cognac
Porto, madère
Citron
Moutarde
Beurre
Sel
Poivre en grains
Fond de veau
Crème fraîche

Au restaurant, matériel et ingrédients sont rassemblés sur un guéridon.

2. Couper le rognon en quatre

3. Flamber au cognac

Technique de préparation

Préparation du rognon

- Mettre le rognon sur une assiette.
- Dégraisser.
- Couper le rognon en quatre dans le sens de la longueur avec un couteau bien affûté.
- Enlever le gros nerf blanc se trouvant à l'intérieur des lobes.

Flambage

- Disposer les morceaux de rognon dans la sauteuse.
- Flamber au cognac.
- Placer les morceaux sur une assiette chaude et les escaloper.
- Réserver les morceaux escalopés.

Préparation de la sauce

- Déglacer au porto ou au madère et laisser réduire.
- Ajouter de la crème fraîche et laisser réduire.

- Ajouter le fond de veau et laisser réduire à nouveau.
- Saler et poivrer.
- Lier légèrement à la moutarde (hors du feu).
- Monter au beurre hors du feu.
- Lorsque la sauce est terminée, goûter et rectifier l'assaisonnement.

Finition

- Mettre les morceaux de rognon escalopés dans la sauce et bien mélanger.
- Ajouter un jus de citron.
- Tenir au chaud.

Services

Il se fait à la russe ou à l'anglaise directement de la sauteuse dans les assiettes chaudes. On présente les garnitures à l'anglaise.

4. Escaloper les morceaux

5. Déglacer au porto

6. Ajouter le fond de veau

7. Mettre les morceaux dans la sauteuse ajouter le jus de citron

8. Présentation dans l'assiette

Beurre Suzette

1. *Présentation du poste de travail*

Cette préparation peut s'effectuer devant les clients mais le plus souvent le beurre suzette a été réalisé avant le service.

Ingrédients (pour 4 personnes)

2 crêpes préparées en cuisine
Beurre : 150 g
Sucre en morceaux : 24
Sucre en poudre : 50 g
1/2 citron (pour le zeste)
2 oranges ou une mandarine
Fine champagne : 4 cl
Liqueur, selon la préférence du client :
Grand Marnier, ou Cointreau, ou curaçao, etc. (4 à 6 cl).

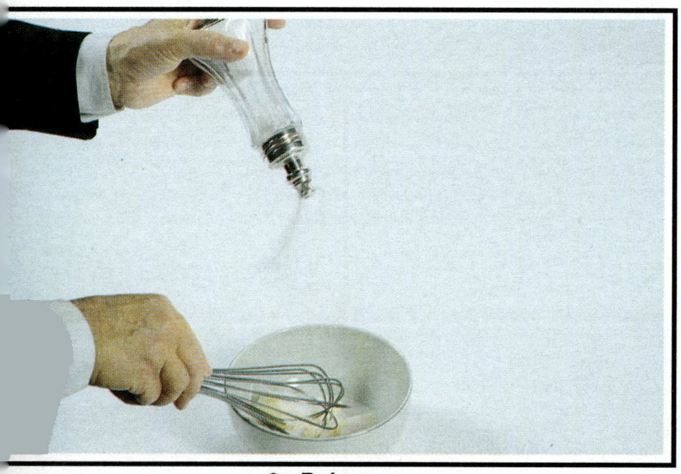
2. *Préparer un beurre pommade*

3. *Frotter les morceaux de sucre sur l'orange*

Matériel

Bol en faïence ou en métal
Assiette à potage
Assiette à entremets (beurre)
Pince
Couteau de table
Couteau à entremets (beurre)
Fouet
Petit bol (orange et citron)
Coupelle (sucre en morceaux)
Saucière pour transférer le beurre

Technique de préparation (pour une personne)

- Préparer un beurre pommade (mélange en parties égales de sucre en poudre et de beurre).
- Frotter 3 morceaux de sucre sur l'écorce de l'orange (ou de la mandarine) et un morceau sur le citron pour bien les imprégner du parfum.
- Déposer ces morceaux de sucre dans le bol.
- Presser la moitié de l'orange et en verser le jus sur le sucre qu'on écrase ensuite à la fourchette.
- Incorporer progressivement ce sirop épais au beurre pommade avec le fouet pour bien émulsionner.
- Ajouter progressivement à ce mélange le cognac et la liqueur choisie.
- Cette préparation terminée, on doit obtenir un ensemble bien homogène dit « beurre Suzette ».
- Lorsque le beurre Suzette est prêt, le transférer dans une saucière au moment du service et le stocker au frais.

4. *Presser la moitié de l'orange*

5. *Ecraser à la fourchette*

6. *Incorporer au beurre pommade*

7. *Ajouter la liqueur*

8. *Obtenir un ensemble bien homogène et verser en saucière*

Crêpes Suzette

Origines

On attribue généralement la création des crêpes Suzette à Dugnol, maître d'hôtel du fameux restaurant Bignon à Paris.

D'après le Larousse Gastronomique, elles seraient dues au maître Escoffier.

Certains prétendent qu'elles furent « inventées », en 1897, par Joseph, propriétaire du restaurant Marivaux à Paris.

La lumière n'est pas complètement faite à ce sujet.

Ingrédients

Voir beurre Suzette

2. Faire fondre une noix de beurre Suzette

3. Déposer une crêpe dans le plat

1. Présentation du poste de travail

Matériel

De préparation

(lorsque le beurre suzette est déjà préparé)

Réchaud

Poêle bi-métal ou un plat long en métal argenté

Saupoudreuse de sucre

Pince

Saucière avec le beurre Suzette

De service

Assiette à entremets chaude

Fourchette à entremets

Cuillère à entremets

Saupoudreuse de sucre

Technique de préparation (devant les convives)

Finition des crêpes

- Poser une poêle bi-métal sur le réchaud allumé ; laisser chauffer quelques instants.
- Faire fondre dans ce plat une noix du « beurre Suzette » précédemment obtenu (en évitant de le faire roussir).
- Déposer une crêpe dans le plat ; bien l'imprégner du mélange sur chaque face.
- La plier en deux, puis en quatre et la laisser sur le bord du plat, pointe en bas pour que le beurre reste à l'intérieur.
- Procéder de même pour toutes les crêpes. L'opération terminée, les disposer harmonieusement dans ce plat.
- Ajouter le beurre restant, retourner plusieurs fois les crêpes dans le mélange pour les rendre moelleuses et dorées.
- Saupoudrer de sucre avant de servir.

Les crêpes Suzette doivent-elles être flambées ou non ?

Les avis sont très partagés. Nous adopterons la décision prise en 1956 lors d'un concours du meilleur maître d'hôtel, décision selon laquelle « les crêpes Suzette » ne doivent pas être flambées.

Service

Servir à la russe dans des assiettes à entremets chaudes. Une saupoudreuse est placée sur la table.

4. La plier en deux

5. Les plier en quatre

6. Ajouter le beurre restant

7. Saupoudrer de sucre

Présentation sur assiette

Crêpes flambées

1. Présentation du poste de travail

Matériel et ingrédients

Identiques à ceux utilisés pour la crêpe « Suzette ».

Techniques de préparation

Elles sont très diverses, les plus classiques étant les suivantes :

2. Saupoudrer de sucre semoule

3. Ajouter une noix de beurre

1re méthode : Crêpe Suzette flambée

- Préparation du beurre Suzette et finition des crêpes (voir la recette précédente).
- Flambage
  - Arroser de fine champagne et de liqueur les crêpes Suzette préalablement préparées.
  - Les enflammer en soulevant légèrement le plat (la fine champagne coule sur le bord et prend feu au contact de la flamme du réchaud).
  - Tourner et retourner les crêpes dans ce mélange.
  - Saupoudrer de sucre semoule pendant le flambage.

2e méthode

- Saupoudrer la poêle de sucre.
- Ajouter une noix de beurre, laisser caraméliser légèrement.
- Ajouter un jus d'orange et de citron.
- Déposer une crêpe dans le plat, l'imprégner du mélange sur chaque face, la plier en deux puis en quatre.
- Procéder de même pour toutes les crêpes. L'opération terminée, les disposer harmonieusement dans le plat.
- Arroser de fine champagne et de liqueur puis flamber.
- Saupoudrer de sucre semoule pendant le flambage.

3e Méthode

- Les crêpes préparées en cuisine sont légèrement beurrées et sucrées et passées à la salamandre.
- Les flamber à l'aide de cognac et de liqueur comme pour les méthodes précédentes.

Service

Les crêpes flambées doivent être servies dans des assiettes à entremets chaudes.

Une saupoudreuse est placée sur la table.

4. Ajouter le jus d'orange

5. Déposer une crêpe dans le plat

6. Arroser de fine champagne

7. Saupoudrer de sucre semoule pendant le flambage

8. Présentation sur l'assiette

1. Présentation du poste de travail

Cerises flambées

La cerise est un fruit très rafraîchissant qui peut faire l'objet de nombreuses préparations : confiture, gelée, sirop, distillation (kirsch), fabrication de liqueur (marasquin) etc.

Pour cette préparation les cerises sont pochées dans du sirop, égouttées et dressées dans une coupe. On peut également utiliser des cerises fraîches préalablement lavées et égouttées.

Présentation

Les cerises égouttées sont présentées dans une coupe.

Ingrédients

(Pour une personne)

Cerises griotte : 125 g

Porto : 5 cl

Kirsch : 4 cl

2. Verser le porto et laisser réduire

Matériel

De flambage

Réchaud

Pince

Saupoudreuse de sucre

De service

Assiette
à entremets

Cuillère à entremets

Fourchette à entremets

Saupoudreuse

Technique de flambage

- Allumer le réchaud et verser le porto dans la poêle, le laisser réduire.
- Mettre les cerises dans la poêle.
- Saupoudrer de sucre semoule, laisser réduire le jus, pour enrober les cerises d'une fine pellicule de sucre cuit.
- Verser le kirsch et flamber.
- Avec la cuillère arroser les cerises de kirsch enflammé et saupoudrer de sucre semoule.
- Continuer d'arroser pour bien imbiber les cerises en particulier pour les cerises fraîches.

Service

A la russe. Placer deux boules de glace vanille au milieu de l'assiette.

Le mélange chaud froid lors de la dégustation est très agréable.

Une saupoudreuse est placée sur la table.

Remarque : il faut éviter de servir dans une coupe étroite car les cerises et leur jus très chaud feront fondre prématurément la glace vanille.

3. Mettre les cerises dans la poêle

4. Saupoudrer de sucre semoule

5. Verser le kirsch et flamber

6. Saupoudrer pendant le flambage

7. Présentation sur l'assiette

Pêches flambées

Ce fruit se consomme cru à l'état naturel ou cuit et sous cette forme il rentre dans la composition de nombreux entremets de cuisine et de pâtisserie.

Pour cette préparation, après les avoir épluchées, on fait pocher les pêches dans un sirop vanillé. Elles sont ensuite égouttées et dressées en timbale. On peut aussi utiliser des pêches fraîches préalablement épluchées et coupées en deux.

Présentation

Les pêches fraîches ou oreillons de pêche sont présentés en timbale.

Quantité à prévoir : 1 pêche par personne.

2. Piquer avec la pointe de la fourchette

3. Ajouter un jus de citron

1. Présentation du poste de travail

Ingrédients

Pêches fraîches ou oreillons

Kirsch

Liqueur : Cointreau, Grand-Marnier, etc.

Beurre

Citron

Matériel

De flambage

Poêle bi-métal ou un plat en métal argenté

Réchaud

Pince

Couteau à entremets (beurre)

Saupoudreuse

De service

Assiette à entremets

Cuillère à entremets

Fourchette à entremets

Saupoudreuse

Technique de préparation

- Saupoudrer le fond de la poêle de sucre semoule, ajouter une noix de beurre, laisser caraméliser légèrement.
- Mettre les pêches dans la poêle, les piquer avec les dents de la fourchette.
- Ajouter un jus de citron.
- Retourner les pêches pour qu'elles s'imprégnent bien du jus.
- Arroser de liqueur.
- Verser le kirsch et flamber.
- Saupoudrer de sucre semoule pendant le flambage. Continuer d'arroser pour bien imbiber.

Service

A la russe dans des assiettes à entremets chaudes.

Saupoudreuse sur table.

Il est possible d'ajouter deux boules de glace vanille et de saupoudrer d'amandes effilées grillées.

Remarque : de la même façon on peut flamber les pêches aux eaux de vie diverses : armagnac, cognac, calvados, rhum etc. ;

Si l'on utilise des pêches fraîches, il est parfois nécessaire de rajouter un peu de jus d'orange pour amener le fruit à un point de cuisson suffisant.

4. Retourner les pêches

5. Arroser de liqueur

6. Verser le kirsch et flamber

7. Saupoudrer pendant le flambage

8. Présentation sur l'assiette

Présentation dans l'assiette

Banane flambée

Ce dessert succulent fait l'objet d'une préparation effectuée par le maître d'hôtel en salle à manger, qui plaît beaucoup aux clients.

PREPARATION

1. Inciser dans le sens de la longueur

Ingrédients
(pour 4 personnes)

6 bananes

Beurre : 50 g

Rhum, kirsch, Cointreau ou Grand marnier

Matériel

De flambage

Réchaud

Plat en argent ou une poêle bi-métal

Cuillère et fourchette

Saupoudreuse de sucre

De service

Assiette à entremets chaude

Cuillère à entremets

Fourchette à entremets

Saupoudreuse de sucre

Préparation

En cuisine

- Eplucher les bananes.
- Les couper en deux dans le sens de la longueur.
- Disposer les demi-bananes transversalement dans un plat beurré.
- Les beurrer légèrement et les saupoudrer de sucre.
- Passer le plat à la salamandre pour les faire dorer.

Ainsi préparées, elles sont apportées dans la salle à manger pour y être flambées.

En salle

Il est possible de terminer la préparation devant le client en faisant dorer les bananes dans la poêle avant le flambage.

- Mettre le sucre et le beurre au fond de la poêle, puis faire fondre.
- Disposer les demi-bananes partie arrondie en contact avec la poêle pour obtenir une bonne coloration.
- Retourner les bananes pour terminer la cuisson. Les bananes doivent être légèrement confites mais pas en purée.
- Arroser de kirsch et flamber.

Ces deux alcools complètent harmonieusement le parfum de la banane.

Flambage

- Poser le plat contenant les bananes sur le réchaud allumé.
- Arroser avec la liqueur choisie. Au contact du plat très chaud et de la flamme, la liqueur prend feu spontanément.
- Remuer les bananes afin qu'elles n'attachent pas.
- Arroser avec la liqueur enflammée et saupoudrer de sucre semoule. Continuer d'arroser pour bien imbiber.

Service

Servir à la russe dans des assiettes à entremets chaudes, saupoudreuses sur table.

2. Eplucher la banane

3. Extraire chaque demi-banane

FLAMBAGE

4. Présentation du poste de travail

5. Arroser avec la liqueur choisie, enflammer

6. Saupoudrer de sucre semoule

Imprimerie S.I.P.F. - Tél. : 46 54 27 07
N° d'impression 405 675 - Dépôt légal 2e trimestre 1994